Manfred Rebentisch

Vieweg C++ Toolbox

MANFRED REBENTISCH

VIEWEG C++ TOOLBOX

Professionelle Bibliothek für Turbo C und Borland C++

vieweg

Das in diesem Buch enthaltene Programm-Material ist mit keiner Verpflichtung oder Garantie irgendeiner Art verbunden. Der Autor und der Verlag übernehmen infolgedessen keine Verantwortung und werden keine daraus folgende oder sonstige Haftung übernehmen, die auf irgendeine Art aus der Benutzung dieses Programm-Materials oder Teilen davon entsteht.

Ursprünglich erschienen bei Friedr. Vieweg & Sohn Velagsgesellschaft mbH, Braunschweig/Wiesbaden, 1991
Softcover reprint of the hardcover 1st edition 1991

Umschlaggestaltung: Schrimpf & Partner, Wiesbaden

Gedruckt auf säurefreiem Papier

ISBN 978-3-528-05162-4 **ISBN 978-3-322-83631-1 (eBook)**
DOI 10.1007/978-3-322-83631-1

Guten Tag!

Schritt halten

Sie müssen Schritt halten! Die Software-EntwicklerInnen werden von den Hardware-EntwicklerInnen gejagt: vom VGA-Extended-Mode über Hercules zum IBM-Spezial-Applikations-Interface, vom Real-Mode zum Protected-Mode (und zurück?), von Intel zu Mips. Die Anwendungs-ProgrammiererInnen werden von den Software-Firmen getrieben: von DOS 3.3 über DR-DOS 5.0 zu MS-DOS 5.0 und vielleicht zu OS/2, vom Novell-Netzwerk zum DOS-Extender und DMPI. Gerade haben Sie gelernt, mit dem BGI-Paket von Borland virtuos zu programmieren, da schwappt die Windowswelle über Ihren Bildschirm. Hatten Sie endlich verstanden, wie die VGA-Karte auf Registerebene optimal ausgenutzt wird, setzen die Hardware-Entwickler Ihnen TIGA und XGA vor die Füße. Sind Sie endlich soweit, in die Untiefen von DOS (undokumentierte Funktionen) vorzustoßen, sollten Sie schon die Finger davon lassen: PS/2, RISC, Next... reichen die Stichwörter? Sie müssen eine ungeheure Informationsflut bewältigen und ständig Neues lernen. Hören Sie damit auf, haben Sie bald keine Chance mehr.

Mithalten?

Niemand muß auf jeden vorbeifahrenden Zug aufspringen. Sie müssen nicht für Windows programmieren und Sie müssen auch nicht SAA-konforme Programme schreiben (aber Sie können es mit dem vorliegendem Buch- und Softwarepaket tun).

Es wäre wunderbar, wenn man als Zusatz zum C-Compiler und der Standard-Library eine weitere Library kaufen könnte, die alles enthält, was man sowieso braucht, damit es möglich ist, gleich auf einem höheren Niveau und mit viel weniger Zeitaufwand komplexere Programme zu entwickeln.

Die vorliegende Toolbox soll Sie dabei unterstützen. Sie wird veröffentlicht, damit Programmiererinnen und Programmierer keine Zeit mit Entwicklungen verschwenden, die schon gemacht wurden. Sie setzt zumindest Grundkenntnisse in 'C' voraus. Aber auch dann, wenn Sie noch nicht mit allen C-Wassern gewaschen sind, werden Sie von dieser Toolbox profitieren.

INHALT

KAPITEL 1

Wie Sie die Toolbox einsetzen können	1
Die Bibliotheks-Funktionen	1
Schreibweisen in diesem Buch	3
Datentypen und Definitionen	3
Die Header-Dateien	8
Die Libraries	9
Die Begleitdisketten	10
Installation	10
Compiler-Schalter für Turbo C und Borland C++	11
Linken der Turbo C Programme	13
Verwendung von MAKE-Files	14
Aufnahme in eigene Libraries	16
Verwendung des Programms CBIB.EXE	17
Modulare Programmierung	19
Regeln - oder die Kunst, C-Source zu warten	20
Änderungen von Toolboxfunktionen	22
Initialisierungen und Konfiguration	23

KAPITEL 2

Als Software-Entwickler auf eigenen Beinen.	29
Vorenthaltene Informationen	30

KAPITEL 3

3.1	Modul STRING	31
3.2	Modul MONITOR	71
3.3	Modul COLOR	114
3.4	Modul WINDOW	128
3.5	Modul TASTATUR	157
3.6	Modul MAUS	177
3.7	Modul EVENT	199
3.8	Modul MENU	208
3.9	Modul EINGABE	228
3.10	Modul DATEI	246
3.11	Modul DATABASE	274
3.12	Modul DRUCKER	298

3.13 Modul NETZWERK 315
3.14 Modul SPEICHER 323
3.15 DATUM-FUNKTIONEN 331
3.16 UTILITIES 346
3.17 Beispiele 397

FUNKTIONS-REFERENZ

Alphabetische Liste der Funktionen 415

Wie Sie die Toolbox einsetzen können

WINDOWS brauchen Sie nicht. Auch keinen 50 MHz-Rechner und auch nicht DOS 6.2.

Aber Sie brauchen einen **C-Compiler** von Borland, möglichst frisch. Außerdem den **Assembler** TASM, auf den die Assembler-Funktionen abgestimmt wurden. Nach wenigen Änderungen können Sie stattdessen auch den neuesten MS-Assembler MASM (ab Version 5.1) verwenden. Alle C-Funktionen wurden so entwickelt, daß sie mit dem Turbo-C-Compiler 2.0 (ohne OOP) kompiliert werden können. Alle Funktionen können unverändert in objekt-orientierten Programmen, die Sie mit Turbo C++ oder Borland C++ 2.0 entwickeln, verwendet werden. Wegen Problemen beim alten Turbo C++ Version 1.0 wurden alle Funktionen ohne den Compiler-Schalter [-K] kompiliert und **unsigned char**-Variablen explizit benannt. Sie müssen davon ausgehen, daß eine Vielzahl von Funktionen für die Programmentwicklung unter *Borland C++ für Windows* nicht verwendbar oder unnötig sind (nur, wenn Sie Applikationen für WINDOWS schreiben). Sie müssen eigene Versuche machen und - natürlich - die Hinweise im Borland-Handbuch als auch meinen Quellcode zu Rate ziehen.

Für den Einsatz der Toolbox brauchen Sie einen IBM-kompatiblen Computer und ein DOS-Betriebssystem. Ich selbst verwende inzwischen DOS 5.0, Borland C++ Version 2.0 und einen 386er AT. Ich arbeite nur im LARGE-Modell und kompiliere für 286er aufwärts. Ich liebe schnelle Programme, die einfach zu bedienen sind.

Die Bibliotheks-Funktionen

Was Sie für Ihr Geld bekommen, soll Ihnen hier kurz vorgestellt werden.

Sie erhalten als große Module professionelle Werkzeuge wie z.B. ein

- Eingabe-System für die Bearbeitung von Einzel-Feldern oder Bildschirm-Masken: Modul EINGABE
- Menu-System für jedes Menuproblem des Programmieralltags (SAA-Menu, Scroll-Menu, PullDown oder PopUp): Modul MENU

- Window-System für ein komplettes Windowhandling: Modul WINDOW
- Druck-Manager für den netzwerkfähigen Umgang mit allem, was gedruckt werden soll: Modul DRUCKER
- Maus-System für die alternative Steuerung aller Eingaben: Modul MAUS
- Tastatur-System für die Bearbeitung aller tastaturspezifischen Probleme: Modul TASTATUR
- Event-System für den konsequenten Umgang mit allen möglichen Ereignissen: Modul EVENT

Ferner erhalten Sie mächtige Funktionen für das Video-Subsystem (Modul MONITOR) und für den Umgang mit Datum und Zeit (Modul DATUM); ein eigenes Dateisystem (Modul DATEI) erlaubt Ihnen unkompliziertes netzwerkfähiges Arbeiten, und ein kleines Datenbankmodul gibt Ihnen einen Einstieg in dBase-Datenbanken.

Damit der Umgang mit einer Vielzahl neuer Funktionen leichter fällt, nehmen die meisten Funktionsnamen Bezug auf das Modul.

Vorsilbe	Modul	Header-Datei
key	TASTATUR	KEY.H
Print	DRUCKER	DRUCK.H
Win	WINDOW	WINDOW.H
net	NETZWERK	NETZ.H
fstr	STRING	FSTRING.H
Event	EVENT	EVENT.H
vi	MONITOR	VIDEO.H
Col	COLOR	COLOR.H
Ms	MAUS	MAUS.H
mn	MENU	MENU.H
Edit	EINGABE	EDIT.H
File	DATEI	DATEI.H
df	DATEI	DATEI.H
db	DATENBANK	DBASE.H
R	SPEICHER	RALLOC.H

Weitere Buchstabenzusammenstellungen für Funktionsnamen wurden nicht nach logischen Gesichtspunkten durchgeführt. Hier habe ich es vorgezogen, normalsprachliche, assoziative Bezeichnungen zu vergeben. Sie können also nicht an einem Namen erkennen, ob die Funktion einen Integerwert zurückgibt und welche Parameter sie erwartet.

Schreibweisen in diesem Buch

Durchgängig wird in diesem Buch folgendem Muster der Bezeichnungen gefolgt:

Strukturnamen	{videoinfo}
Struktur-Variable	<VidInf.>
Struktur-Mitglied	<.ActivePage> <VidInf->ActivePage>
Variablenname	<directvideo>
Funktionsname	*viConfig()*
Datentyp	**word**
Quelltexte	`if(WaterProof())`

Datentypen und Definitionen

Ich gehe davon aus, daß Sie die Standard-C-Typen kennen. Die folgenden Datentypen werden in der Toolbox verwendet. Sie werden in der Headerdatei ALLBIB.H deklariert.

Typ	Definition	Verwendung
int	-	wenn Werte kleiner als 0 werden dürfen, aber das Vorzeichen nicht wesentlich ist.
sig	signed int	Wenn negative Werte unbedingt eindeutig erkannt werden müssen und Werte nicht größer als 0x7FFF werden.

Typ	Definition	Verwendung
size_t	unsigned int	Wenn Werte unbedingt vorzeichenlos verwendet werden müssen und Größenangaben repräsentiert werden
word	unsigned int	Wenn Werte unbedingt vorzeichenlos verwendet werden sollen
bool	(enum)	Wird nur verwendet, wenn TRUE, FALSE oder BETWEEN (oder ON und OFF) möglich sind und alle anderen Werte nicht vorkommen
long	-	Wenn 32-Bit-Werte mit Vorzeichen verwendet werden.
ulong	unsigned long	Wenn 32-Bit-Werte ohne Vorzeichen verwendet werden.
time_t	long	Werte für Zeitangaben
byte	unsigned char	Standardmäßige Verwendung für Zeichen, weil "signed char" nur in seltenen Fällen Sinn macht
BYTEPTR	(byte FARD *)	Zeiger auf Zeichen
BHUGEPTR	(byte HUGED *)	Zeichenzeiger auf einen großen Block, der auch incrementiert oder decrementiert wird
VOIDPTR	(void FARD *)	Zeiger auf typenlosen Block
VHUGEPTR	(void HUGED *)	Typenloser Zeiger auf einen huge-Block

Spezielle Typen sind jene, die für Zeiger auf Funktionen verwendet werden. Obwohl in verschiedenen Headerdateien solche Typen deklariert werden, sind fast alle auch in der Headerdatei ZEIGER.H aufgeführt:

KeyPtr void FAR (*KeyPtr) (int)
Zeiger auf **void**-Funktion mit einem **int**-Parameter. Prototyp: [void f(int i);]

KeyPtrEdi bool FAR (*KeyPtrEdi) (SYSevent *, EditType *)
Definiert in EDIT.H. Prototyp: [bool FAR f(SYSevent *, EditType *);]

KeyPtrEvent word FAR (*KeyPtrEvent)(SYSevent *)
Definiert in EVENT.H. Prototyp: [word FAR f(SYSevent *);]

KeyPtrInt int FAR (*KeyPtrInt)(int)
Funktionszeiger auf **int**-Funktionen mit einem **int**-Parameter. Prototyp: [int FAR f(int i);]

KeyPtrLis long FAR (*KeyPtrLis)(void *, void *)
Funktionszeiger auf **long**-Funktionen mit zwei **void**-Zeigern als Parameter. Prototyp: [long FAR f(void *b1, void *b2);]

KeyPtrV void FAR (*KeyPtrV)(word, ...)
Funktionszeiger auf **void**-Funktionen mit variablen Parametern, aber einem ersten **word**-Parameter. Verwendet z.B. in VIDOUT.C. Prototyp: [void FAR f(word i, ...);]

Key2Ptr char FARD* FAR (*Key2Ptr) (void *, char *)
Funktionszeiger auf **char**-Pointer-Funktionen mit einem **void**-Pointer und einem **char**-Pointer als Parameter. Prototyp: [char FARD *f(void *v1, char *b2);]

KeyPtrN byte HUGED * FAR (*KeyPtrN)(sig, byte HUGED *)
Dieser Funktionszeiger definiert eine Funktion, die einen FAR-Pointer auf **(byte HUGED *)** zurückgibt und einen **sig** und einen **(byte HUGED *)**-Pointer als Parameter erwartet. Prototyp: [byte HUGED * FAR f(sig num, byte HUGED *str);]

KeyPtrUDF word FAR (*KeyPtrUDF)(void *, word)
Funktionszeiger auf **word**-Funktionen mit einem **void**-Pointer und einer **word**-Variablen als Parameter. Prototyp: [word FAR f(void *p, word i);]

KeyPtrUDFv word FAR (*KeyPtrUDFv)(void *, void *)
Funktionszeiger auf **word**-Funktionen mit zwei **void**-Pointer als Parameter. Prototyp: [word FAR f(void *p1, void *p2);]

ColPal COLOR.H
Struktur für Palettenwerte. Siehe *ColGetAllPalette()*, Modul COLOR.

countryinfo RLOCAL.H
Struktur für DOS-landesspezifische Informationen. Siehe *GetCountryInfo()*, UTILITIES.

dbfelder DBASE.H
Struktur für jedes Feld eines Datensatzes. Siehe Modul DATENBANK und Funktion *dbGetStruct()*.

dbhead DBASE.H
Struktur für den Kopf jeder dBase-Datenbank.

dbheadnet DBASE.H
Erweiterte Struktur für den dBase-Datenbankkopf im Netz (hier nicht verwendet).

dbmem DBASE.H
Struktur für eine dBase-Memory-Datei (hier nicht verwendet).

DFILE DATEI.H
Struktur für eine geöffnete Datei. Angelehnt an die FILE-Struktur, aber nicht identisch. Siehe Modul DATEI und Funktion *dfopen()*.

EditType EDIT.H
Struktur für jedes Eingabefeld, das in einer Maske (oder allein) mit der Funktion *EditMask()* bearbeitet werden soll.

FLIST DATEI.H
Von {ffblk} abgewandelte Struktur für die Verwendung der Funktionen *FileFind()* und *FileFindAttr()*.

ListKnoten LISTE.H
Struktur für jedes Listenelement einer Liste. Siehe Funktion *LiKopf()*.

ListKopf LISTE.H
Struktur für den Kopf einer Liste. Siehe Funktion *LiKopf()*.

net_info NETZ.H
Diese Struktur wird für die Funktionen *net_GetRedirection()* und *net_SetRedirection()* benötigt. Auch die Funktionen *PrintNetDe-*

net_SetRedirection() benötigt. Auch die Funktionen *PrintNetDevice()* und *PrintNetDeviceGet()* brauchen diese Struktur. Siehe Modul NETZWERK.

RGB
COLOR.H
Diese Struktur wird für einen RGB-Eintrag (drei Bytes) verwendet.

RGBPal
COLOR.H
Diese Struktur besteht aus sovielen RGB-Einträgen (je drei Bytes), wie das Makro FARBREGISTER angibt. Siehe Funktion *ColGetAllRGBPalette()*.

SchHead
LISTE.H
Das ist die Struktur für einen Schlangenkopf. Siehe Funktion *Schlange()*.

SchKnoten
LISTE.H
Diese Struktur wird für jedes Glied einer Schlange verwendet. Siehe Funktion *Schlange()*.

SYSCOL
COLOR.H
Wird für Farbwerte verwendet. Globale Variable dieses Typs: <COL.> Siehe Modul COLOR und Funktion *ColMake()*

SYSerr
FEHLER.H
Diese Struktur wird für Fehlermeldungen über *ErrSet()* verwendet. Mit *ErrGet()* erhalten Sie einen Zeiger auf eine Struktur {SYSerr} (UTILITIES).

SYSevent
EVENT.H
Diese Struktur ist ein zentraler Informationspavillon für alle Ereignis-bezogenen Funktionen. Siehe Funktion *Event()* im Modul EVENT.

sysfehl
FEHLER.H
Mit der Funktion *GetActError()* werden Fehlerinformationen in diese Struktur übergeben. Sie ist für Hardware-Fehler zuständig und wird verwendbar, nachdem *Install_harderr()* aufgerufen wurde.

SYSmenus
MENU.H
Diese Struktur wird für jedes Menu verwendet, das mit *mnStartMenu()* oder mit *mnStartMain()* verwaltet wird. Siehe Modul MENU.

SYSprompt
MENU.H
Diese Struktur wird für jeden einzelnen Prompt eines Menus verwendet. Siehe Modul MENU.

videoinfo
VIDEO.H
Das Videosystem dieser Toolbox verwendet diese Struktur für die interne Verwaltung. Globale Variablen dieses Typs sind <VidInf.> und <VidInf2.>. Siehe Modul MONITOR.

windowinfo
WINDOW.H
Diese Struktur wird von den "Middle-Level"-Routinen[1] des WINDOW-Moduls verwendet und ist vergleichbar mit der Turbo-C-Struktur {text_info}.

Die Header-Dateien

Es gibt eine Headerdatei, die in jeder Datei aufgenommen wird: GLOBAL.H. Ansonsten sind die Deklarationen und Prototypen in verschiedene Headerdateien aufgeteilt, die je nach Bedarf eingebunden werden. Durch die standardisierte Einbindung von GLOBAL.H wird ein Minimum an Vereinbarungen allgemein verfügbar (Datentypen, Klauseln, Modellabhängige Makros). Aber auch für eine Mindestausstattung an Warnstufen ist gesorgt, weil mit #pragma warn wichtige Warnungen eingeschaltet werden.

ALLBIB.H	Allgemeiner Header
COLOR.H	Modul COLOR
CTYPE2.H	Ersatz für CTYPE.H
DATEI.H	Modul DATEI
DATUM.H	Datums- und Zeitfunktionen
DBASE.H	Modul DATENBANK
DEBUG.H	Makros zum Debuggen
DIALOG.H	Dialog-Funktionen
DRUCK.H	Modul DRUCKER
EDIT.H	Modul EINGABE
EVENT.H	Modul EVENT
FEHLER.H	Fehler-Routinen
FSTRING.H	String-Funktionen
GLOBAL.H	Allgemeiner Header
KEY.H	Modul TASTATUR

1 "Low-Level" sind die abs-Funktionen und "High-Level" sind die Win-Funktionen. Also...

KONVERT.H	Konvertierungs-Funktionen
LISTE.H	Listen- und Schlangen
MAUS.H	Modul MAUS
MENU.H	Modul MENU
NETZ.H	Modul NETZWERK
RALLOC.H	Modul SPEICHER
RLOCAL.H	Lokale Definitionen
ROUTIN.H	Allgemeine Routinen
VIDEO.H	Modul MONITOR
WINDOW.H	Modul WINDOW
ZEIGER.H	Typdefinitionen für Funktionszeiger

Die Libraries

Die mitgelieferten Libraries tragen die Namen C286L.LIB und CT286L.LIB. Die erstere enthält die große Zahl der allgemein anwendbaren Toolboxfunktionen, kompiliert für 286er Computer (AT's) im LARGE-Modell. Die zweite Library (CT286L.LIB) enthält all jene Funktionen, die unter gleichen Namen auch als Grafikversionen kompiliert werden könnten, wenn die entsprechenden Bildschirmfunktionen ersetzt werden. Auch diese ist für AT-Computer kompiliert worden. In der Grafikversion hieße diese Library CG286L.LIB; da zu einem vollständigen Grafikpaket noch eine Vielzahl weiterer Funktionen und Erklärungen gehören, die den geplanten Rahmen dieser Toolbox sprengen würden, müssen Sie die Grafikfähigkeit dieser Funktionen selbst herstellen.

Wenn Sie die Libraries auch für XT's kompatibel kompilieren wollen, können Sie sich vielleicht an folgende Vereinbarung für die Namensgebung halten:

Standard	Typ	Prozessor	Modell	Name	Anmerkung
C		286	L	C286L.LIB	Toolbox-Standard
C	T	286	L	CT286L.LIB	Textversionen
C	G	286	L	CG286L.LIB	Grafikversionen
C	GR	286	L	CGR286L.LIB	Grafik-Library
C		88	L	C88L.LIB	Toolbox-Standard
C	T	88	L	CT88L.LIB	Textversionen
C	G	88	L	CG88L.LIB	Grafikversionen
C	GR	88	L	CGR88L.LIB	Grafik-Library
CO		286	L	CO286L.LIB	Toolbox-Standard/Overlay
CO	GR	88	L	COGR88L.LIB	Grafik-Library/Overlay

Der Grund für die Aufteilung liegt in der Kombinationsmöglichkeit der Libraries.

Grafikprogramme werden z.B. mit den Libraries C286L + CG286L + CGR286L gebunden und Textmodusprogramme mit den Libraries C286L + CT286L.

Sie können die Libraries natürlich anders benennen. Es gibt keine zwingenden Gründe, sich an meine Vorschläge zu halten.

Die Begleitdisketten

Zusammen mit dem Buch erhalten Sie 2 HD-Disketten (ich nehme an, daß Sie als professioneller Programmierer HD-Laufwerke haben). Auf der Source-Diskette befindet sich der komplette Sourcecode, in verschiedenen Verzeichnissen geordnet. Außerdem ein README-File und einige weitere, im README-File erklärte Dateien. Auf der anderen Diskette befinden sich ausführbare Beispielprogramme und gebundene Libraries.

Installation

Sie werden, wie ich selbst, SETUP-Programme wohl nur dann benutzen, wenn es nicht anders geht. Deshalb bleibt Ihnen die Installationsmethode überlassen. Aber die schnellste Installation des vollständigen Systems erreichen Sie durch folgendes Vorgehen:

1. Richten Sie auf dem Ziellaufwerk das Verzeichnis ***CBIB*** und das Verzeichnis ***CLIB*** ein. Wechseln Sie in das Verzeichnis ***CBIB***:

   CD\CBIB

2. Kopieren Sie die Source-Diskette mit folgendem Befehl:

   XCOPY A:*.* C:\CBIB*.* /S

3. Wechseln Sie in das Verzeichnis ***CLIB***:

   CD\CLIB

4. Kopieren Sie die Library-Diskette mit folgendem Befehl:

A:
INSTALL C:\CLIB C:\CBIB

Geben Sie das Library-Verzeichnis als ersten Parameter und das Source-Code-Verzeichnis als zweiten Parameter an.

Wenn Sie die Verzeichnis-Namen CLIB und CBIB nicht mögen, können Sie diese anders bezeichnen.

Compiler-Schalter für Turbo C und Borland C++

Gemeinerweise heißt der neue C-Compiler von Borland nicht mehr TCC.EXE sondern BCC.EXE. Wenn Sie das neue Programm nicht umbenennen wollen, müssen Sie bei allen meinen Hinweisen auf TCC.EXE auch an BCC.EXE denken. Wenn Unterschiede von Bedeutung sind, weise ich explizit darauf hin. Mit Turbo C++ sind neue Compilerschalter hinzugefügt worden. Doch sind alle Schalter, die ich verwende, seit Turbo C - Version 2.0 konstant.

Sinnvoll sind die folgenden Schaltereinstellungen, mit denen Sie alle Bibliotheksfunktionen und auch alle Ihre Programme kompilieren können:

```
-c        Nur kompilieren, ohne Aufruf des Linkers TLINK
-O        Optimieren von Sprüngen EIN
-v-       DEBUG information OFF
-G        Optimierung für Speed ON
-N-       Test auf Stack-Overflow OFF
-k-       DEBUG Standard-Befehle in jeder Funktion OFF
-2        Compilation für 80286er Prozessoren

-Vs       (C++, 1.0) Virtual table control
-Vf       (C++, 2.0) Virtuelle far-Tabellen oder
-V1       (C++, 2.0) Öffentliche virtuelle C++-Tabellen
          Beachten Sie bitte die Hinweise im Borland C++
          Benutzer-Handbuch, Seite 168, um die Auswirkungen
          der Optionen [-Vf] und [-V1] kennenzulernen.
```

Ein Aufruf des Compilers sähe also so aus:

```
TCC -ml -c -O -G -k- -v- -N- -2 -ID:\CBIB\INCLUDE %1
```

wobei für [%1] natürlich der Name der zu kompilierenden Datei steht. Der Schalter [-K] ist bei Turbo C++ 1.0 mit Vorsicht einzusetzen: Wenn Sie objektorientiert programmieren (Schalter [-P] angegeben), sollten Sie ihn nicht benutzen, weshalb ich ihn überall entfernt habe.

Ich verwende die Standard-Parameter für TCC in der Datei TURBOC.CFG, die so aussieht:

```
-G -k- -N- -v- -O -2 -V
-D_USE_MOUSE_
-IC:\TC\INCLUDE;C:\CBIB\INCLUDE
-LC:\TC\LIB;C:\CLIB
```

Beim neuen Borland C++ ein klein wenig anders:

```
-G -k- -N- -v- -O -2 -V1 -Vf -a-
-D_USE_MOUSE_
-IE:\BORLANDC\INCLUDE;E:\CBIB\INCLUDE;E:
-LE:\BORLANDC\LIB;E:\CLIB
```

Dann sieht der Compiler-Aufruf wie folgt aus:

```
TCC -ml -c %1
```

oder

```
BCC -ml -c %1
```

Die Datei TURBOC.CFG befindet sich im gleichen Verzeichnis wie TCC.EXE. Wenn im aktuellen Verzeichnis eine Datei TURBOC.CFG existiert, wird diese verwendet! Eigenartiger Weise heißt die Datei auch noch beim BCC.EXE-Compiler TUROBC.CFG - und nicht etwa BORLANDC.CFG...

Wenn Sie mit dem Schalter [-P] OOP-Quellcode kompilieren, können Sie alle Funktionen der Toolbox wie normale C-Funktionen verwenden. In diesem Falle ist das Makro __cplusplus definiert, und die Prototypen in den Headerdateien werden als [extern "C"] deklariert. Für diesen Fall ist es von Bedeutung, ob die Funktionen als 'cdecl' deklariert sind oder nicht.

Ein weiterer Compiler-Schalter für C++ ist [-Y]. Er ist für die Handhabung von Overlays zuständig; lesen Sie hierzu bitte im Turbo-C-Handbuch nach. Alle Toolbox-Funktionen wurden ohne den Overlay-Schalter kompiliert.

Neben allen möglichen Schaltern spielt die Option [-a] eine wichtige Rolle: sie bewirkt, daß TURBO-C alle Variablen (außer char, sagt das Handbuch) auf geradzahligen Adressen speichert. Dadurch kann der

Prozessor schneller auf diese zugreifen, wobei die Programmgröße geringfügig steigt. Ich habe diesen Schalter lange benutzt, bis ich gemerkt habe, daß Strukturdefinitionen ein anderes Speicherabbild erhalten, als man es erwartet. Eine Struktur mit folgendem Aussehen:

```
typedef struct {
  char type;     int  wert;
} Textzeile;
```

nimmt nicht drei Bytes, sondern vier Bytes in Anspruch; beim Abspeichern dieser Struktur auf die Platte hat die Datei nicht drei Bytes sondern vier Bytes Größe. Hinter dem Strukturmitglied <Textzeile.type> ist ein Null-Byte eingefügt, damit das Strukturmitglied <Textzeile.wert> ebenfalls auf eine geradzahlige Adresse kommt.

Solange man solche Strukturen mit dem gleichen Programm schreibt und liest, entstehen auch keine Probleme. Doch versuchen Sie einmal, eine dBASE-Datei in eine Struktur zu laden, die unter der Compiler-Option [-a] entstanden ist! In dem Moment also, in dem Sie versuchen, mit anderen Programmen Datenaustausch zu betreiben, bekommen Sie Schwierigkeiten. Mein Tip deshalb: verzichten Sie auf den Compiler-Schalter [-a], wenn Sie nicht ganz besondere Gründe dafür haben.

Wenn Sie ein kleines Programm schreiben und den automatischen Aufruf des Linkers durch TCC wünschen, müssen Sie den Aufruf so gestalten:

```
TCC -ml %1 C286L.LIB CT286L.LIB
```

Dann kann der Linker auf die Libraries der Toolbox zugreifen.

Linken der Turbo C Programme

Am effektivsten arbeitet es sich mit einer MAKE-Datei, doch auch dann ist es meist notwendig, eine separate Linker-Datei zu verwenden. Eine Linker-Datei für den Microsoft-Linker LINK, ab Version 3.60 sieht so aus:

```
D:\tc\lib\c0l +
musik.OBJ
musik.EXE /NOI /SE:750
D:\tc\lib\emu.lib +
D:\tc\lib\mathl.lib +
D:\tc\lib\cl.lib
```

Eine Linker-Datei für den Borland-Linker TLINK sieht etwas anders aus. Die Syntax ist extrem wichtig, es darf kein Fehler im Aufbau dieser Datei stehen:

```
1        D:\tc\lib\c0l +
2        musik.OBJ
3        musik.EXE
4        /c/m
5        D:\tc\lib\emu.lib +
6        D:\tc\lib\mathl.lib +
7        D:\tc\lib\cl.lib
```

Allerdings können die Schalter aus Zeile 4 auch am Anfang von Zeile 1 stehen:

```
1        /c/m D:\tc\lib\c0l +
```

Wird bei der Benutzung von mehreren Objektfiles, die mit [+] verknüpft werden, ein [+]-Zeichen vergessen oder gar die Zeile 3, dann wird in Null-Komma-Nichts die zuerst angegebene Library gelöscht![2]

Der Aufruf des Linkers mit der Linkerdatei:

```
TLINK @link.lnk
```

Wenn bei der Compilation der DEBUG-Schalter [-v] verwendet wird, muß beim Linken auch der Schalter [/v] angegeben werden. Zeile 4:

```
4        /c/m/v
```

Wenn Sie eine COM-Datei erzeugen wollen (das als kleiner Tip), rufen Sie BCC.EXE zusätzlich zu [-mt] mit [-lt] auf.

Verwendung von MAKE-Files

Zunächst: alle MAKE-Files können unverändert mit BORLAND C++ weiterverwendet werden.

Eine einfache Variante für ein kleines Programm mit zwei Files kann so aussehen:

---

2 Zumindest bis zur TLINK-Version, die mit Turbo-C 2.00 ausgeliefert wurde. Ich habe es mit dem neuen (Version 4.0) nicht probiert!

```
.c.obj:
    tcc -c -ml -K $<

form.exe: form.obj formenu.obj
    tlink D:\tcp\lib\c0l form formenu /c/x, $*, $*,\
    d:\clib\c286l d:\clib\ct286l \
    d:\tcp\lib\mathl d:\tcp\lib\cl d:\tcp\lib\emu

formenu.obj: formenu.c    form.h
form.obj:    form.c       form.h
```

Wesentlich umfangreicher sieht die Datei MAKEFILE aus, wenn ein Programm aus vielen Dateien besteht:

```
.asm.obj:
  tasm /MX /Z /W+ /DMDL=LARGE /jP286 $<

.c.obj:
  tcc -c -ml -2 -D_USE_MOUSE_ $<

musik.exe: musik.obj musindex.obj musutil.obj mustafel.obj muskonf.obj\
           musedit.obj MusHelp.obj MusPlot.obj musedit2.obj \
           musdial.obj musmenu.obj muskund.obj muswerk.obj
  tlink @musik.lnk

musik.obj:                 musik.c musik.h
muswerk.obj:               muswerk.c
muskund.obj:               muskund.c
musindex.obj:              musindex.c
musutil.obj:               musutil.c
mustafel.obj:              mustafel.c
musedit.obj:               musedit.c
musedit2.obj:              musedit2.c
muskonf.obj:               muskonf.c
musplot.obj:               musplot.c
mushelp.obj:               mushelp.c musik.h
musdial.obj:               musdial.c
musmenu.obj:               musmenu.c
```

Die hierfür nötige Linkerdatei MUSIK.LNK:

```
/m/n/c C:\tc\lib\c0l +
musik.obj +
musutil.obj +
musmenu.obj +
```

```
mustafel.obj +
musindex.obj +
muswerk.obj +
muskund.obj +
musdial.obj +
muskonf.obj +
musplot.obj +
mushelp.obj +
musedit.obj +
musedit2.obj
musik.EXE
musik.map
C:\clib\mathl.lib +
C:\clib\emu.lib +
C:\clib\c286l.lib +
C:\clib\ct286l.lib +
C:\clib\CL.LIB
```

Natürlich läßt sich mit MAKE-Files noch viel mehr machen, doch dazu sollten Sie sich mit dem Handbuch herumquälen.

Aufnahme in eigene Libraries

Wer Gelegenheit hatte, den Source-Code der Turbo-C-Library anzuschauen, wird neben vielen anderen Dingen feststellen, daß es einen nicht weiter erklärten Schalter für den Aufruf von TLIB gibt. Das ist [/0] (eine numerische Null), und er bewirkt, daß TLIB keinerlei DEBUG-Informationen mit einbindet, auch wenn sie vom Compiler erzeugt wurden. Die auf Diskette beiliegende Library dieser Toolbox wäre ca. 50 kB größer, nimmt man die Module ohne den Schalter [/0] auf. Doch letztlich bleibt es Ihnen überlassen, ob Sie TLIB so:

```
TLIB /E C286L.LIB -+myModul
```

oder so

```
TLIB /0 C286L.LIB -+myModul
```

oder sonstwie aufrufen. Die resultierenden Programme werden in der Codegröße kaum variieren.

Verwendung des Programms CBIB.EXE

Das Programm CBIB.EXE habe ich geschrieben, um auf eine einfache Art und Weise eine Vielzahl von Sourcedateien zu kompilieren und in eine Library aufzunehmen. Für Sie liegt das Programm auch im Sourcecode vor, so daß Sie individuelle Erweiterungen vornehmen können.

CBIB.EXE kompiliert eine Liste von Dateien, indem für jede Datei entweder BCC.EXE oder TCC.EXE (Endungen *.C und *.CAS) oder TASM.EXE (Endungen *.ASM) aufgerufen wird. Dabei können die Dateien in unterschiedlichen Verzeichnissen und auch auf verschiedenen Laufwerken gespeichert sein.

Mit Hilfe des (auch im Sourcecode vorliegenden) Programmes LISTFILE.EXE oder des Borland-Beispielprogramms WHEREIS.EXE können Sie eine Liste von Dateien erstellen. LISTFILE ist immer dann angebracht, wenn Sie Änderungen in Source-Dateien gemacht haben und diese nicht aus den einzelnen Verzeichnissen zusammen suchen wollen.

Wenn Sie eine Reihe von geänderten Source-Dateien neu in die Library aufnehmen wollen, gestaltet sich die Benutzung von CBIB wie folgt:

- Aufruf von LISTFILE mit der Angabe des Laufwerks (`LISTFILE D`). Ergebnis ist eine Datei LISTFILE.LIF im aktuellen Verzeichnis mit allen Dateien, die zum aktuellen Datum verändert wurden.
- Mit einem Editor alle jene Zeilen entfernen, die nicht zu kompilierende Dateien benennen.
- Aufruf von CBIB mit folgenden Parametern:
- `CBIB LISTFILE.LIF \CLIB\C286L L`

Die allgemeine Syntax:

- `CBIB <Listfile> <Library> <Model> [Code] [Makros]`
- *Listfile*: Unbedingter Parameter mit einer (vollständigen) Verzeichnisangabe. Alle zu kompilierenden Dateien stehen in dieser Datei.

- *Library*: Unbedingter Parameter. Die Angabe kann einen vollständigen Pfad enthalten. Wenn die Library nicht existiert, wird sie von TLIB.EXE angelegt. CBIB erzeugt eine Response-Datei für TLIB, in der alle Objektfiles eingetragen werden. Sie steht im gleichen Verzeichnis wie die Library.

- *Model*: Unbedingter Parameter. Für das Model ist eine der folgenden Bezeichnungen nötig (oder deren Anfangsbuchstabe): LARGE, SMALL, HUGE, MEDIUM, COMPACT.

- *Code*: Optionaler Parameter. Wenn Sie "286" angeben, wird der Compilerschalter [-2] an den C-Compiler und [/jP286] an den Assembler übergeben. Wenn Sie "88" angeben, wird kein Extra-Schalter weitergegeben, da dies die Voreinstellung der Compiler ist. Voreinstellung von CBIB ist allerdings "286"! Beachten Sie dies bitte!

- *Makros*: Optionaler Parameter. Wenn Sie weitere Makros (außer NDEBUG, der automatisch übergeben wird) einsetzen wollen, müssen diese in einer Reihe (oder mit Anführungszeichen) angegeben werden. Möglich ist: "_COMPILE_GRAFIK_;_USE_MOUSE_". Der Makro-Schalter [-D] (oder [/D] für den TASM) wird automatisch gesetzt. Sie können mehrere Definitionen mit einem Strichpunkt trennen oder mit Leerzeichen und dem Schalter [-D] explizit davor, wenn Sie den gesamten Ausdruck in Anführungszeichen setzen.

Damit Ihnen die Verwendung des Programms wirklich ganz klar wird, brauchen Sie sich nur die Dateien im Verzeichnis \CBIB\ anzuschauen. Dort stehen die Dateien TOOLSCT.LIS und TOOLSCC.LIS, CBIB.DOC und CBIB.EXE. Außerdem die Batch-Datei MAREB.BAT, in der die Aufruf-Syntax für die Compilierung der kompletten Library steht.

Das Programm LISTFILE.EXE wird Ihnen im Kapitel 3.17 (Anwendungsbeispiele) vorgestellt.

Regeln - oder die Kunst, C-Source zu warten

Nein, ich will Sie nicht ärgern. Aber in fremden Quellcodes sind mir immer wieder Dinge aufgefallen, die irgendwann, irgendwie zu Problemen führen. Deshalb entstand im Laufe der Jahre ein kleines Regelwerk, nur für mich gedacht. Hier ein kleiner Ausschnitt.

Prototypen

Verwenden Sie **IMMER** Prototypen. Verwenden Sie nicht die klassische Funktionsdefinition

```
absputs(spalte, zeile, text)
int spalte, zeile;
char *text;
{ ... }
```

sondern die moderne:

```
void cdecl absputs(int spalte, int zeile, char *text)
{ ...}
```

Zeiger-Konvertierungen

Benutzen Sie eher zu oft als zu wenig Typumwandlungen. Wenn der Borland-Compiler erkennt, was Sie wollen, liefert er hervorragende Warnungen und Fehlermeldungen.

In diesem Zusammenhang: Nehmen Sie alle Warnungen des C-Compilers ernst! Wie oft habe ich hinter einer unwichtig scheinenden Warnung elementare Fehler entdeckt! Nicht ohne Grund werden über die Header-Datei GLOBAL.H bestimmte Compiler-Warnungen eingeschaltet.

Grenzwertüberprüfung

Benutzen Sie zum Beispiel die Funktionen *minmax()* oder *maxmin()* immer, wenn Werte benutzt werden, deren Grenzüberschreitung unübersehbare Folgen hätte. Alle Funktionen zum Beispiel, die direkt in den Bildschirmspeicher schreiben, müssen streng darauf achten, daß die Koordinaten nicht aus den Grenzen geraten. Selbstverständlich?

Programmier-Tricks

Je weniger Spezial-Tricks Sie einsetzen, je mehr Sie sich um allgemeine Formulierungen einer Problemlösung bemühen, desto erfolgreicher werden Sie langfristig sein. Vielleicht hilft es nicht viel, das so allgemein zu sagen. Aber es ist schon ein Fortschritt, wenn Sie darüber nachdenken, was im folgenden Fall passiert:

```
logint = (value & 0x80);
```

wenn <value> ein beliebiger unsigned integer-Wert ist und <logint> ebenfall vom Typ Integer. Welchen Wert hat <logint> und welchen Wert hat <logint>, wenn es ein Bitfeld ist (Strukturmitglied: **int logint:1**)?

Programmiertricks gibt es auf vielen Ebenen. Quellcode mit vielen Tricks kann nicht gewartet werden und liefert schwer auffindbare Fehler.

Zeiger-Vergleiche

Wenn Sie Zeiger auf NULL testen wollen, vergleichen Sie in der Regel in der Art:

```
1.          if( zeiger == NULL)
```

oder

```
2.          if( zeiger != NULL)
```

Nicht immer ist das Ergebnis wie erwartet. Ich habe festgestellt, daß der zweite Vergleich nicht immer korrekt übersetzt wird. Deshalb ersetze ich den zweiten Vergleich durch folgende Syntax:

```
3.          if( ! (zeiger == NULL))
```

In vielen Fällen reicht das aber immer noch nicht. Der Vergleich ist nur wasserdicht, wenn der Zeiger entweder in einen **long**-Wert oder in einen **huge**-Zeiger umgewandelt wird:

```
4.          if( ! ((void huge *)zeiger == NULL))
5.          if( ! ((ulong) zeiger == NULL))
```

Konstanten

Der "gute C-Stil", Makros für Konstanten zu verwenden, ist ein erster Schritt. Der nächste ist es, Konstanten nur noch für eigene, abgeschlossene Systeme anzunehmen; alles andere ist im Fluß und ändert sich fortlaufend.

unsigned-Zähler und for-Schleifen

Achten Sie vor allem in for-Schleifen mit <i> als **unsigned**- oder **word**-Variable, die ***rückwärts*** gezählt werden, darauf, daß ein Kleiner-als-Null-Wert niemals vorkommt. Lachhaft?

Koordination

Wenn mehrere Programmierer (womöglich an verschiedenen Orten) am gleichen Quelltextpaket arbeiten, brauchen Sie ein Projektmanagement, das zumindest eine parallele Änderung der gleichen Quelldatei verhindert. Jede Änderung muß dokumentiert werden, jede Funktion braucht eine minimale Beschreibung.

Keine Zeit verschwenden

sollten Sie mit Funktionsentwicklungen, die andere schon gemacht haben.

Murphy

Denken Sie ab und zu an Murphy. Murphy ist unschlagbar.

Änderungen von Toolboxfunktionen

Sie haben den Source-Code der Toolbox in den Händen und können soviel ändern, wie Sie wollen. Prinzipiell sollten Sie kleinere Änderungen so gestalten, daß Sie wenigsten eine Anmerkung machen:

```
if(irgendwas) {      /* MAREB 10.06.1991 */
```

So sehen geänderte Zeilen von mir aus, wenn ich in fremdem Source-Code werkel. Bei größeren Änderungen sollten natürlich Kopien des Originals auffindbar bleiben, und bei Änderungen, die eine Funktion grundlegend ändern, sollte ein neuer Funktionsname verwendet werden.

Natürlich müssen Sie, bevor Sie eine Toolbox-Funktion ändern wollen, diese durchdrungen und verstanden haben. Ich gehe davon aus, daß alle Toolbox-Funktionen vergleichsweise fehlerfrei sind; wenn Sie einen Fehler finden, werden Sie ihn in der Regel relativ leicht beheben können. Schwieriger ist dies in den Modulen EINGABE, MENU und WINDOW, die recht komplex sind und verstanden werden müssen.

Wenn Sie nicht Fehler korrigieren, sondern den funktionalen Ablauf ändern wollen, ist es erst recht notwendig, die Aktionen zu verstehen.

Dagegen sind Toolbox-Erweiterungen völlig unproblematisch, solange Sie für neue Funktionen und Module die gleichen Compiler-Optionen verwenden und zum Beispiel die Header-Datei GLOBAL.H benutzen.

Da Sie auf Diskette nur eine Library-Variante geliefert bekommen, habe ich natürlich darauf geachtet, daß Sie leicht andere Varianten erstellen können. Nehmen Sie hierzu mein Programm CBIB.EXE zu Hilfe und achten Sie auf die Compiler-Optionen in den Dateien TURBOC.CFG und TASM.CFG und Makros wie _USE_MOUSE_.

Portierungen für andere Compiler können natürlich vorgenommen werden, wenngleich hierfür vielfältige Änderungen nötig werden. Für MS-C sollten Sie sich zuerst das SPEICHER-Modul vornehmen und Anpassungen für die MS-C Library-Modelle vornehmen.

Initialisierungen und Konfiguration

Wenn Sie ein Programm mit dieser Toolbox entwickeln, möchten Sie ein sicheres Gefühl dafür haben, welche Funktionen Sie zu Beginn (in *main()*) aufrufen sollten, und ob es Funktionen gibt, die ohne Initialisierung nicht korrekt arbeiten.

Nun, da kann man zunächst zwischen notwendigen und praktischen Initialisierungen unterscheiden. Fangen wir mit den notwendigen an:

Es ist **keine** explizite Initialisierung notwendig, um bestimmte Toolbox-Funktionen verwenden zu können. Alle Funktionen wurden so verfaßt, daß sie verwendet werden können, ohne vorher eine nebulöse andere Funktion aufrufen zu müssen. Im Zweifelsfall werden Funktionsaufrufe wirkungslos ignoriert (so z.B. die Mausfunktionen, wenn vorher nicht *MsInit()* aufgerufen wurde). In den meisten Fällen gibt es Standard-Annahmen oder automatische Initialisierungen.

Um jedoch ganz sicher zu gehen und potentielle Fehlerursachen auszuschließen, können Sie sich angewöhnen, zu Beginn immer die Funktion *ColMake()* aufzurufen. Wenn Sie sicher sind, daß Sie keine Funktion verwenden, die auf die Struktur <COL.> zugreift, dann reicht es, *viCard()* oder *iscolor()* aufzurufen (oder auch *viInitPtr()*); mit dem Aufruf einer dieser Funktionen stellen Sie sicher, daß das Monitorsystem analysiert und die interne Struktur <VidInf.> vom Typ {videoinfo} initialisert werden (siehe Modul MONITOR). Alternativ kann die Struktur <VidInf.> mit der Funktion *viConfig()* initialisiert werden. Deren Verwendbarkeit hängt vom Vorhandensein einer Konfigurationsdatei und der Änderbarkeit des Programms durch den Anwender ab.

Beide Strukturen (Bezeichner <COL.> und <VidInf.>) sind global. Solange das Videosystem nicht initialisiert wurde, ist <VidInf.> NULL. Solange <COL.> nicht initialisiert wurde (*ColMake()* nocht nicht aufgerufen), ist jedes Strukturmitglied 0 (COL.norm == 0 ergibt TRUE).

Eine explizite Initialisierung des Videosystem wird mit dem Aufruf von *viInitPtr()* (oder von *viConfig()* und folgendem *viInitPtr()*) sichergestellt. Die Low-Level-Funktionen, die von einem initialisierten Videosystem abhängig sind, erkennen eine fehlende Initialisierung und holen sie dann nach. Sinn ist, alle notwendigen Pointer und Variablen für das Videosystem zu setzen.

Zusammengefaßt: In größeren Programmen **können** Sie folgende Initialiserung vornehmen:

```
viConfig();
viInitPtr();
ColMake();
```

In Programmen ohne *viConfig()* reicht der Aufruf von *ColMake()*. Wenn Sie eine eigene Initialisierungsdatei oder Konfigurationsdatei und eine zusätzliche Funktion für deren Auswertung verwenden, können Sie auch auf *ColMake()* verzichten, indem Sie die Farbwerte aus einer Datei einlesen.

Wenn Sie eine Maus im Programm verwenden, sollten Sie folgende Syntax für die Initialisierung einhalten:

```
#ifdef _USE_MOUSE_
version = MsInit();
if(MsIstda())
  atexit( MsExit );
#endif
```

Wenn Sie die Maus NICHT im Programm verwenden wollen, wäre folgende Syntax denkbar. Notwendig ist sie jedoch nicht, weil *MsUseMouse(OFF)* solange die Standardannahme des Maus-Moduls ist, solange *MsInit()* nicht aufgerufen wurde.

```
#ifdef _USE_MOUSE_
MsUseMouse(OFF);
#endif
```

Wichtig ist, daß eine initialisierte Maus mit *MsExit()* wieder ausgeschaltet wird. Ein mehrfacher Aufruf von *MsExit()* schadet nicht.

Weiterhin ist es sinnvoll, zu Programmbeginn die Funktion *viCursor(OFF)* aufzurufen (oder *viCursor(ON)*). Notwendig ist dies nur, wenn am Programmende *viCursorDOS()* aufgerufen werden soll.

Wenn die Funktion *Terminate()* zum Beenden eines Programms verwendet wird, werden *MsExit()*, *viCursorDOS()* und *dfcloseall()* vor *exit()* aufgerufen. Das führt zu doppelten Aufrufen der Endefunktionen, wenn mit *atexit()* Installationen vorgenommen wurden. Deshalb sollen alle Ende-Funktionen so arbeiten, daß ein doppelter Aufruf nicht schadet.

Ein praktisches Beispiel für sinnvolle Funktionsaufrufe zu Beginn eines umfangreicheren Programms, das alle Möglichkeiten der Toolbox ausnützt, wird unten gezeigt. Eine notwendige Reihenfolge für die Aufrufe gibt es (fast) nicht. Nur *ATCHECK()* sollte, damit es Sinn macht, als erste Funktion aufgerufen werden. Die Funktion *viConfig()* ist ebenfalls nur ganz am Anfang sinnvoll. Außerdem sollten alle Funktionen, in denen dauerhaft Speicher allokiert wird, zu Beginn aufgerufen werden (wie *dflinebuffer()*), damit keine Speicherlöcher entstehen.

ATCHECK() ist natürlich nur nötig, wenn die Library oder das Programm mit dem Compilerschalter [-2] kompiliert wurden. Natürlich kann *ATCHECK()* auch nur dann ein Programm ordentlich terminieren, wenn Sie das *main*-Modul (oder hier: *premain*-Modul) ohne den Schalter [-2] kompilieren! Auch *ATCHECK()* selbst darf natürlich nicht für AT's kompiliert werden. Ich habe für meine Umgebung einen modifizierten Startup-Code bereitgestellt: Vor *main()* wird einfach nach 8086er Regeln *ATCHECK()* aufgerufen.

```
void premain(void)
{
  ATCHECK();
  Install_harderr();
  softerr( myError );        /* myError() sei Ihre eigene Funktion... */
  dflinebuffer(2048);        /* für die Funktion dfreadline() */
  dfmorefile(80);            /* mehr als 20 Dateien öffnen */
  atexit(dfcloseall);        /* am Ende alle Dateien schließen */
  viInitPtr();               /* expliziter Aufruf möglich */
  ColMake();                 /* Farbwerte einstellen */
```

```
  viCursor(OFF);               /* Cursor ausschalten */
  atexit(viCursorDOS);         /* am Ende Cursor restaurieren */
   #ifdef _USE_MOUSE_
  if(MsInit())                 /* MAUS verwenden */
    atexit(MsExit);            /* am Ende Maus ausschalten (!) */
  #endif
  viChgStdChr();               /* VGA / EGA: Sonderzeichen verwenden */
  SetBlinkBit(OFF);            /* VGA/EGA/MCGA: heller Hintergrund statt blinken */
  SetSeparator(':', '.', ','); /* Komma als Dezimal-Trenner */
  if(iscolor())
    WinShadow(TRUE, 0, 8);/* Schattenfarbe */
  else
    WinShadow(FALSE, 0,0);/* oder WinShadow(TRUE, 176, 7) */
  if(ATBIOS()) {
    WinZoom(ON);               /* Windows zoomend öffnen */
    SetZoomSpeed(500);
  }
  SetWaitTime(30);             /* Warteschleifen nach 30 Sekunden beenden */
  keyMF2(ON);                  /* Erweiterte Tastaturbefehle */

  if(viCard() == V_VGA) {
    /* VGA / EGA: besondere Farbwerte setzen */
    /* Hier nur VGA, weil EGA keine solchen Zwischenwerte zuläßt */
    ColSetRGBPal(ColReadPalReg(GREEN),         0,21, 0);
    ColSetRGBPal(ColReadPalReg(CYAN ),         0,35,42);
    ColSetRGBPal(ColReadPalReg(MAGENTA),      35, 0,42);
    ColSetRGBPal(ColReadPalReg(BROWN),        42,21, 0);
    ColSetRGBPal(ColReadPalReg(LIGHTGRAY),    45,45,45);
    ColSetRGBPal(ColReadPalReg(DARKGRAY),     18,18,18);
    ColSetRGBPal(ColReadPalReg(LIGHTBLUE),     0,21,63);
    ColSetRGBPal(ColReadPalReg(LIGHTGREEN),    0,63,21);
    ColSetRGBPal(ColReadPalReg(LIGHTCYAN),     0,63,63);
    ColSetRGBPal(ColReadPalReg(LIGHTRED),     63, 0,21);
    ColSetRGBPal(ColReadPalReg(LIGHTMAGENTA),63, 0,63);
    ColSetRGBPal(ColReadPalReg(YELLOW),       63,63, 0);
  }
}
```

Demgegenüber steht die Minimalversion. Wenn Sie alle Möglichkeiten der Toolbox ausnutzen wollen, müssen zumindest folgende Initialisierung vornehmen:

```
void premain(void)
{
  ATCHECK();                   /* Bei XT's zurück zu DOS */
  ColMake();
  #ifdef _USE_MOUSE_
```

```
  if(MsInit())                /* MAUS verwenden */
    atexit(MsExit);           /* am Ende Maus ausschalten (!) */
  #endif
}
```

Im Netzwerk

Wenn Sie ein netzwerkfähiges Programm schreiben, sind meist weitere Maßnahmen notwendig. In Netzwerk-Programmen, in denen gedruckt wird, ist die Verwendung der *Print*-Funktionen ideal und für diese die folgende Initialisierung nötig.

```
  if(isNetzwerk()) {
    PrintDoRedirection(TRUE);
    PrintNetDevice("LPT1", &NetInfo);
        /* siehe PrintNetDevice(), Modul NETZWERK*/
  }
```

Allerdings ist der Aufruf von *PrintDoRedirection()* nur nötig, wenn Sie mehr als einen Drucker unterstützen wollen oder wenn Sie mit Ihrem Programm eine Redirection aufbauen wollen.

Eine weitere, spezielle Netzwerk-Initialisierung ist im Zusammenhang mit der Toolbox nicht nötig.

Konfiguration

Jedes größere und vor allem jedes moderne Programm braucht eine Konfigurationsdatei oder eine Initialisierungsdatei (oder beide). Normalerweise wird man eine Konfig-Datei als ASCII-File pflegen, das heißt, man kann sie mit jedem Editor ändern und damit das Programm beeinflußen (Beispiel WINDOWS, WIN.INI). Anders als bei WINDOWS erhalten solche Dateien jedoch die Endung "CFG" und die Funktion *GetConfigFile()* liefert Ihnen den Dateinamen für eine Standardkonfigurationsdatei.

Initialisierungsdateien werden als binäre Dateien gepflegt (Beispiel MS-Word, MW.INI). Hier lassen sich Strukturen und verschiedenste Einstellungen abspeichern und so schnell und unkompliziert in das Programm laden. Alle Einstellungen, die man nicht einer externen Änderung durch den Benutzer überlassen möchte, sind hier sinnvoll aufgehoben. Die Funktion *GetInitFile()* liefert Ihnen einen Dateinamen für eine Standardinitialisierungsdatei.

Solche abgespeicherten Konfigurationen müssen natürlich in der Startphase des Programms berücksichtigt werden. So erübrigt sich der Aufruf von *ColMake()*, wenn Sie die Funktion *viConfig()* verwenden **und** eine abgespeicherte Struktur in <COL.> einlesen.

Natürlich werden Sie zunächst Mühe haben, die ganzen Funktionen zu überschauen; aber ich glaube, daß Sie mit der Zeit die vielfältigen Möglichkeiten dieser Toolbox zu schätzen wissen.

Als Software-Entwickler auf eigenen Beinen.

Wenn Sie daran denken, sich als Software-Entwickler selbständig zu machen, sollten Sie sich darüber im Klaren sein, daß es nicht genügt, Software zu entwickeln. Die wenigsten guten Software-Entwickler sind auch gute Geschäftsleute. Allenfalls verstehen Sie es (wie jeder Handwerker auch), sich so teuer wie möglich zu verkaufen.

Sie müssen kaufmännische Kenntnisse und Fähigkeiten mitbringen. Sie müssen mit Kunden Verträge aushandeln, die Sie vor unabsehbaren Folgekosten verschonen und gleichzeitig auf alle Sonderwünsche der Kunden eingehen können. Sie müssen Handbücher für Ihre eigenen Programme schreiben können (und Sie müssen termingerecht fertig werden!). Sie brauchen eine absolut effektive und konsequente Arbeitsweise, eine gute Software-Toolbox (sei es diese, eine eigene oder sonst eine). Sie brauchen auch Kollegen (mit welchem Status auch immer), die Sie mal zu Rate ziehen können, denen Sie mal einen Teilauftrag übergeben können. Sie schaffen nicht immer alles allein. Sie benötigen ferner einen Anrufbeantworter, Visitenkarte und Briefbogen, Laserdrucker, einen Rechtsanwalt im Bekanntenkreis und einen guten Steuerberater[1].

Sie müssen aber vor allem deutlich sehen, daß Kunden einen langfristigen Service erwarten und benötigen; ein klammheimlicher Abgang nach zwei Jahren Tätigkeit hat ungeahnte Folgen: für manchen Kunden läuft es auf den Hinauswurf zehntausender von DM hinaus. Das ist auch der Grund, warum viele Kunden lieber großen bekannten Firmen Aufträge erteilen, auch wenn sie nicht wissen, ob die Ergebnisse dann besser sein werden (zudem trügt der Schein: jede große Firma kann den Laden dicht machen und Kunden sitzen lassen).

Am besten ist es vielleicht, sich mit wenigstens einem Kollegen oder Bekannten zusammen zu tun und eine kleine Softwarefirma auf mehrere Beine zu stellen. Dann kann sich einer (oder eine) um das kaufmännische, um Werbung, Termine und Finanzamt kümmern, während der/die andere sich um die Software-Entwicklung bemüht.

---

1 Lacht da jemand?

Vorenthaltene Informationen

Bei der Programmierung von Monitor (VGA, Herkules), Netzwerken (Novell), von Schnittstellen zu häufigen Dateiformaten (TIFF, WORD, PCX etc.) werden Sie immer wieder über Informationslücken stolpern. Diese unnötig vorenthaltenen Informationen der Computerbranche sind ein riesiges Ärgernis.

Nichts dagegen, daß Software-Häuser ihren Quellcode geheim und Algorithmen für sich behalten - aber die Schnittstellen zur restlichen Computerwelt sollten offengelegt werden! Bei der Suche nach den Eingeweiden stoßen Sie auf Berge von Literatur, die nichts taugt, die von Fehlern wimmelt, auf Handbücher mit enormen Mängeln und auf Gedächtnislücken, wenn Sie nachfragen. Wäre es nicht großartig, wenn die Druckertreiber von Microsoft Word eine offene und bekannte Struktur hätten, so daß man Programme schreiben könnte, die auf jene Druckertreiber zugreifen? Nur wenn Sie für Microsoft Windows programmieren, können Sie sich um eigene Druckertreiber herumdrücken.

Überhaupt: Microsoft! Natürlich gibt es, alle hatten es gewußt, undokumentierte DOS-Funktionen, deren Verwendung zwar zu versionsabhängigen Programmen führt, aber die erst einen vernünftigen LAN-Manager oder einen CD-Disk-Treiber möglich machen. In einschlägigen Zeitschriften ist des öfteren von (vornehmlich amerikanischen) Beschwerden über Microsofts Informationspolitik zu lesen. Dieser multinationale Milliardenkonzern würde seine Marktmacht, die durch den millionenfachen Verkauf des MS-DOS-Betriebssystems entstand, durch die Verwendung undokumentierter Möglichkeiten ausnützen. Andere Software-Entwickler (bzw. andere Möchte-Gern-Milliarden-Konzerne), sehen sich dadurch benachteiligt. Wenn Sie das Stichwort, um das es vor allem geht, hören, werden Sie vielleicht die Aufregung verstehen: Die Wiedereintrittsinvarianz (reentrant) von DOS ist mit Hilfe undokumentierter DOS-Funktionen programmierbar. Ordentliche Debugger benötigen genauso den Zugriff ins Undokumentierte wie saubere TSR's. Was läge näher, als allen Programmierern die erweiterten Möglicheiten zu bieten?

STRING-Funktionen

Die meisten dieser Stringfunktionen wurden als Alternative zu den Standardroutinen geschaffen, um ein Problem in den Griff zu bekommen. Ich hatte festgestellt, daß im LARGE-Modell irgendwann ein "inkrementeller Absturz" auftritt: wenn *strcpy()* als Zielargument einen Zeiger mit der Adresse 284C:EAFF erhält und der String z.B. 0x2000 Bytes lang ist, werden zunächst 0x1500 Bytes korrekt kopiert (dann ist die Zieladresse 284C:FFFF); nun werden jedoch noch 0x500 Bytes von 284C:0000 bis 284C:0500 kopiert! Klar, daß dabei nichts Gutes herauskommt. Nach meiner Erfahrung treten auch noch andere Probleme auf, z.B. testet *strcpy()* die Parameter nicht auf NULL.

Meine String-Funktionen (*fstr...*) sind entweder reine Assemblerroutinen (Geschwindigkeit ist Trumpf) oder C-Funktionen, wenn es mir für Assembler zu kompliziert wurde. Spezielle huge-Versionen (*hstr...*) einiger Funktionen sind auch in C.

So wie die *hstr...()*-Funktionen aufgebaut sind, hatte ich zunächst meine Stringfunktionen entwickelt. Diese haben den Vorteil, daß sie absolut zuverlässig mit jedem Pointer zurechtkommen und es kein Problem ist, einen String von 150.000 Zeichen Länge zu kopieren. Die Seltenheit so großer Zeichenketten und die Langsamkeit der Funktionen führten mich zu der Entwicklung spezieller far-Versionen, bei denen die Adressen der Strings nur am Beginn der Operation normalisiert werden. Solche far-Versionen bietet übrigens nun auch Borland mit dem neuesten Compiler. Was sie leisten, muß getestet werden.

Beachten Sie bitte, daß Sie alle Stringfunktionen auch dann im SMALL-Modell einsetzen können, wenn die Funktionsnamen auf FAR- und HUGE-Pointer verweisen. Vorausgesetzt, Sie benutzen die Include-Datei GLOBAL.H oder ALLBIB.H und behalten die Definitionen für HUGE, HUGED, FAR und FARD (huge, huge, far, far) bei. Nur bei Funktionen, die explizit mit far (und nicht mit FAR) deklariert sind, muß auch im SMALL-Modell mit far-Verweisen gearbeitet werden.

	SMALL	MEDIUM	COMPACT	LARGE
FAR	-	far	-	far
FARD	-	-	far	far
HUGE	-	huge	-	huge
HUGED	-	-	huge	huge

BYTEPTR ist in ALLBIB.H als "byte FARD *" definiert, doch können Sie dieses Makro auch als "byte HUGED *", "byte far*" oder "byte *" definieren, ohne einen Absturz zu riskieren.

Wenn Ihr Compiler unter "huge" nur Bahnhof versteht, dann müssen Sie sich alle Stellen genau ansehen, an denen huge-Zeiger verwendet werden. Wahrscheinlich müssen Sie Adressennormalisierungen vornehmen (verwenden Sie hierzu die Funktion *fstradr()*, wenn Sie C-Funktionen schreiben).

_bkonv

Zweck Array für *is...*-Makros.

Definition unsigned char _Cdecl _bkonv[256];

Include CTYPE2.H

Quelldatei CKONVS.C

Beschreibung _bkonv[] ist ein globales Array für die Konvertierung von Großbuchstaben in Kleinbuchstaben und umgekehrt. Wenn Sie sich das Zeichen an der Array-Position _bkonv['A'] ausgeben lassen, erhalten Sie das Zeichen 'a'. Im Gegensatz zu den Standardfunktionen kann dieses Array auch Sonderzeichen beinhalten. So gibt das Array von der Position _bkonv['Ä'] das Zeichen 'ä' zurück.

Sie können für eigene Zwecke ein anderes Array des gleichen Namens anlegen - wenn die in CTYPE2.H definierten Makros darauf zugreifen sollen. Aber obacht!

Verweis _btype, *_is...()*

_btype

Zweck Array für *is...*-Makros.

Definition unsigned int _Cdecl _btype[257];

Include CTYPE2.H

Quelldatei CTYPES.C

Beschreibung Dieses Array enthält 257 Integerwerte und wird von den Makros in CTYPE2.H benötigt. Die Werte dieses Arrays können mit dem Programm \CCTYPE\MAKECB.C verändert werden.

Verweis *_is...()*

charadd

Zweck String zusammensetzen.

Definition BYTEPTR FAR charadd (BYTEPTR s, ...);

Include FSTRING.H

Quelldatei STRCADD.C

Parameter <s> ist die Adresse eines Strings, der alle folgenden Parameter aufnehmen soll. Alle folgenden Parameter werden als **byte** übergeben; als letztes muß unbedingt ein Null-Byte übergeben werden!

Ergebnis Ergebnis ist ein Zeiger auf <s>.

Beschreibung Verknüpft eine variable Anzahl Zeichen zu einem mit '\0' abgeschlossenen String. Da die Zeichen dem String <s> hinten angefügt werden, muß <s> zumindest auf ein Null-Byte zeigen. Die resultierende Länge des Strings ist die bisherige Länge plus die Anzahl der Zeichen. Der String <s> muß genügend Speicherplatz haben! Intern wird explizit mit huge-Zeigern gearbeitet, so daß <s> beliebig groß sein darf.

Verweis *stradd()*

Beispiel
```
charadd(s, 'T', 'e', 's', 't', '\0');
```

CharToCtrlCode

Zweck Controlzeichen in Ersatzzeichen umwandeln.

Definition BYTEPTR FAR CharToCtrlCode (BYTEPTR sPtrCode, word wLen);

Include FSTRING.H

Quelldatei CTRLCODE.C

Parameter <sPtrCode> ist ein Pointer auf String mit den umzusetzenden Zeichen. <wLen> ist eine **word**-Variable und enthält die Stringlänge (der String kann 0-Bytes enthalten, die nicht das Ende des Strings markieren).

Ergebnis Zurückgegeben wird ein Zeiger auf einen neuen String, der keine Control-Zeichen kleiner als ASCII 32 enthält, aber stattdessen Ersatz-Codes wie '^@' für das Null-Byte.

Beschreibung Diese Funktion wandelt echte Control-Zeichen in einem String in Ersatz-Control-Zeichen um. Ersatzzeichen ist zum Beispiel '^A'. Das resultierende Control-Zeichen ist der ASCII-Code 1.

Portabilität (DOS). Die Funktion verwendet für die Speicherallokierung die Funktion *Rmalloc()*. Die Portabilität hängt allein von ihr ab.

Verweis *CtrlCodeToChar()*

countwords

Zweck Anzahl der Worte in einem String ermitteln.

Definition word FAR countwords (BYTEPTR str);

Include FSTRING.H

Quelldatei SKIPWORD.C

Parameter <str> zeigt auf einen Textstring.

Ergebnis Anzahl der durch Leerzeichen getrennten Wörter in <str>.

Beschreibung Diese Funktion zählt nicht nur die Leerzeichen im String; es werden doppelte Leerzeichen und rechts stehende Leerzeichen besonders berücksichtigt.

cpnextword

Zweck Virtuellen Cursor positionieren.

Definition word FAR cpnextword (BYTEPTR Line, word startpos);

Include	FSTRING.H
Quelldatei	SKIPWORD.C
Parameter	<Line> zeigt auf einen String, <startpos> gibt den relativen aktuellen Offset im String an.
Ergebnis	Relativer Offset des rechten Wortes, das durch ein Leerzeichen vom aktuellen Wort getrennt ist.
Beschreibung	siehe *cpprevword()*
Verweis	*cpprevword()*

cpprevword

Zweck	Virtuellen Cursor positionieren.
Definition	word FAR cpprevword (BYTEPTR Line, word startpos);
Include	FSTRING.H
Quelldatei	SKIPWORD.C
Parameter	<Line> zeigt auf einen String, <startpos> gibt den relativen aktuellen Offset im String an.
Ergebnis	Relativer Offset des linken Wortes, das durch ein Leerzeichen vom aktuellen Wort getrennt ist.
Beschreibung	Diese Funktion wird - wie *cpnextword()* - zur Steuerung in Eingabefeldern verwendet (Modul EINGABE), kann aber ganz allgemein angewendet werden. Als Trenner zwischen Worten wird immer das Leerzeichen angenommen. Wenn kein linkes Wort mehr vorhanden ist, wird 0 zurückgegeben: der virtuelle Cursor stünde also dann auf dem Anfang des Strings. Das erste Zeichen in <Line> hat den relativen Offset 0, das Letzte *fstrlen(*Line*)* -1.
Verweis	Modul EINGABE

CtrlCodeToChar

Zweck	Ersatzzeichen in Controlzeichen umwandeln.

Definition

BYTEPTR FAR CtrlCodeToChar (BYTEPTR sPtrCode, word *wPtrLen);

Include

FSTRING.H

Quelldatei

CTRLCODE.C

Parameter

<sPtrCode> ist ein Pointer auf String mit den umzusetzenden Zeichen. <wPtrLen> ist ein Pointer auf eine word-Variable für die Aufnahme der resultierenden Stringlänge.

Ergebnis

Zurückgegeben wird ein Zeiger auf einen neuen String, der echte Steuer-Zeichen enthält.

Beschreibung

Diese Funktion wandelt Ersatz-Control-Codes in einem String in echte Control-Codes um. Ersatzzeichen ist zum Beispiel '^A'. Das resultierende Control-Zeichen ist der ASCII-Code 1.

Der resultierende String kann (wenn '^@' in <sPtrCode> enthalten war) 0-Bytes enthalten, weshalb die Länge des Strings dann nicht mehr festgestellt werden kann. Deshalb wird die Stringlänge gleich bei der Umwandlung gemessen und in die Parametervariable <wPtrLen> hineingeschrieben.

ASCII	Ctrl-Code
0	^@ (NUL)
1	^A (SOH)
2	^B (STX)
3	^C (ETX)
4	^D (EOT)
5	^E (ENQ)
6	^F (ACK)
7	^G (BEL)
8	^H (BS)
9	^I (HT)
10	^J (LF)
11	^K (VT)
12	^L (FF)
13	^M (CR)
14	^N (SO)
15	^O (SI)
16	^P (DLE)
17	^Q (DC1)
18	^R (DC2)
19	^S (DC3)
20	^T (DC4)

21	^U (NAK)
22	^V (SYN)
23	^W (ETB)
24	^X (CAN)
25	^Y (EM)
26	^Z (SUB)
27	^[(ESC)
28	^\ (FS)
29	^] (GS)
30	^^ (RS)
31	^_ (US)

Portabilität (DOS). Die Funktion verwendet für die Speicherallokierung die Funktion *Rmalloc()*. Die Portabilität hängt allein von ihr ab.

Verweis *CharToCtrlCode()*

empty

Zweck Feststellen, ob ein String "leer" ist.

Definition bool FAR empty (BYTEPTR str);

Include FSTRING.H

Quelldatei FCOUNT.ASM

Parameter <str> ist ein Zeiger auf einen String.

Ergebnis TRUE oder FALSE (1 oder 0)

Beschreibung Wenn TRUE zurückgegeben wird, enthält der String entweder nur ein Null-Byte oder nur Leerzeichen (ASCII 32). Wenn FALSE zurückgegeben wird, enthält der String noch irgendwelche andere Zeichen (oder <str> ist ein NULL-Pointer).

Verweis *full()*

ExtraktLine

Zweck Zeile aus einem Text extrahieren.

Definition BYTEPTR FAR ExtraktLine (BYTEPTR text, word linenumm, size_t *zahl);

Include

FSTRING.H

Quelldatei

STREXTR.C

Parameter

<text> ist ein Zeiger auf einen Text, der beliebig lang sein kann und maximal 0xFFF0 Zeilen enthalten darf; er kann als **huge**-Zeiger übergeben werden. <linenumm> ist die Nummer der Zeile, die extrahiert werden soll. <zahl> ist ein Zeiger auf eine Integervariable für die Aufnahme der Zeichenzahl der extrahierten Zeile.

Ergebnis

Der zurückgegebene Zeiger zeigt auf einen neu allokierten Speicherbereich, in den die Zeile kopiert wurde. Nach Gebrauch muß der Zeiger an *Rbfree()* übergeben werden. Wenn nicht genügend Speicher frei war, wird NULL zurückgegeben (<errno> ist hat dann den Wert ENOMEM). Wenn das Textende (erkennbar an einem Nullbyte) erreicht wird, bevor die Zeile <linenumm> ermittelt werden konnte, ist das Ergebnis ebenfalls NULL.

Beschreibung

Für diese Funktion spielt die Länge einer Zeile keine Rolle. Das kann bei der Bearbeitung von unbekannten Texten große Bedeutung haben. Der zurückgegebene - immer nullterminierte - String enthält am Ende die Zeilenende-Zeichen CR und LF (oder eines von beiden). Wenn kein Zeilenende gefunden wurde, wird der String explizit mit einem Nullbyte abgeschlossen. Wenn Sie also feststellen, daß vor dem Stringende kein Zeilenende ist, war dies die letzte oder einzige Zeile.

Denken Sie daran, den Speicherbereich wieder freizugeben.

Portabilität

siehe *Rmalloc()*

flinecount

Zweck

Anzahl Zeilen in einem Text zählen.

Definition

size_t FAR flinecount (BYTEPTR String, size_t *CountChr);

Include

FSTRING.H

Quelldatei

FCOUNT.ASM

Parameter

<string> ist ein Zeiger auf einen String, <CountChr> zeigt auf eine Integervariable.

Ergebnis

Die Anzahl der Zeilen (genauer: die Anzahl der Zeichen 0x0A plus 1) wird als Ergebnis geliefert, die Anzahl der gesamten Zeichen (inclusive Linefeed's) wird in <CountChr> zurückgegeben.

Beschreibung

Diese Funktion nimmt eine Normalisierung der Adresse vor, so daß maximal 0xFFF0 Zeichen gezählt und durchsucht werden können.

fmemichr

Zweck

Zeichen suchen, ohne zwischen Groß- und Kleinschreibung zu unterscheiden.

Definition

void FARD * FAR fmemichr (BYTEPTR s, int ch, int zahl);

Include

FSTRING.H

Quelldatei

FMEMICHR.C

Parameter

<s> ist ein Zeiger auf einen String (oder Speicherblock), <ch> das gesuchte Zeichen und <zahl> die Anzahl der zu durchsuchenden Bytes.

Ergebnis

Die Funktion gibt einen Zeiger auf die gefundene Stelle in <s> zurück, auf der <ch> steht, oder NULL, wenn nach <zahl> Zeichen nichts gefunden wurde.

Beschreibung

Die Funktion arbeitet ähnlich der Standardfunktion *memchr()*, mit zwei Unterschieden: erstens wird Groß- und Kleinschreibung ignoriert (einschließlich deutscher Sonderzeichen) und zweitens wird die Adresse von <s> vor Ausführung normalisiert, so daß <zahl> maximal 0xFFF0 groß werden darf.

Intern wird die *toupper()* aufgerufen. *toupper()* ist in CTYPE2.H als Makro definiert und liefert das gleiche Ergebnis wie *_upper()*.

Verweis

position(), *fstrchr()*, *_upper()*, _btype[], _bkonv[]

fmemmove

Zweck

Block kopieren.

Definition

void FARD * FAR fmemmove (void FARD *dst, const void FARD *src, size_t Len);

Include FSTRING.H

Quelldatei MEMMOV.ASM

Parameter <dst> ist wie <src> ein Zeiger auf einen beliebigen Speicherbereich. In diesen werden <Len> Zeichen aus <src> kopiert.

Ergebnis Zurückgegeben wird ein Zeiger auf (die normalisierte Adresse von) <dst> oder NULL, wenn ein Fehler auftrat.

Beschreibung Die Adressen von <dst> und <src> werden vor Funktionsausführung intern normalisiert. Dadurch können mit großer Sicherheit immer maximal 0xFFF0 Bytes kopiert werden. Tatsächlich arbeitet diese Funktion im Programmieralltag zuverlässiger als die Standardroutine *memmove()*, funktioniert nach außen hin aber genauso, berücksichtigt also auch sich überlappende Speicherbereiche.

Wenn an *fmemmove()* identische Zeiger übergeben werden, wird keine Aktion durchgeführt, sondern ein Zeiger auf <dst> zurückgegeben. Identische Zeiger werden also nicht als Fehler aufgefaßt.

Verweis *fstrncpy()*, *fmemset()*

Beispiel

```
#include <fstring.h>

byte str1[55000], str2[55000];

//...
fmemset(str1, 'X', 55000);
fmemmove(str2, str1, 45000);
//...
```

fmemset

Zweck Speicherblock mit Zeichen füllen.

Definition void FARD * FAR fmemset (void FARD *ptr, byte c, size_t Len);

Include FSTRING.H

Quelldatei FPADING.ASM

Parameter <ptr> ist ein Zeiger auf einen beliebigen Speicherbereich. In diesen werden <Len> Zeichen <c> geschrieben.

Ergebnis Zurückgegeben wird ein Zeiger auf <ptr> oder NULL, wenn ein Fehler auftrat.

Beschreibung Die Adresse von <ptr> wird vor Funktionsausführung intern normalisiert. Dadurch können mit großer Sicherheit immer maximal 0xFFF0 Bytes manipuliert werden. Tatsächlich arbeitet diese Funktion im Programmieralltag zuverlässiger als die Standardroutine *memset()*.

Verweis *fstrfill()*

Beispiel

```
#include <fstring.h>

byte string[35000];

//...
fmemset(string, '\0', 35000);
//...
```

fstpcpy

Zweck Strings kopieren.

Definition BYTEPTR FAR fstpcpy (BYTEPTR dest, BYTEPTR src);

Include FSTRING.H

Quelldatei STRINGL.ASM

Parameter <dest> ist der Zielstring, <src> der Quellstring.

Ergebnis Diese Funktion liefert einen Zeiger auf das Ende des Strings <dest>.

Beschreibung Diese Funktion arbeitet wie *stpcpy()* der Standardlibrary, normalisiert jedoch die Adressen. Außerdem wird sichergestellt, daß <dest> mit einem Null-Byte abgeschlossen wird.

Verweis *fstradr()*, *fstrcpy()*

fstradr

Zweck Normilisierung einer far-Adresse

Definition BYTEPTR FAR fstradr (BYTEPTR String);

Include FSTRING.H

Quelldatei STRINGL.ASM

Parameter <String> ist ein far-Pointer auf einen String.

Ergebnis Normalisierter Pointer auf den gleichen String.

Beschreibung Diese Funktion verwendet absichtlich nicht BYTEPTR für die Deklaration der Pointer; sie arbeitet völlig unabhängig davon, ob der Pointer als huge-Zeiger deklariert wurde - ja, diese Funktion ersetzt die Verwendung von huge-Zeigern an vielen Stellen im Programm. Sie wurde entwickelt, weil die Verwendung von huge-Zeigern zwar einerseits notwendig und erfolgreich ist, aber andererseits eine erhebliche Geschwindigkeitseinbuße mit sich bringt.

Für eine genauere Erklärung sehen Sie bitte auch am Anfang dieses Kapitels nach.

Die Funktion *fstradr()* macht nichts anderes, als Segment- und Offsetanteil des Pointers so zu modifizieren, daß der Offsetteil immer zwischen 0 und 15 liegt.

Immer wenn Sie mit einem Pointer incrementieren oder decrementieren wollen, können Sie entweder huge-Zeiger verwenden oder *fstradr()* einmal aufrufen.

Wenn Sie die Stringfunktionen dieser Toolbox verwenden, brauchen Sie *fstradr()* nicht explizit aufrufen. Die Funktionen wie *fstrcpy()*, *fstrcat()* (zum Beispiel) verwenden grundsätzlich normalisierte Zeiger, wenn es Assembler-Funktionen sind, oder sie rufen *fstradr()* auf, wenn es C-Funktionen sind (siehe z.B. STRINGL.ASM oder FSTR.C).

Ein wichtiger Unterschied besteht zwischen der Verwendung von *fstradr()* und huge-Pointern: Sie können mit huge-Pointern Strings mit einem Befehl kopieren, die weit größer als 64 kB sind. Mit *fstradr()* können Sie maximal 0xFFF0 Bytes auf einmal kopieren. Die Verwendung so großer Zeichenketten ist jedoch so selten, daß man für Fälle in denen sie vorkommen können, Extra-Funktionen nehmen sollte: *hstrcpy()* statt *fstrcpy()*.

Wenn Sie ein Memory-Modell mit near-Zeigern verwenden, macht diese Funktion nichts. Sie gibt den gleichen Zeiger wieder zurück, der ihr übergeben wurde.

Beispiel

```
#include <global.h>
#include <fstring.h>

BYTEPTR FAR SuchChar (byte ch, BYTEPTR str)
{
  byte *Tmp;
  if((Tmp = fstradr(str)) == NULL)
    return(NULL);
  for( ; *Tmp; Tmp++) {
    if(*Tmp == ch)
      return((BYTEPTR)Tmp);
  }
  return(NULL);
}
```

Ohne die Umwandlung mit *fstradr()* wäre die Funktion `SuchChar()` entschieden langsamer, was Sie jederzeit selber testen können. Ohne huge-Pointer UND ohne die Funktion *fstradr()* können Sie jedoch nicht sicher sein, ob `SuchChar()` richtig funktioniert.

fstrcat

Zweck Strings zusammenfügen.

Definition BYTEPTR FAR fstrcat (BYTEPTR dest, const BYTEPTR src);

Include FSTRING.H

Quelldatei STRINGL.ASM

Parameter <dest> ist der Zielstring, an den <src> (der Quellstring) angehängt wird.

Ergebnis Zurückgegeben wird ein Zeiger auf <dest>.

Beschreibung Die Funktion arbeitet wie *strcat()*, normalisiert jedoch zunächst die Adressen. Es wird sichergestellt, daß <dest> mit einem Null-Byte abgeschlossen wird.

Verweis *fstradr(), fstrcpy(), fstrncat()*

fstrcenter

Zweck String in seinen Grenzen zentrieren.

Definition void FAR fstrcenter(BYTEPTR str);

Include FSTRING.H

Quelldatei CENTER.C

Parameter <str> zeigt auf einen String, der links oder rechts (oder links und rechts) Leerzeichen enthält.

Ergebnis Der String, auf den <str> zeigt, erscheint nun zentriert.

Beschreibung Diese Funktion erwartet lediglich einen null-terminierten String, der mindestens zwei Leerzeichen enthält. Der String wird in die Mitte gelegt, links und rechts gleich viele Leerzeichen (bzw. rechts eines mehr, wenn eine ungerade Zahl entsteht).

Beispiel

```
#include <global.h>
#include <fstring.h>
#include <colors.h>
#include <window.h>

void main(void)
{
  byte *Tmp;
  ColMake(); ColSet(7);
  Tmp = pad("Rebentisch", 50);
  wprintf("\r\n[%s]\r\n", Tmp);
  fstrcenter(Tmp);
  wprintf("\r\n[%s]\r\n", Tmp);
}
```

fstrchr

Zweck Zeichen in einem String suchen.

Definition BYTEPTR FAR fstrchr (BYTEPTR str, int zeichen);

Include FSTRING.H

Quelldatei FCOUNT.ASM

Parameter <str> ist ein Zeiger auf einen String, in dem nach <zeichen> gesucht wird.

Ergebnis *fstrchr()* gibt einen Zeiger auf das gefundene Zeichen in <str> zurück, oder NULL, wenn es nicht gefunden wurde.

Beschreibung Diese Funktion arbeitet genauso, wie die Standardfunktion *strchr()*; doch werden intern die Adressen normalisiert, so daß keine Probleme im LARGE-Modell auftauchen.

Verweis *fstradr(), fstrcpy(), fstrrchr()*

fstrcompress

Zweck String auf seine "echte" Länge komprimieren.

Definition BYTEPTR FAR fstrcompress (BYTEPTR str);

Include FSTRING.H

Quelldatei FPADING.ASM

Parameter <str> ist einfach nur ein Stringzeiger.

Ergebnis Dieser Stringzeiger wird (normalisiert) als Ergebnis geliefert oder NULL im Fehlerfall.

Beschreibung Die Funktion normalisiert vor einer Aktion die Adresse von <str>. Rechts stehende Leerzeichen werden abgeschnitten. Hinter das letzte Zeichen, hinter dem nur noch Leerzeichen kommen, wird ein 0-Byte gesetzt.

Verweis *fstrtrim()*

fstrcpy

Zweck Strings kopieren.

Definition BYTEPTR FAR fstrcpy (BYTEPTR Ziel, BYTEPTR Quelle);

Include FSTRING.H

Quelldatei STRINGL.ASM

Parameter

<Ziel> ist ein Zeiger auf String, der genügend Platz für <Quelle> hat. <Quelle> ist ebenfalls ein Zeiger auf String und wird einschließlich dessen abschließendem Null-Byte in <Ziel> kopiert. Beide Zeiger können sowohl als huge-Pointer oder auch als far-Pointer übergeben werden.

Ergebnis

Gibt einen (normalisierten) Zeiger auf <Ziel> zurück, oder NULL, wenn der Ziel-Parameter NULL war oder wenn in <Quelle> nach 0xFFF0 Bytes kein Null-Byte gefunden wurde.

Beschreibung

Während die Standardroutine *strcpy()* nur mit near-Zeigern wirklich einwandfrei funktioniert, kann diese Funktion auch mit far-Zeigern umgehen. Vor dem eigentlichen Kopiervorgang werden die Adressen von <Ziel> und <Quelle> normalisiert, so daß auf jeden Fall 0xFFF0 Bytes kopiert werden können, ohne daß ein "rundzählen" des Offsets auftritt. Um mehr als 0xFFF0 Bytes zu kopieren, muß die huge-Variante *hstrcpy()* verwendet werden.

Im SMALL-Modell (bzw. in Modellen mit near-Zeigern) arbeitet die Funktion natürlich ohne Normalisierung, also wie *strcpy()*; ein "rundzählen" des Offsets bei near-Zeigern in kleinen Datenmodellen müssen Sie selbst verhindern.

<Quelle> darf auf einen Bereich in <Ziel> zeigen, jedoch nicht umgekehrt: <Ziel> darf nicht im gleichen Speicherbereich liegen wie <Quelle>. Erlaubt:

```
fstrcpy (Zielstring, Zielstring + 10);
```

Verboten:

```
fstrcpy (Zielstring + 10, Zielstring);
```

Am Ende wird sichergestellt, daß <Ziel> mit einem Null-Byte abgeschlossen wird.

Verweis

fstradr(), fstrlcpy(), fstrtcpy(), fstpcpy()

fstrcrcat

Zweck

Strings zusammenfügen.

Definition

BYTEPTR FAR fstrcrcat (BYTEPTR dest, BYTEPTR src);

Include

FSTRING.H

Quelldatei

STRINGL.ASM

Parameter <dest> ist der Zielstring, an den <src> angefügt wird.

Ergebnis Der zurückgelieferte Zeiger zeigt auf das neue Ende von <src>.

Beschreibung Kopiert den String <src> hinter das Ende von <dest>. Wenn in <src> ein Zeilenvorschub oder ein Carriage-Return vorkommt, wird das Stringende gesetzt. Zurückgeliefert wird ein Zeiger auf die Stelle im Zielstring <dest>, an der '\0' steht (wie *fstpcpy()*). Der Zielstring <dest> muß einen entsprechenden Speicher reserviert haben! Die Funktion gibt NULL zurück, ohne kopiert zu haben, wenn einer der Parameter NULL war.

Verweis *fstradr(), fstrcpy()*

fstrend

Zweck Zeiger auf das Stringende liefern.

Definition BYTEPTR FAR fstrend (BYTEPTR str);

Include FSTRING.H

Quelldatei STRINGL.ASM

Parameter <str> ist ein Zeiger auf einen String.

Ergebnis Zurückgegeben wird ein Zeiger auf das Ende des String (auf die Null).

Verweis *fstradr()*

fstrexpand

Zweck Zeichenkürzel expandieren.

Definition bool FAR fstrexpand (BYTEPTR src, BYTEPTR dest);

Include FSTRING.H

Quelldatei STREXP.C

Parameter <src> ist ein Zeiger auf einen String, der expandiert werden soll, <dest> ist der Zeiger auf einen String, der die expandierten Zeichen aufnimmt.

Beachten Sie, daß hier der Quellstring an erster Stelle der Parameterliste steht.

Ergebnis

Wenn <dest> nicht genügend Platz bietet, wird FALSE zurückgegeben. Sonst TRUE.

Beschreibung

Expandiert z.B. den String "a-z" zu

`abcdefghijklmnopqrstuvwxyz.`

Oder "a-g\n@-╚\n0-9-6A-D-J\n#-.!-■" zu dem 400 Zeichen langen String:

```
abcdefg\n@ABCDEFGHIJKLMNOPQRSTUVWXYZ[\]^_`abcdefghijklmnopqrst
uvwxyz{|}~⌂ÇüéâäàåçêëèïîìÄÅÉæÆôöòûùÿÖÜ¢£¥₧ƒáíóúñÑªº¿⌐¬½¼¡«»░▒▓
│┤╡╢╖╕╣║╗╝╜╛┐└┴┬├─┼╞╟╚\n0123456789-6ABCD-J\n#$%&'()*+,-.!"#$%&
'()*+,-./0123456789:;<=>?@ABCDEFGHIJKLMNOPQRSTUVWXYZ[\]^_`abcd
efghijklmnopqrstuvwxyz{|}~⌂ÇüéâäàåçêëèïîìÄÅÉæÆôöòûùÿÖÜ¢£¥₧ƒáíó
úñÑªº¿⌐¬½¼¡«»░▒▓│┤╡╢╖╕╣║╗╝╜╛┐└┴┬├─┼╞╟╚╔╩╦╠═╬╧╨╤╥╙╘╒╓╫╪┘┌█▄▌▐▀α
ßΓπΣσµτΦΘΩδ∞φε∩≡±≥≤⌠⌡÷≈°∙·√ⁿ²■]
```

Die Zeichen '\n' stehen für den ASCII-Wert LF (10), der nicht direkt druckbar ist. Damit das Programm nicht mit Ihnen baden geht, testet diese Funktion mit Hilfe der Funktion *RMemSize()*, wieviel Speicher für <dest> reserviert wurde und expandiert oder kopiert nur solange, wie Platz im Zielstring ist. Die resultierende Größe kann vorher mit *fstrexpsize()* getestet werden.

Bitte beachten Sie: Sie müssen unbedingt den Speicher für <dest> mit einer Toolbox-Memory-Funktion anfordern (*Rmalloc()*, *Rcalloc()* etc.), weil *RMemSize()* nur dann erkennen kann, wie groß der verfügbare Speicher für <dest> ist.

Verweis

fstrexpsize()

Beispiel

```
#include <global.h>
#include <stdio.h>
#include <ralloc.h>
#include <fstring.h>

void main(void)
{
  byte *exp="A-Z,0-9";
  byte *dst;
  size_t eLen;
  eLen = fstrexpsize(exp);
  dst  = (byte*)Rmalloc(eLen +1);
```

```
  if(fstrexpand(exp, dst) == TRUE)
    printf(dst);
  else
    printf("(Fehler in fstrexpand()");
}
```

fstrexpsize

Zweck Größe für einen Expand-Puffer feststellen.

Definition size_t FAR fstrexpsize (BYTEPTR src);

Include FSTRING.H

Quelldatei STREXP.C

Parameter <src> ist ein Zeiger auf einen String, der mit *fstrexpand()* expandiert werden soll.

Ergebnis Größe des notwendigen Speicherbereichs (für *Rmalloc()*).

Verweis *fstrexpand()*

fstrfill

Zweck String mit einem Zeichen füllen.

Definition void FAR fstrfill (BYTEPTR str, size_t len, byte ch);

Include FSTRING.H

Quelldatei FPADING.ASM

Parameter <str> ist die Adresse einer Zeichenkette, ab der <len> Zeichen mit <ch> geschrieben werden sollen.

Ergebnis keines

Beschreibung Die Stringadresse wird vor der Aktion intern normalisiert. Wenn <str> NULL ist, wird keine Aktion unternommen, genauso dann, wenn <len> Null ist.

Verweis *fstrpad()*, *fmemset()*, *fstrpadchar()*

fstrfind

Zweck
Stringabsuche.

Definition
BYTEPTR FAR fstrfind (BYTEPTR such, BYTEPTR str, size_t len);

Include
FSTRING.H

Quelldatei
FSTRFIND.C

Parameter
<str> ist die Adresse einer Zeichenkette, in der <such> gesucht wird. <len> kann entweder 0 sein (dann wird der ganze String durchsucht) oder eine Längenbegrenzung für die Suche sein.

Ergebnis
Zeiger auf gefundene Stelle oder NULL.

Beschreibung
Die Adressen werden vor der Aktion intern normalisiert. Wenn <str> NULL ist, wird keine Aktion unternommen, genauso dann, wenn die Länge von <such> größer als <str> ist.

<str> kann ein unbegrenzt großer Textblock sein, wenn gleichzeitig <len> größer als Null und kleiner als 0xFFF0 ist.

fstrfind() basiert auf einem extrem schnellen Algorythmus und ist um den Faktor 4 schneller als *fstrstr()*

Verweis
fstrstr()

fstrlcpy

Zweck
Strings kopieren und mit Leerzeichen auffüllen.

Definition
BYTEPTR FAR fstrlcpy (BYTEPTR dest, const BYTEPTR src, size_t len);

Include
FSTRING.H

Quelldatei
STRINGL.ASM

Parameter
<dest> ist der Zielstring, <src> der Quellstring. Maximal werden <len> Zeichen kopiert.

Ergebnis
Zurückgegeben wird ein Zeiger auf <dest>.

Beschreibung Die Funktion gibt NULL zurück, ohne kopiert zu haben, wenn einer der Parameter NULL war. Die Adressen werden normalisiert, so daß maximal 0xFFF0 Bytes kopiert werden können. Der String hat am Ende die Länge <len>, d.h. auf dest[len] steht ein Null-Byte. Wenn <src> weniger als <len> Zeichen enthält, wurde <dest> mit Leerzeichen aufgefüllt.

Verweis *fstradr(), fstrcpy()*

fstrlen

Zweck Länge eines Strings messen.

Definition size_t FAR fstrlen (BYTEPTR str);

Include FSTRING.H

Quelldatei STRINGL.ASM

Parameter <str> ist ein Zeiger auf einen String.

Ergebnis Die Länge des Strings wird als size_t zurückgeliefert.

Beschreibung Die Funktion normalisiert die Adresse des Strings (intern). Wenn ein NULL-Zeiger übergebem wird, wird 0 zurückgegeben. Maximal können 0xFFF0 Zeichen gezählt werden.

Verweis *fstradr(), hstrlen()*

fstrncat

Zweck Strings begrenzter Länge zusammenfügen.

Definition BYTEPTR FAR fstrncat (BYTEPTR dest, const BYTEPTR src, size_t Len);

Include FSTRING.H

Quelldatei STRINGL.ASM

Parameter <dest> ist der Zielstring, an den <Len> Zeichen aus <src> (dem Quellstring) angehängt werden.

Ergebnis Zurückgegeben wird ein Zeiger auf <dest>.

Beschreibung Die Funktion arbeitet wie *strncat()*, normalisiert jedoch zunächst die Adressen. Es wird sichergestellt, daß <dest> mit einem Null-Byte abgeschlossen wird.

Verweis *fstradr(), fstrcpy(), fstrcat()*

fstrncpy

Zweck Strings begrenzter Länge kopieren.

Definition BYTEPTR FAR fstrncpy (BYTEPTR dest, const BYTEPTR src, size_t len);

Include FSTRING.H

Quelldatei STRINGL.ASM

Parameter <dest> ist der Zielstring, <src> der Quellstring. Maximal werden <len> Zeichen kopiert.

Ergebnis Zurückgegeben wird ein Zeiger auf <dest>.

Beschreibung Die Funktion gibt NULL zurück, ohne kopiert zu haben, wenn einer der Parameter NULL war. Die Funktion arbeitet wie *strncpy()*, doch werden die Adressen normalisiert, so daß maximal 0xFFF0 Bytes kopiert werden können. Der String hat am Ende die Länge <len>, d.h. auf dest[len] steht ein Null-Byte. Es sei denn, <src> enthielt weniger als <len> Bytes. Es wird sichergestellt, daß <dest> mit einem Null-Byte abgeschlossen wird.

Verweis *fstradr(), fstrcpy()*

fstrpad

Zweck Zeichenkette mit Leerzeichen auffüllen.

Definition BYTEPTR fstrpad (BYTEPTR s, size_t Len);

Include FSTRING.H

Quelldatei FPADING.ASM

Parameter <s> ist ein Zeiger auf einen String. <Len> ist die End-Länge des Strings.

Ergebnis Zurückgegeben wird ein Zeiger auf <s>.

Beschreibung Die Stringadresse wird vor der Aktion intern normalisiert. Hinter das aktuelle Stringende werden soviele Leerzeichen angehängt, bis die Gesamtlänge des Strings <Len> beträgt. Hatte der String bereits diese Länge, wird keine Veränderung vorgenommen.

Verweis *fstrpadchar(), fmemset(), fstrfill()*

fstrpadchar

Zweck String mit einem Zeichen auffüllen.

Definition BYTEPTR FAR fstrpadchar (BYTEPTR str, size_t Len, int ch);

Include FSTRING.H

Quelldatei FPADING.ASM

Parameter <str> ist ein Zeiger auf einen String. <Len> ist die End-Länge des Strings. <ch> ist das Zeichen, mit dem auf die Länge <Len> aufgefüllt werden soll.

Ergebnis Zurückgegeben wird ein Zeiger auf <str>.

Beschreibung Die Stringadresse wird vor der Aktion intern normalisiert. Hinter das aktuelle Stringende wird sooft das Zeichen <ch> angehängt, bis die Gesamtlänge des Strings <Len> beträgt. Hatte der String bereits diese Länge, wird keine Veränderung vorgenommen.

Verweis *fstrpad(), fmemset(), fstrfill()*

fstrrchr

Zweck Das rechteste Zeichen in einem String suchen.

Definition BYTEPTR FAR fstrrchr (BYTEPTR str, int zeichen);

Include FSTRING.H

Quelldatei FCOUNT.ASM

Parameter <str> ist ein Zeiger auf einen String, in dem nach das letzte <zeichen> gesucht wird.

Ergebnis *fstrrchr()* gibt einen Zeiger auf das gefundene Zeichen in <str> zurück, oder NULL, wenn es nicht gefunden wurde.

Beschreibung Diese Funktion arbeitet genauso, wie die Standardfunktion *strrchr()*; doch werden intern die Adressen normalisiert, so daß keine Probleme im LARGE-Modell auftauchen.

Wenn zum Beispiel im String "C:\PFAD.PC\SUBDIR\FILE.EXT" ein Zeiger auf die Extension benötigt wird, reicht ein Aufruf von *fstrrchr(path, '.')* um als Ergebnis ".EXT" zu erhalten.

Verweis *fstradr(), fstrcpy(), fstrchr()*

fstrrtcpy

Zweck Strings bis zu einem Zeichen kopieren.

Definition BYTEPTR FAR fstrrtcpy (BYTEPTR dest, BYTEPTR src, byte sign);

Include FSTRING.H

Quelldatei STRRTCPY.C

Parameter <dest> ist der Zielstring, in den <src> (der Quellstring) kopiert wird. Das letzte Vorkommen des Zeichens <ch> in <src> oder das Stringende von <src> beenden den Kopiervorgang.

Ergebnis Zurückgegeben wird ein Zeiger auf die Stelle im Quellstring, an der das Zeichen <ch> oder das Stringende ('\0') steht.

Beschreibung Die Funktion gibt NULL zurück, ohne kopiert zu haben, wenn einer der Parameter NULL war.

Verweis *fstrtcpy(), fstradr(), fstrcpy()*

fstrsave

Zweck String in neuen Speicherblock kopieren.

Definition BYTEPTR FAR fstrsave (BYTEPTR str);

Include FSTRING.H

Quelldatei STRSVE.C

Parameter <str> zeigt auf einen maximal 0xFFF0-Bytes langen String, der in einen neuen Speicherbereich kopiert werden soll.

Ergebnis Zeiger auf den neuen String oder NULL, wenn nicht genügend Speicher frei ist.

Beschreibung Mit dieser Funktion können schnell Strings, die auf statische Bereiche in Bibliotheksfunktionen zeigen, in eigene Bereiche kopiert und gerettet werden. Die Adressen werden von *fstrsave()* normalisiert.

Portabilität siehe *Rmalloc()*

fstrstr

Zweck String in einem anderen String suchen.

Definition BYTEPTR FAR fstrstr(BYTEPTR string, BYTEPTR such);

Include FSTRING.H

Quelldatei STRSTR.C

Parameter <string> ist der String, in dem der gesuchte String <such> gesucht wird.

Ergebnis Ein Zeiger auf die Stelle in <string>, an der <such> beginnt oder NULL, wenn <such> nicht gefunden wurde.

Beschreibung Die Funktion arbeitet genauso wie *strstr()*, flippt aber auch bei sehr großen Strings nicht aus, weil explizit mit huge-Zeigern gearbeitet wird.

Verweis *fstrchr()*, *fstrstr()*

fstrtcpy

Zweck Strings bis zu einem Zeichen kopieren.

Definition BYTEPTR FAR fstrtcpy (BYTEPTR dest, BYTEPTR src, byte ch);

Include FSTRING.H

Quelldatei STRINGL.ASM

Parameter <dest> ist der Zielstring, in den <src> (der Quellstring) kopiert wird, solange das Zeichen <ch> nicht vorkommt.

Ergebnis Zurückgegeben wird ein Zeiger auf die Stelle im Quellstring, an der das Zeichen <ch> oder das Stringende ('\0') steht.

Beschreibung Die Funktion gibt NULL zurück, ohne kopiert zu haben, wenn einer der Parameter NULL war.

Verweis *fstradr(), fstrcpy()*

fstrtran

Zweck Zeichen im String ersetzen.

Definition BYTEPTR FAR fstrtran (BYTEPTR str, byte seek, byte bset, byte ignorebetween);

Include FSTRING.H

Quelldatei STRTRAN.C

Parameter <str> zeigt auf einen String, in dem Zeichen ersetzt werden sollen. <seek> ist das zu ersetzende Zeichen, <bset> ist das Ersatzzeichen und <ignorebetween> ist ein Zeichen, zwischen dem keine Ersetzung vorgenommen wird.

Ergebnis Ergebnis ist der Zeiger auf <str> oder NULL, wenn <str> NULL ist oder <seek> oder <bset> ein Null-Byte sind.

Beschreibung Im String <str>, der maximal 0xFFF0 Zeichen lang sein darf, werden alle Zeichen <seek> durch das Zeichen <bset> ersetzt, es sei denn, <seek> steht zwischen zwei Zeichen <ignorebetween> (zum Beispiel Anführungsstriche). Wenn nur ein Zeichen <ignorebetween> vorkommt, wird hinter diesem keine Ersetzung vorgenommen. Selbstverständlich können Sie keine Null-Bytes suchen und ersetzen.

Beispiel

```
BYTEPTR str = fstrtran("Manfred Rebentisch ", 'e', 'E', ' ');
// str zeigt jetzt auf:
// "ManfrEd Rebentisch "
```

fstrtrim

Zweck Einen String kürzen.

Definition void FAR fstrtrim (BYTEPTR str);

Include FSTRING.H

Quelldatei STRINGL.ASM

Parameter <str> ist ein Zeiger auf einen String.

Ergebnis Wenn die Funktion anders deklariert wird (BYTEPTR FAR fstrtrim(BYTEPTR str);), ist das Ergebnis ein Zeiger auf das neue Ende des Strings!

Beschreibung Vom Stringende her werden alle Leerzeichen, Tabulatoren, Linefeeds und Carriage-Return's durch Null-Bytes ersetzt. Die Stringadresse wird intern normalisiert (die Rückgabeadresse bezieht sich dann auf die normalisierte Adresse!). Wenn ein NULL-Zeiger übergeben wird, wird (bei entsprechender Deklaration) NULL zurückgegeben.

Verweis *fstrcompress()*

full

Zweck Feststellen, ob ein String nicht "leer" ist.

Definition bool FAR full (BYTEPTR str);

Include FSTRING.H

Quelldatei FCOUNT.ASM

Parameter <str> ist ein Zeiger auf einen String.

Ergebnis TRUE oder FALSE (1 oder 0)

Beschreibung Wird FALSE zurückgegeben, dann enthält der String entweder nur ein Null-Byte, ist ein NULL-Pointer oder enthält nur Leerzeichen (ASCII 32). Wenn TRUE zurückgegeben wird, enthält der String noch irgendwelche andere Zeichen.

Verweis *empty()*

getaword

Zweck Ein Wort aus einem String extrahieren.

Definition BYTEPTR FAR getaword(BYTEPTR str, word wortnum, byte trenn);

Include FSTRING.H

Quelldatei GETWORD.C

Parameter Aus <str> wird das <wortnum>te Wort herauskopiert. Die einzelnen Wörter sind durch <trenn> getrennt (meist das Leerzeichen).

Ergebnis Ein Zeiger auf einen neuen String oder NULL, wenn ein Fehler auftrat.

Beschreibung Für das zu kopierende Wort wird mit *Rmalloc()* Speicher reserviert. Dieser muß explizit wieder freigegeben werden.

Beispiel

```
BYTEPTR w2;
/*...*/
w2 = getaword("Klaus geht einkaufen.", 2, ' ');
wprintf(w2);    /* "geht" */
Rbfree(w2);
```

hstpcpy

Zweck Beliebig lange Strings kopieren.

Definition BHUGEPTR FAR hstpcpy(BHUGEPTR dest, BHUGEPTR src);

Include FSTRING.H

Quelldatei HSTR.C

Parameter <dest> ist ein Zeiger auf den Zielstring, <src> auf den Quellstring.

Ergebnis Der zurückgelieferte Zeiger zeigt auf das neue Ende von <dest>.

Beschreibung Beliebig lange Strings kopieren.

Portabilität Compiler mit huge-Model (der Compiler fügt speziellen Code für eine stetige Normalisierung der Adresse ein).

hstrcat

Zweck Beliebig lange String zusammenfügen.

Definition BHUGEPTR FAR hstrcat(BHUGEPTR dest, const BHUGEPTR src);

Include FSTRING.H

Quelldatei HSTR.C

Parameter <dest> ist der Zielstring, an den <src> (der Quellstring) angehängt wird.

Ergebnis Zurückgegeben wird ein Zeiger auf <dest>.

Beschreibung Die Funktion gibt NULL zurück, ohne kopiert zu haben, wenn einer der Parameter NULL war. Die Funktion arbeitet wie *fstrcat()*, doch ohne Beschränkung auf 64 kB.

Portabilität Compiler mit huge-Model (der Compiler fügt speziellen Code für eine stetige Normalisierung der Adresse ein).

hstrcpy

Zweck Beliebig lange Strings kopieren.

Definition BHUGEPTR FAR hstrcpy(BHUGEPTR dest, const BHUGEPTR src);

Include FSTRING.H

Quelldatei HSTR.C

Parameter <dest> ist der Zielstring, in den <src> (der Quellstring) kopiert wird.

Ergebnis Zurückgeliefert wird ein Zeiger auf <dest>.

Beschreibung Die Funktion gibt NULL zurück, ohne kopiert zu haben, wenn einer der Parameter NULL war. Die Funktion arbeitet wie *fstrcpy()*, doch ohne Beschränkung auf 64 kB.

Portabilität Compiler mit huge-Model (der Compiler fügt speziellen Code für eine stetige Normalisierung der Adresse ein).

Verweis *fstrcpy()*

hstrcrcat

Zweck Beliebig lange Strings kopieren.

Definition BHUGEPTR FAR hstrcrcat(BHUGEPTR ziel, BHUGEPTR quell);

Include FSTRING.H

Quelldatei HSTR.C

Parameter <ziel> ist ein Zeiger auf den Zielstring und <dest> auf den Quellstring.

Ergebnis Der zurückgelieferte Zeiger zeigt auf das neue Ende von <ziel>.

Beschreibung Kopiert den String <quell> hinter das Ende von <ziel>. Wenn in <quell> ein Zeilenvorschub oder ein Carriage-Return vorkommt, wird das Stringende gesetzt. Zurückgeliefert wird ein Zeiger auf die Stelle im Zielstring <ziel>, an der '\0' steht (wie *hstpcpy()*). Der Zielstring <ziel> muß einen entsprechenden Speicher reserviert haben! Die Funktion gibt NULL zurück, ohne kopiert zu haben, wenn einer der Parameter NULL war.

Portabilität Compiler mit huge-Model (der Compiler fügt speziellen Code für eine stetige Normalisierung der Adresse ein).

hstrlcpy

Zweck Beliebig lange Strings kopieren und auffüllen.

Definition BHUGEPTR FAR hstrlcpy(BHUGEPTR dest, const BHUGEPTR src, long len);

Include	FSTRING.H
Quelldatei	HSTR.C
Parameter	<dest> ist der Zielstring, in den <src> (der Quellstring) kopiert wird. Wenn weniger als <len> Bytes kopiert wurden, werden die restlichen Bytes mit Leerzeichen aufgefüllt.
Ergebnis	Zurückgeliefert wird ein Zeiger auf <dest>.
Beschreibung	Die Funktion gibt NULL zurück, ohne kopiert zu haben, wenn einer der Parameter NULL war. Die Funktion arbeitet wie *fstrlcpy()*, doch ohne Beschränkung auf 64 kB. Der String hat am Ende die Länge <len>, d.h. auf dest[len] steht ein Null-Byte.
Portabilität	Compiler mit huge-Model (der Compiler fügt speziellen Code für eine stetige Normalisierung der Adresse ein).

hstrlen

Zweck	Stringlänge mit huge-Zeigern messen.
Definition	long FAR hstrlen (BHUGEPTR str);
Include	FSTRING.H
Quelldatei	HSTR.C
Parameter	<str> ist ein Zeiger auf einen String.
Ergebnis	Die Länge von <str> wird als long-Wert zurückgegeben.
Beschreibung	Mit dieser Funktion können (fast) beliebig lange Texte "gemessen" werden. Wenn <str> NULL war, wird 0L zurückgegeben.
Portabilität	Compiler mit huge-Model (der Compiler fügt speziellen Code für eine stetige Normalisierung der Adresse ein).

hstrncpy

Zweck	Beliebig lange Strings begrenzter Länge kopieren.
Definition	BHUGEPTR FAR hstrncpy(BHUGEPTR dest, const BHUGEPTR src, long len);

Include FSTRING.H

Quelldatei HSTR.C

Parameter <dest> ist der Zielstring, in den <src> (der Quellstring) kopiert wird. Wenn <len> Bytes kopiert wurden, wird die Funktion beendet.

Ergebnis Zurückgeliefert wird ein Zeiger auf <dest>.

Beschreibung Die Funktion gibt NULL zurück, ohne kopiert zu haben, wenn einer der Parameter NULL war. Die Funktion arbeitet wie *fstrncpy()*, doch ohne Beschränkung auf 64 kB. Der String hat am Ende die Länge <len>, d.h. auf dest[len] steht ein Null-Byte. Es sei denn, ein Null-Byte kam in <src> vor, bevor <len> Bytes kopiert werden konnten.

Portabilität Compiler mit huge-Model (der Compiler fügt speziellen Code für eine stetige Normalisierung der Adresse ein).

hstrtcpy

Zweck Beliebig lange Strings kopieren.

Definition BHUGEPTR FAR hstrtcpy(BHUGEPTR str, BHUGEPTR ziel, byte ch);

Include FSTRING.H

Quelldatei HSTR.C

Parameter <str> ist der Zielstring, in den <ziel> (der Quellstring) kopiert wird, solange das Zeichen <ch> nicht vorkommt.

Ergebnis Zurückgegeben wird ein Zeiger auf die Stelle im Quellstring, an der das Zeichen <ch> oder das Stringende ('\0') steht.

Beschreibung Die Funktion gibt NULL zurück, ohne kopiert zu haben, wenn einer der Parameter NULL war. Die Funktion arbeitet wie *fstrtcpy()*, doch ohne Beschränkung auf 64 kB.

Portabilität Compiler mit huge-Model (der Compiler fügt speziellen Code für eine stetige Normalisierung der Adresse ein).

Verweis *fstrcpy()*

icountchr

Zweck Zeichen zählen.

Definition word FAR icountchr (byte ch, BYTEPTR str);

Include FSTRING.H

Quelldatei FCOUNT.ASM

Parameter <ch> ist das Zeichen, das in <str> (ein Zeiger auf einen String, der **nicht** länger als 64 kB sein darf) gezählt werden soll.

Ergebnis Der **word**-Wert enthält die Zahl der gezählten Zeichen.

Verweis *lcountchr()*

_is...()

Zweck Makros zur Klassifizierung von Zeichen.

Definition

```
int _isalnum (int __c);
int _isalpha (int __c);
int _isascii (int __c);
int _iscntrl (int __c);
int _isdigit (int __c);
int _isgraph (int __c);
int _islower (int __c);
int _isprint (int __c);
int _ispunct (int __c);
int _isspace (int __c);
int _isupper (int __c);
int _isxdigit(int __c);
int _isline  (int __c);
int _isodigit(int __c);
int _isumlaut(int __c);
```

Include CTYPE2.H

Parameter Immer das zu untersuchende Zeichen als Integer-Wert im Bereich von 0...255 (oder EOF).

Ergebnis *_isalnum()* prüft auf Buchstabe oder Ziffer; *_isalpha()* prüft auf Buchstabe; *_isascii()* liefert natürlich das gleiche Ergebnis wie *isascii()* und prüft, ob das Zeichen ein ASCII-Code im Bereich von 0...127 darstellt; *_iscntrl()* prüft auf Steuerzeichen (0...31,

127); *_isdigit()* prüft wie *isdigit()* auf Ziffer (0..9); *_isgraph()* prüft auf druckbares Zeichen und berücksichtigt den erweiterten IBM-Zeichensatz; *_islower()* prüft auf Kleinbuchstabe und *_isupper()* auf Großbuchstabe; *_isspace()* prüft auf Leerzeichen oder '\f', '\n', '\r', '\t', '\v'; *_isxdigit()* prüft auf Hexadezimalziffer (wie *isxdigit()*); *_isline()* prüft auf Linienzeichen des IBM-Zeichensatzes; *_isodigit()* prüft auf erlaubte Oktalziffern; *_isumlaut()* prüft, ob das übergebene Zeichen ein deutscher Umlaut ist und schließlich prüft *_isprint()*, ob das Zeichen gedruckt werden kann (im Unterschied zu *isprint()* werden alle 256 Zeichen des IBM-Zeichensatzes berücksichtigt).

Beschreibung Diese Makros prüfen das übergebene Zeichen anhand der Tabelle _btype[] auf verschiedene Bedingungen und liefern einen Wert ungleich Null, wenn die Bedingung zutrifft und ansonsten den Wert Null.

Die Makros berücksichtigen sämtlich die deutschen Umlaute und andere Sonderzeichen des erweiterten IBM-Zeichensatzes.

In CTYPE2.H sind die Standard-Makros ebenfalls definiert, die sich auch wie jene in CTYPE.H verhalten. isalpha('Ä') liefert also FALSE, während _isalpha('Ä') TRUE ergibt.

lcountchr

Zweck Zeichen zählen

Definition ulong FAR lcountchr(byte ch, BYTEPTR str);

Include FSTRING.H

Quelldatei FCOUNT.ASM

Parameter <ch> ist das Zeichen, das in <str> (ein Zeiger auf einen String, der länger als 64 kB sein darf) gezählt werden soll.

Ergebnis Der unsigned long-Wert enthält die Zahl der gezählten Zeichen.

Beschreibung Mit dieser Funktion können Sie Zeichen in Zeichenketten zählen, die länger als 64 kB sind. Die Stringadresse wird intern stets normalisiert.

Verweis *icountchr()*

Left

Zweck Linken Teilstring extrahieren.

Definition BYTEPTR FAR Left (BYTEPTR str, word count);

Include FSTRING.H

Quelldatei STRLFT.C

Parameter <str> zeigt auf einen String, aus dem von links <count> Bytes kopiert werden sollen.

Ergebnis Zeiger auf einen neuen String, der <count> Anzahl Zeichen enthält oder NULL, wenn ein Fehler auftrat.

Beschreibung *Left()* ist eine kürzere Schreibweise für *SubStr(str, 0, count)*. Gleichwohl besteht *Left()* nicht aus einem Aufruf von *SubStr()*. Die zurückgegebene Adresse muß mit *Rfree()* wieder freigegeben werden.

Portabilität siehe *Rmalloc()*

Verweis *Right(), SubStr()*

LeftBlanks / RightBlanks

Zweck Leerzeichen zählen.

Definition word FAR LeftBlanks (BYTEPTR string);
word FAR RightBlanks (BYTEPTR string);

Include FSTRING.H

Quelldatei STRBLKS.C

Parameter <string> ist ein Zeiger auf einen String.

Ergebnis Anzahl der Leerzeichen links oder rechts.

Beschreibung Beide Funktion arbeiten intern mit huge-Zeigern, daher können die Strings bis zu 0xFFF0 Bytes lang sein.

MaxLineLen

Zweck
In einem Text mit mehreren Zeilen die längste Zeile erkennen.

Definition
size_t FAR MaxLineLen (BHUGEPTR String);

Include
FSTRING.H

Quelldatei
FSTRMAX.C

Parameter
<String> ist ein Zeiger auf einen Text mit beliebig vielen Zeichen, solange eine Zeile weniger als 0xFFF0 Zeichen enthält und nicht mehr als 0xFFF0 Zeilen gezählt werden.

Ergebnis
Ergebnis ist die Zahl der Zeichen der längsten Zeile in <String>.

Beschreibung
Solch enorm große Textblöcke können nur mit huge-Zeigern bearbeitet werden. Wenn keine huge-Zeiger verfügbar sind, darf die Gesamtlänge des Strings 0xFFF0 nicht überschreiten und der Parameter <String> muß von Ihnen explizit normalisiert werden (*fstradr()*). In statischen Variablen werden die Zeilennummer des längsten Strings und ein Zeiger auf diese längste Zeile aufbewahrt. Mit *MaxLinePtr()* können diese Information abgeholt werden.

Verweis
MaxLinePtr(), position()

MaxLinePtr

Zweck
Infos nach *MaxLineLen()* abholen.

Definition
BHUGEPTR FAR MaxLinePtr (size_t *number);

Include
FSTRING.H

Quelldatei
FSTRMAX.C

Parameter
<number> ist ein Zeiger auf eine Integervariable.

Ergebnis
Zurückgegeben wird ein Zeiger auf den Beginn der längsten Zeile des Textblockes, dessen Adresse an *MaxLineLen()* übergeben wurde. Außerdem wird dessen Zeilennummer in <number> übertragen. Wenn *MaxLineLen()* Null lieferte, wird auch hier NULL bzw. Null übergeben.

Beschreibung Diese Funktion macht natürlich nur Sinn in Kombination mit *MaxLineLen()*.

Verweis *MaxLineLen()*

pad

Zweck String mit Leerzeichen kopieren und auffüllen.

Definition BYTEPTR FAR pad (BYTEPTR str, size_t breite);

Include FSTRING.H

Quelldatei STRPAD.C

Parameter <str> zeigt auf einen String, der auf die Länge von <breite> mit Leerzeichen aufgefüllt werden soll.

Ergebnis Zurückgegeben wird ein Zeiger auf einen neuen String oder NULL im Fehlerfall.

Beschreibung *pad()* fordert mit *Rmalloc()* Speicher an und kopiert <str> hinein. Wenn <str> kürzer als <breite> ist, werden entsprechend viele Leerzeichen angehängt. Der zurückgegebene String muß mit *Rfree()* wieder freigegeben werden.

Portabilität siehe *Rmalloc()*

Verweis *fstrpad(), fstrlcpy()*

position

Zweck Ein Zeichen in einem String finden.

Definition word FAR position (byte z, BYTEPTR str);

Include FSTRING.H

Quelldatei FCOUNT.ASM

Parameter <z> ist das Zeichen, das im String <str> gesucht wird.

Ergebnis Ergebnis ist ein Wert zwischen 0 und *fstrlen(str)*. Wenn 0 zurückgegeben wird, wurde das Zeichen nicht gefunden.

Beschreibung Wenn Sie versuchen, für <z> ein Null-Byte einzusetzen, wird das Ergebnis nicht (wie Sie vielleicht erwarten würden) die Stringlänge sein, sondern ebenfalls Null. Der String <str> darf maximal 0xFFF0 Zeichen lang sein; dessen Adresse wird intern normaliert.

Verweis *fstrchr()*

Right

Zweck Rechten Teilstring extrahieren.

Definition BYTEPTR FAR Right (BYTEPTR str, word count);

Include FSTRING.H

Quelldatei STRRGT.C

Parameter <str> zeigt auf einen String, aus dem von rechts <count> Bytes kopiert werden sollen.

Ergebnis Zeiger auf einen neuen String, der <count> Anzahl Zeichen enthält oder NULL, wenn ein Fehler auftrat.

Beschreibung *Right()* ist eine kürzere Schreibweise für *SubStr(str, fstrlen(str) - (count +1), count)*. Gleichwohl besteht *Right()* nicht aus einem Aufruf von *SubStr()*. Die zurückgegebene Adresse muß mit *Rfree()* wieder freigegeben werden.

Portabilität siehe *Rmalloc()*

Verweis *Left(), SubStr()*

stradd

Zweck Strings zusammenfügen.

Definition BYTEPTR FAR stradd (BYTEPTR s, ...);

Include FSTRING.H

Quelldatei STRSADD.C

Parameter <s> ist ein Zeiger auf einen String, der alle folgenden Strings aufnimmt. Als letztes muß unbedingt NULL übergeben werden.

Ergebnis — *stradd()* liefert einen Zeiger auf <s> zurück.

Beschreibung — Der erste Parameter hinter <s> wird als erstes nach <s> kopiert (im Gegensatz zu *charadd()*). Alle folgenden Strings werden mit *fstrcat()* angefügt.

Verweis — *charadd()*

SubStr

Zweck — Einen Teilstring extrahieren.

Definition — BYTEPTR FAR SubStr (BYTEPTR str, word von, size_t len);

Include — FSTRING.H

Quelldatei — SUBSTR.C

Parameter — <str> zeigt auf einen String, aus dem ab dem Byte <von> <len> Zeichen herausgeschnitten werden sollen.

Ergebnis — Ergebnis ist ein Zeiger auf einen neuen String oder NULL, wenn ein Fehler auftrat.

Beschreibung — Die Funktion könnte durch einen Aufruf von *fstrncpy()* ersetzt werden: *fstrncpy(Zielstr, str + von, len)*. *SubStr()* fordert jedoch für <Zielstr> einen neuen Speicherblock an.

Portabilität — siehe *Rmalloc()*

Verweis — *fstrncpy()*

trimlen

Zweck — Stringlänge ohne abschließende Leerzeichen ermitteln.

Definition — size_t FAR trimlen (BYTEPTR str);

Include — FSTRING.H

Quelldatei — STRINGL.ASM

Parameter — <str> ist ein Zeiger auf einen String.

Ergebnis

Ergebnis ist die Zahl der Zeichen des Strings, ohne die abschließenden Leerzeichen.

Beschreibung

Auch diese Funktion normalisiert intern die Adresse des Strings. So können bis zu 0xFFF0-Zeichen lange Strings übergeben werden. Wenn ein NULL-Zeiger übergebem wird, wird 0 zurückgegeben.

Verweis

fstrlen()

upperstr / lowerstr

Zweck

Strings in Groß- oder Kleinbuchstaben umwandeln.

Definition

BYTEPTR FAR upperstr (BYTEPTR str);
BYTEPTR FAR lowerstr (BYTEPTR str);

Include

FSTRING.H

Quelldatei

STRUPLOW.C

Parameter

<str> ist ein Zeiger auf den umzuwandelnden String.

Ergebnis

Ein Zeiger auf den gleichen String.

Beschreibung

Die Adressen werden intern mit *fstradr()* normalisiert. Die Strings dürfen maximal 0xFFF0 Bytes lang sein. Für die Umsetzung werden die Makros *_upper()* und *_lower()* verwendet (Berücksichtigung deutscher Sonderzeichen).

Verweis

_btype[], _bkonv[], *_is...()*

Modul MONITOR

Bei den Monitorsystemen gab es in den letzten Jahren die größten Veränderungen und Erweiterungen. Seitdem die DOS-Version 4 auf dem Markt ist, rät Microsoft sogar dazu, von einer Programmierung abzusehen, bei der man direkt in den Bildschirmspeicher schreibt. Aber im Gegensatz zu normalen Programmierern hatte Microsoft schon immer Zugang in die tiefsten DOS-Untiefen.

Die VGA-Karten warten mit einer Vielzahl neuer Funktionen auf, die man jedoch kaum benutzt, weil ein Programm sonst nicht mehr kompatibel zu älteren Monitoren ist. Der Anspruch, eine moderne VGA-Karte nach allen Regeln der Kunst auszunutzen und trotzdem andere Karten ebensogut zu unterstützen, ist zweifellos hoch. Die Ansprüche der Anwender an heutige Programme sind enorm gestiegen, und der Programmierer kommt nicht umhin, auf hohem Niveau den großen Softwarefirmen nachzueifern.

Solange nur für den Text-Modus programmiert wird, ist die Unterstützung unterschiedlicher Monitore und Grafikkarten relativ einfach. Die größte Schwierigkeit bleibt das Erkennen des Systems. Dabei wiederum bietet die Herkuleskarte am meisten Widerstand, der aber nur zu brechen ist, wenn man spezielle Eigenschaften benutzen möchte: Wechsel auf verschiedene Bildschirmseiten oder Blinkattribut ausschalten.

KONFIGURATION

Sie haben die Möglichkeit, relativ unabhängig von der Hardware zu programmieren, wenn Sie diese Modulfunktionen konsequent verwenden. Mit der Funktion *viConfig()* steht Ihnen eine mächtige Routine zur Verfügung: durch sie kann der End-Anwender ein Programm selbst konfigurieren. Er kann den Videomodus festlegen und die dazugehörigen Videoinformationen eingeben. Dieses Video-Subsystem verzichtet dann auf eine Analyse und versucht, die Werte aus der Konfigurationsdatei zu übernehmen. Lesen Sie hierzu die Ausführungen unter *viConfig()*, *viWriteConfig()* und *viDescript()*.

FESTLEGUNG

Alle Funktionen aller Module für den Textmodus, beziehen sich auf ein Koordinatensystem, in dem die obere linke Ecke 1,1 ist und unten rechts *viCols()* / *viRows()*.

ANALYSE + INITIALISIERUNG

Die Funktionen analysieren die vorhandene Hardware und konfigurieren sich selbst automatisch. EGA-, VGA-, CGA-, MDA-, MCGA- und HGC-Karten werden erkannt und unterstützt. Alle Bildschirmfunktionen unterstützen alle vorhandenen Bildschirmseiten, variable Spaltenzahl und Zeilenzahl, unterschiedliche Video-Modi und manches mehr. Zum Beispiel kann während eines Programmlaufs auf einen 50 Zeilen-Modus (VGA) umgeschaltet werden. Die Analyse-Funktionen sind auch im Grafikmodus gültig (die Ausgabe-Funktionen nur, wenn <directvideo> FALSE ist, also das Modul VIBIOSIO.CAS verwendet wird).

Da sich alle Funktionen automatisch initialisieren, kann man in der Anwendung sofort hinter *main()* eine Low-Level-Funktion benutzen (z.B. *absputs()*). Alle für die Ausführung benötigten Schritte werden vorher durchgeführt.

```
bool FAR     viConfig        (void);
bool FAR     viWriteConfig   (void);
BYTEPTR FAR viDescript       (void);
word FAR     _viChkSys       (void);
byte FAR *   _viChkVGA       (word *Ram, word *cols);
bool FAR     _viChkEGA       (word *Ram);
bool FAR     iscolor         (void);
bool FAR     isgrafik        (void);
word FAR     viCols          (void);
word FAR     viRows          (void);
void far * FAR viAdress      (word page);
word FAR     viCard          (void);
bool FAR     viCrtinit       (void);
bool FAR     viCrtNew        (void);
void FAR     viInitPtr       (void);
```

CURSOR-STEUERUNG

```
word FAR     viCursorPos     (void);
void FAR     viCursorMove    (word posn );
word FAR     viCursorSizeG   (word *ganz);
void FAR     viCursorSize    (word *top, word *bott);
bool FAR     viCursor        (bool on_off);
void FAR     viCursorDOS     (void);
word FAR     absrow          (void);
word FAR     abscol          (void);
void FAR     absgo           (word col, word row);
```

BILDSCHIRM-AUSGABEN

Bei der Initialisierung über die lokal definierte Funktion *ScrPtr()* in VIDOUT.C wird untersucht, ob der Anwender einen Programmstart mit BIOS-Funktionen wünscht: Wenn in der Parameterzeile eines Programms als erstes [-B] oder [/B] angegeben wird, wird <directvideo> auf FALSE gesetzt. Zuvor wird allerdings eine Umgebungsvariable "VIDEO" gesucht und ihr Inhalt auf "BIOS" abgeklopft. Wenn dieser Begriff gefunden wird (der Anwender hat z.B. in der Autoexec.BAT die Zeile "SET VIDEO=BIOS" geschrieben), dann wird ebenfalls <directvideo> auf FALSE gesetzt.

Die Bildschirmausgabefunktionen der Toolbox wurden halbwegs raffiniert geschrieben, damit sie komplett durch andere Funktionen ersetzt werden können. Ergebnis meiner Bemühungen ist eine Lösung, die Ihnen erlaubt, während des Programmlaufs zwischen einer BIOS-Steuerung und direkten Speicherzugriffen zu wechseln. Auch ältere CGA-Karten mit ihren Schneegestöbern können durch ein automatisch eingesetztes Extra-Modul bezwungen werden. Zuständig sind hierfür die Funktionen *viFAST_IO()*, *viBIOS_IO()* und *viCGA_IO()*. Wenn Sie eine Spezialsteuerung benötigen, können Sie ein weiteres Modul einhängen. Hierzu müssen Sie das Modul VIDOUT.C berücksichtigen. Wenn Sie sich die Quelltexte der Video-Funktionen in VIDOUT.C und VIFASTIO.C anschauen, werden Sie feststellen, daß die eigentlichen Bildschirmausgaben, wenn <directvideo> TRUE ist, von einer einzigen Funktion vorgenommen werden: *viFAST_IO()*. Die internen Funktionen *viFAST_IO()*, *viBIOS_IO()* und *viCGA_IO()* sollen nur aus der Modul-Datei VIDOUT.C aufgerufen werden.

Die folgend genannten Funktionen brauchen Sie nur, wenn Sie auf unterster Ebene (Low-Level) kleine Programme schreiben wollen. Oder wenn Sie zum Beispiel das Modul WINDOW ersetzen wollen.

```
void FAR     absclear       (word sp, word ze, word re, word un,
                             byte zeichen, word farbe);
void FAR     absscroll      (word updo, word zeilen, word links, word oben,
                             word rechts, word unten, word farbe);
void FAR     absbox         (word left, word top, word right,
                             word bott, word form, word farbe);
void FAR     zoombox        (word left, word top, word right, word bott,
                             word form, word farbe);
word FAR     SetZoomSpeed   (word speed);
BYTEPTR FAR  GetUserFrame   (word frame);
void FAR     SetUserFrame   (BYTEPTR zeichen);
void FAR     absattr        (word, word, word);
void FAR     absxputs       (word pos, word farbe, BYTEPTR);
void FAR     abschar        (word spalte, word zeile, byte zeichen,
```

```
                                       word anzahl, word farbe);
void FAR     absputch          (word sp, word ze, byte zeichen, word farbe);
void FAR     abssenk           (word sp, word ze, word anz, byte zeich, word farbe);
void FAR     abssenkattr       (word spalte, word zeile, word anz, word farbe);
void FAR     abswriteattr      (word spalte, word zeile, word len, word farbe);
void FAR     abswritechar      (word spalte, word zeile, byte zeichen);
void FAR     absputs           (word spalte, word zeile, word attr, BYTEPTR text);
byte FAR     absreadchar       (word spalte, word zeile);
word FAR     absreadattr       (word spalte, word zeile);
BYTEPTR FAR  absreadstr        (word spalte, word zeile, word zahl);
void FAR     abswindow         (word col, word row, word breite, word laenge,
                                word *windowstack, bool flag);
```

MODI-SETZEN:

```
word FAR     viSetMode         (word modi);
word FAR     viGetMode         (void);
bool FAR     viAktPage         (word page);
word FAR     viGetAktPage      (void);
bool FAR     viSetPage         (word page);
word FAR     viGetPage         (void);
bool FAR     SetBlinkBit       (bool on_off);
```

MAUS

Die Funktionen zur Veränderung von Video-Modi unterstützen und berücksichtigen eine eventuell installierte Maus automatisch. Wenn während eines Programmlaufs auf einen 50-Zeilen-Modus umgeschaltet wird, kann die Maus weiterhin auf dem ganzen Monitor eingesetzt werden (auch auf allen Bildschirmseiten). Alle *abs...*-Funktionen kümmern sich nicht um die Maus. Diese Low-Level-Funktionen werden schließlich in einem Programm nicht direkt benutzt, sondern über High-Level-Funktionen (z.B. *WinSay(), wprintf()*), in denen sowohl eventuell gesetzte Windows als auch eventuell vorhandene Mäuse berücksichtigt werden. Alle Module können durch die Ausschaltung der Definition _USE_MOUSE_ ohne Mausunterstützung neu kompiliert werden.

VGA

Wenn Sie eine VGA-Karte mit dem Tseng-Chip ET3000 besitzen, können Sie z.B. den attraktiven Textmodus 2A (100 Spalten und 40 Zeilen) verwenden. Die hier vorgestellten Toolbox-Funktionen unterstützen jeden Textmodus, sofern die Video-Startadresse bei Colorkarten 0xB800 und bei SW-Monitoren 0xB000 ist (VGA-Karten liefern diese Adresse via BIOS und die Toolbox-Funktionen schauen dort nach). Das Problem bei der Verwendung bestimmter Textmodi liegt in einer nicht von IBM erfundenen Auflösung (wie 800x600 bei 2A), weil die Microsoft-

Mäuse dann nicht mehr funktionieren. Sie lassen sich nicht davon überzeugen, mit einer höheren Auflösung als 640x480 zu arbeiten.

VIDEO-MODI

Neben den bekannten Video-Modi 0 bis 13h etablieren sich langsam aber unsicher einige weitere Standards. Video-Modi von 18h bis 38h werden von vielen VGA-Karten-Herstellern gleichermaßen benutzt. Oft jedoch mit anderen Werten beim gleichen Chipsatz.

Die folgende Tabelle listet die erweiterten Video-Modi (siehe auch Tabelle in Günter Born, MS-DOS Programmier-Handbuch, S. 511-514). Sie müssen die Modi testen; Sie können sich nicht darauf verlassen, daß sie funktionieren. Tippfehler fehlen in der Tabelle.

Mode	Type	Colors/ Shades	Text-Format	Video-Adress	Font-Size	Pages	Display-Size	Anmerkung
18h	Text	4	132x44	B0000	8x8	2	1056 x 352	CI4
	Text	mono	132x44		9x8		1188 x 352	MD-B10 3Max
	Text	mono	132x44		8x8		640 x 480	Tseng Labs EVA
	Text		80x34		8x14		640 x 480	LavaChromeII EGA
	Grafik	16					1024 x 768	Tecmar VGA/AD
19h	Text	4	132x25	B0000	9x14	4	1188 x 350	MD-B10 CI4
1Ah	Text	4	132x28	B0000	9x13	4	1188 x 364	MD-B10 CI4
22h	Text	16/256	132x44	B8000	8x8	2	1056 x 352	CI4 3Max
	Text	16/64	132x44	B8000	9x8		1188 x 352	MD-B10
	Text		132x44		8x8			Tseng Labs EVA
	Text		132x43					Peacock VGA
23h	Text	16/256	132x25	B8000	8x14	4	1056 x 350	MD-B10 CI4 3Max
24h	Text	16/256	132x28	B8000	8x13	4	1056 x 364	MD-B10 CI4 3Max
25h	Grafik	16/256	80x60	A0000	8x8	1	640 x 480	MD-B10 CI4
26h	Text	16/256	80x65	B8000	8x8	3	640 x 480	MD-B10 CI4
	Text	16/256	80x60	B8000	8x8		640 x 480	3Max
27h	Grafik	16/64					720 x 512	MD-B10
28h	Text	16/64	90x32	B8000	8x16		720 x 512	MD-B10 CI4
29h	Grafik	16/256	100x37	A0000	8x16	1	800 x 600	MD-B10 CI4
2Ah	Text	16/256	100x40	B8000	8x15	4	800 x 600	MD-B10 CI4 3Max
	Text		100x40					Peacock VGA
2Dh	Grafik	256/256	80x25	A0000	8x14	1	640 x 350	MD-B10 CI4
2Eh	Grafik	256/256	80x30	A0000	8x16	1	640 x 480	MD-B10 CI4 3Max
2Fh	Grafik	256/256		A0000			720 x 512	MD-B10
30h	Grafik	256/256	100x37	A0000	8x16	1	800 x 600	MD-B10 CI4 3Max
37h	Grafik	16/256	128x48	A0000	8x16	1	1024 x 768	MD-B10 CI4 3Max
38h	Grafik	256/256	128x48	A0000	8x16	1	1024 x 768	4Max (ET4000)

STRUKTUR

Die Monitorfunktionen benutzen eine global definierte Struktur vom Typ {videoinfo}: <VidInf.>. Diese Struktur hat folgenden Aufbau:

```
typedef struct {
  byte MonitorTyp,            UNBEKANNT, VMONO oder VFARBE
       GrafikModus,           TRUE oder FALSE
       GrafikKarte,           UNBEKANNT ... V_HGC
       DOSModus,              Video-Modus bei Programmstart
       retrace,               Für CGA, TRUE: Beachte Strahlrücklauf
       directvideo,           TRUE: direkt in den RAM schreiben
       AktivModus,            0...255
       AktivePage,            0...15
       AnzahlPage,            0...15
       SpaltenZahl,           0...255
       ZeilenZahl;            0...255
  word CursorForm;            Rasterzeilen des Cursors, Start==HIGH
       union {
         byte far *scrptr;    Zeiger auf Bildschirmadresse
         struct {
           word scroff,       Offset der Adresse (0)
                scrseg;       Segmentadresse, z.B. 0xB800
         } u;
       } displayptr;
  word VideoSpeicher,         z.B.. 256 (kB)
       PageSize,              Größe einer Bildschirmseite: z.B.. 4096
       MaxColors,             Anzahl möglicher Farben (Monochrom: 0)
       ScreenPort;            z.B.. 0x3B8 oder 0x3D8 (Farbe)
  byte Port3BD8,
       Port3BD9;              3B9 oder 3D9
  word ZeichenHoehe,          Zeichenhöhe in Rasterzeilen
       RasterZeilen,          200, 350, 400, 480, 768 ...
} videoinfo;
```

Anmerkungen zur Struktur {**videoinfo**}:
<.MaxColors>, <.ScreenPort>, <.Port3BD8> und <.Port3BD9>, <.ZeichenHoehe> und <.RasterZeilen> werden (noch) nirgends verwendet. <.ChangeChar> wird von *viChgStdChr()* an genau der Byteposition erwartet, die es in dieser Struktur innehat (VidInf + 6). Die Struktur darf also nur am unteren Ende erweitert, aber ansonsten nicht verändert werden. Die globale Definition von <VidInf.> erlaubt die unkomplizierte Aufsplittung des Moduls in mehrere Dateien.
Die Struktur wird automatisch verwaltet. Ihre Mitglieder sind je nach vorhandenem Videosystem unterschiedlich gesetzt.

Obwohl diese Struktur von überall zugänglich ist, sollte man so wenig wie möglich direkt auf sie zugreifen. Statt die Grafik-Karte mit einer Zuweisung:

```
gkarte = VidInf->GrafikKarte;
```

zu ermitteln, sollte man die Funktion *viCard()* benutzen:

```
gkarte = viCard();
```

Das hat den Vorteil, daß die Feststellung der Grafikkarte nun völlig unabhängig von der Existenz der Struktur <VidInf.> ist und den Vorteil, daß *viCard()* automatisch eine Initialisierung vornehmen kann, wenn <VidInf.> noch NULL ist. Spätere Änderungen sind dadurch überhaupt kein Problem, solange nur *viCard()* eine Kennzahl für die Videokarte zurückgibt.

PORTABILITÄT

Die meisten Funktionen erwarten einen IBM-kompatiblen Computer als Arbeitsgrundlage; dazu gehört ein ROM-BIOS für PC's oder AT's. Die Funktionen sind darauf abgestimmt, automatisch erweiterte BIOS-Funktionen zu verwenden, wenn dies möglich ist. Wenn ein VGA-BIOS installiert ist, dann findet alle Kommunikation zwischen Programm und BIOS über Interrupts statt. Andernfalls wird auf den BIOS-Datenbereich direkt zugegriffen (siehe *BiosVar()*).

Ich bin recht sicher, daß eine Portierung der Funktionen auf UNIX-Systeme (zumal unter 80286er, 386er oder 486er Prozessoren) leicht ist. Die Modularität innerhalb dieses Moduls erlaubt meist recht einfache Funktionsersetzungen, weil jede Funktion als eine abgeschlossene Einheit betrachtet wird, die eine Aufgabe zu erfüllen hat; den anderen Funktionen ist es egal, wie diese Aufgabe erfüllt wird. Nur Input und Output müssen stimmen. Eine so zentrale Funktion wie *_viChkSys()*, jetzt ein Assemblerquelltext mit BIOS-Interrupts, kann durch einen völlig anderen Quelltext zum Beispiel mit Zugriffen auf eine eigene globale Struktur ersetzt werden - Hauptsache das Funktionsergebnis gibt in gleicher Weise Auskunft über Monitor und Grafikkarte. Die Tücken jeder Portierung freilich sind tückisch, weil sie nicht absehbar sind.

absattr

Zweck Bildschirmattribute ändern.

Definition void FAR absattr (word pos, word breite, word farbe);

Include VIDEO.H

Quelldatei VIDOUT.C

Parameter <pos> ist der Offset im Bildspeicher, ab dem <breite>-mal das Attribut in <farbe> geändert werden soll.

Ergebnis keines

Beschreibung Schreibt an der absoluten Bildschirmposition <pos> das Attributzeichen <farbe> <breite>-mal. <pos> können Sie auf folgende Weise berechnen:

```
((Zeile * viCols()) + Spalte)
```

<Zeile> und <Spalte> können hier Werte zwischen 0 (!) und *viRows()*-1 bzw. *viCols()*-1 haben. Verwenden Sie für *viCols()* bzw. *viRows()* nie konstante Werte, sondern benutzen Sie einen Funktionsaufruf, damit Ihr Programm an unterschiedliche Videomodi angepaßt werden kann.

<farbe> kann einen Wert zwischen 0...255 annehmen. <breite> kann maximal so groß sein, wie das Produkt aus MAX_ZEILEN und MAX_SPALTEN.

absbox

Zweck Eine Box auf den Bildschirm zeichnen.

Definition void FAR absbox (word links, word oben, word rechts, word unten, word form, word farbe);

Include VIDEO.H

Quelldatei VIDHIGH.C

Parameter <links> linke Spalte, <oben> obere Zeile, <rechts> rechte Spalte, <unten> untere Zeile einer 'Box'. <form> ist der Wert für eine Linienart (0...9) und <farbe> das Attribut für den Rahmen der 'Box' (0...255)

Ergebnis keines

Beschreibung In VIDEO.H sind für <form> folgende Werte definiert:

```
enum frame_codes {
  SINGLE, DOUBLE, SINGDOUB, DOUBSING,
  STERNE, BLANKS, CHAR176,  CHAR177,
  CHAR178, USERFRAME
};
```

Wenn für <form> der Wert DOUBLE eingesetzt wird, wird folgende Box-Form verwendet:

DOUBLE

Wenn zu diesem Wert 100 dazuaddiert wird, wird eine andere Form verwendet:

DOUBLE + 100

Folgende Linienformen sind definiert:

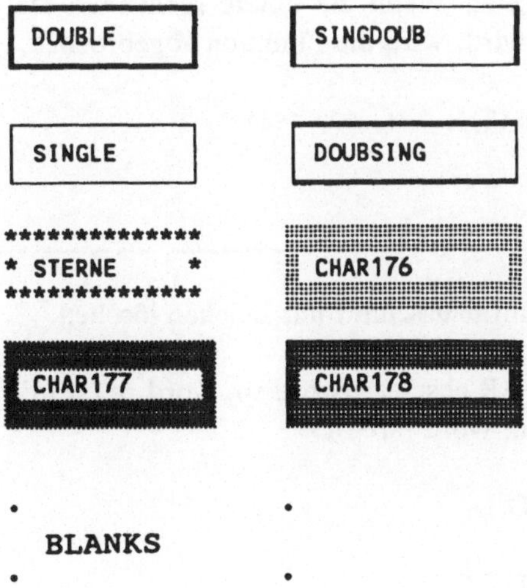

Wenn Sie für <form> USERFRAME einsetzen, ohne vorher eine Rahmenform definiert zu haben (*SetUserFrame()*), ist das Ergebnis das gleiche, wie mit BLANKS.

Verweis — *SetUserFrame(), GetUserFrame(), zoombox()*

abschar

Zweck — Zeichen auf Bildschirm ausgeben.

Definition — void FAR abschar (word spalte, word zeile, word zeichen, word anzahl, word farbe);

Include — VIDEO.H

Quelldatei — VIDOUT.C

Parameter — <spalte> und <zeile> geben die Koordinaten des physikalischen Bildschirms an (oben links ist 1,1). Eventuell gesetzte Fenster werden nicht berücksichtigt. <zeichen> ist das auszugebende Zeichen, <farbe> dessen Attribut und <anzahl> die Wiederholzahl.

Ergebnis — keines

Beschreibung — Schreibt an der Position <spalte>, <zeile> das <zeichen> <anzahl> mal mit dem Attribut <farbe>. Wenn der rechte Rand überschritten wird, wird in der nächsten Zeile, Spalte 1, fortgesetzt. Wenn die untere rechte Grenze des Bildschirms erreicht wird, wird die Funktion abgebrochen.

Beispiel

```
abschar(2,1, '-', 50, 112);
```

absclear

Zweck — Bildschirmausschnitt mit Zeichen löschen.

Definition — void FAR absclear (word sp, word ze, word re, word un, byte zeichen, word farbe);

Include — VIDEO.H

Quelldatei — VIDOUT.C

Parameter	<sp>, <ze>, <re> und <un> geben die Koordinaten des physikalischen Bildschirms an (oben links ist 1,1). Eventuell gesetzte Fenster werden nicht berücksichtigt. <zeichen> ist das Zeichen, mit dem dieser Ausschnitt überschrieben wird und <farbe> ist das entsprechende Attribut.
Ergebnis	keines
Beschreibung	Die Funktion löscht einen Bildschirmausschnitt zwischen den Eckpunkten <sp>, <ze> und <re>, <un> mit dem Zeichen <zeichen> und dem Attribut <farbe>. Die Funktion verwendet keinen BIOS-Interrupt, wenn <directvideo> TRUE ist.

abscol

Zweck	Spalte des Cursors abfragen.
Definition	word FAR abscol(void);
Include	VIDEO.H
Quelldatei	VICURS2.C
Parameter	keine
Ergebnis	Spalte des Cursors (linkeste Spalte ist 1, rechteste ist gleich dem Ergebnis von *viCols()*). Eventuelle Windows werden nicht berücksichtigt.
Verweis	*viCursorPos()*

absgo

Zweck	Cursor setzen.
Definition	void FAR absgo(word col, word row);
Include	VIDEO.H
Quelldatei	VICURS2.C
Parameter	<col> gibt die Spalte, <row> die Zeile der gwünschten Cursorposition an. Oben links ist die Position 1,1.

Ergebnis keines.

Beschreibung Ein Aufruf von *absgo(5,5)* setzt den Cursor dann auf die gleiche Position wie *gotoxy(5,5)*, wenn ein Aufruf von *window(1,1, viCols(), viRows(), 0)* stattgefunden hat. Eventuelle Windows werden also nicht berücksichtigt.

Verweis *viCursorMove()*

absputs

Zweck String auf Bildschirm ausgeben.

Definition void FAR absputs (word spalte, word zeile, word attribut, BYTEPTR text);

Include VIDEO.H

Quelldatei VIDOUT.C

Parameter <spalte> und <zeile> geben die Koordinaten des physikalischen Bildschirms an (oben links ist 1,1). Eventuell gesetzte Fenster werden nicht berücksichtigt. <attribut> ist die Farbe, in der <text> ausgegeben wird.

Ergebnis keines

Beschreibung Schreibt an der Position <spalte>, <zeile> den String <text> in der Farbe <attribut>. Wenn <text> länger ist als der Platz in der Zeile, wird einfach in der nächsten Zeile weitergeschrieben. Wenn die unterste rechte Bildschirmecke erreicht ist, wird die Funktion abgebrochen.

absreadattr

Zweck Attribut von Bildschirm lesen.

Definition word FAR absreadattr (word spalte, word zeile);

Include VIDEO.H

Quelldatei VIDOUT.C

Parameter <spalte> und <zeile> geben die Koordinaten des physikalischen Bildschirms an (oben links ist 1,1). Eventuell gesetzte Fenster werden nicht berücksichtigt.

Ergebnis keines

Beschreibung Liest das Attribut an der Position <spalte>, <zeile>.

absreadchar

Zweck Zeichen von Bildschirm lesen.

Definition byte FAR absreadchar (word spalte, word zeile);

Include VIDEO.H

Quelldatei VIDOUT.C

Parameter <spalte> und <zeile> geben die Koordinaten des physikalischen Bildschirms an (oben links ist 1,1). Eventuell gesetzte Fenster werden nicht berücksichtigt.

Ergebnis keines

Beschreibung Liest ein Zeichen von der Position <spalte>, <zeile>.

absreadstr

Zweck Zeichenkette von Bildschirm lesen.

Definition BYTEPTR FAR absreadstr (word spalte, word zeile, word zahl);

Include VIDEO.H

Quelldatei VIDOUT.C

Parameter <spalte> und <zeile> geben die Koordinaten des physikalischen Bildschirms an (oben links ist 1,1). Eventuell gesetzte Fenster werden nicht berücksichtigt. <zahl> ist die Anzahl der zu lesenden Zeichen.

Ergebnis keines

Beschreibung Liest ab der Position <spalte>, <zeile> <zahl> Zeichen ohne Attribut in einen String, für den automatisch Speicherplatz belegt wird. Zurückgeliefert wird ein Pointer auf diesen String. Beachten Sie bitte, daß Sie den für den String reservierten Speicher mit *Rfree()* wieder freigeben müssen (nicht mit *free()*). Die Funktion verwendet für die Allokierung die Library-Funktion *Rmalloc()*.

absrow

Zweck	Zeile des Cursors ermitteln.
Definition	word FAR absrow(void);
Include	VIDEO.H
Quelldatei	VICURS2.C
Parameter	keine
Ergebnis	Zeile des Cursors (oberste Zeile ist 1, unterste ist gleich dem Ergebnis von *viRows()*). Eventuelle Windows werden nicht berücksichtigt.
Verweis	*viCursorPos()*

absscroll

Zweck	Bildschirmausschnitt scrollen.
Definition	void FAR absscroll (word updo, word zeilen, word links, word oben, word rechts, word unten, word farbe);
Include	VIDEO.H
Quelldatei	VICURS2.C
Parameter	<updo> muß den Wert 6 erhalten, wenn der Ausschnitt nach oben gescrollt werden soll. Die unterste Zeile ist dann gelöscht. Wenn 7 übergeben wird, wird nach unten gescrollt und die oberste Zeile ist gelöscht. <zeilen> enthält die Anzahl der zu scrollenden Zeilen. <links>, <oben>, <rechts> und <unten> legen den Ausschnitt fest. Diese Koordinaten beziehen sich auf den physikalischen Bildschirm, ignorieren also gesetzte Textfenster. <farbe> ist das Attribut, mit dem freiwerdenden Zeilen belegt werden.

Ergebnis keines

Beschreibung Abhängig von dem Wert in <updo> kann diese Funktion einen Bildschirmausschnitt löschen oder nach oben oder unten scrollen. Diese Funktion besteht im wesentlichen aus einem Aufruf des BIOS-Interrupts 10h, Funktion 6h (wenn <updo> den Wert 6 enthält) oder Funktion 7h (wenn <updo> den Wert 7 enthält). Wenn für <zeilen> 0 übergeben wird, wird der Ausschnitt gelöscht (mit Leerzeichen in der Farbe <farbe> gefüllt). Andernfalls wird um <zeilen> nach oben oder unten gescrollt, wobei die freiwerdenden Zeilen mit Leerzeichen im Attribut <farbe> gefüllt werden.

abssenk

Zweck Senkrechte Zeichenausgabe.

Definition void FAR abssenk (word spalte, word zeile, word anzahl, word zeichen, word farbe);

Include VIDEO.H

Quelldatei VIDOUT.C

Parameter <spalte> und <zeile> geben die Koordinaten des physikalischen Bildschirms an (oben links ist 1,1). Eventuell gesetzte Fenster werden nicht berücksichtigt. <zeichen> ist das auszugebende Zeichen, <farbe> dessen Attribut und <anzahl> die Wiederholzahl.

Ergebnis keines

Beschreibung Arbeitet genauso wie *abschar()*, nur daß bei der Ausgabe nicht die <spalte> incrementiert wird, sondern die <zeile>.

abssenkattr

Zweck Senkrecht Attribute ändern.

Definition void FAR abssenkattr (word spalte, word zeile, word anzahl, word farbe);

Include VIDEO.H

Quelldatei VIDOUT.C

Parameter

<spalte> und <zeile> geben die Koordinaten des physikalischen Bildschirms an (oben links ist 1,1). Eventuell gesetzte Fenster werden nicht berücksichtigt. <farbe> ist das auszugebende Attribut und <anzahl> die Wiederholzahl.

Ergebnis

keines

Beschreibung

Arbeitet wie *abssenk()*, jedoch wird nur das Attribut <farbe> geschrieben.

Verweis

abssenk()

abswindow

Zweck

Bildschirmausschnitt speichern und restaurieren.

Definition

void FAR abswindow (word spalte, word zeile, word breite, word hoehe, word *windowstack, word flag);

Include

VIDEO.H

Quelldatei

VIDOUT.C

Parameter

<spalte> und <zeile> geben die Koordinaten des physikalischen Bildschirms an (oben links ist 1,1). Eventuell gesetzte Fenster werden nicht berücksichtigt. <breite> ist die Gesamtzahl der Spalten, <hoehe> die der Zeilen. <windowstack> ist ein Zeiger auf einen Puffer vom Typ word und muß genügend Platz allokiert haben. <flag> gibt an, ob vom Bildschirm in den <windowstack> kopiert wird (SAVE) oder umgekehrt (RESTORE).

Ergebnis

keines

Beschreibung

Speichert oder restauriert einen Bildausschnitt. Wenn <flag> den Wert SAVE (0) hat, wird der Bildausschnitt in den Speicherbereich <windowstack> kopiert (inklusive Attribute). Wenn <flag> den Wert RESTORE (1) hat, wird aus <windowstack> in den Bildausschnitt kopiert. Der Speicherbereich für <windowstack> muß vor Funktionsaufruf belegt werden:

```
windowstack = (word *) Rmalloc(breite * hoehe * sizeof(word));
```

SAVE und RESTORE sind in VIDEO.H definiert.

Beispiel

```
word *DOSbild = (word*)Rmalloc(viCols() *
                  viRows() * sizeof(word));
if(DOSbild != NULL) {
  abswindow(1,1, viCols(), viRows(),
                  DOSbild, SAVE);
}
absclear(1,1,80,25, '▒',7);
/* ... Ihr Code ... */
if(DOSbild != NULL) {
  abswindow(1,1, viCols(), viRows(),
                  DOSbild, RESTORE);
}
```

abswriteattr

Zweck
Waagrecht Attribute ändern.

Definition
void FAR abswriteattr (word spalte, word zeile, word laenge, word farbe);

Include
VIDEO.H

Quelldatei
VIDOUT.C

Parameter
<spalte> und <zeile> geben die Koordinaten des physikalischen Bildschirms an (oben links ist 1,1). Eventuell gesetzte Fenster werden nicht berücksichtigt. <farbe> ist das auszugebende Attribut und <laenge> die Wiederholzahl.

Ergebnis
keines

Beschreibung
Arbeitet wie *abschar()*, jedoch wird kein Zeichen geschrieben.

Verweis
abschar()

abswritechar

Zweck
Zeichen auf Bildschirm ausgeben.

Definition
void FAR abswritechar (word spalte, word zeile, word zeichen);

Include
VIDEO.H

Quelldatei
VIDOUT.C

Parameter

<spalte> und <zeile> geben die Koordinaten des physikalischen Bildschirms an (oben links ist 1,1). Eventuell gesetzte Fenster werden nicht berücksichtigt.

Ergebnis

keines

Beschreibung

Schreibt an der Position <spalte>, <zeile> das <zeichen> mit dem an dieser Stelle des Bildschirms eingetragenen Attribut.

absxputs

Zweck

String an absoluten Offset ausgeben.

Definition

void FAR absxputs (word pos, word farbe, BYTEPTR string);

Include

VIDEO.H

Quelldatei

VIDOUT.C

Parameter

<pos> ist der Offset im Bildspeicher, ab dem der String <string> mit dem Attribut <farbe> ausgegeben werden soll.

Ergebnis

keines

Beschreibung

Schreibt an der absoluten Bildschirmposition <pos> den String <string> mit dem Attribut <farbe>. Siehe auch unter *absattr()*.

GetUserFrame

Zweck

Rahmenform für *absbox()* lesen

Definition

BYTEPTR FAR GetUserFrame (word frame);

Include

VIDEO.H

Quelldatei

VIDHIGH.C

Parameter

GetUserFrame() erwartet eine Nummer (<frame>) zwischen 0...9 für die Rahmendefinition (siehe auch *absbox()*).

Ergebnis

GetUserFrame() gibt einen Zeiger auf einen statischen String mit 14 Zeichen mit der Rahmendefinition zurück. Sie sollten diesen String nicht direkt verändern (oder: testen!).

Beschreibung	siehe *SetUserFrame()*
Verweis	*absbox(), SetUserFrame()*

iscolor

Zweck	Feststellen, ob ein Farbmonitor da ist.
Definition	bool FAR iscolor (void);
Include	VIDEO.H
Quelldatei	VIADRESS.C
Parameter	kein
Ergebnis	Gibt TRUE zurück, wenn der Monitortyp VFARBE ist (<VidInf->MonitorTyp>). Sonst FALSE.
Beschreibung	Die Funktion initialisiert gegebenenfalls das gesamte Videosystem.
Verweis	*viCrtinit()*

isgrafik

Zweck	Feststellen, ob Grafikmodus aktiv ist.
Definition	bool FAR isgrafik (void);
Include	VIDEO.H
Quelldatei	VIADRESS.C
Parameter	kein
Ergebnis	Gibt TRUE zurück, wenn der aktuelle Videomodus ein Grafikmodus ist. Sonst FALSE.
Beschreibung	Zu diesem Zweck gibt es ein statisches Array mit boolschen Werten, da nicht jeder Modus bzw. jede Hardware Abfragemöglichkeiten bietet. Die Funktion initialisiert gegebenenfalls das gesamte Videosystem (wie auch alle anderen Funktionen) und fragt *viGetMode()* ab, um eine aktuelle Umschaltung zu erkennen.

Verweis *viCrtinit(), viGetMode()*

SetBlinkBit

Zweck Nutzung intensiver Hintergrundattribute.

Definition bool FAR SetBlinkBit (bool on_off);

Include VIDEO.H

Quelldatei VIBLINK.CAS

Parameter Mit <on_off> wird ON oder OFF übergeben: ON bewirkt ein Blinken, OFF ein intensives Attribut für Hintergrund-Attributwerte größer als 127.

Ergebnis keines

Beschreibung Grundsätzlich ist es möglich, das Blinkbit auch auf der Herkuleskarte auszuschalten. So könnte man intensives Weiß auch als Hintergrundattribut verwenden. Wenn Sie daran interessiert sind, sollten Sie sich den Quellcode in der Datei VIHGC.CAS ansehen.

Die Literatur, die ich zu Rate zog, bietet widersprüchliche Informationen. Nie fand ich eindeutige Hinweise darauf, welche Register was enthalten und wie sie behandelt werden müssen. Hier müssen Sie probieren und hoffen, daß der Bildschirm das aushält.

Wenn eine EGA-, MCGA- oder VGA-Karte installiert ist, wird die Funktion wie erwartet arbeiten. Da mit *viCard()* die vorhandene Karte getestet wird, findet andernfalls keine Aktion statt.

Portabilität EGA, VGA oder MCGA.

Verweis *ColMake(), ColSet()*

SetUserFrame

Zweck Rahmenform für *absbox()* setzen

Definition void FAR SetUserFrame (BYTEPTR zeichen);

Include VIDEO.H

Quelldatei VIDHIGH.C

Parameter *SetUserFrame()* erwartet einen String mit 14 Zeichen (plus 0-Byte) für eine neue Rahmendefinition (immer USERFRAME).

Ergebnis keines

Beschreibung Der Definition in VIDHIGH.C können Sie auch gleich den Aufbau eines Rahmen-Strings entnehmen:

```
static byte near *frames[] = {
          /* 0123456789012345 */
{ (byte*) "┌─┐│┘─└│├─┤┬│┴┼" }, /* SINGLE */
{ (byte*) "╔═╗║╝═╚║╠═╣╦║╩╬" }, /* DOUBLE */
{ (byte*) "╓─╖║╜─╙║╟─╢╥║╨╫" }, /*SINGDOUB*/
{ (byte*) "╒═╕│╛═╘│╞═╡╤│╧╪" }, /*DOUBSING*/
{ (byte*) "***************" }, /* STERNE */
{ (byte*) "               " }, /* BLANKS */
{ (byte*) "░░░░░░░░░░░░░░░" }, /* CHAR176*/
{ (byte*) "▒▒▒▒▒▒▒▒▒▒▒▒▒▒▒" }, /* CAHR177*/
{ (byte*) "▓▓▓▓▓▓▓▓▓▓▓▓▓▓▓" }, /* CHAR178*/
{ (byte*) "               " } /*USERFRAME*/};
```

Dieser String wird für eine Box folgendermaßen verwendet (die Zahl an der Box verweist auf die Position 0...14 im String):

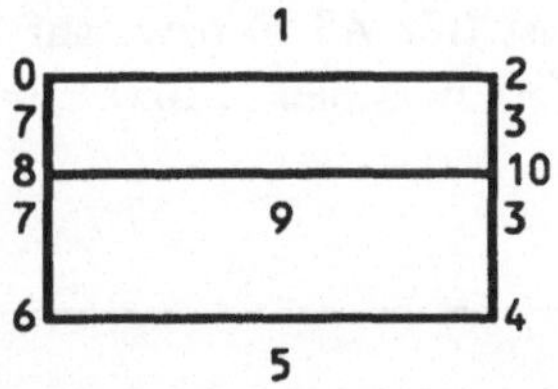

Die restlichen Zeichen (11...14) werden von der Funktion *absbox()* noch nicht unterstützt. Sie können sich aber leicht eine Funktion implementieren, die mit diesen Zeichen (11...14) folgendes Fenster verwirklicht:

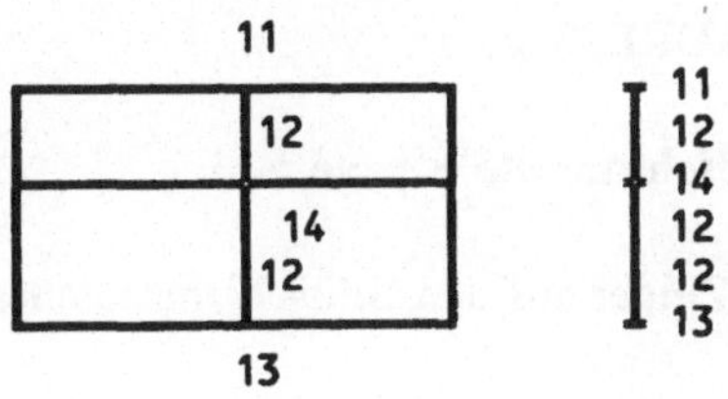

Mit *SetUserFrame()* können Sie also einen String übergeben, der für das Zeichnen einer Box in oben beschriebener Weise vorgeht (Reihenfolge der Interpretation).

Ich hoffe, daß Sie mit diesen Erklärungen genügend Freiheit für Ihre Ideen bekommen haben.

Verweis — *absbox(), GetUserFrame()*

SetZoomSpeed

Zweck — Geschwindigkeit für *zoombox()* festlegen.

Definition — word FAR SetZoomSpeed (word speed);

Include — VIDEO.H

Quelldatei — VIDHIGH.C

Parameter — <speed> setzt die größe eines internen Zählers für *zoombox()*.

Ergebnis — Vorheriger Wert des internen Zählers.

Beschreibung — Setzt eine Verzögerungszeit für das Zoomen einer Box über die Funktion *zoombox()*. <speed> ist standardmäßig auf den Wert 1600 gesetzt ist (für AT's) bzw. auf 800 (für XT's). <speed> kann einen Wert zwischen 1...0xFFFF annehmen.

viAdress

Zweck — far-Zeiger auf Bildschirmspeicher abfragen.

Definition — void far * FAR viAdress (word page);

Include — VIDEO.H

Quelldatei — VIADRESS.C

Parameter — Bildschirmseite <page>

Ergebnis — far-Zeiger auf den Bildschirmspeicher.

Beschreibung — Diese Funktion kann benutzt werden, um einen Pointer auf den Bildschirmspeicher zu erhalten. Sie errechnet anhand des Parameters <page> einen eventuell neuen Offset und gibt das

Strukturmitglied <VidInf->displayptr.scrptr> zurück, in dem der aktuelle Screen-Pointer gespeichert ist. Diese Funktion wird von *viAktPage()* aufgerufen, wenn Sie eine Bildschirmseite verwenden wollen, ohne sie anzuzeigen.

Verweis *viAktPage(), viSetPage(), viGetPage(), viGetAktPage()*

Beispiel Diese Funktion holt einen Zeiger auf die Bildschirmseite 1 ab (während Seite 0 angezeigt wird) und schreibt dann 2000 Zeichen auf die nicht sichtbare Seite. Dann wird auf diese Seite umgeschaltet:

```
byte far *ScrAdr;
word i;
ScrAdr = (byte far*)viAdress (1);
for (i = 0; i < 2000; i++, ScrAdr += 2)
  *ScrAdr = '▒';
viSetPage(1);
keydos();
viSetPage(0);
```

Beachten Sie bitte, daß dies ein Beispiel für die Funktionserklärung ist. Natürlich brauchen Sie keine eigenen Funktionen schreiben, um in eine nicht sichtbare Seite zu schreiben. Sehen Sie bitte im Beispiel unter *viAktPage()*!

Auch im SMALL-Modell muß mit einem far-Datenzeiger gearbeitet werden.

viAktPage

Zweck Aktive Bildschirmseite setzen.

Definition bool FAR viAktPage (word page);

Include VIDEO.H

Quelldatei VIPAGE2.C

Parameter <page> ist die neue Bildschirmseite.

Ergebnis TRUE: Umschaltung erfolgreich. FALSE: <page> ist bereits aktiv.

Beschreibung Mit dieser Funktion können Sie die aktive Bildschirmseite wechseln, ohne den Bildschirm wirklich anzuzeigen. Das heißt, Sie können in die nicht sichtbare Bildschirmseite schreiben (oder aus ihr lesen), ohne daß der Anwender dies bemerkt. Das funktioniert sowohl mit den Funktionen, die direkt in den Bildschirm schreiben, als auch mit den BIOS-Funktionen.

Diese Funktion ruft die Funktionen *viAdress()* und *viInitPtr()* auf. Auch die Initialisierung des Gesamtsystems wird durch einen Aufruf von *viCrtinit()* vorgenommen. Wenn <page> gleich dem Eintrag in <VidInf->AktivePage> ist, wird keine Aktion durchgeführt und FALSE zurückgegeben.

Verweis *viSetPage()*

Beispiel Diese Funktion schaltet auf die nicht sichtbare Seite 1 um und schreibt in die Seite 1 einen String. Dann wird auf Seite 1 umgeschaltet:

```
viAktPage(1);
absclear(1,1, viCols(), viRows(), '*', 112);
absputs(10, 8, 15, "Text auf Bildschirmseite 1");
viAktPage(0);
absclear(1,1, viCols(), viRows(), '#', 15);
absputs(10, 8, 112, "Taste drücken -> Seite 1...");
keydos();
viAktPage(1);  /* muß nicht sein..*/
absputs(10, 10, 15, "That's it!");
viSetPage(1);  /* echte Umschaltung */
keydos();
viSetPage(0);
```

viCard

Zweck Vom System erkannten Videoadapter ermitteln.

Definition word FAR viCard (void);

Include VIDEO.H

Quelldatei VIADRESS.C

Parameter kein

Ergebnis Wert zwischen 0...7.

Beschreibung Diese Funktion gibt eine Zahl zwischen 0 (UNBEKANNT) und 7 (V_HGC) zurück, mit der die Grafikkarte identifiziert werden kann. Verwenden Sie diese Funktion immer, wenn Sie zwischen verschiedenen Systemen unterscheiden müssen. Für diese Werte ist in VIDEO.H folgende Definition eingefügt:

```
enum Cards { UNBEKANNT, V_MDA, V_CGA, V_EGA, V_VGA, V_PGA,
V_MCGA, V_HGC };
```

Folgende Werte sind reserviert, werden aber mangels Erkennbarkeit noch nicht unterstützt:

```
enum CardsMore { V_VEGA=8, V_VIDEO7, V_XGA, V_8514A };
```

Verweis *_viChkSys(), viCrtinit()*

Beispiel

```
#include <global.h>
#include <stdio.h>
#include <video.h>

void main(void)
{
  byte *Karte[] = { "UNBEKANNT", "MDA",
     "CGA", "EGA", "VGA", "PGA", "MCGA", "HGC", "VEGA",
"Video7", "XGA", "8514A" };
  printf("Ihre Videokarte ist: %s\n", Karte[viCard()]);
}
```

_viChkSys

Zweck Untersuchung des Videosystems

Definition word FAR _viChkSys (void);

Include VIDEO.H

Quelldatei VICHK.ASM

Parameter kein

Ergebnis *_viChkSys()* gibt im höherwertigen Byte (AH) den Monitortyp und im niederwertigen Byte (AL) die Grafikkarte zurück. Das Byte für den Monitortyp kann folgende Werte annehmen:

```
UNBEKANNT   0
VMONO       1
VFARBE      2
```

Das Byte für die Grafikkarte kann folgende Werte annehmen:

```
UNBEKANNT   0
V_MDA       1
V_CGA       2
V_EGA       3
V_VGA       4
V_PGA       5
V_MCGA      6
V_HGC       7
```

Diese Werte werden auch von der Funktion *viCard()* zurückgegeben. Die folgenden Werte sind für Erweiterungen reserviert:

```
V_VEGA      8
V_VIDEO7    9
V_XGA       10
V_8514A     11
```

Beschreibung

Die Funktion testet das Videosystem solange durch, bis eine Grafikkarte erkannt wurde, angefangen mit dem Test auf VGA, PGA, dann EGA, CGA, MDA und Herkules. Eine MCGA-Karte wird bei der derzeitigen Lösung nicht erkannt. Zu diesem Zweck müsste VICHK.ASM leicht modifiziert werden (für die Compilation brauchen Sie Borland's TASM ab Version 2.0).

Eine Vielzahl von Video-Karten und Monitoren gleichzeitig zu unterstützen, ist relativ aufwendig. Das schwierigste ist die Unterscheidung zwischen einer MDA-Karte und einer Herkuleskarte. Hier muß auf Ports zugegriffen werden, weil die BIOS-Funktionen keine ausreichende Auskunft geben.

Diese Funktion braucht in einem Programm nur ein einziges Mal aufgerufen werden. Anschließend können die Werte gespeichert und wieder abgefragt werden. Dies geschieht mit der Funktion *viCrtinit()* und mit den Funktionen *iscolor()* und *viCard()*.

Intern werden hierzu noch die Funktionen *_viChkVGA()* und *_viChkEGA()* verwendet. Sie finden diese in der Quelldatei VIDEO\VICHK0.ASM.

Verweis

viCard(), iscolor(), viCrtinit()

viCols

Zweck

Abfrage der maximalen Spaltenzahl.

Definition word FAR viCols (void);

Include VIDEO.H

Quelldatei VIADRESS.C

Parameter kein

Ergebnis Maximale Spaltenzahl als **word**-Wert.

Beschreibung Die Funktion gibt die Anzahl der Text-Spalten zurück, die auf dem Bildschirm zur Zeit dargestellt werden können.

Das Makro MAX_SPALTEN ist in VIDEO.H als *viCols()* definiert. Die Funktion verwendet keinen Interrupt, wenn das Videomodul bereits initialisiert wurde. Zurückgegeben wird das Strukturmitglied <VidInf->SpaltenZahl>, das als **byte** definiert ist und Werte zwischen 0...255 annehmen kann.

viConfig

Zweck Videokonfiguration durch den Benutzer.

Definition bool FAR viConfig(void);

Include VIDEO.H

Quelldatei VIDCFG.C

Parameter keine

Ergebnis TRUE: Konfigurationsdatei konnte gelesen werden und die Struktur <VidInf.> vom Typ {videoinfo} konnte belegt werden. FALSE: es muß eine Initialisierung über *viCrtinit()* vorgenommen werden (wird automatisch gemacht, weil <VidInf.> dann NULL ist).

Beschreibung Diese High-Level-Funktion arbeitet mit einigen Funktion aus dem Modul Datei (*FileRead()*, *FileWriteLn()* etc.), so daß die Verwendung von *viConfig()* zur Einbindung mehrerer Objektdateien führt.

viConfig() sucht nach einer Datei, die die Endung ".CFG" trägt und im gleichen Verzeichnis wie das Programm steht. Genauer: es wird die Funktion *GetConfigFile()* aufgerufen, die bei einer Programmdatei TTEST.EXE im Verzeichnis "C:\C_UTIL" den

String "C:\C_UTIL\TTEST.CFG" liefert. Wenn diese Datei nicht existiert, wird *viConfig()* mit FALSE als Ergebnis beendet. Existiert diese Datei, wird ihr Inhalt ausgelesen.

Der erste (System-) Suchbegriff für *viConfig()* heiß "[Adapter]" (alle Suchbegriffe sind in einer statisch verwalteten Tabelle erfaßt und können von Ihnen beliebig modifiziert werden; sie müssen lediglich mit den Begriffen in der Konfigurationsdatei übereinstimmen). Hinter dem Begriff "[Adapter]" folgen weitere Bezeichnungen für bestimmte Daten. Die Reihenfolge hinter "[Adapter]" ist beliebig. Auch können Begriffe ausgelassen werden, sofern diese durch Defaultwerte gesetzt werden können.

Wenn eine Zeile mit einem neuen System-Suchbegriff gelesen wird (die Zeile beginnt dann mit dem Zeichen "["), ist die Beschreibung für [Adapter] zuende. Allerdings ist es möglich, für einen zweiten Bildschirm einen weiteren Abschnitt einzufügen, der ebenfalls mit "[Adapter]" eingeleitet wird.

Eine Datei wie TTEST.CFG kann folgenden Aufbau/Inhalt haben:

```
; Konfigurationsdatei für eine beliebige Video-Ausstattung.
; Alle Zahlen müssen in Dezimal-Werten angegeben werden.
; Als Karten-Nummer muß sich an folgende Regel gehalten werden:
; MDA                 1
; CGA                 2
; EGA                 3
; VGA                 4
; PGA                 5
; MCGA                6
; Herkules (HGC) 7
; Erweiterte Modi werden nur für VGA unterstützt, sodaß für Karten-Nummer
; hier immer 4 angegeben werden kann. Bei den anderen Karten braucht man
; diese Konfigurationsdatei normalerweise nicht. Sie kann jedoch bei Problemen
; hilfreich sein (um das Programm zu überlisten).
[Adapter]
primary=1        ; Der erste oder einzige Bildschirm (1), der zweite (2)
name="VGA"       ; Karten-Name
numm=4           ; Karten-Nummer (siehe Kommentar oben)
mode=42          ; Video-Modus
grafik=0         ; Grafik-Modus (1) / Text-Modus (0)
farbe=1          ; Farbe (1) / Monochrom (0)
tspalten=100     ; Anzahl Textspalten
tzeilen=40       ; Anzahl Textzeilen
scancols=8       ; Anzahl ScanSpalten des Fonts (8x15)
scanrows=15      ; Anzahl ScanZeilen des Fonts
```

```
gspalten=800    ; Anzahl Grafikspalten
gzeilen=600     ; Anzahl Grafikzeilen
maxcolor=16     ; Maximale Zahl gleichzeitig darstellbarer Farben (Mono = 2)
colorpal=64     ; aus insgesamt möglichen Farben
tsegadr=47104   ; Bildspeicher Segment-Adresse, Textmodus
                ; (B800==47104, B000==45056)
gsetadr=47104   ; Bildspeicher Seg-Adresse, Grafikmodus) (A000==40960)
biosmode=1      ; Schreib-Modus (1=direkt ins RAM, 0=BIOS-Aufruf)
videopages=4    ; Anzahl Video-Seiten
pagesize=8000   ; Größe einer Bildschirmseite (0=automatische Berechnung)
videoram=512    ; Video-RAM in KB        (512)
bitplanesize=64 ; Größe einer Bitplane in KB           (64)
bitplanes=8     ; Anzahl der Bitplanes (8 x 64 KB == 512 KB == Video-RAM)
pixperbyte=8    ; Grafik: Pixel pro Byte (8, 256-Colors: 1)
bytesperline=100                      ; Grafik: Bytes pro Pixel-Zeile

; Vor oder hinter [Adapter] können auch noch andere
; Konfigurationen verwaltet werden.
; Die folgenden sind teilweise durch Anregung über WIN.INI von WINDOWS
; entstanden:

[Farben]
normal=39
frames=37
; usw.

[Maus]
usemaus=0           ; Keine Maus benutzen
DoubleClickSpeed=500
xMouseThreshold=2
yMouseThreshold=2
MouseSpeed=1
SwapMouseButtons=0   ; links bleibt links, rechts bleibt rechts

[Tastatur]
useMF2=1        ; Tastatur mit erweiterten Codes ist installiert

[Netzwerk]
usenetz=0       ; Kein Netz installiert

[Drucker]
Device="HP Deskjet 500",,LPT1   ; ohne Treiberdatei
Device="NEC P6 Plus", NECP6.DBS, LPT2   ; mit Treiberdatei

[International]
currency="DM"
sdate="."       ; Trenner für Datumswerte
```

```
stime = ":"        ; Trenner für Zeitwerte
sdecimal = "."     ; Trenner zwischen Zahl und Nachkommastellen

[Ports]
COM1 = 9600,n,8,1
COM2 = 9600,n,8,1
COM3 = 9600,n,8,1
COM4 = 9600,n,8,1
LPT1 =
LPT2 =
LPT3 =
```

Lassen Sie sich nicht verwirren: hier geht es nur um den Abschnitt zwischen [Adapter] und [Farben]. Aber es soll veranschaulicht werden, daß *viConfig()* und *viWriteConfig()* in der Lage sind, mit größeren Konfigurationsdateien umzugehen, die auch noch ganz andere Angaben enthalten.

Verweis *viCrtinit(), viWriteConfig()*

Beispiel Siehe Beispielprogramm TTEST.C und TTEST.EXE (Quelltext auf der Library-Diskette).

viCrtinit / viCrtNew

Zweck Initialisierung von statischen Variablen / Videosystem-Check.

Definition bool FAR viCrtinit (void);
bool FAR viCrtNew (void);

Include VIDEO.H

Quelldatei VIADRESS.C

Parameter keine

Ergebnis TRUE: Initialisierung gelungen, FALSE: Fehler bei Initialisierung: der Monitortyp oder die Grafikkarte konnte nicht identifiziert werden (<errno> nicht spezifiziert).

Beschreibung Die Funktion *viCrtinit()* brauchen Sie niemals direkt zu verwenden. Alle Library-Funktionen, die von einer Video-Initialisierung abhängig sind, rufen diese Funktion als erstes auf.

Im wesentlichen wird die Struktur <VidInf.> vom Typ {**videoinfo**} mit den benötigten und möglichen Werten belegt. Ein statisches Flag verhindert wiederholte Funktionsausführung.

<VidInf.> ist ein globaler Zeiger auf eine statische Struktur. Er ist NULL, solange *viCrtinit()* noch nicht aufgerufen wurde.

Als erstes löst die Funktion einen Int 10h aus, um den aktuellen Modus, die aktive Bildschirmseite und die Spaltenzahl abzufragen. Als nächstes wird die Assembler-Funktion *_viChkSys()* aufgerufen, die im höherwertigen Byte (AH) den Monitortyp und im niederwertigen Byte (AL) die Grafikkarte zurückgibt. Das Byte für den Monitortyp kann folgende Werte annehmen:

UNBEKANNT	0
VMONO	1
VFARBE	2

Das Byte für die Grafikkarte kann folgende Werte annehmen:

UNBEKANNT	0
V_MDA	1
V_CGA	2
V_EGA	3
V_VGA	4
V_PGA	5
V_MCGA	6
V_HGC	7

Diese Werte werden auch von der Funktion *viCard()* zurückgegeben.

Dem Strukturmitglied

<VidInf->displayptr.u.scrseg>

wird abhängig vom Monitortyp die Segmentadresse des Bildschirms zugewiesen (0xB000 oder 0xB800). Bei einem VGA-BIOS wird die Segmentadresse automatisch ermittelt, d.h.: ohne die Vorgabe einer Konstanten.

Anschließend werden die Strukturmitglieder abhängig von der Grafikkarte mit Werten belegt: wenn keine VGA-Karte erkannt wurde, werden einige Werte direkt aus dem BIOS-Datenbereich eingelesen; wenn eine VGA-Karte erkannt wurde, werden die erweiterten BIOS-Funktionen für eine genauere Analyse des Systems herangezogen.

Wenn eine CGA-Karte erkannt wurde, wird auch das Strukturmitglied <VidInf->retrace> mit TRUE belegt, damit alle Funktionen, die direkt in den Bildschirmspeicher schreiben, immer auf den Strahlrücklauf warten (siehe Erklärungen am Anfang dieses Kapitels unter **BILDSCHIRM-AUSGABEN**).

Die Funktion *viCrtNew()* setzt das statische Initialisierungsflag auf FALSE, ruft dann *viCrtinit()* auf, setzt das Strukturmitglied <VidInf->displayptr.u.scroff> mit dem (eventuell) neuen Offset des Bildschirmspeichers (`VidInf->PageSize * VidInf->AktivePage;`) und ruft zum Schluß noch *viInitPtr()* auf, um dem Unter-Modul VIDOUT.C eventuell veränderte Werte mitzuteilen. Diese Funktion können Sie explizit verwenden, wenn Sie zum Beispiel über eine eigene Funktion den Bildschirmmodus geändert haben.

Sollten Sie tiefgreifende Änderungen vornehmen wollen, die aber eine Beibehaltung der Struktur {videoinfo} erlauben, so brauchen Sie nur diese Funktion *viCrtinit()* zu ersetzen. Sie können die Struktur auch anderweitig belegen (z.B. durch Zugriff auf eine benutzerdefinierbare Tabelle). Suchen Sie im Falle von Änderungen in allen Quelldateien des Video-Moduls nach <VidInf>. Ein Beispiel für einen Ersatz dieser Funktion finden Sie in *viConfig()*.

Verweis *_viChkSys(), viCard(), viConfig()*

viCursor

Zweck Cursor ein- oder ausschalten.

Definition bool FAR viCursor(bool on_off);

Include VIDEO.H

Quelldatei VICURS1.C

Parameter <on_off> ist entweder TRUE oder FALSE (oder auch: ON oder OFF). Bei ON wird der Cursor angezeigt, bei OFF wird er versteckt.

Ergebnis Vorheriger Schaltzustand des Cursors.

Beschreibung Die Funktion unterscheidet zwischen Herkules-Karten und VGA-Karten. Das Einschalten des Cursors geschieht mit konstanten Werten für die Scan-Zeilen. Um einen Cursor vollständig zu

	sichern und zu restaurieren, reicht es auch, mit *viCursorSizeG()* zu arbeiten. Eine Kombination beider Funktion ist jedoch praktischer.
	viCursor() sichert beim ersten Aufruf die Form des Cursors, die dann mit *viCursorDOS()* restauriert werden kann.
Verweis	*viCursorDOS()*

viCursorDOS

Zweck	Herstellen der ursprünglichen Cursorform.
Definition	void FAR viCursorDOS(void);
Include	VIDEO.H
Quelldatei	VICURS1.C
Parameter	keine
Ergebnis	keines
Beschreibung	In einer statischen Variablen wird der Wert für die Cursorform gespeichert, wenn *viCursor()* oder *viCursorDOS()* das erste Mal aufgerufen wird. Damit die Cursorform der DOS-Ebene gespeichert wird, ist es am besten, wenn *viCursor()* gleich am Anfang aufgerufen wird. *viCursorDOS()* setzt einfach diesen gesicherten Wert als neue Cursorform.
Verweis	*viCursor()*

viCursorMove

Zweck	Cursor positionieren.
Definition	void FAR viCursorMove(word posn);
Include	VIDEO.H
Quelldatei	VICURS2.C
Parameter	<posn> gibt im High-Byte die Zeile und im Low-Byte die Spalte der gewünschten Cursorposition an.

Ergebnis keines.

Beschreibung Die Funktion berücksichtigt durch den Zugriff auf <VidInf->AktivePage> beliebig viele Bildschirmseiten. Es wird die Funktion 2 des Video-Interrupts aufgerufen.

Beachten Sie, daß diese Funktion für die oberste linke Ecke des Bildschirms den Wert 0 (Null) erwartet während an *absgo()* für die gleiche Position die Werte 1,1 übergeben werden müssen (*absgo(1,1)*).

Verweis *absgo()*

viCursorPos

Zweck Cursor-Position abfragen.

Definition word FAR viCursorPos(void);

Include VIDEO.H

Quelldatei VICURS2.C

Parameter keine.

Ergebnis Der zurückgegebene Wert enthält im High-Byte die Zeile und im Low-Byte die Spalte der momentanen Cursorposition.

Beschreibung Die Funktion berücksichtigt durch den Zugriff auf <VidInf->AktivePage> beliebig viele Bildschirmseiten. Es wird die Funktion 3 des Video-Interrupts aufgerufen.

Beachten Sie, daß diese Funktion für die oberste linke Ecke des Bildschirms den Wert 0 (Null) zurückgibt während *absrow()* und *abscol()* für die gleiche Position jeweils eine 1 liefern.

Mit *viCursorMove()* und *viCursorPos()* kann aus jeder beliebigen Situation heraus schnell die Cursorposition gerettet und restauriert werden.

Verweis *absrow(), abscol()*

viCursorSize

Zweck Cursorform setzen oder abfragen.

Definition void FAR viCursorSize(word *top, word *bott);

Include VIDEO.H

Quelldatei VICURS1.C

Parameter <top> ist ein Zeiger auf eine **word**-Variable und enthält den Wert 0xFF, wenn nur die aktuelle Einstellung abgefragt werden soll. Nach dem Aufruf enthält <top> die obere Scan-Zeile des Cursors. Wenn <top> nicht den Wert 0xFF enthält, wird <top> als neuer Wert für die obere Scan-Zeile des Cursors verwendet. <bott> zeigt ebenfalls auf eine **word**-Variable und nimmt (abhängig vom Wert in <top>) entweder die untere Scan-Zeile des Cursors auf oder enthält die neue untere Scan-Zeile des Cursors.

Ergebnis siehe *Parameter*

Verweis *viCursorSizeG()*

Beispiel

```
word savetop, savebott;

savetop = 0xFF;
viCursorSize(&savetop, &savebott);
/*
...
*/
viCursorSize(&savetop, savebott);
```

viCursorSizeG

Zweck Cursorform modifizieren.

Definition word FAR viCursorSizeG(word *curform);

Include VIDEO.H

Quelldatei VICURS1.C

Parameter Wenn <curform> NULL ist, wird die aktuelle Größe zurückgegeben. Andernfalls wird <curform> als neuer Wert für die Cursorform betrachtet und die bis dahin gültige Größe wird als Ergebnis geliefert.

Ergebnis Die derzeitige oder vor dem Aufruf gültige Cursorform.

Beschreibung <curform> enthält im High-Byte die obere Scan-Zeile des Cursors und im Low-Byte die untere Scan-Zeile des Cursors.

Verweis *viCursorSize()*

Beispiel

```
word cursornow, cursorold, *new=0x0607;

  cursornow  = viCursorSizeG(NULL);
  cursorold  = viCursorSizeG(new);

<cursornow> und <cursorold> enthalten hier den gleichen Wert.
```

videomode

Zweck Videomodus erfragen.

Definition word FAR videomode(void);

Include VIDEO.H

Quelldatei VIADRESS.C

Parameter keiner

Ergebnis Nummer des aktiven Videomodus.

Beschreibung Während *viGetMode()* gegebenenfalls das Videosystem initialisiert und auch einen eventuellen Grafikmodus festzustellen sucht, führt diese Funktion nur einen einfachen BIOS-Interrupt durch. Diese Funktion wird z.B. durch *viConfig()* aufgerufen.

Portabilität DOS

Verweis *viGetMode()*

viDescript

Zweck Namen des Videoadapters ermitteln.

Definition BYTEPTR FAR viDescript(void);

Include VIDEO.H

Quelldatei VIDCFG.C

Parameter keiner

Ergebnis Zeiger auf statischen String mit dem Namen der Karte oder des Videoadapters.

Beschreibung Wenn *viConfig()* verwendet wird, gibt diese Funktion die Bezeichnung zurück, die im Konfigurationsfile unter "name" im Abschnitt "[Adapter]" angegeben wurde. Andernfalls gibt diese Funktion eine der Standardbezeichnungen zurück:

"UNBEKANNT"
"MDA"
"CGA"
"EGA"
"VGA"
"PGA"
"MCGA"
"HGC"

Wenn implementiert (siehe *_viChkSys()* und *viCard()*):
"VEGA"
"Video7"
"XGA"
"8514A"

Verweis *viConfig()*

viGetAktPage

Zweck Ermittelt die aktive Bildschirmseite.

Definition word FAR viGetAktPage(void);

Include VIDEO.H

Quelldatei VIPAGE2.C

Parameter keine

Ergebnis Die aktive Bildschirmseite (muß nicht identisch sein mit der Rückgabe von *viGetPage()*).

Beschreibung Diese Funktion gibt nach einer Initialisierung über *viCrtinit()* das Strukturmitglied <VidInf->AktivePage> zurück. Damit ist die Bildschirmseite bezeichnet, die aktiv ist; sie ist nicht unbedingt identisch mit der Seite, die der Benutzer des Programms gerade sieht.

Wurde eine Initialisierung des Systems bereits durchgeführt, wird kein Interrupt ausgelöst.

Verweis *viAktPage(), viSetPage()*

viGetMode

Zweck Videomodus ermitteln.

Definition word FAR viGetMode(void);

Include VIDEO.H

Quelldatei VIADRESS.C

Parameter keiner

Ergebnis Zahl für den aktiven Videomodus.

Beschreibung Wenn das Videosystem noch nicht initialisiert war, wird es durch diese Funktion erledigt. Anschließend wird *videomode()* aufgerufen.

Verweis *videomode()*

viGetPage

Zweck Ermitteln der aktuellen Bildschirmseite

Definition word FAR viGetPage (void);

Include VIDEO.H

Quelldatei VIPAGE2.C

Parameter keine

Ergebnis Die aktuelle (hardwareseitige) Bildschirmseite wird als **word**-Wert zurückgegeben.

Beschreibung Ermittelt die hardwareseitige Bildschirmseite durch einen Standard-BIOS-Aufruf.

Verweis *viSetPage(), viGetAktPage()*

Beispiel

```
#include <video.h>
...
word aktpage;
aktpage = viGetPage();
```

viInitPtr

Zweck Initialisierung von statischen Variablen.

Definition void FAR viInitPtr (void);

Include VIDEO.H

Quelldatei VIDOUT.C

Parameter keine

Ergebnis keines

Beschreibung Diese Funktion erzwingt eine Initialisierung des Videosystems. Im Unterschied zur Funktion *viCrtNew()* wird jedoch nicht der Zeiger auf <VidInf.> auf NULL gesetzt, das heißt, *viCrtinit()* wird nur aufgerufen, wenn noch keine Initialisierung vorlag. Hier werden jedoch interne Werte neu nach den Informationen in <VidInf.> belegt. Dies ist sinnvoll, wenn Sie in externen Funktionen hardware-nah Veränderungen vorgenommen haben. Nach dem Aufruf von *viCrtNew()* und *viInitPtr()* sollte Ihr Programm auch mit seltsamen Veränderungen fertig werden.

Verweis *viCrtInit()*

viRows

Zweck Abfrage der maximalen Zeilenzahl.

Definition word FAR viRows (void);

Include VIDEO.H

Quelldatei VIADRESS.C

Parameter kein

Ergebnis Maximale Zeilenzahl als **word**-Wert.

Beschreibung Die Funktion gibt die Anzahl der Text-Zeilen zurück, die auf dem Bildschirm zur Zeit dargestellt werden können.

Das Makro MAX_ZEILEN ist in VIDEO.H als *viRows()* definiert. Zurückgegeben wird das Strukturmitglied <VidInf->ZeilenZahl>, das als **byte** definiert ist und Werte zwischen 0...255 annehmen kann.

viSetMode

Zweck Videomodus setzen.

Definition word FAR viSetMode(word modi);

Include VIDEO.H

Quelldatei VIMODI.C

Parameter <modi> gibt den gewünschten Videomodus an.

Ergebnis Der neue Videomodus wird ebenfalls als Ergebnis geliefert. Wenn dieses nicht mit <modi> übereinstimmt, ist ein Fehler aufgetreten.

Beschreibung Die Maus wird, sofern vorhanden und _USE_MOUSE_ bei der Compilation definiert war, automatisch berücksichtigt. <VidInf.> wird auf NULL gesetzt und *viCrtNew()* wird für eine erneute Initialisierung aufgerufen.

viSetPage

Zweck Bildschirmseite wechseln

Definition bool FAR viSetPage (word page);

Include VIDEO.H

Quelldatei VIPAGE2.C

Parameter <page> ist die neu einzustellende Bildschirmseite.

Ergebnis TRUE: Umschaltung hat funktioniert. FALSE: Umschaltung war nicht möglich.

Beschreibung

Die Funktion ruft als erstes die Funktionen *viGetPage()* und *viCard()* auf, wobei es wichtig ist, daß eine der beiden Funktionen das Videosystem initialisiert (also die Struktur <VidInf.> belegt).

viGetPage() und *viSetPage()* betreffen die "hardwareseitige" Setzung der aktiven Bildschirmseite (im Unterschied zu *viAktPage()* und *viGetAktPage()*).

Die Funktion gibt FALSE zurück, wenn <page> bereits die aktive Seite ist, wenn ein MDA-Adapter angeschlossen ist oder wenn eine Herkules-Karte im System steckt und <page> größer als 1 ist.

Anschließend wird eine eventuell vorhandene Maus versteckt und schließlich per Videointerrupt auf die neue Seite umgeschaltet. Wenn die Umschaltung geklappt hat (was durch einen erneuten Aufruf von *viGetPage()* getestet wird), wird die Funktion *MsSetPage()* aufgerufen, damit die Maus auch auf der neuen Bildschirmseite angezeigt wird. Außerdem wird die Funktion *viCrtNew()* aufgerufen, um alle Werte in <VidInf.> zu aktualisieren.

Wenn die Umschaltung nicht geklappt hat, wird die Maus wieder angezeigt und FALSE zurückgegeben.

Verweis

viAktPage()

Beispiel

Das folgende Beispiel demonstriert die Anwendung (das kleine Programm ist komplett!):

```
#include <video.h>
#include <key.h>

void main (void)
{
  bool MausDa=FALSE;
  if(MsInit())  MausDa = MsIstda();
  if(MausDa)    MsHide();
  absputs(1,1, 112, "Video-Page 0");
  if(MausDa)    MsShow();
  keydos();
  if(MausDa)    MsHide();
  if(viSetPage(1)) {
    absputs(1,1, 15, "Video-Page 1");
  }
  else absputs(1,2,15, "Umschaltung auf Video-Page 1 nicht
```

```
möglich");
    if(MausDa)    MsShow();
    keydos();
    viSetPage(0);
    if(MausDa)    MsExit();
  }
```

viWriteConfig

Zweck Video-Konfiguration in Datei schreiben.

Definition bool FAR viWriteConfig(void);

Include VIDEO.H

Quelldatei VIDVFG.C

Parameter keiner

Ergebnis TRUE: Konfiguration wurde gespeichert; FALSE: ein Fehler ist dabei aufgetreten.

Beschreibung Wenn die Datei, deren Namen *GetConfigFile()* ermittelt, noch nicht vorhanden ist, wird sie neu angelegt und mit den aktuellen Einstellungen gesichert. Beim nächsten Programmaufruf kann dann auf eine vollständige Analyse des Systems verzichtet werden und stattdessen *viConfig()* verwendet werden. Wenn diese Konfig-Datei bereits existiert, wird sie mit den aktuellen Werten aktualisiert. Hierfür werden die High-Level *File..()*-Funktionen verwendet.

Verweis *viConfig()*

zoombox

Zweck Zoomt eine Box auf den Bildschirm

Definition void FAR zoombox (word links, word oben, word rechts, word unten, word form, word farbe);

Include VIDEO.H

Quelldatei VIDHIGH.C

Parameter

<links> Linke Spalte,
<oben> Obere Zeile,
<rechts> Rechte Spalte,
<unten> Untere Zeile einer 'Box'.
<form> Wert für eine Linienart (0...9)
<farbe> Attribut für den Rahmen der 'Box' (0...255)

Ergebnis

keines

Beschreibung

Die Funktion *zoombox()* funktioniert letztlich genauso wie *absbox()*. Sehen Sie bitte für eine genauere Erklärung dort nach. Diese Funktion - wie der Name schon sagt - zoomt jedoch die Box auf den Bildschirm. Beginnend im Zentrum wird der Rahmen solange gezeichnet und wieder gelöscht, bis die Box ihre endgültigen Ausmaße erreicht hat. Dabei können Sie die Geschwindigkeit steuern, die standardmäßig bereits zwischen AT's und XT's unterscheidet (siehe *SetZoomSpeed()* weiter oben).

Die Funktion verwendet die Funktion *ATBIOS()* zur Unterscheidung des Prozessortyps. Wenn <directvideo> FALSE ist, also BIOS-Funktionen verwendet werden, sollten Sie aus Geschwindigkeitsgründen diese Funktion nicht verwenden. Andernfalls ist sie jedoch extrem schnell. Die Funktion ruft letztlich immer *absbox()* auf, hat also selbst nicht noch einmal den gleichen Code.

Verweis

absbox()

Modul COLOR

Das Modul COLOR besteht zum einen aus sehr einfachen Routinen, die eine flexible Behandlung der Darstellung auf verschiedenen Monitoren erlauben, und aus speziell auf den VGA-Monitor abgestimmten Funktionen zur Manipulation von Farbwerten. Einige der Funktionen sind zwar auch für EGA oder MCGA-Grafikkarten geeignet (das ist unter dem Stichwort *Portabilität* vermerkt), doch wurde auf diese Monitore hier keine besondere Rücksicht genommen.

Grundsätzlich sollte ein Programm, das mit Toolbox-Video-Funktionen arbeitet, als erstes die Funktion *ColMake()* aufrufen. Wenn Sie es vergessen, passiert aber kein Unglück. *ColMake()* belegt die global definierte Struktur <COL.> mit Standard-Farbwerten - und weil sie dazu die Grafikkarte und den Monitortyp wissen muß, wird "nebenbei" das gesamte Video-Subsystem initialisiert.

Neben der Struktur <VidInf.> des Video-Systems ist die Struktur <COL.> eine der wenigen globalen Variablen der Toolbox. Immer dann, wenn die Vermeidung globaler Variablen zu umständlichen Verrenkungen führt, setze ich diese ein. Vorher versuche ich, mit einigen kleinen Funktionen und statischen Variablen zu arbeiten.

Die Struktur <COL.> ist vom Typ {SYSCOL} und in COLORS.H definiert:

```
typedef struct {
   word colorset;            /* Die aktuelle Farbeinstellung */
   word nogetcolor;          /* Farbe für get-Felder (nicht gewählt) */
   word getcolor;            /* Farbe für get-Felder (gewählt) */
   word norm;                /* Normale Standardfarbe */
   word hell;                /* Intensive Farbe */
   word inve;                /* Inverse/hervorgehobene Farbe */
   word backgr;              /* Standard-Hintergrundfarbe */
   word topmenu;             /* Fenster-Titel...(auch bei Menus) */
   word errcolor;            /* Fehlermeldungen */
   word warncolor;           /* Warnungen an denBenutzer */
   word menucolor;           /* gewählter Menupunkt */
   word menunormcolor;       /* Nicht gewählter Menupunkt, Rahmen */
   word menunotcolor;        /* Nicht verfügbarer Menupunkt */
   word menuhotkey;          /* Hotkey eines Menupunktes */
   word datecolor;           /* Farbe für die Anzeige des Datums */
   word hilfezeile;          /* Farbe der Hilfszeile (nicht im Fenster) */
   word dialogwin;           /* Standardfarbe im Dialog-Fenster */
   word dialogsch;           /* Farbe für Schaltfläche in Dialogbox */
```

```
    word dialogtit;              /* Farbe für Dialogtitel */
    word dialogtex;              /* Farbe für Dialogtext */
    word dialoginv;              /* "Invers" in Dialogbox */
    word dialoghel;              /* "Intensiv" in Dialogbox */
} SYSCOL;
```

Jeder Farbwert enthält sowohl das Vordergrund- als auch das Hintergrund-Attribut. Beide zusammen stehen im LOW-Byte der **word**-Variable.
Das Vordergrund-Attribut läßt sich mit einer Modulo-16-Operation extrahieren, das Hintergrund-Attribut mit einer Divisor-16-Operation. Beispiel:

```
VorneAttribut = COL.dialogwin % 16;
HintenAttribut= COL.dialogwin / 16;
```

Ich denke, jetzt haben Sie erkannt, daß ich keine ungewöhnliche Eigenbrödelei verwandt habe, um mit Farben zu arbeiten. Diese Art und Weise ist allgemein üblich. Schwarze Schrift auf weißem Grund hat demnach den Wert 112, was gleich 7 mal 16 ist, oder (7 < < 4), wenn Sie lieber shiften.

Damit Sie nicht lange suchen müssen, sind in COLORS.H 16 Farbwerte definiert (identisch mit der Definition in CONIO.H):

```
enum COLORS {
        BLACK,
        BLUE,
        GREEN,
        CYAN,
        RED,
        MAGENTA,
        BROWN,
        LIGHTGRAY,
        DARKGRAY,
        LIGHTBLUE,
        LIGHTGREEN,
        LIGHTCYAN,
        LIGHTRED,
        LIGHTMAGENTA,
        YELLOW,
        WHITE
};
```

Außerdem gibt es das Makro *VOHI(a,b)*, dem Sie als erstes Argument die gewünschte Vordergrundfarbe und als zweites Argument die entsprechende Hintergrundfarbe übergeben:

invers = VOHI(BLACK, WHITE);   // 112

Das Makro *FRONT(a)* liefert Ihnen zu einem Farbwert das Vordergrundattribut und das Makro *BACK(b)* das Hintergrundattribut.

Einige spezielle VGA-Funktionen sind in Assembler geschrieben (Datei COLVGA.ASM). Sie manipulieren die RGB-Paletteneinträge und die Standard-16-Farben-Palette. Sie können auch eine Graustufendarstellung einschalten. Folgende Strukturen benötigen Sie für einige Funktionen:

```
#define FARBREGISTER 255

typedef struct {
   byte R, G, B;
} RGB;

typedef struct {
  RGB Reg[FARBREGISTER +1];
} RGBpal;

typedef struct {
  byte colors[16];
  byte overscan;
} ColPal;
```

{RGBpal} benötigen Sie, wenn Sie die gesamte RGB-Palette sichern oder setzen wollen, {ColPal} für das sichern oder setzen der Standardpalette.

ColGetAllPalette

Zweck	Standard-Farbpalette abfragen.
Definition	void FAR ColGetAllPalette (ColPal *cpal);
Include	COLORS.H
Quelldatei	COLVGA.ASM
Parameter	<cpal> zeigt auf eine 17-Byte Tabelle.
Ergebnis	Die aktuelle Einstellung wird in die Tabelle kopiert.
Beschreibung	Hiermit können Sie die Palette sichern, bevor Sie mit ihr herumexperimentieren.

Portabilität DOS [VGA, EGA, MCGA]

Verweis *ColSetAllPalette()*

Beispiel

```
ColPal sikpal;
ColGetAllPalette(&sikpal);
ColSetAllPalette(&newpal);
/* ... Palette zeigen ... */
ColSetAllPalette(&sikpal);
```

ColGetAllRGBPalette

Zweck RGB-Palette sichern.

Definition void FAR ColGetAllRGBPalette(RGBpal *pal, word RegZahl);

Include COLORS.H

Quelldatei COLVGA.ASM

Parameter <pal> zeigt auf die Struktur {RGBpal}, die FARBREGISTER Elemente der Struktur {RGB} enthält.

<RegZahl> sollte den Wert FARBREGISTER haben (16/64/256).

Ergebnis keines

Beschreibung Mit der BIOS-Funktion 10h, Subfunktion 17h werden mehrere Farbregister auf einmal gelesen. Jedes Register wird mit 3 Bytes dargestellt.

Portabilität DOS [VGA, EGA, MCGA]

Verweis *ColSetAllRGBPalette()*

Beispiel

```
RGBpal savergb;

ColGetAllRGBPalette(&savergb, FARBREGISTER);
```

ColGetRGBPal

Zweck RGB-Palettenwert feststellen.

Definition
void FAR ColGetRGBPal (word reg, word *r, word *g, word *b);

Include
COLORS.H

Quelldatei
COLVGA.ASM

Parameter
<reg> ist die Registernummer der Farbpalette. Die Nummer kann zwischen 1 und 16 sein.

<r>, <g> und <b> sind Zeiger auf **word**-Variablen, die die Farbwerte für Rot, Grün und Blau aufnehmen.

Ergebnis
Die Funktionsergebnisse werden in die Parametervariablen zurückgeschrieben.

Beschreibung
Das tatsächliche Palettenregister müssen Sie zunächst über die Funktion *ColReadPalReg()* feststellen, falls Sie es nicht schon kennen (z.B. kann BROWN, mit der Farbnummer 6, tatsächlich das Register 20 verwenden).

Portabilität
DOS [VGA]

Verweis
ColSetRGBPal()

Beispiel

```
#include <global.h>
#include <colors.h>

static word saveit[3];

void FAR SaveAndChange(void)
{
  int pal = ColReadPalReg(BROWN);
  ColGetRGBPal(pal, &saveit[0], &saveit[1], &saveit[2]);
  ColSetRGBPal(pal, 21, 0, 33);
}

void FAR RestoreIt(void)
{
  ColSetRGBPal(ColReadPalReg(BROWN),
    saveit[0], saveit[1], saveit[2]);
}
```

ColGrayScale

Zweck
Graustufenberechnung einschalten.

Definition void FAR ColGrayScale(word FirstReg, word RegZahl);

Include COLORS.H

Quelldatei COLVGA.ASM

Parameter <FirstReg> ist das erste umzusetzende Register und <RegZahl> gibt die Anzahl der Register an.

Ergebnis keines

Beschreibung Vor dem Aufruf dieser Funktion sollten Sie mit *ColGetAllRGBPalette()* die Einstellungen sichern, wenn Sie den Befehl auch wieder rückgängig machen wollen.

Portabilität DOS [VGA, EGA, MCGA]

Verweis *ColGetAllRGBPalette()*

Beispiel komplette Palette in Grautöne umwandeln:

```
ColGrayScale(0, 256);
```

ColMake

Zweck Einrichten und initialisieren.

Definition void FAR ColMake(void);

Include COLORS.H

Quelldatei COLOR.C

Parameter kein

Ergebnis keines

Beschreibung Diese Funktion initialisert durch den Aufruf von *viCard()* und *iscolor()* das gesamte Video-Subsystem. Vor allem aber belegt sie die globale Struktur <COL.> vom Typ {SYSCOL} mit Standardwerten. Da die Struktur <COL.> im Modul COLOR.C angelegt wird, werden die in es enthaltenen Funktionen immer dann in ein Programm aufgenommen, wenn irgendwo auf <COL.> zugegriffen wird. *ColMake()* ist eine Standardfunktion, die Sie immer am Programmbeginn aufrufen sollten. Wenn ein Farbadapter (CGA, MCGA, EGA, VGA) angeschlossen ist, erhalten die Strukturmitglieder Farbwerte. Meldet *iscolor()* FALSE, dann werden monochrome Werte eingetragen. Wenn Sie in einem Programm nicht direkte Farbwerte (wie 112 für inverse Darstellung) sondern diese Strukturmitglieder verwenden, läuft es auf einem Farbmonitor in voller Farbenpracht und auf einem SW-Monitor in richtigen Umsetzungen.

Auf die Strukturmitglieder von <COL.> können Sie direkt zugreifen, Werte zuweisen und abfragen. Sie wird in der Einleitung zu diesem Kapitel erklärt.

Schließlich ruft die Funktion noch *SetBlinkBit()* auf, die nur bei einer VGA-Karte etwas bewirkt: Farbwerte über 127 bewirken nun nicht ein Blinken, sondern eine intensive Farbdarstellung des Hintergrundattributs.

Portabilität Die Portabilität hängt nur von der jeweiligen Implementation von *viCard()*, *iscolor()* und *SetBlinkBit()* ab.

Verweis *SetBlinkBit()*, *ColSetBlink()*

ColPageVGAMod

Zweck Farbregisteranzahl und Seitenmodus wählen.

Definition void FAR ColPageVGAMod(word Modus);

Include COLORS.H

Quelldatei COLVGA.ASM

Parameter <Modus> darf 0 oder 1 sein (siehe unten).

Ergebnis keines

Beschreibung Wenn <Modus> 0 ist, werden für 4 Seiten 64 Farbregister bereitgestellt (Standard); wenn <Modus> 1 ist, werden für 16 Seiten 16 Farbregister bereitgestellt.

Diese Funktion verwendet den BIOS-Interrupt 10h, Subfunktion 13h.

Portabilität DOS [VGA, EGA, MCGA]

Verweis *ColPageVGASet()*

ColPageVGASet

Zweck	Farbregisteranzahl und Seiten wählen.
Definition	void FAR ColPageVGASet(word Page);
Include	COLORS.H
Quelldatei	COLVGA.ASM
Parameter	<Page> darf je nach Einstellung über *ColPageVGAMod()* zwischen 0 und 15 sein.
Ergebnis	keines
Beschreibung	Hiermit wird eine von vier oder sechzehn Seiten ausgewählt. Diese Funktion verwendet den BIOS-Interrupt 10h, Subfunktion 13h.
Portabilität	DOS [VGA, EGA, MCGA]
Verweis	*ColPageVGAMod()*

ColReadPalReg

Zweck	Paletten-Register-Nummer ermitteln
Definition	word FAR ColReadPalReg (word ColReg);
Include	COLORS.H
Quelldatei	COLVGA.ASM
Parameter	<ColReg> ist die Standard-Palettennummer zwischen 0 und 15 (BLACK...WHITE).
Ergebnis	Die tatsächliche Palettennummer, die einen Wert zwischen 0 und 63/255 haben kann.
Beschreibung	Diese Funktion wird benötigt, wenn Sie die RGB-Palettenwerte verändern wollen.
Portabilität	DOS [VGA, EGA, MCGA]
Verweis	*ColSetRGBPal()*

ColSet

Zweck Standardfarbe setzen.

Definition void FAR ColSet (int farbe);

Include COLORS.H

Quelldatei COLOR.C

Parameter <farbe> ist der gewünschte neue Farbwert für Vorder- und Hintergrund.

Ergebnis keines

Beschreibung Der Quelltext von *ColSet()* ist einfach:

```
COL.colorset = nParam;.
```

Sie können stattdessen auch auf das Strukturmitglied direkt zugreifen; doch wie immer bietet der Funktionsaufruf eine größere Flexibilität bei späteren Änderungen.

Das Strukturmitglied <COL.colorset> wird z.B. von den Library-Funktionen im Modul WINDOW (Datei WINDIO.C) für die Ausgaben mit *wprintf()*, *wputs()* etc. verwendet.

Diese Funktion ist identisch mit *textattr()* und wirkungsgleich mit dieser gleichlautenden Standardfunktion des TURBO-C-Compilers.

Verweis *ColMake()*

Beispiel

```
#include <global.h>
#include <colors.h>
#include <window.h>

void main (void)
{
  ColMake();
  ColSet(COL.norm);
  wprintf("Normaler Text. Farbwert: %d\n", COL.colorset);
  ColSet(COL.hell);
  wprintf("Intensive Farbe. Wert..: %d\n", COL.colorset);
}
```

ColSetAllPalette

Zweck	Standard-Farbpalette setzen.
Definition	void FAR ColSetAllPalette (ColPal *cpal);
Include	COLORS.H
Quelldatei	COLVGA.ASM
Parameter	<cpal> zeigt auf eine Struktur mit 17 Farbwerten für die neue Palette.
Ergebnis	keines
Beschreibung	Sie können - eine entsprechende Grafikkarte vorausgesetzt - aus eine Palette von 256 Farben beliebige Kombinationen setzen; leider müssen Sie sich in den Textmodi auf 16 Farben insgesamt beschränken, aber niemand hindert Sie daran, 16 verschiedene Blautöne zu verwenden.
Portabilität	DOS [VGA, EGA, MCGA]

ColSetAllRGBPalette

Zweck	Komplette Farbpalette manipulieren.
Definition	void FAR ColSetAllRGBPalette (RGBpal *pal, word RegZahl);
Include	COLORS.H
Quelldatei	COLVGA.ASM
Parameter	<pal> ist ein Zeiger auf eine Struktur mit <RegZahl> * 3 Bytes (FARBREGISTER Elemente der Struktur {RGB} enthält). <RegZahl> sollte gleich dem Wert FARBREGISTER sein.
Ergebnis	keines
Beschreibung	Mit dieser Funktion können Sie eine komplette RGB-Palette modifizieren.
Portabilität	DOS [VGA, EGA, MCGA]
Verweis	*ColGetAllRGBPalette()*

ColSetBack

Zweck Hintergrundattribut setzen

Definition void FAR ColSetBack (int farbe);

Include COLORS.H

Quelldatei COLOR.C

Parameter <farbe> ist das gewünschte Attribut für die Hintergrunddarstellung bei Zeichenausgaben.

Ergebnis keines

Beschreibung Diese Funktion ersetzt das Byte für das Hintergrundattribut im Strukturmitglied <COL.colorset>. Das Vordergrundattribut bleibt auch dann erhalten, wenn der Parameter Vorder- und Hintergrundattribut enthält.

Verweis *ColMake()*

Beispiel siehe *ColSetSign()*

ColSetBlink

Zweck Blinkattribut oder High-Intensity setzen.

Definition void FAR ColSetBlink (bool onoff);

Include COLORS.H

Quelldatei COLOR.C

Parameter TRUE: Blinken einschalten, FALSE: Blinken ausschalten.

Ergebnis keines

Beschreibung Diese Funktion führt eine OR-Verknüpfung des Strukturmitgliedes <COL.colorset> mit dem Wert 128 durch. Normalerweise führen dann anschließende Verwendungen des Standardattributs in <COL.colorset> zu blinkenden Ausgaben - es sei denn eine VGA-Karte steckt im System und *SetBlinkBit(OFF)* wurde aufgerufen (wie dies in *ColMake()* geschieht). Dann wird bewirkt, daß der Hintergrund in intensiven Farben dargestellt wird, die sonst nur dem Vordergrund vorbehalten sind.

Verweis *ColMake()*

ColSetRGBPal

Zweck Farbwert modifizieren.

Definition void FAR ColSetRGBPal (word reg, word r, word g, word b);

Include COLORS.H

Quelldatei COLVGA.ASM

Parameter <reg> ist die Nummer des Farbregisters (wie *ColReadPalReg()* sie zurückgibt), <r>, <g> und <b> sind die Werte für den Rot-, Grün- und Blauanteil der Farbe, die über das Register <reg> angesprochen werden soll.

Ergebnis keines

Portabilität DOS [VGA, MCGA]

Verweis *ColGetRGBPal()*

ColSetSign

Zweck Vordergrundattribut setzen.

Definition void FAR ColSetSign (int farbe);

Include COLORS.H

Quelldatei COLOR.C

Parameter <farbe> ist das gewünschte Attribut für die Zeichendarstellung.

Ergebnis keines

Beschreibung Diese Funktion ersetzt das Byte für das Vordergrundattribut im Strukturmitglied <COL.colorset>. Das Hintergrundattribut bleibt auch dann erhalten, wenn der Parameter Vorder- und Hintergrundattribut enthält.

Verweis *ColMake(), wprintf()*

Beispiel

```
#include <global.h>
#include <colors.h>
#include <window.h>

// #define FRONT(x)  (x % 16)   // in COLORS.H definiert
// #define BACK(x)   (x / 16)

void main (void)
{
  word i;
  ColMake();
  ColSet(8);
  clrscr();
  gotoxy(1,1);
  for (i=1; i < 16; i++) {
    ColSetSign(i);
    wprintf("Farbe Vordergrund: %2d  Hintergrund: %2d\n\r",
      FRONT(COL.colorset), BACK(COL.colorset));
  }
  ColSet(8);
  for (i=1; i < 16; i++) {
    ColSetBack(i);
    gotoxy(40, i);
    wprintf("Farbe Vordergrund: %2d  Hintergrund: %2d\n\r",
      FRONT(COL.colorset), BACK(COL.colorset));
  }
}
```

textattr

Zweck Standardfarbe setzen.

Definition void FAR textattr(word Attribut);

Include COLORS.H

Quelldatei CATTR.C

Parameter <Attribut> ist der Wert für Vorder- und Hintergrund, der in das Strukturmitglied <COL.colorset> eingetragen wird.

Ergebnis keines

Beschreibung siehe *ColSet()*

Verweis *ColSet()*

textbackground

Zweck Hintergrundattribut setzen.

Definition void FAR textbackground (word BgAttr);

Include COLORS.H

Quelldatei COLOR.C

Parameter <BgAttr> ist das gewünschte Attribut für die Hintergrunddarstellung bei Zeichenausgaben.

Ergebnis keines

Beschreibung siehe *ColSetBack()*

Verweis *ColSetBack()*

textcolor

Zweck Vordergrundattribut setzen.

Definition void FAR textcolor(word FrAttr);

Include COLORS.H

Quelldatei COLOR.C

Parameter <FrAttr> ist das gewünschte Attribut für die Zeichendarstellung.

Ergebnis keines

Beschreibung siehe *ColSetSign()*

Verweis *ColSetSign()*

Modul WINDOW

Das Modul WINDOW besteht aus zwei Teilen: einem Basis-System (WINDIO.C) und einer High-Level Fenster-Verwaltung (WINDS.C). Das Basis-System ersetzt Funktionen, die bei TURBO-C in CONIO.H definiert wurden. Sie wurden hier neu programmiert, um alle Video-Modi, mehrere Bildschirmseiten und die Maus zu unterstützen. Die Ausgabefunktionen *wprintf(), wputs()* und *wputch()* können auch benutzt werden, ohne eine vorherige Definition über *window()*. Sie verhalten sich dabei genau so, wie die Standardroutinen *cprintf(), cputs()* oder *putch()*.

Alle Window-Funktionen benötigen die globale Struktur <COL.>, die in COLOR.H definiert ist. Mit der Funktion *ColSet()* wird die aktuelle Farbeinstellung vorgenommen (Strukturmitglied <COL.colorset>) in der die Ausgabefunktionen *wprintf(), wputs()* und *wputch()* arbeiten. Die Initialisierung geschieht automatisch. Die Ausgabe-Funktionen benutzen Low-Level-Funktionen aus dem Modul MONITOR.

Alle Funktionen berücksichtigen eine eventuell vorhandene Maus automatisch. Wenn eine Library ohne Mausunterstützung erstellt werden soll, muß ohne das Makro "_USE_MOUSE_" kompiliert werden.

Alle Funktionen des WINDOW-Moduls sind in WINDOW.H deklariert.

Wenn Sie eine Funktion aus der Moduldatei WINDS.C benutzen, wird automatisch die Moduldatei WINDIO.C eingebunden. Umgekehrt wird jedoch die Datei WINDS.C ignoriert, wenn Sie nur Funktionen aus WINDIO.C verwenden.

Die Datei WINDS.C enthält die komplette Verwaltung von Fenstern. Eine Funktion, die Fenster benutzt, braucht keinerlei Wissen über die Struktur der Fenster und auch sonst keine Details der Fenster zu kennen. Sie erhält nach der Definition über *WinDef()* lediglich eine Referenznummer.

Der einfachste Vorgang, ein Window zu verwenden und einen Text darin auszugeben, ist das folgend abgedruckte Listing.

```
#include <global.h>
#include <window.h>
#include <key.h>

void main(void)
{
  sig mwin = WinDef(5, 5, 40, 10, "String-Ausgabe", NO_SAVE);
  WinOpen(mwin);
  WinPrint(3, 5, "Das ist Spalte 3 und Zeile 5 im Window!");
  keyin(0);
  WinClose(mwin);
}
```

clrchr

Zweck Bildschirm(ausschnitt) löschen.

Definition void FAR clrchr (byte sign);

Include WINDOW.H

Quelldatei WINDIO.C

Parameter Zeichen, mit dem der Ausschnitt gelöscht werden soll.

Ergebnis keines

Beschreibung Diese Funktion löscht den Bereich, der zuletzt mit *window()* definiert worden ist (über die Funktion *absclear()*) und setzt den Cursor auf die linke obere Ecke des Fensters. <sign> wird als Hintergrundzeichen benutzt.

clreol

Zweck 'clear rest of line' - lösche den Rest der Zeile.

Definition void FAR clreol (void);

Include WINDOW.H

Quelldatei WINDIO.C

Parameter keine

Ergebnis keines

Beschreibung Diese Funktion löscht ab der aktuellen Spaltenposition die Zeile bis zum rechten Rand des mit *window()* gesetzten Bereichs. Als Farbe wird das aktuelle Hintergrundattribut verwendet. Als Zeichen das Leerzeichen.

clrscr

Zweck Bildschirm(ausschnitt) löschen.

Definition void FAR clrscr(void);

Include WINDOW.H

Quelldatei WINDIO.C

Parameter keine

Ergebnis keines

Beschreibung Diese Funktion löscht den Bereich, der zuletzt mit *window()* definiert worden ist und setzt den Cursor auf die linke obere Ecke des Fensters. *clrscr()* ist als *clrchr(' ')* definiert.

Verweis *clrchr()*

column

Zweck Spalte des Cursors ermitteln.

Definition word FAR column(void);

Include WINDOW.H

Quelldatei WINDIO.C

Parameter keine

Ergebnis Gibt die aktuelle Spaltenposition des Cursors (natürlich auch, wenn er unsichtbar ist) relativ zum gesetzten Window zurück.

Beschreibung Jedes Window und jeder mit *window()* eingerichteter Bildschirmbereich pflegt einen eigenen Cursor.

delline

Zweck Aktuelle Zeile löschen.

Definition void FAR delline (void);

Include WINDOW.H

Quelldatei WINDIO.C

Parameter keine

Ergebnis keines

Beschreibung Diese Funktion löscht die aktuelle Zeile in einem mit *window()* gesetzten Bereich über die Funktion *absscroll()*, die wiederrum mit dem Video-BIOS und der Funktion 6 arbeitet. Die unterste Zeile des Fensters wird mit Leerzeichen gefüllt, die anderen werden entsprechend nach oben geschoben.

Verweis *insline()*

getwindowinfo

Zweck Strukturinformationen abfragen.

Definition void FAR getwindowinfo(windowinfo *);

Include WINDOW.H

Quelldatei WINDIO.C

Parameter Zeiger auf eine Struktur vom Typ {windowinfo}.

Ergebnis kein direktes Ergebnis.

Beschreibung Die Struktur {windowinfo} ist in WINDOW.H folgendermaßen festgelegt:

```
typedef struct _wininfo_ {
  word        nummer;  /* Ganzer Bildschirm (DOS-Fenster): 0 */
  word        left,    /* Position des gesetzten Fensters    */
```

```
                    top,      /* Es sind NICHT die Positionen eines */
                    right,    /* Rahmens! */
                    bottom,
                    breite,
                    hoehe;
  byte              cursorformO,  /* Startzeile des Cursors */
                    cursorformU;  /* Endezeile des Cursors */
  word              currow,   /* Aktuelle Zeile des Cursors */
                    curcol,   /* Aktuelle Spalte des Cursors */
                    color;    /* Farbeinstellung für dieses Window */
  byte              clipping;
  byte              misc;
} windowinfo;
```

getwindowinfo() kopiert die aktuelle Einstellung an die übergebene Adresse.

Verweis *setwindowinfo(), window()*

gotoxy

Zweck Cursorposition relativ zum einem Window setzen.

Definition void FAR gotoxy(word col, word row);

Include WINDOW.H

Quelldatei WINDIO.C

Parameter <col> ist die Spalte, <row> die Zeile des Cursors.

Ergebnis keines.

Beschreibung Setzt den Cursor auf die Position <col>/<row> innerhalb des zuletzt definierten Bildschirmausschnitts. Mit dem Aufruf *gotoxy(1,1)* wird der Cursor in die oberste linke Ecke gesetzt.

Verweis *column(), row()*

insline

Zweck Neue Zeile einfügen.

Definition void FAR insline (void);

Include WINDOW.H

Quelldatei WINDIO.C

Parameter keine

Ergebnis keines

Beschreibung Die aktuelle und alle im Fenster folgenden Zeilen werden eine Zeile nach unten geschoben, wobei die letzte Zeile verloren geht. Die aktuelle Zeile ist mit Leerzeichen im Hintergrundattributt gefüllt.

Verweis *delline()*

row

Zweck Zeile feststellen.

Definition word FAR row(void);

Include WINDOW.H

Quelldatei WINDIO.C

Parameter keine

Ergebnis Gibt die aktuelle Zeilenposition relativ zum gesetzten Window zurück.

setwindowinfo

Zweck Strukturinformationen setzen.

Definition void FAR setwindowinfo(windowinfo *);

Include WINDOW.H

Quelldatei WINDIO.C

Parameter Zeiger auf eine Struktur vom Typ {windowinfo}.

Ergebnis kein direktes Ergebnis.

Beschreibung Die Struktur {windowinfo} ist in WINDOW.H definiert.

setwindowinfo() kopiert die übergebenen Informationen in die lokale Struktur des WINDIO.C-Moduls. Die Funktion ist somit ein praktisches Gegenstück zu *getwindowinfo()*.

Verweis *getwindowinfo()*

WinButton

Zweck Window-Button einrichten.

Definition void FAR WinButton(sig win, int what, int on_off);

Include WINDOW.H

Quelldatei WINDS.C

Parameter <win> ist die Window-Referenznummer. <what> kann WIB_CLOSE oder WIB_ZOOM sein und <on_off> ON oder OFF.

Ergebnis keines.

Beschreibung Wenn das Window <win> nicht aktiv ist, wird die Funktion beendet (ohne Fehlermeldung). Wenn <what> den Wert WIB_CLOSE hat, wird auf dem Windowrahmen oben links ein Zeichen für die Maus gesetzt (wie Sie es von der IDE des C++-Compilers kennen). Wird es angeklickt, gibt die Funktion *WinWhereMouse()* das Flag MW_CLOSEBUTTON zurück.

Wenn <what> den Wert WIB_ZOOM hat, wird auf dem Windowrahmen oben rechts ein Zeichen für die Maus zum Zoomen des Windows gesetzt. Wird es angeklickt, gibt die Funktion *WinWhereMouse()* das Flag MW_ZOOMBUTTON zurück. Wenn <on_off> ON oder TRUE ist, wird der Button angezeigt; Andernfalls wird er entfernt.

MW_CLOSEBUTTON und MW_ZOOMBUTTON sind in MAUS.H definiert, WIB_CLOSE und WIB_ZOOM in WINDOW.H.

WinClear

Zweck Windowinhalt löschen.

Definition void FAR WinClear(sig win);

Include	WINDOW.H
Quelldatei	WINDS.C
Parameter	<win> ist die Window-Referenznummer.
Ergebnis	keines.
Beschreibung	Wenn das Window <win> nicht das aktive ist (aber geöffnet), wird es aktiviert und am Ende wieder deaktiviert. Das Window wird mit dem Attribut gelöscht, das z.B. mit *WinColor()* als zweiter Parameter angegeben wird. Normalerweise ist dies ein Leerzeichen. Sie können es durch einen Aufruf von *Win-EraseChar()* verändern.
Verweis	*WinEraseChar()*

winclipping

Zweck	Zeilenumbruch im Fenster schalten.
Definition	bool FAR winclipping (bool clip);
Include	WINDOW.H
Quelldatei	WINDIO.C
Parameter	<clip> ist TRUE, wenn im Fenster Zeilen nicht automatisch umgebrochen werden sollen und FALSE, wenn ein automatische Umbruch stattfinden soll.
Ergebnis	Zurückgegeben wird die vorhergehende Einstellung.
Beschreibung	Mit dieser Funktion wird nur das aktuelle Fenster beeinflußt; der mit *window()* angegebene letzte Parameter für "Clipping" bestimmt die Grundeinstellung. Wenn <clip> TRUE ist, werden lange Zeilen praktisch am Window-Rand abgeschnitten; andernfalls wird beim Erreichen der letzten Spalte im Window in die nächste Zeile geschaltet.
Verweis	*window(), WinJustify()*

WinClose

Zweck	Schließen eines Windows.

Definition bool FAR WinClose(sig win);

Include WINDOW.H

Quelldatei WINDS.C

Parameter <win> ist die Window-Referenznummer.

Ergebnis TRUE. FALSE, wenn <win> eine ungültige Referenznummer ist.

Beschreibung Wenn das Window nicht aktiv ist, wird es zuerst aktiviert, bevor es vom Bildschirm entfernt wird. Das Window ist weiterhin vorhanden, jedoch gibt es keinen Puffer für den gesicherten Bildschirmausschnitt.

WinColors

Zweck Farben in Windows ändern.

Definition void FAR WinColors(sig win, int text, int frame, int get, int titel);

Include WINDOW.H

Quelldatei WINDS.C

Parameter <win> ist die Window-Referenznummer. <text> ist das Farbattribut für den Bereich innerhalb des Rahmens, <frame> für den Rahmen, <get> für Eingabefelder (Struktur <COL.getcolor>) und <titel> gibt die Farbe für den Titelbereich an.

Ergebnis keines.

Beschreibung Jedes Window erhält bei der Definition über *WinDef()* standardisierte Farbattribute für Rahmen, Titel, Windowfläche und Eingabefelder. Wenn Ihnen diese nicht gefallen, genügt ein Aufruf dieser Funktion nach dem Aufruf von *WinDef()* und vor dem Aufruf von *WinOpen()*.

Beispiel

```
mywin = WinDef(1,1, viCols(), viRows(), "Hallo!", FALSE);
WinColors(mywin, 112, 113, 7, 15);
WinOpen(mywin);
```

WinCols

Zweck

Anzahl der Spalten eines Windows ermitteln.

Definition

word FAR WinCols(sig win);

Include

WINDOW.H

Quelldatei

WINDS.C

Parameter

<win> ist die Window-Referenznummer.

Ergebnis

Anzahl der Spalten im Fenster (ohne Rahmen). Wenn die Referenznummer ungültig ist, wird FALSE zurückgegeben.

Verweis

WinRows()

WinDef

Zweck

Window definieren.

Definition

sig FAR WinDef(word col, word row, word len, word high, BYTEPTR titel, bool savetitel);

Include

WINDOW.H

Quelldatei

WINDS.C

Parameter

<col> sei die Spalte, <row> (bitte!) die Zeile, an der - absolut auf dem Bildschirm - die obere linke Ecke des Windows steht. <len> und <high> sind die Spalten und Zeilen im Window (ohne Rahmen). <titel> ist ein Textzeiger und wird, wenn nicht NULL, als Windowüberschrift verwendet. <savetitel> kann TRUE sein (dann wird <titel> in einen neuen Speicherbereich kopiert und gesichert) oder FALSE (dann wird intern nur ein Zeiger auf <titel> gespeichert).

Ergebnis

Referenznummer für das neue Window. Diese Nummer ist mindestens 7, da die Nummern 0 bis 6 für Standard-Windows (W_DOS...W_MEL) reserviert sind. Wenn das Ergebnis 0 ist, liegt eindeutig ein Fehler vor. <errno> kann ENOMEM enthalten.

Beschreibung

Eine künstliche Grenze für die maximale Anzahl möglicher Windows wurde nicht gesetzt. Sie können theoretisch bis zu 32767 Windows definieren (was wohl nie passieren wird).

Intern wird die Window-Referenznummer in eine schnelle Liste (siehe Modul LISTE) eingetragen. Jeder Zugriff auf ein Window über die Referenznummer erfordert so eine Absuche der Liste. Sie werden dies nie als einen fühlbaren Zeitfaktor bemerken. Der Vorteil dieser Lösung ist eine fast völlige Unabhängig eines Programms von der Implementierung des Window-Systems.

Verweis *WinOpen()*

WinDel

Zweck Löschen eines definierten Windows.

Definition void FAR WinDel(sig win);

Include WINDOW.H

Quelldatei WINDS.C

Parameter <win> ist die Window-Referenznummer.

Ergebnis keines.

Beschreibung Weil durch *WinDef()* für das Window Speicher allokiert wird, muß dieser wieder freigegeben werden, wenn das Window nicht mehr benötigt wird. Die Referenznummer wird auch aus der Liste entfernt.

window

Zweck Bildschirmausschnitt ('viewport') festlegen.

Definition void FAR window (word le, word to, word ri, word bott, bool clipping);

Include WINDOW.H

Quelldatei WINDIO.C

Parameter <le> ist die linke Spalte des Windows, <to> die obere Zeile, <ri> die rechte Spalte und <bott> die untere Zeile. <clipping> ist TRUE, wenn Textausgaben im Fenster nur dann in der nächsten Zeile fortgeführt werden sollen, wenn ein Zeilenvorschub und ein Carriage-Return erfolgen ("\n\r"). Zu lange Textstrings werden dann abgeschnitten. Wenn <clipping>

FALSE ist, wird ein zu langer String automatisch umgebrochen (ohne Berücksichtigung von Wortgrenzen).

Ergebnis keines.

Beschreibung Ein Aufruf von *window()* bewirkt nichts weiter, als die Festlegung von Grenzen für Bildschirmausgaben über die Funktionen *wputs()*, *wprintf()* und *wputch()* sowie für *clrscr()* und *gotoxy()*. *window()* setzt als einzige echte Aktion den Cursor auf die Position <le>/<to>, das heißt, der Cursor steht in der linken oberen Ecke des neu definierten Fensters.

Das Modul verwendet zur Verwaltung dieses 'windows' eine statische Struktur-Variable, die unter *getwindowinfo()* erklärt wird.

Verweis *getwindowinfo()*

WinEraseChar

Zweck Hintergrundzeichen eines Windows setzen.

Definition byte FAR WinEraseChar(sig win, byte chr);

Include WINDOW.H

Quelldatei WINDS.C

Parameter <win> ist die Window-Referenznummer. <chr> ist das neue Zeichen.

Ergebnis Das vorherige Hintergrundzeichen.

Beschreibung Normalerweise wird ein Window mit dem Leerzeichen als Hintergrundzeichen gezeichnet. Mit dieser Funktion können Sie das ändern.

Verweis *WinClear()*

WinFrame

Zweck Rahmen eines Windows verändern.

Definition void FAR WinFrame(sig win, int frame, bool show);

Include WINDOW.H

Quelldatei WINDS.C

Parameter <win> ist die Window-Referenznummer. <frame> kann einen der Werte `frame_codes` enthalten:

SINGLE, DOUBLE, SINGDOUB, DOUBSING, STERNE, BLANKS, CHAR176, CHAR177, CHAR178, USERFRAME

Diese Codes werden im Kapitel Modul MONITOR unter *absbox()* genauer erklärt.

Wenn <show> TRUE ist, wird der Rahmencode nicht abgespeichert.

Ergebnis keines.

Beschreibung Der neue Rahmen wird sofort angezeigt, wenn das Window aktiv ist (auch wenn <show> FALSE ist). Wenn das Window nicht geöffnet oder nicht aktiv ist, aber <show> TRUE ist, passiert garnichts. Ist <show> in diesem Fall FALSE, wird die Veränderung nur gespeichert.

Verweis *absbox()*

WinGetAkt

Zweck Aktives Window ermitteln.

Definition sig FAR WinGetAkt(sig win);

Include WINDOW.H

Quelldatei WINDS.C

Parameter <win> kann den Wert ASKWINNUMM (-1) haben, wenn die Referenznummer des aktuellen (obersten) Windows ermittelt werden soll. <win> kann aber auch eine andere (gültige) Referenznummer sein (größer gleich Null); dann ist das Ergebnis TRUE, wenn das Window aktiv ist und FALSE, wenn das Window nicht aktiv (oder nicht definiert) ist.

Ergebnis siehe *Parameter*

Beschreibung Schnelle und effektive Möglichkeit, mit Window-Funktionen in unbekannten Windows zu arbeiten.

Verweis *WinLast()*

Beispiel

```
word breite;
breite = WinCols(WinGetAkt(ASKWINNUMM));
```

WinHide

Zweck Verstecken eines Windows.

Definition bool FAR WinHide(sig win);

Include WINDOW.H

Quelldatei WINDS.C

Parameter <win> ist die Window-Referenznummer.

Ergebnis FALSE, wenn es nicht möglich ist, das Window zu verstecken. TRUE, wenn es erfolgreich versteckt wurde.

Beschreibung Nur ein bereits geöffnetes Window kann auch versteckt werden, allerdings muß es nicht sichtbar sein.

Verweis *WinRest()*

WinIsMouseAkt

Zweck Feststellen, ob die Maus innerhalb des aktuellen Windows ist.

Definition bool FAR WinIsMouseAkt(void);

Include WINDOW.H

Quelldatei WINDS.C

Parameter keine

Ergebnis TRUE: die Maus befindet sich innerhalb des aktuellen Windows (auch nicht auf dem Rahmen!). FALSE: die Maus befindet sich außerhalb des aktuellen Windows oder auf dem Rahmen.

Beschreibung Diese Funktion liefert nur ein Ergebnis, wenn bei der Compilation das Makro _USE_MOUSE_ definiert war (Standard).

Verweis *WinIsMouseWin()*

WinIsMouseWin

Zweck	In welchem Window ist die Maus?
Definition	bool FAR WinIsMouseWin(sig win);
Include	WINDOW.H
Quelldatei	WINDS.C
Parameter	<win> ist die Window-Referenznummer.
Ergebnis	TRUE: die Maus befindet sich innerhalb des Windows <win> (nicht auf dem Rahmen!). FALSE: die Maus befindet sich außerhalb des Windows <win> oder auf dem Rahmen.
Beschreibung	Diese Funktion liefert nur ein Ergebnis, wenn bei der Compilation das Makro _USE_MOUSE_ definiert war (Standard).
Verweis	*WinWhereMouse()*

WinJustify

Zweck

Justierung von Textausgaben.

Definition

int FAR WinJustify(int just);

Include

WINDOW.H

Quelldatei

WINDOW.C

Parameter

<just> enthält einen Wert für links-, rechtsbündiges oder zentrierte Textausgaben.

Folgende Werte sind möglich:

TEXT_LEFT	0
TEXT_RIGHT	1
TEXT_CENTER	2

Ergebnis

Wenn ein Wert größer oder gleich Null zurückgegeben wird, ist es die vorherige Einstellung. Wenn -1 (FEHLER) das Ergebnis ist, ist z.B. ein ungültiger Parameter übergeben worden.

Beschreibung

Beeinflußt werden von der Einstellung dieser Funktion nur folgende Textausgabefunktionen:

WinSay(), WinPrint(), WinPrintf()

Wenn nach einem Aufruf von *WinJustify(TEXT_RIGHT)* eine der eben genannten Ausgabefunktionen aufgerufen wird, bezieht sich der Parameter für die Spaltenposition relativ zur Justierung. In diesem Fall wäre die angegebene Spalte die rechteste Position des Textes und eventuell längere Texte werden am Anfang beschnitten.

WinLast

Zweck In das zuletzt aktive Window wechseln.

Definition sig FAR WinLast(void);

Include WINDOW.H

Quelldatei WINDS.C

Parameter keine.

Ergebnis -1, wenn kein aktives Window oder kein vorhergehendes Window gefunden wurde. Im Normalfall wird die nun aktuelle Referenznummer zurückgenommen.

Beschreibung Vom derzeit aktiven Window wird in das vor ihm aktiven Window gewechselt.

WinLine

Zweck Eine waagrechte Line im Window ziehen.

Definition bool FAR WinLine(sig win, word zeile);

Include WINDOW.H

Quelldatei WINDS.C

Parameter <win> ist die Window-Referenznummer. <zeile> gibt die relative Zeilennummer innerhalb des Windows an.

Ergebnis TRUE: Linie gezogen. FALSE: <win> nicht gefunden.

Beschreibung Mit dieser Funktion wird vom linken zum rechten Rahmen eine dem Rahmen entsprechende Linie gezogen. *WinLine()* verwendet die Funktion *GetUserFrame()*, um die dem Rahmentyp entsprechenden Zeichen zu erfragen.

Verweis *GetUserFrame(), absbox()*

WinLineColor

Zweck Das Attribut einer Zeile im Window ändern.

Definition void FAR WinLineColor(sig win, word cc, word rr, int br, int color);

Include WINDOW.H

Quelldatei WINDOW.C

Parameter Der Parameter <win> gibt an, in welchem Fenster die Attributänderung stattfinden soll (Window-Referenznummer). <cc> ist die Spaltenposition, <rr> die Zeilenposition.
 gibt die Breite an (Anzahl der zu ändernden Zeichen) und <color> enthält das Attribut.

Ergebnis keines.

Beschreibung Wenn Sie bestimmte Zeilen oder Teile einer Zeile schnell farblich verändert darstellen wollen, ist dies die richtige Funktion dafür.

WinOpen

Zweck Öffnen eines Windows.

Definition bool FAR WinOpen(sig win);

Include WINDOW.H

Quelldatei WINDS.C

Parameter <win> ist die Window-Referenznummer.

Ergebnis TRUE: Window ist geöffnet und steht als oberstes aktives Window auf dem Bildschirm. FALSE: <win> ist ungültig (<errno> ist dann E_NOWIN), nicht genügend Speicher frei (ENOMEM).

Beschreibung	Wenn das Window bereits auf dem Bildschirm steht (aktiv oder nicht aktiv), wird entweder nur TRUE zurückgegeben oder zunächst in das gewünschte Window gewechselt. Im Prinzip können Sie statt *WinSel()* auch *WinOpen()* aufrufen, aber diese Eigenschaft von *WinOpen()* ist eher als praktischer Notanker gedacht.
Verweis	*WinClose()*

WinPrint

Zweck	Textausgabe im aktuellen Window.
Definition	void FAR WinPrint (word col, word row, BYTEPTR text);
Include	WINDOW.H
Quelldatei	WINDOW.C
Parameter	<col> ist die Spalte, <row> die Zeile im aktuellen Window. <text> enthält den auszugebenden String.
Ergebnis	keines
Beschreibung	Gibt im aktuellen (obersten) Window an der Position <col>/<row> den Text <text> aus. Gehen Sie davon aus, daß *WinPrint()* nur dann korrekt arbeitet, wenn ein Window geöffnet wurde.

Beispiel

```
WinOpen(W_DIA);
WinPrint(1,1, "Guten Morgen, Jens!");
```

WinPrintf

Zweck	Textausgabe im aktuellen Window.
Definition	void FAR WinPrintf(word col, word row, BYTEPTR text, ...);
Include	WINDOW.H
Quelldatei	WINDOW.C
Parameter	<col> ist die Spalte, <row> die Zeile im aktuellen Window. <text> enthält den auszugebenden String inclusive möglicher Formatanweisungen (wie *printf()*).

Ergebnis keines

Beschreibung Gibt im aktuellen (obersten) Window an der Position <col>/<row> den Text <text> aus. Gehen Sie davon aus, daß *WinPrintf()* nur dann korrekt arbeitet, wenn ein Window geöffnet wurde.

Beispiel

```
WinOpen(W_DIA);
WinJustify(TEXT_RIGHT);
WinPrintf(20,1, "Schuld: %u DM", 1000);
```

WinPrompt

Zweck Spezielle Window-Menus.

Definition bool FAR WinPrompt(sig win, word anz, BYTEPTR *prarray);

Include WINDOW.H

Quelldatei WINDS.C

Parameter <win> ist die Window-Referenznummer. <anz> gibt die Anzahl der Strings in <prarray> an. <prarray> zeigt auf <anz> Prompts.

Ergebnis TRUE, wenn die Prompts im Window angezeigt wurden, sonst FALSE.

Beschreibung Die mit dieser Funktion dargestellten "Prompts" können als echtes Menu verwendet werden oder als Schaltflächen für die Maus.

Intern wird ein Zeiger auf das Array <prarray> gesichert. Die Strings müssen auch nach diesem Funktionsaufruf erhalten bleiben.

Für die Darstellung wird immer die unterste Window-Zeile verwendet. Eine freie Positionierung der Prompts im Window müßte mit anderen Mitteln durchgeführt werden.

Es ist nur eine Definition über *WinPrompt()* zur gleichen Zeit möglich.

Verweis *WinPromptMouse()*

Beispiel siehe *WinPromptMouse()*

WinPromptAttr

Zweck Windowprompt invertieren.

Definition void FAR WinPromptAttr(sig win, int num);

Include WINDOW.H

Quelldatei WINDS.C

Parameter <win> ist die Window-Referenznummer und <num> der zu "aktivierende" n-te Prompt.

Ergebnis keines

Beschreibung Der <num>te Prompt, der mit *WinPrompt()* installiert wurde, wird in der Farbe <COL.dialoginv> dargestellt, während alle anderen in der Farbe <COL.dialogsch> gezeigt werden. Für den Benutzer stellt sich der <num>te Prompt nun als aktiver Prompt dar.

Verweis *WinPromptMouse()*

WinPromptMouse

Zweck Feststellen, ob die Maus auf einer Schaltfläche steht.

Definition int FAR WinPromptMouse(sig win);

Include WINDOW.H

Quelldatei WINDS.C

Parameter <win> ist die Window-Referenznummer.

Ergebnis FALSE, wenn die Maus nicht auf einer Schaltfläche steht oder keine Schaltflächen vorhanden sind oder kein Window geöffnet ist. Andernfalls wird eine Zahl größer als Null zurückgegeben, die der relativen Stellung im Array <prarray> (siehe *WinPrompt()*) entspricht.

Beschreibung Wenn Sie mit *WinPrompt()* im Window Schaltflächen installiert haben, können Sie mit dieser Funktion erfragen, ob die Maus auf eine dieser Flächen positioniert wurde.

Es ist keine Deinstallation notwendig.

Beispiel

```
BYTEPTR arr[]= { " Weiter ", " Egal ", " Stop " };
SYSevent ev;
int erg=0;

/* .... */
WinOpen(W_DIA);

WinPrompt(W_DIA, 3, arr);
do {
  Event(&ev);
  if(ev.evFlag & EV_MAUS) {
    erg = WinPromptMouse(W_DIA);
    if(erg)
      WinPromptAttr(W_DIA, erg);
    if(erg == 1)  /* " Weiter " */
      /* ... */ ;
    if(erg == 2)  /* " Egal "   */
      /* ... */ ;
    if(erg == 3)  /* " Stop "   */
      /* ... */ ;
  }
} while(ev.evFlag == EV_NULL);
```

WinRest

Zweck Ein verstecktes Window wieder anzeigen.

Definition bool FAR WinRest(sig win);

Include WINDOW.H

Quelldatei WINDS.C

Parameter <win> ist die Window-Referenznummer.

Ergebnis FALSE, wenn <win> nicht gefunden wurde, sonst TRUE.

Beschreibung Das versteckte Window wird wieder auf dem Bildschirm angezeigt und ist anschließend das oberste und aktive Window.

Verweis *WinHide()*

WinRows

Zweck	Anzahl der Zeilen eines Windows ermitteln.
Definition	word FAR WinRows(sig win);
Include	WINDOW.H
Quelldatei	WINDS.C
Parameter	<win> ist die Window-Referenznummer.
Ergebnis	Anzahl der Zeilen im Fenster (ohne Rahmen). Wenn die Referenznummer ungültig ist, wird FALSE zurückgegeben.
Verweis	*WinCols()*

WinSay

Zweck	Textausgabe in einem Window.
Definition	void FAR WinSay (sig numm, word sp, word ze, BYTEPTR text, sig co1, sig co2);
Include	WINDOW.H
Quelldatei	WINDOW.C
Parameter	Der Parameter <numm> gibt an, in welchem Fenster die Ausgabe stattfinden soll (Window-Referenznummer). Über die Parameter <co1> und <co2> lassen sich die Farben der Ausgaben bestimmen. <sp> und <ze> sind die Koordinaten für die Ausgabe im Window und <text> ist der auszugebene Text.
Ergebnis	keines
Beschreibung	*WinSay()* arbeitet nur dann korrekt, wenn das Window <numm> geöffnet wurde. Diese Funktion ruft letztlich *wputs()* auf, doch arbeitet sie mit den High-Level-Windowfunktionen aus der Datei WINDS.C zusammen. Wenn das Window <numm> nicht das aktuelle (oberste) Fenster ist, wird in das betreffende Fenster selektiert, die Ausgabe getätigt und wieder zurück in das aktuelle Fenster gewechselt.

<col1> enthält die Farbe für die Textausgabe oder -1, wenn der String in der aktuellen Farbe ausgegeben werden soll.

<co2> ist die Farbe, die nach der Textausgabe gelten soll oder -1, wenn nach der Textausgabe keine Farbe verändert werden soll. Weil die Farbwerte in der Struktur <COL.> als word definiert sind, muß eine explizite Typumwandlung mit (sig) erfolgen, wenn der Compiler meckert.

Beispiel

```
WinOpen(W_MEL);
WinSay(W_MEL, 1, 4, "Test-Meldung", RED, (sig) COL.colorset);
WinSay(W_MEL, 1, 5, "Noch eine", -1, -1);
```

WinScrollBar

Zweck Anzeige einer Scrollbar auf dem Windowrahmen.

Definition bool FAR WinScrollBar(sig win, int balpos, int maxzahl);

Include WINDOW.H

Quelldatei WINDS.C

Parameter <win> ist die Window-Referenznummer. <balpos> ist die Position innerhalb von <maxzahl> Elementen. <balpos> kann maximal den Wert von <maxzahl> annehmen.

Ergebnis TRUE: ScrollBar aufgebaut. FALSE: <win> nicht gefunden.

Beschreibung Ein praktisches Beispiel für diese Funktion sind Menu-Windows. In einem Window mit 10 Zeilen sollen 48 Prompts angezeigt/verwaltet werden. Da jeweils nur 10 Prompts angezeigt werden können, hilft die ScrollBar der Orientierung: ein Zeichen am rechten Rand markiert die relative Position innerhalb der 48 Prompts und je ein Pfeil oben und unten erlauben auch eine Maussteuerung (siehe *WinWhereMouse()*, MW_SCRUP, MW_SCRDOWN).

WinSel

Zweck Aktivieren eines geöffneten Windows.

Definition void FAR WinSel(sig win);

Include WINDOW.H

Quelldatei WINDS.C

Parameter <win> ist die Window-Referenznummer.

Ergebnis keines.

Beschreibung Das Window mit der angegebenen Referenznummer wird aktiviert, in den Vordergrund geschoben oder restauriert (wenn es mit *WinHide()* versteckt worden war). Das vorher aktive Window ist mit *WinLast()* wieder erreichbar.

Verweis *WinLast()*

WinShadow

Zweck Schattenwirkung der Windows einstellen.

Definition bool FAR WinShadow(int onoff, byte sign, int color);

Include WINDOW.H

Quelldatei WINDS.C

Parameter <onoff> kann entweder ON oder OFF (1 oder 0) sein, <sign> enthält das für die Schattendarstellung gewünschte Zeichen und <color> das gewünschte Attribut für den Schatten.

Ergebnis Die vorherige Einstellung (ON oder OFF) wird zurückgegeben.

Beschreibung Die mit dieser Funktion getätigte Einstellung gilt für alle Windows, die nachfolgend geöffnet werden. Damit kein Durcheinander entsteht, ist es am besten, zu Programmbeginn eine Einstellung zu machen, die im weiteren Verlauf nicht mehr verändert wird.

Wenn <onoff> OFF ist, werden die Werte <sign> und <color> ignoriert.

Die Standard-Einstellung für *WinShadow()* ist OFF. Für <sign> können Sie im Normalfall '\0' verwenden und für <color> den Wert 8, vorausgesetzt, Sie haben einen Farbmonitor.

WinSize

Zweck

Größe eines Windows verändern.

Definition

void FAR WinSize(sig win, word col, word row, word len, word high);

Include

WINDOW.H

Quelldatei

WINDS.C

Parameter

<win> ist die Window-Referenznummer. <col> gibt die neue Spalte und <row> die neue Zeile des Windows absolut zum Gesamtbildschirm an. <len> sind die Spalten und <high> die Zeilen im Fenster (ohne Rahmen).

Ergebnis

keines.

Beschreibung

Die neue Position oder Größe des Windows wird auch dann sofort verändert, wenn das Window aktiv ist oder nicht aktiv auf dem Bildschirm (von anderen Windows überlagert).

WinTitle

Zweck

Nachträgliche Manipulation des Windowtitels.

Definition

void FAR WinTitle(sig win, BYTEPTR tit, bool sv, bool show);

Include

WINDOW.H

Quelldatei

WINDS.C

Parameter

<win> ist die Window-Referenznummer. <tit> ist entweder NULL oder ein neuer Windowtitel. <sv> kann TRUE oder FALSE sein, ebenso <show>.

Ergebnis

keines.

Beschreibung

Über <sv> und <show> wird das Verhalten der Funktion gesteuert. Wenn <sv> TRUE ist, wird der neue Titel gespeichert (er wird intern in einen neuen Speicherbereich kopiert); andernfalls wird nur ein Zeiger auf <tit> in der Windowstruktur gesichert. Wenn <show> TRUE ist, wird der neue Titel sofort angezeigt, sofern das Fenster aktiv ist.

Um einen bestehenden Window-Titel zu löschen, ist folgender Aufruf nötig:

WinTitle(win, NULL, FALSE, FALSE);

WinWhereMouse

Zweck Wo ist die Maus?

Definition sig FAR WinWhereMouse(word *rcol, word *rrow, word *flag);

Include WINDOW.H

Quelldatei WINDS.C

Parameter <rcol> und <rrow> nehmen die Position der Maus auf, <flag> erhält ein Merkmal für die Mausposition (s.u.). Alle Parameter können uninitialisiert übergeben werden.

Ergebnis Als Ergebnis erhält man die Referenznummer des Windows, innerhalb dessen Grenzen sich die Maus befindet oder -1 (FEHLER), wenn keine Maus eingeschaltet oder kein Window geöffnet ist.

Beschreibung Die Positionsangabe in <rcol> und <rrow> ist absolut zum Gesamtbildschirm, wenn die Maus außerhalb eines Windows steht. Andernfalls (<flag> == MW_INNEN) sind es Window-relative Angaben.

Anhand des Wertes in <flag> können Sie schnell erkennen, welche Aktivität der Benutzer mit Maus wünscht:

```
Die Maus ist...
MW_TITEL          im Titel
MW_RAHMEN         auf dem Rahmen
MW_INNEN          im inneren Bereich
MW_SCRUP          im oberen Bereich einer "ScrollBar"
MW_SCRDOWN        im unteren Bereich einer "ScrollBar"
MW_CLOSEBUTTON    in der Rahmenposition "Close"
MW_ZOOMBUTTON     in der Rahmenposition "Zoom"
```

Wenn Sie sich den Quellcode ansehen, können Sie am Beispiel von MW_CLOSEBUTTON erkennen, wie Sie Erweiterungen einbauen können. Leicht lassen sich Funktionen zum verschieben und verkleinern / vergrößern von Windows integrieren und über

Mausbefehle zugänglich machen. Ich habe dafür jedoch noch nie Bedarf gehabt.

WinZoom

Zweck Öffnungsmodus für Windows einstellen.

Definition bool FAR WinZoom(int onoff);

Include WINDOW.H

Quelldatei WINDS.C

Parameter Wenn <onoff> den Wert ON oder OFF (1 oder 0) hat, wird das interne Flag entsprechend eingestellt. Jeder andere Wert führt nur zur Rückgabe der aktuellen Einstellung.

Ergebnis Die aktuelle oder vorherige Einstellung des internen Zoom-Flags (immer ON oder OFF).

Beschreibung Wenn Sie zu Programmbeginn *WinZoom(ON)* aufrufen, werden die Windows mit *WinOpen()* zoomend geöffnet. Die Geschwindigkeit des Zoomens kann durch *SetZoomSpeed()* verändert werden.

Die Standard-Einstellung für *WinZoom()* ist OFF.

Verweis *zoombox(), SetZoomSpeed()*

wprintf

Zweck Formatierte Textausgabe im aktuellen Fenster.

Definition word FAR wprintf(BYTEPTR format,...);

Include WINDOW.H

Quelldatei WINDIO.C

Parameter Der String <format> ist genauso aufgebaut, wie von der Funktion *printf()* bekannt. Entsprechend werden weitere Parameter erwartet (oder keiner).

Ergebnis Anzahl ausgegebener Zeichen.

Beschreibung Arbeitet ähnlich wie *printf()*, doch findet die Bildschirmausgabe relativ zum gesetzten Fenster statt. Die Cursorposition wird nachgeführt. Automatischer Zeilenumbruch (ohne Berücksichtigung von Wortgrenzen), wenn der String zu lang ist. Die Maus wird vor der Bildschirmausgabe versteckt.

wputch

Zweck Zeichen ausgeben.

Definition void FAR wputch(byte zeichen);

Include WINDOW.H

Quelldatei WINDIO.C

Parameter Zeichen, das an der aktuellen Cursorposition ausgegeben werden soll.

Ergebnis keines

Beschreibung Gibt ein Zeichen an der aktuellen Position im Window aus.

wputs

Zweck Textausgabe.

Definition void FAR wputs(BYTEPTR str);

Include WINDOW.H

Quelldatei WINDIO.C

Parameter <str> ist ein Zeiger auf einen String.

Ergebnis keines

Beschreibung Arbeitet wie *cputs()*. Die Cursorposition wird nachgeführt. Automatischer Zeilenumbruch (ohne Berücksichtigung von Wortgrenzen), wenn der String zu lang ist. Wenn beim Aufruf von *window()* <clipping> mit TRUE angegeben wurde, wird der zu lange String nur dann in der nächsten Zeile fortgeführt, wenn eine Zeilenschaltung erfolgt; andernfalls wird der Rest der Zeile einfach abgeschnitten. Die Maus wird versteckt und restauriert.

Verweis *winclipping()*

wtputs

Zweck Text im aktuellen Fenster ausgeben.

Definition void FAR wtputs (BYTEPTR str);

Include WINDOW.H

Quelldatei WINDIO.C

Parameter <str> ist ein Zeiger auf einen String.

Ergebnis keines

Beschreibung Diese Funktion berücksichtigt keine Steuerzeichen und nimmt keinen Umbruch vor. <str> muß also bereits auf die Breite des Fensters begrenzt sein. Wenn Steuerzeichen enthalten sind, werden deren ASCII-Codes ausgegeben. Die Cursorposition wird nicht nachgeführt (er steht nach dem Aufruf von *wtputs()* auf der gleichen Position wie vorher). Die aufrufende Funktion muß den Cursor mit *gotoxy()* setzen. Diese Funktion ist für die Anwendung durch ein Textmodul gedacht, in dem die Fensterinformationen über *getwindowinfo()* ebenfalls bekannt sind, das aber auch schnelle Stringausgaben benötigt.

Modul TASTATUR

Ziemlich schnell stellt der C-Programmierer fest, daß die Standard-Tastaturabfragemöglichkeiten[1] bei weitem nicht genügen, um eine komfortable Benutzerschnittstelle zu programmieren. Also schrieb ich Funktionen für die Abfrage und Handhabung der Tastatur. All diese Funktionen blieben auch in der DOS-Version 4 und 5 stabil (LeftShift + TopArrow ergeben für Version 3.3 den gleichen Wert wie für Version 5), weil sie auf dem BIOS-Interrupt beruhen.

In der Header-Datei KEY.H sind die "keyvalues" definiert, wie sie folgend abgedruckt werden. Die ganze Liste macht hoffentlich Sinn, damit Sie nicht so oft in den Header-Dateien nachschauen müssen (wie hieß denn noch die Bezeichnung der Tastenkombination <Alt>-<F10>?).

```
enum keyvalues {
   K_PARAGRAPH =          21,  /* == K_CTRL_U */
   K_BS    =              8,       K_TAB    =        9,
   K_CR    =              13,      K_ESC    =        27,
   K_F1    =              315,     K_F2     =        316,
   K_F3    =              317,     K_F4     =        318,
   K_F5    =              319,     K_F6     =        320,
   K_F7    =              321,     K_F8     =        322,
   K_F9    =              323,     K_F10    =        324,
   K_HOME  =              327,     K_UP     =        328,
   K_PGUP  =              329,     K_LEFT   =        331,
   K_NUMERIC5 =           332,     K_RIGHT  =        333,
   K_END   =              335,     K_DOWN   =        336,
   K_PGDN  =              337,     K_INS    =        338,
   K_F11   =              389,     K_F12    =        390,
};


enum SHIFT_keys {
   K_SHIFT_3    =         245,     K_SHIFT_TAB   =   271,
   K_SHIFT_F1   =         340,     K_SHIFT_F2    =   341,
   K_SHIFT_F3   =         342,     K_SHIFT_F4    =   343,
   K_SHIFT_F5   =         344,     K_SHIFT_F6    =   345,
   K_SHIFT_F7   =         346,     K_SHIFT_F8    =   347,
   K_SHIFT_F9   =         348,     K_SHIFT_F10   =   349,
   K_SHIFT_F11  =         391,     K_SHIFT_F12   =   392,
};
```

1 Was für ein Wooooort!

```
enum CTRL_keys {
   K_CTRL_CR    =          10,
   K_CTRL_T     =          20,          K_CTRL_U    =          21,
   K_CTRL_Y     =          25,          K_CTRL_BS   =          127,
   K_CTRL_F1    =          350,         K_CTRL_F2   =          351,
   K_CTRL_F3    =          352,         K_CTRL_F4   =          353,
   K_CTRL_F5    =          354,         K_CTRL_F6   =          355,
   K_CTRL_F7    =          356,         K_CTRL_F8   =          357,
   K_CTRL_F9    =          358,         K_CTRL_F10  =          359,
   K_CTRL_SYS_REQ=         370,         K_CTRL_LEFT =          371,
   K_CTRL_RIGHT=           372,         K_CTRL_END  =          373,
   K_CTRL_PGDN =           374,         K_CTRL_HOME =          375,
   K_CTRL_PGUP =           388,         K_CTRL_F11  =          393,
   K_CTRL_F12   =          394,         K_CTRL_UP   =          397,
   K_CTRL_NUM_MIN=         398,         K_CTRL_NUM5 =          399,
   K_CTRL_NUM_PLUS= 400,
   K_CTRL_DOWN =           401,         K_CTRL_INS  =          402,
   K_CTRL_DEL   =          403,         K_CTRL_TAB  =          404,
   K_CTRL_NUM_DIV=         405,         K_CTRL_NUM_MUL=        406,
};


enum ALT_keys {
   K_ALT_ESC =             257,         K_ALT_Q    =           272,
   K_ALT_W    =            273,         K_ALT_E    =           274,
   K_ALT_R    =            275,         K_ALT_T    =           276,
   K_ALT_Y    =            277,         K_ALT_U    =           278,
   K_ALT_I    =            279,         K_ALT_O    =           280,
   K_ALT_P    =            281,         K_ALT_UE   =           282,
   K_ALT_PL   =            283,         K_ALT_CR   =           284,
   K_ALT_A    =            286,         K_ALT_S    =           287,
   K_ALT_D    =            288,         K_ALT_F    =           289,
   K_ALT_G    =            290,         K_ALT_H    =           291,
   K_ALT_J    =            292,         K_ALT_K    =           293,
   K_ALT_L    =            294,         K_ALT_OE   =           295,
   K_ALT_AE   =            296,         K_ALT_KREUZ=           299,
   K_ALT_Z    =            300,         K_ALT_X    =           301,
   K_ALT_C    =            302,         K_ALT_V    =           303,
   K_ALT_B    =            304,         K_ALT_N    =           305,
   K_ALT_M    =            306,         K_ALT_KOMMA=           307,
   K_ALT_PUNKT=            308,         K_ALT_1    =           376,
   K_ALT_2    =            377,         K_ALT_3    =           378,
   K_ALT_4    =            379,         K_ALT_5    =           380,
   K_ALT_6    =            381,         K_ALT_7    =           382,
   K_ALT_8    =            383,         K_ALT_9    =           384,
   K_ALT_0    =            385,         K_ALT_STRICH=          386,
   K_DEL      =            339,
```

```
    K_ALT_F1  =            360,      K_ALT_F2  =            361,
    K_ALT_F3  =            362,      K_ALT_F4  =            363,
    K_ALT_F5  =            364,      K_ALT_F6  =            365,
    K_ALT_F7  =            366,      K_ALT_F8  =            367,
    K_ALT_F9  =            368,      K_ALT_F10 =            369,
    K_ALT_F11 =            395,      K_ALT_F12 =            396,
    K_ALT_HOME=            407,      K_ALT_UP  =            408,
    K_ALT_PGUP=            409,      K_ALT_LEFT=            411,
    K_ALT_RIGHT=           413,      K_ALT_ENDE=            415,
    K_ALT_DOWN=            416,      K_ALT_PGDN=            417,
    K_ALT_INS =            418,      K_ALT_DEL =            419,
    K_ALT_NUM_DIV=         420,      K_ALT_TAB =            421,
    K_ALT_NUM_CR=          422
};

#define    kbhit()       keynext()
#define    getch()       keydos()
#define    CLEARKEY      while(keynext())  keyget(0);
```

BiosExtKey

Zweck Low-Level-Tastatur-Abfrage.

Definition word FAR BiosExtKey(word cmd, word *Rah, word *Ral, word *Flags)

Include KEY.H

Quelldatei BIOSKEY.CAS

Parameter <cmd> ist 0, 1 oder 2 bzw. 10h, 11h oder 12h bei einer MF-2-Tastatur. In <Rah> wird das AH-Register, in <Ral> das AL-Register und in <Flags> die Flags eingetragen.

Ergebnis Register AX nach dem Interrupt 16h.

Beschreibung Diese Funktion wird vom Tastaturmodul für die Tastaturabfrage verwendet und ist nicht dafür gedacht, anderweitig benutzt zu werden.

Verweis *keyin(), keyget(), keydos()*

BiosKeyRepeatRate

Zweck Wiederholungsrate ändern.

Definition word FAR BiosKeyRepeatRate(word repeat, word twait)

Include KEY.H

Quelldatei BIOSKEY.CAS

Parameter <repeat> gibt die Wiederholungsrate und <twait> die Verzögerungszeit an. Für <repeat> sind folgende Werte möglich (ZpS heißt 'Zeichen pro Sekunde):

Wert	ZpS	Wert	ZpS
0h	30	10h	7.5
1h	26.7	11h	6.7
2h	42.0	12h	6.0
3h	21.8	13h	5.5
4h	20.0	14h	5.0
5h	18.5	15h	4.6
6h	17.1	16h	4.3
7h	16.0	17h	4.0
8h	15.0	18h	3.7
9h	13.3	19h	3.3
Ah	12.0	1Ah	3.0
Bh	10.9	1Bh	2.7
Ch	10.0	1Ch	2.5
Dh	9.2	1Dh	2.3
Eh	8.6	1Eh	2.1
Fh	8.0	1Fh	2.0

Für <twait> sind folgende Werte möglich:

Wert	Verzögerung
0	250 ms
1	500 ms
2	750 ms
3	1000 ms

Ergebnis immer TRUE.

Beschreibung	Diese Funktion verwendet die Subfunktion 3h (AH, 5h in AL) des Interrupts 16h. Sie ist nur auf AT's mit einem BIOS nach dem 15.11.1985 und auf PS/2-Rechnern verfügbar.
Verweis	Ray Duncan, MS-DOS für Fortgeschrittene (1989), S. 616f.

helpnumget

Zweck	Hilfe-Nummer abfragen.
Definition	word FAR helpnumget (void);
Include	KEY.H
Quelldatei	MF2_KEY.C
Parameter	keine
Ergebnis	Die zuletzt mit *helpnumset()* eingestellte Nummer.
Verweis	*helpnumset()*

helpnumset

Zweck	Hilfe-Nummer setzen.
Definition	word FAR helpnumset (word hnr);
Include	KEY.H
Quelldatei	MF2_KEY.C
Parameter	Gewünschte Hilfenummer.
Ergebnis	Vorher eingestellte Hilfenummer.
Beschreibung	Jedesmal, wenn eine über *keysetproc()* installierte Routine über *keyin()* aufgerufen wird, erhält diese Routine die Hilfenummer als einzigen Parameter. Damit ist eine Identifizierung möglich - und vor allem sinnvoll, um eine kontext-bezogene Hilfefunktion zu realisieren.
Verweis	*keysetproc()*

key3

Zweck

Alternative Tastaturabfrage.

Definition

word FAR key3 (word k1, word k2, word k3);

Include

KEY.H

Quelldatei

KEY3.C

Parameter

<k1>, <k2> und <k3> sind erlaubte Tastenwerte.

Ergebnis

Gedrückter Tastenwert. Mögliche Rückgabewerte sind:

k1, k2, k3
K_ESC
0

Dabei ist zu berücksichtigen, daß für <k1>, <k2> und <k3> eventuell veränderte Werte zurückgegeben werden:

Wenn *_isalpha(k1)* und *_islower(k1)* und *_upper(Benutzereingabe)* gleich *_upper(k1)* dann gebe *_upper(k1)* zurück. In Deutsch: wenn <kx> ein Buchstabenwert ist, der einen kleinen Buchstaben des Alphabets darstellt und der Benutzer drückt diesen kleinen oder dessen entsprechenden großen Buchstaben (z.B. 'a' oder 'A'), dann wird nicht der originale <kx>-Wert zurückgegeben, sondern der des Großbuchstabens (wenn <k1> gleich 'a' ist das Ergebnis 'A')[2].

Beschreibung

Oft benötigt man Routinen, Schleifen oder ähnliche Verrenkungen, um bei Abfragen sicherzustellen, daß nur ein paar bestimmte Tasten gedrückt werden, andere dagegegen ignoriert werden. *key3()* erwartet 3 Parameter: jeder ein erlaubter Tastenwert. Zusätzlich kann die Taste K_ESC immer verwendet werden, um den Wartezustand abzubrechen (das heißt, daß Sie den Rückgabewert von *key3()* auch auf K_ESC untersuchen müssen!). Außerdem kann das Funktionsergebnis 0 (Null) sein, nämlich dann, wenn mit *SetWaitTime()* eine Wartezeit vereinbart wurde und diese abgelaufen ist. Wenn die Funktion folgendermaßen aufgerufen wird:

```
taste = key3(K_CR, K_TAB, K_SPACE);
```

2 Warum sind Erklärungen manchmal so kompliziert? Ob das an mir liegt?

kann der Benutzer den Wartezustand nur mit den Tasten Return, Tabulator oder Space, sowie Escape beenden. Außerdem kann er sich vor die Tastatur setzen und warten, in der Hoffnung darauf, daß Sie eine maximale Wartezeit definiert haben.

Wenn für einen Parameter der Wert 0 eingesetzt wird, wird er ignoriert.

Beachten Sie: alle Buchstaben werden vor einem Vergleich intern auf Großbuchstaben umgesetzt. Wenn Sie als Parameter den Wert 'n' übergeben, wird er genauso behandelt, wie der Wert 'N'. Ebenso wird bei der Benutzereingabe verfahren. Er kann nach Belieben 'n' oder 'N' eingeben.

Beispiel

```
//...
if( (taste = key3(K_CR, 'J', 'N')) == 'N' || taste == K_ESC ||
taste == 0)
  return(-1);
else {
  FileDelete(ThisFile);
  return(0);
}
```

keyALTchr

Zweck Ermittle für einen ALT-Tastenwert den nackten Tastenwert ohne ALT.

Definition byte FAR keyALTchr(word taste);

Include KEY.H

Quelldatei KEYALT.C

Parameter Wert des Tastendrucks (Rückgabewert von *keyin()*, *keyget()* oder *Event()*).

Ergebnis Zeichencode der Taste oder Null, wenn keine Entsprechung gefunden wurde.

Beschreibung Wenn *keyin()* den Wert K_ALT_H zurückgibt, kann mit dieser Funktion der Wert 'H' festgestellt werden. Der Aufruf *keyALTchr(K_ALT_AE)* ergibt ein 'Ä' als Ergebnis, womit gezeigt sei, daß auch deutsche Umlaute unterstützt werden. Das Ergebnis der Funktion ist immer kleiner als 256. Wenn die Funktion Null zu-

	rückgibt (wie bei *keyALTchr(*K_ALT_F12*)*), gibt es keine ASCII-Entsprechung.
Verweis	*keychrALT()*

keybuffer

Zweck Tastatureingaben simulieren.

Definition void FAR keybuffer (word key, ...);

Include KEY.H

Quelldatei MF2_KEY.C

Parameter <key> ist der erste Tastenwert, der als Tastatureingabe behandelt werden soll. Es folgen soviele Tastenwerte, bis als letzter Parameter -1 (ARGEND) übergeben wird.

Ergebnis keines.

Beschreibung Diese Funktion ist völlig unabhängig von der tatsächlichen Funktionsweise des BIOS oder eines DOS-Tastaturpuffers. Das Modul TASTATUR verwendet eine eigene Schlange für alle Tastatureingaben. Eine Abfrage über *keyget()*, *keyin()*, *keynext()* (oder über *Event()* oder andere Umwege) führt zunächst zu einer Überprüfung der Schlange. Steht ein Wert an, wird dieser zuerst abgeholt, bevor nachgesehen wird, ob der Anwender tatsächlich eine Taste gedrückt hat.

Ich habe oft die Befehlsfolge `while(keynext()) keyget();` verwendet, um an bestimmten Stellen im Programm sicher zu sein, daß keine überflüssige oder versehentliche Tasteneingabe einen Wartezustand abbricht. Damit werden jedoch auch *keybuffer()*-Eingaben sinnlos. Beachten Sie dies bei Ihrer Programmkonzeption!

Wenn Sie vergessen, ARGEND als letzten Parameter zu übergeben, ist das Resultat unvorhersehbar.

Verweis *keybufferstr()*

Beispiel

```
keybuffer(K_ESC, (word)'A', K_CR, ARGEND);
```

keybufferflush

Zweck Tastaturpuffer löschen.

Definition void FAR keybufferflush (void);

Include KEY.H

Quelldatei MF2_KEY.C

Beschreibung Die interne Schlange für *keyget()*, *keyin()* und *keynext()* wird hiermit gelöscht. Dieser Befehl hebt praktisch einen vorangegangenen Befehl mit *keybuffer()* oder *keybufferstr()* wieder auf.

keybufferstr

Zweck Tastatureingaben simulieren.

Definition void FAR keybufferstr (BYTEPTR str);

Include KEY.H

Quelldatei MF2_KEY.C

Parameter <str> ist ein null-terminierter String mit beliebigen Werten und Zeichen.

Ergebnis keines.

Beschreibung Jedes Zeichen des Strings <str> wird als Tastatureingabe interpretiert.

Bitte sehen Sie auch unter *keybuffer()* nach.

Verweis *keybuffer()*

keyCAPS

Zweck LED für "Shift-Lock" ein/ausschalten.

Definition bool FAR keyCAPS(bool neu);

Include KEY.H

Quelldatei NCSKEY.C

Parameter <neu> ist entweder 1 oder 0 (TRUE oder FALSE). Wenn TRUE übergeben wird, wird die LED für CapsLock eingeschaltet. Wenn FALSE übergeben wird, wird die LED ausgeschaltet.

Ergebnis Die Funktion gibt immer den vorherigen Schaltzustand der LED zurück.

Beschreibung *keyCAPS()* arbeitet mit den Funktionen *BiosVar()* und *BiosVarSet()*, so daß eine spätere Anpassung leicht möglich ist. *BiosVar()* ist zur Zeit als direkt auf den Bios-Datenbereich zugreifende Funktion implementiert.

Verweis *keySCROLL(), keyINS(), keyNUM()*

keychrALT

Zweck Ermittle von einer Taste den Wert für die Kombination mit ALT

Definition word FAR keychrALT(byte zeichen);

Include KEY.H

Quelldatei KEYALT.C

Parameter Zeichen für die Ermittlung.

Ergebnis Tastaturwert, wie er von *keyin()* oder *Event()* zurückgegeben würde.

Beschreibung Diese Funktion geht den umgekehrten Weg wie *keyALTchr()*: wenn Sie den Zeichenwert 65 ('A') vorgeben und wissen wollen, welchen Code ALT+'A' ergibt, so muß nur *keychrALT()* mit 'A' als Parameter aufgerufen werden. Benötigt wird eine solche Funktion in einer SAA-ähnlichen Menuführung für die Feststellung, ob ein Hotkey mit ALT gedrückt wurde.

Verweis *keyALTchr()*

Beispiel

```
/* Diese Funktion stellt fest, ob die vom Benutzer
   gedrückte Taste ein im Char-Array <bptrHotkeys>
   definerter Hotkey ist.
*/

word isHotkey(word nTaste, BYTEPTR bptrHotkeys)
{
```

```
  word len, i;
  len = fstrlen(bptrHotkeys);
  for(i=0; i < len; i++)
    if(nTaste == keychrALT(bptrHotkeys[i]))
      return(nTaste);
  return(0);
}
```

keydos

Zweck Direkte Tastaturabfrage über DOS-Interrupt.

Definition word FAR keydos (void);

Include KEY.H

Quelldatei KEYBDOS.C

Parameter keine

Ergebnis Tastenwert, kompatibel zu *keyget()*

Beschreibung Diese Funktion verwendet den DOS-Interrupt 21h, Funktion 8h. Der Wartezustand kann also durch K_CTRL_C beendet werden (wenn keine Ctrl-C-Routine installiert ist, wird das Programm beendet).

Der besondere Vorteil dieser Funktion ist ihre Verwendbarkeit auch in kritischen Situationen, in denen fast alle DOS-Interrupts nicht erlaubt sind. Das ist z.B. bei den mit *harderr()* installierten Funktionen der Fall.

Portabilität DOS

keyget

Zweck Tastaturabfrage.

Definition word FAR keyget (word sekunden);

Include KEY.H

Quelldatei MF2_KEY.C

Parameter <sekunden> kann einen Wert zwischen 0...0xFFFF haben

Ergebnis Gedrückter Tastenwert oder 0, wenn <sekunden> Sekunden ohne Tastendruck verstrichen sind.

Beschreibung Diese Funktion kann als Standard-Tastaturabfrage verwendet werden, wobei dann 0 als Parameter übergeben wird. Selbstablaufende Programme kann man mit dieser Funktion schreiben, wenn für <sekunden> eine Wartezeit übergeben wird. Verstreicht die Zeit ohne Tastendruck, gibt die Funktion 0 zurück.

Diese Funktion beruht auf dem BIOS-Interrupt 16h. Ein anstehender Tastendruck kann über *keynext()* erfragt werden. Durch *keybuffer()* oder *keybufferstr()* untergeschobene Werte werden berücksichtigt.

Einstellungen durch *keysetproc()* werden von *keyget()* ignoriert.

keygetproc

Zweck Zeiger auf Funktion für eine Taste erfragen.

Definition VOIDPTR FAR keygetproc (word taste);

Include KEY.H

Quelldatei MF2_KEY.C

Parameter Tastenwert, zu dem eine *keysetproc()*-Funktion gesucht wird.

Ergebnis Zeiger auf eine Funktion, oder NULL, wenn keine gefunden wurde.

Beschreibung Mit dieser Funktion können Sie feststellen, ob eine Taste mit *keysetproc()* belegt wurde - und gleichzeitig einen Zeiger auf diese abholen.

Verweis *keysetproc()*

keyin

Zweck Tastatur abfragen.

Definition word FAR keyin (word sekunden);

Include KEY.H

Quelldatei MF2_KEY.C

Parameter <sekunden> kann einen Wert zwischen 0...0xFFFF haben

Ergebnis Gedrückter Tastenwert oder 0, wenn <sekunden> Sekunden ohne Tastendruck verstrichen sind.

Beschreibung Diese Funktion ruft die Funktion *keyget()* auf, um den Tastendruck festzustellen. Soweit gilt also für *keyin()* das Gleiche, wie unter *keyget()* beschrieben.

Zusätzlich wertet *keyin()* jedoch auch über *keysetproc()* installierte Routinen aus. Wenn der Benutzer z.B. die Taste F1 drückt, die mit *keysetproc(K_F1, HelpRoutine);* auf die Routine *HelpRoutine()* gesetzt wurde, ruft *keyin()* diese Hilfefunktion auf und fragt danach die Tastatur weiter ab.

Verweis *keyget(), keysetproc()*

keyINS

Zweck Insert-Modus der Tastatur ein/ausschalten.

Definition bool FAR keyINS(bool neu);

Include KEY.H

Quelldatei NCSKEY.C

Parameter <neu> ist entweder 1 oder 0 (TRUE oder FALSE). Wenn TRUE übergeben wird, wird der Einfügemodus der Tastatur eingeschaltet (die Statusabfrage gibt dann einen entsprechenden Wert zurück). Wenn FALSE übergeben wird, wird der Einfügemodus ausgeschaltet.

Ergebnis Die Funktion gibt immer den vorherigen Zustand der Einfüge-Taste zurück.

Beschreibung *keyINS()* arbeitet mit den Funktionen *BiosVar()* und *BiosVarSet()*, so daß eine spätere Anpassung leicht möglich ist. *BiosVar()* ist zur Zeit als direkt auf den Bios-Datenbereich zugreifende Funktion implementiert.

Verweis *keySCROLL(), keyCAPS(), keyNUM()*

keyinsmode

Zweck	Zustand des Insert-Modus feststellen.
Definition	bool FAR keyinsmode (void);
Include	KEY.H
Quelldatei	MF2_KEY.C
Parameter	keine
Ergebnis	TRUE, wenn der Einfügemodus eingeschaltet ist, sonst FALSE.
Beschreibung	Anders als die Funktion *keyINS()* findet hier eine Abfrage über den BIOS-Interrupt, Statusabfrage, statt.
Verweis	*keyINS()*

keylast

Zweck	Zuletzt gedrückte Taste feststellen.
Definition	word FAR keylast(void);
Include	KEY.H
Quelldatei	MF2_KEY.C
Ergebnis	Der zuletzt gedrückte Tastenwert.
Beschreibung	Wenn Sie die Tastatur nicht mit *keydos()* oder mit einer Toolbox-fremden Funktion abgefragt haben, können Sie mit *keylast()* die zuletzt gedrückte Taste feststellen.
Verweis	*keysetlast()*

keyMF2

Zweck	MF-2-Tastatur ein- oder abschalten.
Definition	void FAR keyMF2 (bool onoff);
Include	KEY.H

Quelldatei MF2_KEY.C

Parameter TRUE/ON: einschalten der MF2-Tastatur; FALSE/OFF: ausschalten der MF2-Tastatur.

Beschreibung Nach Aufruf dieser Funktion mit FALSE oder OFF als Parameter, werden für die Abfrage des BIOS-Interrupts 16h die normalen Werte für das AH-Register verwendet (0, 1, 2). Nur bei älteren Computern (XT) oder bei Schwierigkeiten mit der Tastaturabfrage nach *keyMF2(ON)* nötig.

keyMF2(ON) hat nur dann eine reale Auswirkung, wenn die Funktion *keyMF2board()* TRUE zurückliefert. Dann sorgt diese Funktion dafür, daß bei der Abfrage der Tastatur über das BIOS (16h) die erweiterte Tastatur unterstützt wird (AH-Werte 10h, 11h und 12h)

Verweis *keyMF2board()*

keyMF2board

Zweck Feststellen, ob MF-2-Tastatur da ist.

Definition bool FAR keyMF2board (void);

Include KEY.H

Quelldatei GETMF2.C

Parameter keine

Ergebnis TRUE: Erweiterte Tastatur angeschlossen, FALSE: keine erweiterte Tastatur vorhanden.

Beschreibung Diese Funktion ruft den BIOS-Tastatur-Interrupt mit 0x1200 im AX-Register auf, d.h., es wird versucht, von der erweiterten Tastatur den Status zu lesen. Wenn nach dem Aufruf der Wert in AH (gleich 12h) noch der gleiche ist, wird angenommen, daß die erweiterten Modi nicht unterstützt werden.

keyMF2cursor

Zweck Wurde eine Taste im mittleren Cursorblock betätigt?

Definition bool FAR keyMF2cursor (void);

Include KEY.H

Quelldatei MF2_KEY.C

Parameter keine

Ergebnis TRUE: ja, die letzte Taste war eine Taste des mittleren Cursorblocks; FALSE: die Taste war außerhalb des mittleren Cursorblocks.

Beschreibung Diese Funktion gibt Auskunft darüber, ob bei einer großen Tastatur der letzte Tastendruck eine Taste des mittleren Cursorblocks war. Da die Pfeiltasten zweimal vorhanden sind (einmal solo, einmal im numerischen Block), kann so zwischen beiden unterschieden werden.

keynext

Zweck Steht ein Tastendruck an?

Definition word FAR keynext (void);

Include KEY.H

Quelldatei MF2_KEY.C

Ergebnis Wenn eine Taste betätigt wurde oder ein Simulationswert im Puffer steht, wird dieser Wert zurückgeliefert. Wenn keine Taste ansteht, wird 0 zurückgegeben.

Beschreibung Nach außen arbeitet diese Funktion wie *kbhit()*. Überall, wo Sie bislang *kbhit()* eingesetzt hatten, können Sie nun *keynext()* verwenden. Warum Sie das tun sollten? *keynext()* ist voll in die Tastatur- und Eventroutinen der Toolbox integriert. So liefert diese Funktion auch einen Wert, der über *keybuffer()* eingegeben wurde.

Verweis *keyin(), keyget()*

keyNUM

Zweck LED für "Num" einschalten.

Definition bool FAR keyNUM(bool neu);

Include KEY.H

Quelldatei NCSKEY.C

Parameter <neu> ist entweder 1 oder 0 (TRUE oder FALSE). Wenn TRUE übergeben wird, wird die LED für NumLock eingeschaltet. Wenn FALSE übergeben wird, wird die LED ausgeschaltet.

Ergebnis Die Funktion gibt immer den vorherigen Schaltzustand der LED zurück.

Beschreibung *keyNUM()* arbeitet mit den Funktionen *BiosVar()* und *BiosVarSet()*, so daß eine spätere Anpassung leicht möglich ist. *BiosVar()* ist zur Zeit als direkt auf den Bios-Datenbereich zugreifende Funktion implementiert.

Verweis *keyCAPS(), keySCROLL(), keyINS()*

keySCROLL

Zweck LED für "Rollen" oder "Scroll" ein/ausschalten.

Definition bool FAR keySCROLL (bool neu);

Include KEY.H

Quelldatei NCSKEY.C

Parameter <neu> ist entweder 1 oder 0 (TRUE oder FALSE). Wenn TRUE übergeben wird, wird die LED für Scrolling ('Rollen') eingeschaltet. Wenn FALSE übergeben wird, wird die LED ausgeschaltet.

Ergebnis Die Funktion gibt immer den vorherigen Schaltzustand der LED zurück.

Beschreibung *keySCROLL()* arbeitet mit den Funktionen *BiosVar()* und *BiosVarSet()*, so daß eine spätere Anpassung leicht möglich ist. *BiosVar()* ist zur Zeit als direkt auf den Bios-Datenbereich zugreifende Funktion implementiert.

Verweis *keyCAPS(), keyINS(), keyNUM()*

keysetlast

Zweck Zuletzt gedrückte Taste vortäuschen.

Definition void FAR keysetlast (word taste);

Include KEY.H

Quelldatei MF2_KEY.C

Parameter Tastenwert, der als 'letzte Taste' angesehen werden soll.

Ergebnis keines

Beschreibung Eine typische Funktion aus der Praxis. Irgendwann lieferte die Funktion *keylast()* unerwünschte Werte, weil eine komplexe Verquickung sich überschlug. Klar, mit *keysetlast()* ließ sich das manipulieren. Der mit *keysetlast()* gesetzte Wert wird von *keylast()* wieder zurückgegeben - sonst passiert nichts.

keysetproc

Zweck Funktion auf eine Taste legen.

Definition void FAR keysetproc (word key, void *pointer);

Include KEY.H

Quelldatei MF2_KEY.C

Parameter <key> ist ein beliebiger Tastenwert (wie K_F1). <pointer> ist ein Zeiger auf eine Funktion mit folgender Deklaration:

void FAR helpfun(int helpnumber);

Ergebnis keines

Beschreibung Jeder Programmierer wird wohl eine solche Funktion zu schätzen wissen: nur ein Funktionsaufruf (*keysetproc(K_F1, helpfun)*), und schon wird jedesmal, wenn der Benutzer die Taste F1 drückt, die Funktion *helpfun()* aufgerufen.

Dieser Service ist nur möglich, indem für die Abfrage der Tastatur immer eine der beiden Funktionen *keyin()* und *Event()* verwendet wird. Nur diese Funktionen werten automatisch *keysetproc()*-Einstellungen aus. Am Beispiel unten sehen Sie, wie

Sie ohne *keyin()* und ohne *Event()* eine eigene Abfrage aufbauen müssen.

Beispiel

```
#include <key.h>

word key;
KeyPtr FUN;

do {
  key = keyget(0);
  FUN = keygetproc(key);
  if(! ((void HUGE*) FUN == NULL)) {
    FUN(helpnumget());
    key = 0;
  }
} while(key == 0);
return(key);
```

keyget() fragt die Tastatur ab, ohne eine *keysetproc()*-Einstellung zu berücksichtigen (statt *keyget()* könnten Sie auch *keydos()* oder gar *getch()* nehmen). *keygetproc()* liefert einen Pointer auf die mit *keysetproc()* übergebene Routine (oder NULL, wenn die Taste nicht belegt wurde). **KeyPtr** ist in KEY.H als Funktionszeiger für *keysetproc()*-Funktionen definiert. *helpnumget()* liefert die mit *helpnumset()* eingestellte Hilfenummer zurück und übergibt diese an die installierte Routine.

keystatus

Zweck Status der Tastatur ermitteln.

Definition word FAR keystatus (void);

Include KEY.H

Quelldatei MF2_KEY.C

Ergebnis Tastaturstatus (wie er auch von *bioskey(2)* zurückgeliefert würde, wenn *keyMF2board()* FALSE ergibt).

Beschreibung Wenn Sie die Zustände der Tastatur ganz genau kontrollieren wollen, können Sie folgende Makros verwenden (Definition in KEY.H):

```
#define SHIFT_RECHTS (keystatus() & 0x0001)
#define SHIFT_LINKS  (keystatus() & 0x0002)
```

```
#define CTRL_TASTE    (keystatus() & 0x0004)
#define ALT_TASTE     (keystatus() & 0x0008)

#define CTRL_LINKS    (keystatus() & 0x0100)
#define ALTLI_TASTE   (keystatus() & 0x0200)
#define CTRL_RECHTS   (keystatus() & 0x0400)
#define ALTGR_TASTE   (keystatus() & 0x0800)

#define SCROLL_DOWN   (keystatus() & 0x1000)
#define NUMLOCK_DOWN  (keystatus() & 0x2000)
#define CAPS_DOWN     (keystatus() & 0x4000)
#define SYSREQ_DOWN   (keystatus() & 0x8000)

#define SCROLL_STAT              0x0010
#define NUMLOCK_STAT             0x0020
#define CAPSLOCK_STAT            0x0040
#define INSERT_STAT              0x0080
```

Beachten Sie, daß nicht alle Makros eine Wirkung haben, wenn keine MF-2-Tastatur in Betrieb ist.

Bitmuster der Tastaturzustände, ermittelt aus dem Rückgabewert von *keystatus():*

Bit	Wert (Hex)	Bedeutung
0	1	Shift-Rechts gedrückt
1	2	Shift-Links gedrückt
2	4	Ctrl gedrückt
3	8	Alt gedrückt
4	10	Scroll-Lock ist an
5	20	Num-Lock ist an
6	40	Caps-Lock ist an
7	80	Einfüge-Modus an
8	100	Ctrl-Links gedrückt
9	200	Alt-Links gedrückt
10	400	Ctrl-Rechts gedrückt
11	800	Alt-Rechts gedrückt
12	1000	Scroll-Taste gedrückt
13	2000	Num-Lock-Taste gedrückt
14	4000	Caps-Lock-Taste gedrückt
15	8000	SysReq-Taste gedrückt

Verweis *keyMF2board()*

Modul MAUS

Das Maus-Modul enthält die wichtigsten Funktionen, die für eine Programmsteuerung mit der Maus im Grafik- und Textmodus nötig sind. Es steht Ihnen sowohl in einer effizienten Assemblerversion als auch in einer ANSI-kompatiblen C-Variante zur Verfügung. Einzig die Interrupt-Routine im Modul MSEVENT.C müssen Sie eventuell Ihrem Compiler anpassen, wenn Sie nicht mit Turbo-C arbeiten. Die Module MSMOUSE.C und MSMAUS.ASM sind gleichwertig, enthalten die gleichen Funktionen, die nach außen hin identisch arbeiten. Wenn Sie kein Assemblerkenner sind und Änderungen machen wollen, müssen Sie das C-Modul nehmen und es Ihren Wünschen anpassen. Es wird 1000 bis 2000 Bytes größer im Code und etwas langsamer, aber das ist der einzige Nachteil. Für das Assemblermodul benötigen Sie den Borland-Assembler TASM Version 2.0; Microsoft's MASM macht beim Ideal-Modus schlapp. Wenn Sie das C-Modul anstelle des Assemblermoduls in die Library aufnehmen wollen, müssen Sie TLIB so aufrufen:

```
TLIB /0 C286L.LIB *-msmaus +msmouse
```

Damit wird das Objektfile MSMAUS.OBJ aus der Library extrahiert und gelöscht, aber es steht Ihnen sicherheitshalber weiter auf der Platte zur Verfügung.

Alle Toolboxfunktionen höherer Ebene (also nicht die Low-Level-Funktionen) berücksichtigen die Maus: sie wird "versteckt", bevor Bildschirmausgaben erfolgen oder auch beim Umschalten auf eine neue Bildschirmseite richtig angezeigt. Alle Verwendungen von Mausfunktionen in anderen Toolbox-Funktionen werden nur dann kompiliert, wenn bei der Compilation das Makro "_USE_MOUSE_" definiert ist. Das bedeutet, daß Sie eine komplette Maus-lose Library erstellen können, ohne eine Zeile Quellcode zu ändern.

Darüberhinaus haben Sie die Möglichkeit, in einem Programm die Maus (beliebig oft) aus- und einzuschalten sowie zu Programmbeginn die Maus komplett softwareseitig zu ignorieren. Mit dem Befehl:

```
MsUseMouse(OFF);
```

der vor der Initialisierung gegeben werden muß, sorgen Sie dafür, daß die Mausfunktionen nichts bewirken. Intern wird ein Flag gesetzt und alle Funktionen schauen zuerst nach, ob

- die Maus benutzt werden soll
- die Maus initialisiert wurde

- die Maus vorhanden ist.

Mit dem Befehl:

```
Version = MsInit();
```

initialisieren Sie die Maus. Die Funktion erkennt automatisch, ob ein Grafikmodus aktiv ist und welche Grafikkarte im Computer steckt (auch auf eine Herkuleskarte stellt sie sich ein). Weil die Funktion außerdem eine Interrupt-Routine (den Event-Handler) installiert, ist es ganz wichtig, vor Programmende die Funktion *MsExit()* aufzurufen, die den Event-Handler freigibt. Diese Event-Routine ist in der Source-Datei MSEVENT.C enthalten. Sie können diese Datei neu kompilieren, wenn Sie Ihre Maus ohne Event-Handler verwenden wollen. Dazu müssen Sie in der Datei MSEVENT.C lediglich die Definition des Makros "_USE_MOUSE_INTERRUPT_" in Kommentarmarker einklammern.

Um in einem Programm die Maus zu benutzen, müssen Sie folgende Funktionen aufrufen:

```
/* Textmodus */
word Version;
if((Version = MsInit()) != 0) {
  MsShow();
  atexit(MsExit);          /* Installation zum Ausschalten
                              der Eventroutine */
}

/* Grafikmodus */
word Version;
if((Version = MsInit()) != 0) {
  MsSetArea(0,0, getmaxx(), getmaxy());
  MsShow();
  atexit(MsExit);
}
```

Im weiteren Programmverlauf müssen Sie immer dann, wenn Sie mit Low-Level-Funktionen den Bildschirm verändern, die Maus mit *MsHide()* verstecken. Wenn *MsHide()* TRUE zurückgibt, dann war die Maus sichtbar. Handhabung:

```
bool msda=FALSE;
if(MsIstda())
  msda = MsHide();
/*
   ...irgendwelche Low-Level-Routinen...
*/
```

```
if(msda)
  MsShow();
```

Um die aktuelle Position der Maus zu erfahren, können Sie mehrere Möglichkeiten nutzen, je nachdem, in welchen Zusammenhängen Sie gerade programmieren.

Wenn Sie mit der Funktion *Event()* arbeiten (Modul EVENT), müssen Sie die Struktur {SYSevent} verwenden. Deren Strukturmitglieder geben über die Mausposition und betätigte Maustasten beim letzten Aufruf von *Event()* Auskunft.
Unabhängig von *Event()* stehen Ihnen die Funktionen *MsPosition()* und *MsGetMisc()* zur Verfügung.

Wenn Sie einen Video-Modus verwenden wollen, den der Maustreiber nicht unterstützt, müssen Sie sich selbst um den Mauszeiger kümmern, sei es im Grafik- oder im Textmodus. Dazu müssen Sie vor allem die Funktionen *MsShow()* und *MsHide()* ändern und im Modul MSEVENT.C die Interrupt-Routine *MsStdEvent()* ersetzen oder modifizieren. Diese Routine, die bei jedem Mausereignis durch den Maustreiber aufgerufen wird, muß gegebenenfalls den Mauszeiger verschieben.

Portabilität

Alle Mausfunktionen sind unter DOS lauffähig und benötigen einen Microsoft-kompatiblen Maustreiber der Version 6.14 oder neuer.

MsButtons

Zweck	Wieviele Tasten hat die Maus?
Definition	word FAR MsButtons(void);
Include	MAUS.H
Quelldatei	MSMOUSE.C / MSMAUS.ASM
Parameter	kein
Ergebnis	Zahl der Tasten der angeschlossenen Maus oder 0 wenn keine Maus da ist oder sie nicht initialisiert wurde.

Beschreibung

Wenn Sie Routinen schreiben, die auf einer Drei-Button-Maus beruhen, können Sie mit dieser Funktion testen, ob es möglich ist.

MsButtonInfo

Zweck

Mausinformationen abfragen.

Definition

```
void FAR MsButtonInfo (word up_or_down,
                       word Button,
                       word *status,
                       word *klicks,
                       word *spalte, word *zeile);
```

Include

MAUS.H

Quelldatei

MSMOUSE.C / MSMAUS.ASM

Parameter

Der Parameter <up_or_down> entscheidet darüber, ob Sie das Drücken oder das Loslassen einer Taste feststellen können. Wenn Sie für <up_or_down> den in MAUS.H definierten Wert MSIPRESS einsetzen, wird die Funktion 5 des Mausinterrupts aufgerufen; mit MSIRELEASE wird die Funktion 6 aufgerufen. In <Button> geben Sie an, über welche Maustaste Sie Informationen wollen. Die Bits in <Button> müssen wie folgt gesetzt sein:

Bit	**Taste**	**HEX-Wert**
0	Linke Taste	1
1	Rechte Taste	2
2	Mittlere Taste	4

Die weiteren Parameter sind unter *Ergebnis* erklärt. Um Informationen über alle Tasten zu erhalten, müssen Sie für <Button> den Wert (1 | 2 | 4) einsetzen.

Ergebnis

In <status> wird angegeben, welche Taste gedrückt oder losgelassen wurde (Bits wie in obiger Tabelle). Der Wert 1 in <status> bedeutet also, daß die linke Maustaste gedrückt oder losgelassen wurde, 2, daß die rechte, 4, daß die mittlere Maustaste gedrückt oder losgelassen wurde. 3 bedeutet, daß die linke und rechte Taste gleichzeitig gedrückt oder losgelassen wurde und der Wert 7 bedeutet, daß alle drei Tasten gleichzeitig betätigt wurden.

In <klicks> wird angegeben, wie oft die angegebene Taste seit dem letzten Funktionsaufruf gedrückt oder losgelassen wurde. In <spalte> und <zeile> stehen die Koordinaten beim letzten Drücken oder Loslassen.

MsChgTextCursor

Zweck

Mauscursor im Textmodus bestimmen.

Definition

void FAR MsChgTextCursor (word MaskAND, word MaskXOR);

Include

MAUS.H

Quelldatei

MSMOUSE.C / MSMAUS.ASM

Parameter

<MaskAND> ist der Wert, der mit dem Zeichen auf dem Bildschirm unter dem Mauscursor AND-verknüpft wird; <MaskXOR> wird dagegen XOR-verknüpft.

Ergebnis

keines

Beschreibung

Bedeutung der Bits in CX (<MaskAND>) und DX (<MaskXOR>):

0...7	Zeichencode
8...10	Vordergrundfarbe
11	Intensität
12...14	Hintergrundfarbe
15	Blinken

Die Funktion *Event()* verwendet diese Funktion, um bei Drücken der linken Maustaste das Zeichen in ein Wurzelzeichen (ASCII 251, HEX 0xFB) zu ändern. Wird die Taste wieder losgelassen, verschwindet es wieder. Der Aufruf, mit dem dies bewerkstelligt wird ist:

```
if(! isgrafik())
  MsChgTextCursor(0x7700, 0x77FB);
```

Für die Restaurierung wird folgender Aufruf getätigt:

```
if(! isgrafik())
  MsTextCursor(MSSOFT);
```

Hierbei bleibt das Farbattribut auf "invertieren" gestellt.

Verweis *MsTextCursor(), Event()*

MsExit

Zweck Ausschalten der Interrupt-Routine

Definition void FAR MsExit (void);

Include MAUS.H

Quelldatei MSMOUSE.C / MSMAUS.ASM

Parameter kein

Ergebnis keines

Beschreibung Die Funktion ruft eine interne Funktion in der Datei MSEVENT.C auf, um den über *MsInit()* installieren Event-Handler auszuschalten. Es wird zusätzlich ein internes Flag gesetzt, um zu erkennen, ob *MsExit()* bereits aufgerufen wurde. Deshalb können Sie keinen Schaden anrichten, wenn Sie diese Routine aus Versehen häufiger aufrufen.

Verweis *MsInit(), MsSetProc(), MsStdEvent()*

Beispiel

```
/* Ende des Programms / exec..-Aufruf */
MsExit();
exit(0);

/* Anwendergesteuerte Deinstallation: */
bool WantNoMaus=FALSE;
WantNoMaus = DlgMausUse();
if(WantNoMaus && MsIstda()) {
  MsHide();
  MsExit();
  MsUseMouse(OFF);
}
/* DlgMausUse() sei eine Dialogfunktion,
   die den Anwender fragt, ob er die Maus
   verwenden will oder nicht. */
```

MsGetempf

Zweck Mausempfindlichkeit feststellen.

Definition void FAR MsGetempf (word *Grenze, word *ImpV, word *ImpH);

Include MAUS.H

Quelldatei MSMOUSE.C / MSMAUS.ASM

Parameter In <Grenze> wird der Grenzimpuls, in <ImpV> die vertikalen Impulse und in <ImpH> die horizontalen Impulse zurückgegeben.

Ergebnis Rückgabewerte werden in die Parametervariablen geschrieben.

Beschreibung Die Funktion ruft den Interrupt 33h mit der Funktion 0x1B (27) auf. Ohne weitere Umstände werden die Werte der Register DX, BX und CX in die Parameter zurückgeschrieben.

Die Standardwerte sind:

<ImpV> 16
<ImpH> 8
<Grenze> 64
Der Maximalwert ist jeweils 32767.

Verweis *MsSetempf()*

MsGetMisc

Zweck Maus-Informationen abfragen.

Definition word FAR MsGetMisc (word *Stat, word *x, word *y, word *imV, word *imH, byte *fl);

Include MAUS.H

Quelldatei MSEVENT.C

Parameter Alle Parameter sind Zeiger auf Variablen und bis auf den letzten Zeiger auf **word**. Alle Variablen können uninitialisiert übergeben werden.

Ergebnis

Die Funktionsergebnis werden in die als Parameter übergebenen Variablen geschrieben. <Stat> nimmt den Status der Maus-Buttons auf (gedrückte Tasten). In <x> steht die Spaltenposition, in <y> die Zeilenposition der Maus. In <imV> und <imH> stehen die vertikalen und horizontalen Impulse. <fl> enthält TRUE, wenn seit dem vorherigen Aufruf von *MsGetMisc()* inzwischen neue Ereignisse stattfanden. Wenn in <fl> FALSE steht, können Sie die übrigen Werte verwerfen. Die Koordinaten in <x> und <y> sind bereits in Textkoordinaten umgerechnet, wenn kein Grafikmodus aktiv ist.

Als direktes Funktionsergebnis werden die "Ereignisflaggen" der Maus zurückgegeben. Dies ist die Bitmaske, die zum Aufruf der Eventroutine durch den Maustreiber geführt hat.

Beschreibung

Mit dieser Funktion werden die Werte abgeholt, die durch den Event-Handler *MsStdEvent()* in statische Variablen geschrieben wurden. Wenn das Makro "_USE_MOUSE_INTERRUPT_" bei der Compilation von MSEVENT.C nicht definiert wurde, wird ein Aufruf der Routine *MsPosition()* durchgeführt.

Verweis

MsStdEvent(), MsPosition(), MsSetProc()

Beispiel

```
word BitMask, Buttons, Spalte, Zeile, ImpV,
     ImpH;
bool Flag=FALSE;
BitMask = MsGetMisc(&Buttons, &Spalte,
     &Zeile, &ImpV, &ImpH, &Flag);
if(Flag) {
  /* ...Werte auswerten...*/
}
```

MsGetPage

Zweck

Zeigerseite der Maus feststellen.

Definition

word FAR MsGetPage (void);

Include

MAUS.H

Quelldatei

MSMOUSE.C / MSMAUS.ASM

Parameter

kein

Ergebnis

Nummer der Bildschirmseite, auf der die Maus angezeigt wird.

Beschreibung Wenn Sie mit mehreren Bildschirmseiten arbeiten, brauchen Sie diese Funktion, um festzustellen, auf welcher Seite sich die Maus befindet.

Verweis *MsSetPage()*

MsGrafikCursor

Zweck Form des Grafik-Cursors setzen.

Definition void FAR MsGrafikCursor(word Cart);

Include MAUS.H

Quelldatei MSMOUSE.C / MSMAUS.ASM

Parameter Für <Cart> sind in MAUS.H folgende Werte definiert:

```
MSDEFAULT    0
MSARROW      1
MSCHECK      2
MSCROSS      3
MSGLOVE      4
MSIBEAM      5
MSUPARROW    6
```

Ergebnis keines

Beschreibung Das Mausmodul beinhaltet statisch deklarierte Arrays mit Werten für einige Cursorformen.

Beispiel Mit dieser Routine können Sie die vordefinierten Cursorformen betrachten:

```
#include <global.h>
#include <graphics.h>
#include <key.h>
#include <maus.h>

void main(void)
{
  int GraphDriver=DETECT, GraphMode=0;
  initgraph(&GraphDriver, &GraphMode, "");
  if(MsInit()) {
    MsSetArea(0,0, getmaxx(), getmaxy());
    MsShow();
```

```
      for(i=MSDEFAULT; i < MSUPARROW; i++) {
         MsGrafikCursor(i);
         keydos();
       }
     }
    MsGrafikCursor(MSDEFAULT);
    MsExit();
    closegraph();
  }
```

MsHide

Zweck — Mauszeiger verstecken.

Definition — bool FAR MsHide (void);

Include — MAUS.H

Quelldatei — MSMOUSE.C / MSMAUS.ASM

Parameter — kein

Ergebnis — Es wird TRUE zurückgegeben, wenn die Maus vorher sichtbar war und FALSE, wenn die Maus bereits versteckt war (oder nicht installiert ist).

Beschreibung — Ein internes Flag verhindert doppelte Interrupt-Aufrufe. Nur, wenn die Maus wirklich sichtbar war, wird mit einem Maus-Interrupt der Mauszeiger versteckt.

Wenn keine Maus im System ist oder wenn *MsUseMouse(OFF)* aufgerufen wurde, wird keine Aktion durchgeführt und FALSE wird als Ergebnis geliefert.

Verweis — *MsShow()*

MsInBox

Zweck — Maus in einem Bildschirm-Ausschnitt?

Definition — bool FAR MsInBox(word links,
word oben,
word rechts,
word unten);

Include	MAUS.H
Quelldatei	MSMOUSE.C / MSMAUS.ASM
Parameter	Koordinaten eines Rechtsecks auf dem Bildschirm.
Ergebnis	TRUE: die Maus befindet sich in dem Rechteck zwischen den Spalten <links> und <rechts> (einschließlich) und den Zeilen <oben> und <unten> (einschließlich). FALSE: die Maus befindet sich nicht in dem Rechteck.
Beschreibung	Die Funktion gibt auch dann FALSE zurück, wenn die Maus nicht installiert wurde. Die Koordinatenwerte können auch Grafik-Koordinaten sein, wenn ein Grafikmodus aktiv ist.
Verweis	*MsInLine()*

MsInit

Zweck	Maus einrichten
Definition	word FAR MsInit (void);
Include	MAUS.H
Quelldatei	MSMOUSE.C / MSMAUS.ASM
Parameter	kein
Ergebnis	Versions-Nummer der Maus oder 0, wenn keine vorhanden ist.
Beschreibung	Wenn vor Aufruf von *MsInit()* die Funktion *MsUseMouse(OFF)* aufgerufen wurde, liefert diese Funktion immer 0 als Ergebnis und führt keine Aktion durch. Erst wenn *MsUseMouse(ON)* aufgerufen wird, kann *MsInit()* durchgeführt werden (Voreinstellung ist *MsUseMouse(ON)*).
Verweis	*MsUseMouse(), MsExit()*
Beispiel	(siehe Beginn des Modul-Kapitels)

MsInLine

Zweck Maus-Position in einer Zeile?

Definition bool FAR MsInLine(word links,
word rechts,
word line);

Include MAUS.H

Quelldatei MSMOUSE.C / MSMAUS.ASM

Parameter <line> ist die Zeilennummer, in dessen Zeile die Maus zwischen den Spalten <links> und <rechts> sein soll.

Ergebnis TRUE: die Maus befindet sich in der Zeile <line> zwischen den Spalten <links> und <rechts>. FALSE: die Maus befindet sich nicht in der Position.

Beschreibung Die Funktion gibt auch dann FALSE zurück, wenn die Maus nicht installiert wurde.

Die Koordinatenwerte können auch Grafik-Koordinaten sein, wenn ein Grafikmodus aktiv ist.

Verweis *MsInBox()*

Beispiel

```
word MenuLine = 1;
/* ... */
if(MsInLine(1, MAX_SPALTEN, MenuLine))
  RunMainMenu();
```

MsIstda

Zweck Feststellen, ob eine Maus angeschlossen ist.

Definition bool FAR MsIstda(void);

Include MAUS.H

Quelldatei MSMOUSE.C / MSMAUS.ASM

Parameter kein

Ergebnis TRUE: eine Maus ist vorhanden, initialisiert und kann verwendet werden. FALSE: Keine Maus da oder nicht initialisiert.

Beschreibung Mit *MsIstda()* kann festgestellt werden, ob weitere Mausfunktionen ausgeführt werden sollen.

Beispiel

```
bool ms=FALSE;
if(MsIstda())
  ms = MsHide();
/*
  ...
*/
if(ms)
  MsShow();
```

MsMove

Zweck Mauszeiger bewegen.

Definition bool FAR MsMove (word xpos, word ypos);

Include MAUS.H

Quelldatei MSMOUSE.C / MSMAUS.ASM

Parameter <xpos> ist die neue gewünschte Spaltenposition, <ypos> die Zeilenposition, auf die der Mauszeiger gesetzt werden soll.

Ergebnis TRUE: Ok
FALSE: Maus nicht initialisiert oder nicht vorhanden.

Beschreibung Als Koordinaten können Grafikwerte übergeben werden, wenn ein Grafikmodus aktiv ist.

MsPosition

Zweck Aktuelle Mausposition feststellen.

Definition void FAR MsPosition(word *spalte, word *zeile, word *button);

Include MAUS.H

Quelldatei MSMOUSE.C / MSMAUS.ASM

Parameter Die Parameter sind Zeiger auf **word**-Variablen, die uninitialisiert übergeben werden können.

Ergebnis

In <spalte> und <zeile> werden die aktuellen Koordinaten der Maus zurückgegeben. In <button> steht ein Wert, dessen Bits Auskunft über die gerade gedrückte Taste geben (siehe *MsButtonInfo()* für deren Erklärung).

Beschreibung

Diese Funktion gehört zu den wenigen Standard-Maus-Funktionen, die man für eine einfache Mausanwendung benötigt. Wenn Sie die Modul-Datei MSEVENT.C ohne die Definition des Makros _USE_MOUSE_INTERRUPT_ kompilieren, wird diese Funktion für die Abfrage der Minimalinformationen verwendet.

Verweis

MsGetMisc()

MsRestoreStatus

Zweck

Mit *MsSaveStatus()* gesicherten Status restaurieren.

Definition

void FAR MsRestoreStatus(void);

Include

MAUS.H

Quelldatei

MSMOUSE.C / MSMAUS.ASM

Parameter

kein

Ergebnis

keines

Beschreibung

siehe *MsSaveStatus()*

Verweis

MsSaveStatus()

Beispiel

siehe *MsSaveStatus()*

MsSaveStatus

Zweck

Mausstatus sichern.

Definition

void FARD * FAR MsSaveStatus(void);

Include

MAUS.H

Quelldatei

MSMOUSE.C / MSMAUS.ASM

Parameter

kein

Ergebnis

Die Funktion gibt einen Zeiger auf den lokalen Puffer zurück, dessen Speicher dynamisch allokiert wurde und der den Mausstatus enthält.

Beschreibung

Das Mausmodul verwendet einen lokalen Puffer, dessen Speicher von *MsSaveStatus()* dynamisch allokiert wird (weil die Größe variieren kann). Mit *MsRestoreStatus()* wird der gesicherte Status restauriert und der Speicher freigegeben. Den Mausstatus sollten Sie stets sichern und restaurieren, wenn Sie unbekannte Unterprogramme (z.B. via *exec..*) starten.

Den Zeiger auf den lokalen Puffer können Sie verwenden, um den Block in eine Datei zu sichern; sonst können Sie ihn kaum verwenden. Mit *RMemSize(<MausBuffer>)* können Sie die Größe des Mausstatus-Puffers abfragen.

Beispiel

```
void FARD *MausBuffer;
MausBuffer = MsSaveStatus();
/*
  ...externes Programm aufrufen...
*/
MsRestoreStatus();
```

MsSetArea

Zweck

Bildschirmgrenzen für die Maus setzen

Definition

bool FAR MsSetArea(word links, word oben, word rechts, word unten);

Include

MAUS.H

Quelldatei

MSMOUSE.C / MSMAUS.ASM

Parameter

Rechteck-Koordinaten innerhalb derer die Maus sich bewegen darf.

Ergebnis

TRUE: ok; FALSE: Maus nicht initialisiert oder nicht vorhanden.

Beschreibung

Nach einem Aufruf dieser Funktion mit gültigen Koordinaten, kann die Maus nicht aus dem spezifizierten Ausschnitt herausbewegt werden. Wenn im Grafikmodus gearbeitet wird, ist es notwendig, diese Funktion nach *MsInit()* mit den verwendeten Koordinaten aufzurufen, damit die Standardwerte des Maustreibers überschrieben werden (meist CGA-kompatibel).

Beispiel

```
if(isgrafik())
  MsSetArea(1,1,getmaxx()-1, getmaxy()-1);
else
  MsSetArea(1,1,viCols(), viRows());
```

MsSetempf

Zweck Mausempfindlichkeit setzen.

Definition void FAR MsSetempf(word Grenze, word ImpV, word ImpH);

Include MAUS.H

Quelldatei MSMOUSE.C / MSMAUS.ASM

Parameter <Grenze> enthält die Grenze für doppelte Geschwindigkeit in Impulsen. <ImpV> und <ImpH> Werte für Horizontale und Vertikale Impulse (1...32767).

Ergebnis keines

Beschreibung Diese Funktion verwendet die Funktion 0x1A (26) des Mausinterrupts.

Setzt die Anzahl der Impulse pro 8 Pixel Mausbewegung und den Grenzwert für die Verdoppelung der Zeigergeschwindigkeit. Ein Impuls entspricht einer Mausbewegung von einem hundertsel Millimeter.

Verweis *MsGetempf()*

MsSetImpuls

Zweck Vertikale und Horizontale Impulse setzen.

Definition void FAR MsSetImpuls(word horiz, word verti);

Include MAUS.H

Quelldatei MSMOUSE.C / MSMAUS.ASM

Parameter <horiz> ist der horizontale, <verti> der vertikale Impulswert für die Mausbewegung.

Ergebnis keines

Beschreibung siehe *MsSetempf()*.

Verweis *MsSetempf()*

MsSetPage

Zweck Setzen der Mauszeigerseite.

Definition word FAR MsSetPage(word page);

Include MAUS.H

Quelldatei MSMOUSE.C / MSMAUS.ASM

Parameter <page> gibt die Bildschirmseite an, auf der die Maus angezeigt werden soll. Wenn keine Maus vorhanden ist oder sie nicht initialisiert wurde, wird 0xFFFF zurückgegeben.

Ergebnis Die Funktion gibt die vorher gültige Bildschirmseite der Maus zurück.

Beschreibung Wenn Sie mit mehreren Bildschirmseiten arbeiten, können Sie mit Hilfe dieser Funktion die Maus auf der neuen Seite anzeigen. Wenn Sie allerdings Toolbox-Funktionen zum Umschalten der Bildschirmseite verwenden (*viSetPage()*), dann wird diese Funktion automatisch aufgerufen.

Verweis *viSetPage()*

MsSetProc

Zweck Event-Handler installieren.

Definition void FAR MsSetProc (word mask, void (interrupt far *event_handler)());

Include MAUS.H

Quelldatei MSEVENT.C

Parameter <mask> ist die Bit-Maske, die darüber entscheidet, bei welchen Ereignissen die Event-Routine aufgerufen wird. <event_handler> ist ein Funktionszeiger auf eine Interruptroutine, die als Event-Handler installiert wird.

Ergebnis

keines

Beschreibung

Diese Funktion verwendet vom Interrupt 33h die Funktion 0Ch (12), um eine "Behandlungsroutine für Mausereignisse" zu setzen. Aufbau und Wirkung der Bits in <mask> (Quelle: Ray Duncan, DOS für Fortgeschrittene, S. 636):

Bit	**Bedeutung (wenn gesetzt)**	**HEX**
0	Mausbewegung	1
1	Drücken der linken Maustaste	2
2	Loslassen der linken Maustaste	4
3	Drücken der rechten Maustaste	8
4	Loslassen der rechten Maustaste	10
5	Drücken der mittleren Maustaste	20
6	Loslassen der mittleren Maustaste	40
7-15	Reserviert (auf 0 setzen)	

Um einen Eventhandler zu installieren, der immer dann aufgerufen wird, wenn eine Taste gedrückt wird, müssen in <BitMask> folgende Bits gesetzt sein:

1, 3, 5

Alle anderen Bits müssen dann auf 0 gesetzt sein. Ermitteln des Wertes für <BitMask> wäre also:

```
BitMask = 0x2 | 0x8 | 0x20;

MsSetProc(0, NULL);
MsSetProc(BitMask, (void (interrupt far *)()) MyEventHandler);
```

Verweis

MsStdEvent()

Beispiel

```
MsSetProc(0x7F, (void (interrupt far *)()) MsStdEvent);
```

MsSetSpeed

Zweck

Geschwindigkeit der Maus setzen.

Definition

void FAR MsSetSpeed (word Grenze);

Include

MAUS.H

Quelldatei

MSMOUSE.C / MSMAUS.ASM

Parameter <Grenze> ist der Grenzwert für doppelte Geschwindigkeit in Impulsen (Standard ist 64).

Ergebnis keines

Beschreibung siehe *MsSetempf()*.

Verweis *MsSetempf()*

MsShow

Zweck Mauszeiger anzeigen.

Definition bool FAR MsShow (void);

Include MAUS.H

Quelldatei MSMOUSE.C / MSMAUS.ASM

Parameter kein

Ergebnis Es wird TRUE zurückgegeben, wenn die Maus vorher versteckt war, FALSE, wenn die Maus vor dem Aufruf von *MsShow()* bereits sichtbar war.

Beschreibung Ein internes Flag verhindert doppelte Interrupt-Aufrufe. Nur, wenn die Maus wirklich versteckt war, wird mit einem Maus-Interrupt der Mauszeiger wieder angezeigt.

Wenn keine Maus im System ist oder wenn *MsUseMouse(OFF)* aufgerufen wurde, wird keine Aktion durchgeführt.

Verweis *MsHide()*

MsStdEvent

Zweck Interrupt-Routine für den Maustreiber.

Definition void interrupt far MsStdEvent (word rbp, word rdi, word rsi, word rds, word res, word rdx, word rcx, word rbx, word rax);

Include MAUS.H

Quelldatei MSEVENT.C

Parameter

Die Parameter entsprechen in der Reihenfolge dem Aufbau von TURBO-C. Beachten Sie, daß Microsoft C eine andere Reihenfolge aufweist!

Das Register <rax> enthält die Bitmaske, durch die der Aufruf der Event-Routine verursacht wurde. <bax> enthält einen Wert für den gedrückten Maus-Button. <rcx> enthält die X-Koordinate der Maus (in Grafik-Pixel-Werten), <rdx> die Y-Koordinate. Die vertikale Impulsrate steht in <rsi>, die horizontale in <rdi>.

Ergebnis

keines

Beschreibung

Die Funktion wird nur kompiliert, wenn das Makro "_USE_MOUSE_INTERRUPT_" definiert ist.

Diese Funktion schreibt lediglich die übergebenen Werte in statische Variablen, die mit *MsGetMisc()* abgefragt werden können. Diese Lösung habe ich gewählt, um vielfältige Komplikationen zu vermeiden. Theoretisch wäre es möglich, daß diese Routine weitere Funktionen aufruft, deren Verhalten jedoch kontrolliert werden muß (Rückkehr in Interrupt-Routine!).

Nach der Installation der Maus mit *MsInit()* ließe sich eine neue Interrupt-Routine installieren, indem Sie folgende Befehle durchführen:

```
MsSetProc(0, NULL);
MsSetProc(BitMask, (void (interrupt far *)()) MyEventHandler);
```

MyEventHandler() muß den gleichen Funktionskörper aufweisen, wie *MsStdEvent()* und sollte auch (sonst gibt's Chaos), die statischen Variablen im Modul MSEVENT.C bedienen. *MyEventHandler()* wird von *MsExit()* genauso deinstalliert, wie die Standardroutine. Die Standardroutine können Sie wieder so installieren:

```
MsSetProc(0x7F, (void (interrupt far *)()) MsStdEvent);
```

Portabilität

DOS, TURBO-C (alle Versionen)

Verweis

MsSetProc()

MsTextCursor

Zweck Mauscursor im Textmodus bestimmen.

Definition void FAR MsTextCursor(word soft_hard);

Include MAUS.H

Quelldatei MSMOUSE.C / MSMAUS.ASM

Parameter Für <soft_hard> sind in MAUS.H die Werte MSSOFT und MSHARD definiert. Wenn Sie MSHARD übergeben, wird der Maustreiber den Cursor hardwaremäßig erzeugen. Mit MSSOFT können Sie die Farbe und das Zeichen für den Cursor selbst bestimmen; hier wird mit MSSOFT ein Cursor erzeugt, der als Masken-AND-Wert 0x77FF enthält und als Masken-XOR-Wert 0x7700. Das ergibt einen invertierten Mauszeiger.

Ergebnis keines

Verweis *MsChgTextCursor()*

MsUseMouse

Zweck Festlegung, ob Maus benutzt wird.

Definition void FAR MsUseMouse(bool yesno);

Include MAUS.H

Quelldatei MSMOUSE.C / MSMAUS.ASM

Parameter <yesno> muß FALSE oder OFF enthalten, wenn eine Initialisierung der Maus und eine Verwendung der Mausfunktionen unterbunden werden soll und muß TRUE enthalten, wenn das umgekehrte gelten soll.

Ergebnis keines

Beschreibung Diese Funktion benötigen Sie nicht, um die Maus benutzen zu können, sondern erst, wenn Sie sie nicht benutzen wollen.

Beispiel Dieses Programm unterbindet die Benutzung der Maus, wenn beim Programmstart als erster Parameter der Buchstabe 'M' übergeben wird:

```
void main(int argc, char **args)
{
  if(argc > 1 && *(args[1]) == 'M')
    MsUseMouse(OFF);
  MsInit();
  if(MsIstda())
    MsShow();
    /* ...weiter im Programm...*/
  if(MsIstda()) {
    MsHide();
    MsExit();
  }
  exit(0);
}
```

Modul EVENT

Zentrale Funktion dieses Moduls ist *Event()*. Die Einführung dieser Routine bringt, wenn man bis dahin tastaturorientiert programmiert hatte, erstaunliche Änderungsnotwendigkeiten in allen Programmteilen und Library-Routinen mit sich. Mit der hier vorgestellten Ereignisverwaltung sind Sie für viele Probleme bestens gerüstet.

Mit ihr ist es ein Leichtes, ein Programm gleichzeitig Maus- und Tastaturgesteuert zu schreiben. Eine Kleinigkeit sogar, die Tatsache "KEIN Ereignis" als ein Quasi-Ereignis auszuwerten.

Die Funktion *Event()* verwendet die in EVENT.H definierte Struktur als Kommunikationsbasis. Diese Struktur ist in anderen Library-Funktionen bekannt. Änderungen der Struktur haben also weiter reichende Konsequenzen.

```
typedef struct {
  word  evFlag,      Flag zur Identifizierung des Events
        evKey,       Wenn Tastatur-Event: Tastenwert...
        evStat,      ...und Tastatur-Status */
        evMsButton,  Wenn Maus-Event: gedrückter Button...
        evMsSpalte,  ...Maus-Position (Cursor-Spalte)...
        evMsZeile,   ...und (Cursor-Zeile)
        evMnPrompt;  Im Menu-Modul: Returnwert des gewählten Prompts
  word  evProg;      Identifizierung: WO gab es das Ereignis?
  ulong evTime;      Systemzeit in Ticks seit Programmstart
  word  evExFlag;    Extended Flag
} SYSevent;
```

Für das Strukturmitglied <.evFlag> sind folgende Werte definiert:

```
#define EV_NULL      0     Kein Ereignis
#define EV_TIME      1     Zeitende nach GetWaitTime() - Sekunden
#define EV_KEYB      2     Taste wurde gedrückt
#define EV_MAUS      4     Allgemein: Maus-Event
#define EV_KEYSTAT   8     Eine Statusänderung (außer ALT-Taste)
#define EV_MSMOVE    16    Mausbewegung
#define EV_MSLEDO    32    Linker Button gedrückt
#define EV_MSRIDO    64    Rechter Button gedrückt
#define EV_MSCEDO    128   Mittlerer/Beide Button(s) gedrückt
#define EV_MSLEUP    256   Linker Button losgelassen
#define EV_MSRIUP    512   Rechter Button losgelassen
#define EV_MSCEUP    1024  Mittlerer/Beide Button(s) losgelassen
#define EV_NETWORK   2048  Allgemeines Netzwerk-Ereignis
```

```
#define EV_EXTEND      4096    Ereignisflag im Extended-Flag
#define EV_NETDATA     8192    Ereignis, Netzwerkdatenbank betreffend
#define EV_KBALTD      16384   ALT-Taste gedrückt
#define EV_KBALTU      32768U  ALT-Taste losgelassen
```

Event

Zweck Ereignis erfassen.

Definition void FAR Event (SYSevent *Zev);

Include EVENT.H

Quelldatei EVENT.C

Parameter Zeiger auf Struktur vom Typ {SYSevent}

Ergebnis Die Strukturmitglieder von <Zev.> werden modifiziert.

Beschreibung Diese Funktion wartet nicht auf ein Ereignis, sondern fragt nur ab, ob eines aufgetreten ist. Zuerst wird der Tastatur-Status abgefragt und gespeichert, dann die relative Zeit seit Programmstart.

Wenn eine Watch-Routine installiert ist (siehe *EventWatch()*), dann wird sie nun aufgerufen.

Als erstes wird ein Tastendruck berücksichtigt (*keynext()*). Liegt keiner vor und ist eine Maus vorhanden, wird getestet, ob ein Maus-Ereignis stattfand. Wenn ja, werden weitere Ereignisse ignoriert. Das Event-Flag in <.evFlag> enthält dann EV_MAUS und ein weiteres Flag (EV_MSxxxx).

Als zweites wird geprüft, ob die ALT-Taste gedrückt wurde. Wurde sie niedergedrückt, wird <.evFlag> mit dem Wert EV_KBALTD, wurde sie losgelassen, mit dem Wert EV_KBALTU ODER-verknüpft.

Als drittes wird geprüft, ob sich der Tastatur-Status verändert hat (wenn jemand SHIFT, STRG, SCROLL, NUM oder eine ähnliche Control-Taste drückt). Wenn ja, wird <.evFlag> mit EV_KEYSTAT ODER-verknüpft - aber es wird nicht zurückgesprungen.

Als viertes wird getestet, ob eine normale Taste gedrückt wurde (*keynext()* gibt dann einen Wert größer als 0 zurück). Wenn ja, wird als nächstes überprüft, ob auf diese Taste mit *keysetproc()*

eine Funktion gelegt wurde. Wenn ja, wird diese Funktion aufgerufen (!) und anschließend wird NICHT die Funktion *Event()* verlassen, sondern wieder an den Anfang der while()-Schleife gesprungen. Das ist der einzige Fall, in dem die Funktion, die *Event()* aufruft, nicht erfährt, daß ein Ereignis stattfand.

Wurde die Taste nicht mit *keysetproc()* belegt, wird <.evFlag> mit EV_KEYB ODER-verknüpft und *Event()* wird beendet.

Wurde keine Taste gedrückt, wird geprüft, ob mit *SetWaitTime()* eine Wartezeit definiert wurde. Wenn ja, wird getestet, ob diese Zeit (in Sekunden) abgelaufen ist. Wenn ja, wird in <.evFlag> EV_TIME eingetragen.

In anderen Fällen wird <.evFlag> mit EV_NULL belegt und die Funktion *Event()* wird beendet.

Event() kann beliebig oft (quasi rekursiv) aufgerufen werden, solange der Stack reicht.

Jedesmal, bevor die Funktion *Event()* beendet wird, wird kontrolliert, ob über *EventAction()* Routinen installiert wurden. Wenn ja, wird eine zum Ereignis passende Routine gesucht und wenn diese gefunden wurde, wird sie aufgerufen. Anschließend wird *Event()* aber auf jeden Fall beendet, wobei Flags und andere Struktureinträge durch die Action-Routine manipuliert werden konnten.

Beispiel

```
SYSevent evs;
/* ... */
do {
  Event(&evs);
} while(evs.evFlag == EV_NULL);
```

EventAction

Zweck Ereignisbezogene Funktionen festlegen.

Definition bool FAR EventAction(word flagcode, KeyPtrEvent routin)

Include EVENT.H

Quelldatei EVENT.C

Parameter <flagcode> ist ein Wert, der aus einen oder mehreren Event-Code zusammengesetzt werden kann. <routin> ist ein Zeiger auf eine Funktion, die gemäß **KeyPtrEvent** so definiert sein muß:

word FAR routin(SYSevent *ev);

Wenn <flagcode> den Wert EV_MAUS hat, wird <routin> jedesmal aufgerufen, wenn ein Ereignis die Maus betrifft.

Ergebnis

Wenn keine weiteren Routinen mehr installiert werden können, wird FALSE zurückgegeben, sonst TRUE.

Beschreibung

Maximal 20 Funktionen können Sie festlegen, die für 20 verschiedene Ereignisse zuständig sind. Wenn Sie mehr als 20 Funktionen festlegen wollen, müssen Sie in der Datei EVENT.C den Wert MAX_ONEVENT erhöhen und diese Datei neu kompilieren. Grundsätzlich sollten Sie jedoch so wenig wie möglich Routinen festlegen, damit der Zeitaufwand gering bleibt.

Wenn Sie für <flagcode> kombinierte Werte angeben (EV_MSLEUP | EV_MSLEDO) wird die Routine auch dann aufgerufen, wenn einer der Ereignisse (z.B. EV_MSLEUP) auftrat. Das ist wichtig zu wissen. Denn falls Sie mehrere Routinen für Mausereignisse installieren, darf EV_MAUS nicht im <flagcode> enthalten sein, weil dieses Flag immer gesetzt ist (bei einem Mausereignis) und dadurch immer die erste Routine aufgerufen wird, die EV_MAUS enthält.

Wenn eine so festgelegte Routine durch *Event()* aufgerufen wird, wird *Event()* trotzdem das entsprechende Ereignis zurückgeben, also nicht in der Funktionsausführung verbleiben. Allerdings können Sie die aktuelle Struktur, mit der *Event()* gerade gearbeitet hat, in der Ereignis-Action-Routine verändern. Angenommen, sie haben eine *EventWatch()* - Routine installiert und erhalten das Ereignis EV_NETDATA. Ihre *EventAction()* - Routine erhält die Event-Struktur mit dieser Mitteilung und kann eine entsprechende Maßnahme ergreifen. Je nach Bedarf kann Ihre *EventAction()*-Routine nun zum Beispiel EV_NULL in das Eventflag schreiben, so daß das Ereignis EV_NETDATA garnicht in der Funktion ankommt, in der *Event()* aufgerufen wurde.

Um eine Routine für ein Ereignis (<flagcode>) auszuschalten, wird *EventAction()* mit NULL als zweitem Parameter aufgerufen. Wird zum Beispiel für das Ereignis EV_NETDATA folgende Installation vorgenommen:

```
EventAction(EV_NETDATA, netroutin);
```

dann kann diese mit dem Aufruf:

```
EventAction(EV_NETDATA, NULL);
```

wieder ausgeschaltet werden.

Beachten Sie bei der Programmierung einer Action-Routine, daß diese unter Umständen extrem häufig aufgerufen werden. Diese Funktionen sollten schnell und effektiv sein.

Habe ich mich verständlich ausgedrückt? Vielleicht hilft Ihnen ein Beispielprogramm weiter.

Beispiel

```
Die folgende Funktion gibt nach jeweils 100 Aufrufen der
Watch-Routinen einen Ton über den Lautsprecher aus. Außerdem
wird der Drucker auf Bereitschaft getestet.

#include <global.h>
#include <event.h>
#include <druck.h>                  // wg. prnCheck()
#include <key.h>
#include <maus.h>
#include <routin.h>
#include <colors.h>
#include <window.h>

#define LPT           0
#define EV_PRNNOT   512
#define EV_PRNREADY 128

word FAR myevent(SYSevent *);
word FAR myaction1(SYSevent *);
word FAR myaction2(SYSevent *);
word FAR myprn(SYSevent *);

void main(void)
{
  SYSevent Ev;
  EventWatch(myevent);
  EventAction(EV_MSLEDO, myaction1);
  EventAction(EV_MSLEUP, myaction2);
  EventAction(EV_EXTEND, myprn);

  ColMake();
  MsInit();
  clrscr();
  MsShow();
```

```
  window(1,14,80,25,1);
  do {
    Event(&Ev);
    window(1,1, 80, 12, 1);
    gotoxy(1, 12);
    wprintf("main() evTime: %10lu  evFlag: %5u  "
            "evExFlag: %5u\n\r",
            Ev.evTime, Ev.evFlag, Ev.evExFlag);
    window(1,14,80, 25,1);
    if(Ev.evFlag & EV_EXTEND) {
      if(Ev.evExFlag & EV_PRNNOT)
        ton(385,5);
      else if(!( Ev.evExFlag & EV_PRNREADY))
        ton(770,1);
    }
  } while(Ev.evKey != K_ESC);
  wprintf("\r\nEnde: evFlag: %d\r\n", Ev.evFlag);
  MsHide();
  MsExit();
}


word FAR myevent(SYSevent *mev)
{
  static word count=0;
  gotoxy(1,1);
  wprintf("Watch(): count: %5u  EventFlag: %5u",
      count++, mev->evFlag);
  if((count % 100) == 0)
    return(256);
  if(! prnCheck(LPT))
    return(EV_PRNNOT);
  return(EV_PRNREADY);
}

word FAR myaction1(SYSevent *mac)
{
  gotoxy(1, 5);
  wprintf("*********Linke Maustaste gedrückt**********\r\n");
  return(0);
}


word FAR myaction2(SYSevent *mac)
{
  gotoxy(1, 5);
  wprintf("--------Linke Maustaste losgelassen-------\r\n");
```

```
  return(0);
}


word FAR myprn(SYSevent *mac)
{
  gotoxy(1, 7);
  wprintf("Extended-Flag: %5u\n\r", mac->evExFlag);
  wprintf("Der Drucker ist %s bereit!          ",
            (mac->evExFlag & EV_PRNREADY) ? "" : "NICHT");
  return(0);
}
```

EventKey

Zweck Tastaturabfrage

Definition word FAR EventKey(void);

Include EVENT.H

Quelldatei EVENT.C

Parameter keine

Ergebnis Tastendruck (wie von *keyin()*).

Beschreibung Diese Funktion habe ich geschrieben, weil ich feststellte, daß ich häufig lieber eine *Event()*-Konstruktion für die Tastaturabfrage verwendete und auf eine direkte Abfrage mit *keyin()*, *keyget()* oder *keynext()* verzichte. Das führte zu immer der gleichen Schleifenkonstruktion:

```
SYSevent my;
word key;

do {
  Event(&my);
} while(my.evKey == 0);
key = my.evKey;
```

Dazu mußte ich auch die Struktur bereitstellen. Jetzt brauche ich nur noch

```
word key;
key = EventKey();
```

zu schreiben. Ein großer Vorteil dieser Abfrage über *Event()* ist, daß alle installierten Routinen (*EventWatch()* und *EventAction()*) berücksichtigt werden.

Verweis *Event()*

EventWatch

Zweck Weitere Event-Routine installieren (Watch-Routine).

Definition KeyPtrEvent FAR * FAR EventWatch(KeyPtrEvent watch);

Include EVENT.H

Quelldatei EVENT.C

Parameter <watch> ist ein Zeiger auf eine Funktion, deren Prototyp gemäß **KeyPtrEvent** so aussehen muß (wobei "fun" ein beliebiger Funktionsname ist):

word FAR fun(SYSevent *ev);

Ergebnis *EventWatch()* gibt entweder NULL zurück oder einen Zeiger auf die vorher gültige Watch-Routine (auch in MEDIUM ein far-Pointer!).

Beschreibung Wenn Sie ein Programm schreiben, daß parallel mit Maus, Digitalisiertablett, Netzwerk und Tastatur zurechtkommen soll, reicht die Event-Routine nicht aus. Die Beschreibung der Ereignisse ist begrenzt, die Routine müßte dauernd verändert oder durch andere ersetzt werden.

Eine viel einfachere, praktische und flexible Methode ist, der Event-Routine eine weitere Routine unterzuschieben. Nennen wir diese weitere Routine einmal *watch(). watch()* erhält einen Zeiger auf die Struktur {SYSevent}, die auch von *Event()* bearbeitet wird. *watch()* wird von *Event()* gleich zu Beginn aufgerufen, und zwar **nachdem** folgende Strukturbelegungen vorgenommen wurden:

```
event->evFlag = EV_NULL;
event->evKey  = 0;
event->evMnPrompt = 0;
event->evStat = keystatus();
event->evTime = (ulong) clock();
```

Wenn *watch()* aufgerufen wird, geschieht das so:

```
event->evExFlag = watch(event);
if(event->evExFlag > EV_NULL)
  event->evFlag |= EV_EXTEND;
```

Der **word**-Rückgabewert wird also von der Routine *Event()* in das Flag <.evExFlag> eingetragen. Der Wert im Flag <.evFlag> wird mit EV_EXTEND ODER-verknüpft, um ein Erkennungsmerkmal herzustellen.

Im Anschluß daran werden die weiteren Ereignisse abgefragt (Maus, Tastatur...).

Beachten Sie bei der Programmierung einer Watch-Routine, daß diese genauso häufig aufgerufen wird, wie *Event()* selbst. Diese Funktion sollte absolut schnell und effektiv sein.

Verweis *Event()*

Beispiel siehe Beispiel unter *EventAction()*

Modul MENU

Das Menusystem unterscheidet grundsätzlich zwischen einem Main-Menu und einem normalen Menu. Das Main-Menu folgt dem SAA-Standard und arbeitet nur mit einer Menu-Zeile, die wiederrum frei positioniert werden kann. Normale Menus können waagrecht oder senkrecht angeordnet sein und verwenden immer ein Fenster aus dem Window-Modul. Das Main-Menu wird der Funktion *mnStartMain()* und das normale Menu mit der Funktion *mnStartMenu()* gestartet.

Die wesentlichen Unterschiede zwischen beiden sind:

- Markierung: Prompts im Main-Menu können nicht markiert werden (*mnMarker()*).
- Grenze: im Main-Menu dürfen nicht mehr Prompts enthalten sein, als gleichzeitig angezeigt werden können (*mnGrenze()*).
- Submenus: für die Submenus des Main-Menus muß eine UDF-Funktion (Erklärung weiter unten) definiert sein; siehe *mnStartMain()*.
- Titel: ein Main-Menu hat keinen Titel.
- Window: ein Main-Menu hat kein eigenes Window.

Beide Menus verwenden die gleichen Strukturen und die gleichen Funktionen.

Die Struktur {SYSprompt}

Jeder Menuprompt wird mit Hilfe einer Promptstruktur erfaßt. Ihr Aufbau ist in MENU.H definiert und sieht wie folgt aus:

```
typedef struct MnLi {      /* Struktur für einen Menupunkt                      */
  BYTEPTR mnp;             /* Zeiger auf Promptstring                           */
  word    keycode;         /* Rückgabewert oder ID (0 wenn SubMenu existiert)   */
  word    spalte,          /* Spalte und Zeile im Menufenster                   */
          zeile;
  word    plen;            /* Länge von mnp, wichtig bei waagrechten Menus
```

```
                                In Pixeln, wenn Grafik aktiv ist!           */
  word    Pflag;             /* Merker für Prompt, Line, Marker             */
  bool    Marker;            /* TRUE, wenn Markierung ('√') gesetzt ist     */
  word    poshot;            /* Position des Hotkeys                        */
  word    avail;             /* Verfügbarkeit (0, 1 )                       */
  void FAR *Proc;            /* Zeiger auf Funktion für ENTER-Aktion        */
  bool    Continue;          /* nach Ausführung von <Proc> weiter im Menu?  */
  struct MnMe *Sub;          /* Zeiger auf Submenu oder NULL                */
  struct MnLi *pNext,        /* Zeiger auf den nächsten Menuprompt          */
              *pPrev;        /* Zeiger auf den vorigen Menuprompt           */
  bool OnScreen;             /* TRUE, wenn gerade sichtbar                  */
} SYSprompt;
```

<.mnp> erhält einen Zeiger auf den Promptstring (Menupunkt). Für <.mnp> wird kein eigener Speicherbereich allokiert. <.keycode> bekommt eine Prompt-Identifikationsnummer, die Sie selbst bestimmen können (siehe *mnAddPrompt()*). Dieser Wert ist vor allem für Ihren eigenen Programmablauf von Bedeutung; innerhalb dieser Menufunktionen hat er nur eine Bedeutung: alle Prompts eines Menus müssen unterschiedliche <.keycode>-Nummern haben, weil Funktionen wie *mnStoreSub()* diese zur Identifizierung verwenden.

<.spalte> und <.zeile> geben die relative Position in einem Menuwindow an. Diese Werte werden intern verwaltet. Auch <.plen> wird automatisch gepflegt.

In <.Pflag> wird vermerkt, welcher Art der Prompt ist (siehe *mnAddPromptLine()*). <.Marker> wird verwendet, um bestimmte Prompts zu markieren, sie mit einem Zeichen zu versehen oder hervorgehoben darzustellen. Der Wert kann mit *mnMarker()* oder durch eine Menu-"UDF"-Funktion verändert werden.

<.poshot> ist ein automatisch bestimmter Wert mit der Position des Hotkeys im Promptstring, damit dieser hervorgehoben dargestellt werden kann.

<.avail> ist TRUE, wenn der Prompt zur Verfügung steht, vom Benutzer also angewählt werden kann. Ist <.avail> FALSE, dann wird der Prompt in der Farbe <COL.menunotcolor> dargestellt und bei der Bedienung des Menu's wird er übersprungen.

<.Proc> ist entweder NULL oder ein Zeiger auf eine Funktion, die aufgerufen wird, wenn der Benutzer diesen Prompt auslöst. <.Proc> wird mit *mnProcInto()* belegt. Siehe genauere Beschreibung unter der Überschrift ***Die "Enter"-Action***.

<.Continue> bestimmt, ob nach Ausführung einer "Enter"-Action im Menu fortgefahren wird oder ob das ganze Menu anschließend beendet wird. Dieser Wert wird zusammen mit *mnProcInto()* angegeben.

<.Sub> ist ein Zeiger auf eine Menustruktur {SYSmenus}. Der Wert ist NULL, wenn kein Submenu definiert wird. Ansonsten wird es mit *mnStoreSub()* angegeben. Siehe genauere Beschreibung unter ***Geschachtelte Menustrukturen***.

<.pNext> und <.pPrev> sind jeweils Zeiger auf Nachfolger- und Vorgänger-Prompts. Alle Menuprompts innerhalb eines Menus sind wie eine verkettete Liste miteinander verbunden.

<.OnScreen> ist TRUE, wenn der Prompt gerade auf dem Bildschirm (im Menufenster) sichtbar ist. Er ist zum Beispiel nicht sichtbar, wenn es mehr Prompts im Menu gibt als Windowzeilen für die Darstellung und der Prompt außerhalb des Bereich liegt (siehe auch *mnGrenze()*).

Die Struktur {SYSmenus}

```
typedef struct MnMe {        /* Struktur für ein Menu                              */
  SYSprompt **prompts;       /* Zeiger auf ein SYSprompt-Array                     */
  BYTEPTR HotKeys;           /* Buchstaben der Hotkeys                             */
  word grenze;               /* maximal <grenze> Prompts gleichzeitig              */
  word aktprompt;            /* Index 0..n des aktiven Prompts                     */
  sig nfirst, nlast;         /* Erster / Letzter Prompt (Index auf <prompts>)      */
  bool  miscel;              /* TRUE/FALSE: Hintergrund speichern/nicht speichern*/
  sig  panzahl;              /* Anzahl der Prompts                                 */
  word eventflag;            /* Welches Ereignis?                                  */
  BYTEPTR Titel;             /* Zeiger auf Titelstring                             */
  #ifdef _COMPILE_GRAFIK_
  GrafikWindow boxMenu;      /* Grafik-Window                                      */
  #else
  sig winNr;                 /* Referenznummer auf ein Text-Window                 */
  #endif
  struct MnMe *mPrev;        /* Zeiger auf Vorgänger-Menu                          */
  struct MnMe *mNext;        /* Zeiger auf Nachfolge-Menu                          */
  void FAR *meUDF;           /* Für "UserAction", Zeiger auf eine Funktion         */
  word maxprompts;           /* Maximal erlaubte Prompts in diesem Menu            */
  word senkwaag;             /* WAAGRECHT / SENKRECHT / MNSAALINE                  */
  word mleft, mtop;          /* linke obere Ecke des Menus, absolut vom Monitor  */
} SYSmenus;
```

<.prompts> ist ein Zeiger auf ein Array mit {SYSprompt}-Strukturen. Es enthält genau so viele Elemente, wie durch <.panzahl> angegeben. Im Maximalfall kann <.prompts> auf <.maxprompts> Elemente zeigen. Bei einem Aufruf von *mnCreateMenu()* wird ein Wert

für <.maxprompts> angegeben und der Speicher für <.prompts> dynamisch allokiert.

<.HotKeys> enthält <.panzahl> Zeichen und stellt einen nullterminierten String dar. Das erste Zeichen ist der Hotkey des ersten Prompts, das letzte Zeichen der Hotkey des letzten Prompts. Alle Hotkeys werden automatisch bestimmt. Sie können den automatisch vergebenen Hotkey nach einem Aufruf von *mnAddPrompt()* ändern. Dazu müssen Sie das Zeichen in <.HotKeys> ändern und die Position dieses Zeichens im Menustring, in {SYSprompt}->poshot.

<.grenze> ist ein Wert, der normalerweise auf den gleichen Wert gesetzt wird, wie <.maxprompts>. Mit einem Aufruf von *mnGrenze()* bestimmen Sie, wieviele Prompts gleichzeitig in einem Menuwindow zu sehen sein sollen. Ist der Wert in <.maxprompts> dann größer als <.grenze>, ist das Menu ein "Scroll-Menu"[1] und am rechten Rand des Menuwindows ist eine "Scroll-Bar" mit der Angabe der relativen Position des aktuellen Prompts im Gesamtarray zu sehen.

<.aktprompt>, <.nfirst> und <.nlast> werden intern für die Nummer des aktuellen und für den ersten oder letzten Prompt verwendet.

<.miscel> wird im Grafikmodus für ein Merkmal verwendet, ob der Menu-Untergrund gesichert werden soll oder nicht.

<.eventflag> wird nicht verwendet.

<.Titel> zeigt auf einen String für den Titel des Menuwindows. Wird mit *mnCreateMenu()* angegeben.

<.winNr> enthält erst nach dem Aufruf von *mnStartMenu()* die Referenznummer für das Menuwindow.

<.mPrev> und <.mNext> wird bei waagrechten Menus verwendet.

<.meUDF> enthält einen Zeiger auf eine Funktion, wenn *mnUserAct()* aufgerufen wurde.

In <.senkwaag> wird vermerkt, welcher Art das Menu ist: senkrechte Anordnung, waagrechte Anordnung oder waagrechtes Zentralmenu.

<.mleft> und <.mtop> schließlich bestimmen die absolute Position des Menus auf dem Bildschirm. Diese Werte können über *mnPos()* angegeben werden.

---

1 **Wissen Sie eine gescheitere Bezeichnung für so ein Menu? Ja, wie heißen die eigentlich?**

Die "UDF"-Funktion für Menus

Eine Funktion, die über *mnUserAct()* für jedes Menu angegeben werden kann, habe ich aus irgendwelchen Gründen "UDF" (-Funktion) genannt (für *user defined function*); dabei sind Sie genauso der "user" wie ich, wenn ich meine eigenen Funktionen "anwende"[2].

Die UDF-Funktion kann mit folgenden Rückgabewerten das Verhalten der Menusteuerung beeinflussen:

ACT_IGNORE	Keine Reaktion. Ereignis ignorieren.
ACT_NEXTITEM	Versuche, den nächsten Prompt zu aktivieren.
ACT_PREVITEM	Versuche, den vorigen Prompt zu aktivieren.
ACT_ENTER	Löse die für diesen Prompt bestimmte Aktivität aus.
ACT_ABORT	Beende das Menu.
ACT_ASVALUE	Betrachte den Wert in {SYSevent}->evKey als Eingabe.
ACT_GOTOP	Aktiviere den ersten Prompt.
ACT_GOBOTTOM	Aktiviere den letzten Prompt.
ACT_SHOWNEW	Zeige das komplette Menu neu an.

Die UDF-Funktion wird mit zwei Parametern aufgerufen: {SYSevent}, der Struktur für die Ereignisverwaltung, die gerade bearbeitet wird und <.keycode>, der ID-Nummer des aktiven Prompts. Wenn die UDF-Funktion das Menu kennt (einen Pointer auf die Struktur {SYSmenus}), dann können Sie mit der Funktion *mnGetPrompt()* aus der ID-Nummer alle möglichen Informationen ziehen. Aber Sie werden das wohl kaum brauchen.

Die UDF-Funktion muß also folgendermaßen definiert werden:

```
word FAR UDF(SYSevent *ev, word keycode);
```

Diese UDF-Funktion muß nicht unbedingt das aktuelle Menu verändern wollen. Hier können z.B. weitergehende Ereignisse berücksichtigt werden, weitere Tastenbefehle abgearbeitet werden - und was nicht noch alles! Notwendig ist eine solche Funktion für unmittelbare Submenus eines Main-Menus, damit Befehle an das Obermenu zurückgegeben werden können.

Die "Enter"-Aktion

Was passiert, wenn der Anwender auf einem Prompt die Entertaste drückt (oder die Maus doppelt klickt oder durch die UDF

---

2 In Wahrheit, ich gestehe es in der Fußnote, stammt der Begriff aus der Clipper-Programmierung. Dort hat eine UDF den gleichen Sinn und auch dort ist der USER der Programmierer.

ACT_ENTER zurückgegeben wurde), hängt davon ab, welche Installationen Sie vorgenommen haben. Wenn Sie nichts installiert haben, wird dabei das Menu beendet und die ID-Nummer des Prompts wird als Ergebnis geliefert.

Wenn Sie mit *mnStoreSub()* ein Submenu installiert haben, wird durch einen rekursiven Aufruf ein neues Menu geöffnet. Wird ein Prompt im Submenu angewählt (mit Enter), wird dessen ID-Nummer auch das Ergebnis des Obermenus sein.

Wenn Sie eine Funktion mit *mnProcInto()* installiert haben, wird diese Funktion aufgerufen. Diese Variante bietet vielfältige Möglichkeiten. Eine solche *PromptProzedur* muß folgendermaßen definiert werden (siehe *mnProcInto()*):

```
BYTEPTR PromptProc(sig keycode, BYTEPTR Prompt);
```

Vier Rückgabemöglichkeiten gibt es für die *PromptProzedur*: wenn NULL zurückgegeben wird, passiert nichts weiter; das Menu wird normal fortgesetzt. Wenn ein **long**-Wert von 1L das Ergebnis ist, wird für den aktuellen Prompt ein Marker gesetzt, wenn ein **long**-Wert von 2L zurückgegeben wird, wird beim aktuellen Prompt der Marker gelöscht und wenn schließlich ein Pointer größer als (long) 2L das Ergebnis ist, wird dieser als Zeiger auf den Promptstring interpretiert und eine Veränderung angenommen: der aktuelle Menupunkt wird neu ausgegeben.

Eine anschauliche Verwendung dieser Technik sehen Sie im Beispielprogramm TTEST.C, das Sie auf der Library-Diskette finden.

Die Verwendung einer SAA-Menuzeile

Eine SAA-Menuzeile definieren Sie mit *mnCreateMain()* und starten Sie mit *mnStartMain()*. Den Start von *mnStartMain()* über die ALT-Taste oder F10 können Sie mit Hilfe von *EventAction()* oder *EventWatch()* steuern. Diese Variante erfordert natürlich eine genaue Planung des Programmablaufes (wenn der Benutzer über eine Menufunktion den Bildschirmmodus ändert, muß die laufende Programmfunktion davon Kenntnis erhalten oder davon unabhängig sein).

Geschachtelte Menustrukturen

Menus können in beliebiger Tiefe geschachtelt werden. Auch rekursive Aufrufe von Menus sind kein Problem.

mnAddParray

Zweck Menuprompts hinzufügen.

Definition bool FAR mnAddParray(SYSmenus *Menu, BYTEPTR *Parray, word IDnr, word pLen, word anzahl);

Include MENU.H

Quelldatei GMENUS1.C

Parameter <Menu> zeigt auf die Menubeschreibung. <Parray> zeigt auf <anzahl> Menustrings. <IDnr> enthält die ID-Nummer des ersten Prompts (<Parray[0]>) und <pLen> gibt die Länge des längsten Promptstrings an.

Ergebnis TRUE: <Menu> verwendet jetzt die Strings des Arrays <Parray> als Menuprompts. FALSE: nicht genug Speicher frei oder: bereits Menuprompts installiert.

Beschreibung Diese Funktion kann nur für "neue" Menus verwendet werden. Wenn Sie vorher bereits *mnAddPrompt()* aufgerufen hatten, gibt diese Funktion FALSE zurück. Andersherum ist es jedoch möglich, nach *mnAddParray()* die Funktionen *mnAddPrompt()* oder *mnAddPromptLine()* aufzurufen.

<pLen> kann größer sein, als die Länge des längsten Prompts. Dieser Wert hat Auswirkung auf die Breite des Menuwindows und des Menubalkens, der für alle Prompts gleichlang ist. Wenn <pLen> kürzer ist, als der längste Prompt, wird der längste Prompt im Window abgeschnitten (ist also nur teilweise zu sehen).

Die <IDnr> des letzten Prompts ist <IDnr> plus <anzahl> minus 1.

Verweis *mnAddPrompt()*

mnAddPrompt

Zweck Neuen Menuprompt installieren.

Definition bool FAR mnAddPrompt (SYSmenus *Menu, BYTEPTR Prompt, word IDnr);

Include MENU.H

Quelldatei GMENUS1.C

Parameter <Menu> zeigt auf die Menubeschreibung. <Prompt> ist ein String (Menuprompt). <IDnr> ist die Identifikations-Nummer dieses Menuprompts.

Ergebnis FALSE: Prompt konnte nicht installiert werden, sonst TRUE.

Beschreibung Die Identifikations-Nummer muß innerhalb eines Menus einzigartig sein (doppelte führen zu falschen Befehlen); besser ist es noch, wenn in einem Programm alle ID-Nummern einzigartig sind.

<Prompt> sollte auf einen Speicherbereich zeigen, der entweder **static** ist oder erst dann freigegeben wird, wenn ein Menu nicht mehr gebraucht wird (siehe auch *mnDelete()*).

Nach einem Aufruf von *mnCreateMenu()* können solange Menuprompts mit *mnAddPrompt()* hinzugefügt werden, bis die mit *mnCreateMenu()* angegebene Grenze erreicht ist. Sie können also auch noch nach einem Aufruf von *mnStartMenu()* (nicht während der Ausführung, aber vor dem zweiten Aufruf) neue Prompts hinzufügen.

Jeder Prompt nimmt 40 Byte dynamischen Speicher (LARGE) in Anspruch.

mnAddPromptLine

Zweck Trennlinie installieren.

Definition bool FAR mnAddPromptLine(SYSmenus *Menu);

Include MENU.H

Quelldatei GMENUS1.C

Parameter <Menu> zeigt auf die Menubeschreibung.

Ergebnis FALSE: Trennlinie konnte nicht installiert werden, sonst TRUE.

Beschreibung Für die übersichtliche Gliederung eines Menus verwendet man meist Trennlinien. Diese werden automatisch verwaltet, wenn sie mit dieser Funktion installiert werden.

mnCreateMain

Zweck Neues Main-Menu anlegen.

Definition SYSmenus * FAR mnCreateMain (int itemcount);

Include MENU.H

Quelldatei GMENUS1.C

Parameter Anzahl der maximal möglichen Prompts.

Ergebnis Geliefert wird ein Zeiger auf eine neue Menubeschreibung.

Beschreibung Im wesentlichen funktioniert *mnCreateMain()* genauso wie *mnCreateMenu()*. Da das Main-Menu im internen Programmablauf jedoch anders behandelt wird, ist es günstiger, eine eigene Create-Routine zu haben, die die Standardeinstellungen vornimmt und Ihnen klarmacht, daß das neue Menu kein normales ist.

Mit relativ geringem Aufwand (Feststellung der absoluten Bildschirmposition), können Sie für jedes Window ein eigenes Main-Menu definieren.

Verweis *mnCreateMenu(), mnStartMain()*

Beispiel siehe Beispielprogramm TTEST.C auf der Library-Diskette.

mnCreateMenu

Zweck Neues Menu anlegen.

Definition SYSmenus * FAR mnCreateMenu (BYTEPTR Titel, int maxp);

Include MENU.H

Quelldatei GMENUS1.C

Parameter <Titel> gibt den gewünschten Titel für ein Menu-Window an. <maxp> sind die maximal erlaubten Prompts für dieses Menu. Es gibt keine interne Grenze für <maxp>.

Ergebnis Zeiger auf eine neue Menubeschreibung oder NULL im Fehlerfall.

Beschreibung

Diese Funktion allokiert Speicher für eine neue Menustruktur und nimmt Standardeinstellungen vor. Für jeden der <maxp> Prompts wird 4 Byte (LARGE) Speicher allokiert.

Nach dem Aufruf dieser Funktion können Sie mit *mnAddPrompt()* oder *mnAddPromptLine()* bis zu <maxp> Menuprompts installieren. Sie sollten die Funktion *mnPos()* aufrufen, um die Position des Menuwindows festzulegen (sonst entspricht die Standardeinstellung dem Aufruf von *mnPos(1,1)*).

Sie können mit *mnUserAct()* eine UDF-Funktion installieren, die nur für dieses Menu zuständig ist, oder die gleichzeitig für verschiedene Menus zuständig ist.

Verweis

mnCreateMain(), mnStartMenu()

Beispiel

Siehe Beispielprogramm TTEST.C auf der Library-Diskette.

mnDelete

Zweck

Menu löschen.

Definition

bool FAR mnDelete(SYSmenus *Menu);

Include

MENU.H

Quelldatei

GMENUS1.C

Parameter

<Menu> zeigt auf die Menubeschreibung.

Ergebnis

TRUE: Löschung erfolgreich.

Beschreibung

Da Speicher für ein Menu dynamisch allokiert wird, muß es gelöscht werden, wenn man es nicht mehr braucht. Falls Sie Speicher für die Menuprompts allokiert hatten, können Sie diesen nun ebenfalls freigeben.

mnGetHotKeys

Zweck

Zeiger auf Hotkey-Zeichen ermitteln.

Definition

BYTEPTR FAR mnGetHotKeys (SYSmenus *Menu)

Include

MENU.H

Quelldatei	GMENUS1.C
Parameter	<Menu> zeigt auf die Menu-Struktur.
Ergebnis	Nullterminierter Stringpointer auf alle 'Hotkey'-Zeichen des Menus. Dabei ist das erste Zeichen der Hotkey des ersten Prompts.
Beschreibung	Diese Funktion wird benötigt, um ALT-Tastenkombinationen abzuarbeiten. Mit der Funktion *keyALTchr()* kann dann festgestellt werden, ob ein Tastendruck mit ALT einem Zeichen in den Hotkeys entspricht.
Verweis	*mnNewHotKey()*

mnGetPrompt

Zweck	Promptstruktur anhand der ID-Nummer ermitteln.
Definition	SYSprompt FARD * FAR mnGetPrompt (SYSmenus *Menu, word IDnr);
Include	MENU.H
Quelldatei	GMENUS1.C
Parameter	<Menu> ist ein Zeiger auf die Menustruktur und <IDnr> ist die Identifikationsnummer des gesuchten Prompts.
Ergebnis	Wenn der Prompt gefunden wurde, wird ein Zeiger auf dessen Struktur zurückgegeben. Ansonsten ist das Ergebnis NULL.
Beschreibung	Mit der <IDnr> wird die UDF-Funktion, aber auch die "Enter"-Funktion des Prompts aufgerufen. Für den Fall, daß eine solche Funktion genauere Informationen benötigt, kann *mnGetPrompt()* verwendet werden.

mnGrenze

Zweck	Scroll-Menu festlegen.
Definition	void FAR mnGrenze(SYSmenus *Menu, int grenzwert);
Include	MENU.H

Quelldatei GMENUS1.C

Parameter <Menu> zeigt auf die Menubeschreibung. <grenzwert> legt die Zahl der sichtbaren Menuprompts fest.

Ergebnis keines.

Beschreibung Wenn ein Menu verwendet wird, um eine Vielzahl von Menustrings zur Auswahl anzubieten, die nicht mehr auf den Bildschirm passen, kann mit einem Aufruf dieser Funktion festgelegt werden, daß nur <grenzwert> Prompts gleichzeitig sichtbar sind. Es erscheint im Menuwindow nach dem Aufruf von *mnStartMenu()* eine "ScrollBar", an der der Benutzer erkennt, daß noch mehr Menuprompts vorhanden sind. Mit den Tasten des Cursorblocks kann er darin "wandern".

mnMarker

Zweck Prompt markieren.

Definition bool FAR mnMarker(SYSmenus *Menu, word PromptID, bool Set);

Include MENU.H

Quelldatei GMENUS1.C

Parameter <Menu> zeigt auf die Menubeschreibung. <PromptID> ist die Identifikationsnummer (<.keycode>) des Menupunktes. <SetGet> muß TRUE sein, wenn der Prompt markiert werden soll und FALSE, wenn eine Markierung aufgehoben werden soll. Eine Abfrage ohne Veränderung geschieht mit dem boolschen Rebentisch-Wert BETWEEN (== 2), wie er in GLOBAL.H definiert ist.

Ergebnis Es wird immer die vorherige Einstellung zurückgegeben (TRUE oder FALSE).

Beschreibung Ich habe die Anzeige eines markierten Prompts so geregelt, daß ein Wurzel-Zeichen ('√') am Ende des Promptsstrings angezeigt wird. Jede andere Methode wäre denkbar; bei Bedarf müssen Sie nur in der lokalen Funktion *_mnshowprompt()* (Datei GMENUS1.C) eine Änderung einfügen (hinter `if(PThis->Marker)`).

mnNewHotKey

Zweck Neuen Hotkey ermitteln.

Definition byte FAR mnNewHotKey(BYTEPTR key, BYTEPTR str, word *pos);

Include MENU.H

Quelldatei MNHOTK.C

Parameter <key> ist ein String, mit 0 bis n Zeichen, die bereits defnierte Hotkeys repräsentieren. <str> ist ein Promptstring, für den ein exclusiver Hotkey gesucht wird. <pos> wird nach dem Aufruf die relative Position des Hotkeys im String <str> enthalten.

Ergebnis Das Zeichen für den neuen Hotkey wird zurückgegeben. <str> + (<pos> -1) zeigt auf dieses Zeichen im String <str>.

Wenn <str> nur ein Nullbyte enthält, wird 0 zurückgegeben.

Beschreibung Diese Funktion wird intern von den Menufunktionen verwendet. Sie ist jedoch unabhängig und kann von Ihnen für jeden Zweck verwendet werden.

mnPos

Zweck Position des Menuwindows bestimmen.

Definition void FAR mnPos(SYSmenus *Menu, word left, word top);

Include MENU.H

Quelldatei GMENUS1.C

Parameter <Menu> zeigt auf die Menubeschreibung. <left> und <top> sind die Koordinaten für die gewünschte Position.

Ergebnis keines.

Beschreibung <left> und <top> sind Spalte und Zeile, bezogen auf den gesamten Bildschirm (absolute Werte).

Wenn <Menu> mit *mnCreateMain()* angelegt wurde, wird die Position genauso als absolute Bildschirmposition interpretiert, wie beim normalen Menu. Das heißt, <left> und <top> sind immer Spalte und Zeile des Gesamt-Bildschirms.

mnProcInto

Zweck Funktion auf einen Prompt legen.

Definition void FAR mnProcInto(SYSmenus *Menu, word IDnr, void FAR * keyfun, bool contin);

Include MENU.H

Quelldatei GMENUS1.C

Parameter <Menu> zeigt auf die Menubeschreibung. <IDnr> ist die Identifikationsnummer des Menuprompts. <keyfun> ist ein Zeiger auf die Funktion und <contin> gibt an, ob nach Beendigung der Funktion im Obermenu fortgefahren werden soll (TRUE) oder ob das gesamte Menu in beliebiger Schachtelungstiefe beendet werden soll (und die ID-Nummer <IDnr> des Prompts als Gesamtergebnis geliefert werden soll).

Ergebnis keines

Beschreibung Wenn der Benutzer auf dem Prompt mit der ID-Nummer <IDnr> die Enter-Taste betätigt, wird diese Funktion <keyfun> aufgerufen.

Die Funktion <keyfun> muß folgendem Prototyp entsprechen:

```
BYTEPTR PromptProc(sig IDnr, BYTEPTR Prompt);
```

Wie Sie sehen, bekommt die Enter-Funktion die Identifikations-Nummer des aktuellen Prompt und den Promptstring übergeben. Die Funktion kann nun anhand von <IDnr> entsprechende Aktionen durchführen oder den Promptstring <Prompt> verändern und neu anzeigen lassen (durch die Rückgabe des Zeigers). In vielen Fällen werden die Parameter überhaupt nicht benötigt. Dann ist die eleganteste Methode, Compiler-Warnungen zu vermeiden, die "#pragma argsused"-Direktive vor der Funktion.

Vier Rückgabemöglichkeiten gibt es für die *PromptProzedur*: wenn NULL zurückgegeben wird, passiert nichts weiter; das Menu wird (abhängig von der Einstellung über den Parameter <contin>) normal fortgesetzt oder beendet. Wenn ein **long**-Wert von 1L das Ergebnis ist, wird für den aktuellen Prompt ein

Marker gesetzt, wenn ein long-Wert von 2L zurückgegeben wird, wird beim aktuellen Prompt der Marker gelöscht und wenn schließlich ein Pointer größer als (long) 2L das Ergebnis ist, wird dieser als Zeiger auf den Promptstring interpretiert und eine Veränderung angenommen: der aktuelle Menupunkt wird neu ausgegeben.

Beispiel Siehe Programmbeispiel in TTEST.C

mnSetAktPrompt

Zweck Prompt aktivieren.

Definition void FAR mnSetAktPrompt (SYSmenus *Menu, word pos, word IDnr)

Include MENU.H

Quelldatei GMENUS1.C

Parameter <Menu> zeigt auf die Menustruktur. <pos> bezeichnet die relative Position des Prompts im Menu und kann zwischen 0 und der maximalen Zahl der Prompts minus 1 sein. Wenn <IDnr> nicht Null ist, wird <pos> ignoriert und der zu aktivierende Prompt anhand der Identifikationsnummer gesucht.

Ergebnis keines

Beschreibung Der Prompt wird dadurch aktiviert, daß beim nächsten Aufruf von *mnStartMenu()* dieser aktiv ist.

mnStartMain

Zweck Hauptmenu starten.

Definition word FAR mnStartMain(SYSmenus *Menu, SYSevent *ev);

Include MENU.H

Quelldatei GMENUS1.C

Parameter <Menu> zeigt auf die Menubeschreibung. <ev> Zeiger auf eine Ereignis-Struktur.

Ergebnis

Wenn der Benutzer einen Prompt ausgewählt hat, wird dessen ID-Nummer zurückgegeben. Andernfalls (auch bei Abbruch über ESCape) wird Null zurückgegeben.

Beschreibung

Mit dieser Funktion werden jene Menus gestartet, die mit *mnCreateMain()* angelegt wurden. Diese Main-Menus sind immer waagrecht und ohne eigenes Window, können aber sowohl als SAA-Menuzeile am oberen Bildschirmrand als auch als SAA-konforme Menuzeile am oberen Rand eines Windows eingesetzt werden.

Die Arbeitsweise dieser Funktion unterscheidet sich nur in wenigen Punkten von *mnStartMenu()*. Vor allem den beiden Tasten K_LEFT und K_RIGHT, sowie einem Mausklick auf der Menuzeile wird besondere Beachtung geschenkt.

Hat der Benutzer ein Submenu der Main-Menuzeile geöffnet (wie das Dateimenu in der Borland-IDE mit ALT+D) und drückt er dann K_RIGHT, soll das Dateimenu geschlossen werden und das nächste rechte Submenu geöffnet werden. Dies unverkrampft zu realisieren, ist schwierig, wenn die Programmierung mit diesen Toolboxfunktionen einfach bleiben soll.

Gelöst wird dies durch eine Einfügung in der UDF-Funktion des Submenus. Das bedeutet, daß jedes direkte Submenu eines Main-Menus eine (gemeinsame) UDF-Funktion benötigt. Sehen Sie bitte auch das Beispiel unter *mnUserAct()*.

Verweis

mnStartMenu(), mnUserAct()
Siehe auch am Anfang dieses Kapitels.

Beispiel

siehe Beispielprogramm TTEST.C

mnStartMenu

Zweck

Menuverwaltung starten.

Definition

word FAR mnStartMenu(SYSmenus *Menu, word Left, word Top, SYSevent *ev);

Include

MENU.H

Quelldatei

GMENUS1.C

Parameter

<Menu> zeigt auf die Menubeschreibung. Mit <Left> und <Top> können Sie die Position des Menuwindows beeinflussen

und <ev> zeigt auf eine Ereignisstruktur. <ev> kann auch NULL sein; in diesem Fall wird eine interne Struktur verwendet.

Ergebnis

Wenn der Benutzer einen Prompt ausgewählt hat, wird dessen ID-Nummer zurückgegeben. Andernfalls (auch bei Abbruch über ESCape) wird Null zurückgegeben.

Beschreibung

Nach der Einrichtung und Anzeige des Menus <Menu>, wird *Event()* für die Ereignisverwaltung verwendet (als Parameter für *Event()* wird <ev> verwendet). Dadurch ist die Abarbeitung eines Menu nur noch ein relativer Wartezustand, denn Sie können mit den Event-Funktionen *EventAction()* und *EventWatch()* eine Menge erledigen, was sonst nicht möglich ist.

Wenn *Event()* ein Ereignis liefert, mit dem die Menuverwaltung nichts anfangen kann, dann wird - sofern angegeben - die "UDF"-Funktion aufgerufen (siehe *mnUserAct()*).

Mit folgenden Tasten kann ein Menu bedient werden (diese Tasten führen nur dann zu einem Aufruf der UDF-Funktion, wenn hier **ignorieren** vermerkt ist):

K_ESC	Abbruch des Menus
K_CR	Aktiven Prompt auswählen (führt zum Öffnen eines Submenu oder zum ausführen einer mit mnProcInto() definierten Funktion oder zur Beendigung von mnStartMenu() unter Rückgabe der ID des Prompts.
K_HOME	Ersten Menuprompt aktivieren
K_END	Letzten Menuprompt aktivieren
K_DOWN	senkrechtes Menu: nächsten Prompt aktivieren; waagrechtes Menu: Submenu öffnen oder **ignorieren**
K_UP	senkrechtes Menu: vorigen Prompt aktivieren waagrechtes Menu: **ignorieren**
K_LEFT	waagrechtes Menu: linken Prompt aktivieren senkrechtes Menu: **ignorieren**
K_RIGHT	waagrechtes Menu: rechten Prompt aktivieren; senkrechtes Menu: **ignorieren**
K_PGDN	senkrechte Scroll-Menus: eine Seite nach unten "blättern"
K_PGUP	senkrechte Scroll-Menus: eine Seite nach oben "blättern"

Jede andere Taste, deren ASCII-Code größer als 255 oder kleiner als 32 ist, führt zum Aufruf der eventuell definierten UDF-Funktion (oder sie wird ignoriert). Die UDF-Funktion wird auch dann aufgerufen, wenn bei den obigen Tasten der Fall "**ignorieren**" eintritt.

Jeder Tastendruck zwischen 32 und 255 (ASCII) wird zunächst als Hotkey-Eingabe interpretiert. Der Prompt mit einem gefundenen Hotkey wird schließlich aktiviert. Dessen Auslösung muß jedoch explizit durch K_CR erfolgen.

Beispiel siehe Beispielprogramm TTEST.C

mnStoreSub

Zweck Submenu installieren.

Definition void FAR mnStoreSub(SYSmenus *Menu, word IDnr, SYSmenus *Sub, bool contin);

Include MENU.H

Quelldatei GMENUS1.C

Parameter <Menu> zeigt auf die Menubeschreibung des Ober-Menus. <IDnr> ist die Identifikationsnummer des Prompts, für den ein Submenu eingerichtet wird. <Sub> ist ein Zeiger auf dieses Submenu. <contin> gibt an, ob nach Beendigung des Submenus im Obermenu fortgefahren werden soll (TRUE) oder ob das gesamte Menu in beliebiger Schachtelungstiefe beendet werden soll (und die ID-Nummer des letzten Prompts (nicht <IDnr>) als Gesamtergebnis geliefert werden soll).

Ergebnis keines.

Beschreibung Menus können in beliebiger Schachtelungstiefe programmiert werden. Es wird aufgerufen, indem auf dem Prompt <IDnr> ACT_ENTER ausgeführt wird.

mnUserAct

Zweck UDF-Funktion installieren.

Definition void FAR mnUserAct(SYSmenus *menu, void FAR *func);

Include MENU.H

Quelldatei GMENUS1.C

Parameter

<Menu> zeigt auf die Menubeschreibung. <func> zeigt auf die "UDF"-Funktion.

Ergebnis

keines

Beschreibung

Die UDF-Funktion <func> muß folgendem Prototyp folgen:

```
word FAR UDFfunc(SYSevent *evnt, word IDnr);
```

Dabei ist <evnt> ein Zeiger auf die gerade durch *mnStartMenu()* oder *mnStartMain()* verwendete Ereignisstruktur und <IDnr> die Identifikationsnummer des aktuellen Prompts.

Eine solche Funktion ist für die Realisierung einer SAA-Menuzeile notwendig, damit die Submenus komfortabel gesteuert werden können. In allen anderen Fällen ist diese UDF-Funktion sinnvoll einsetzbar, aber nicht notwendig.

Beispiel

Das folgende Beispiel demonstriert den Einsatz der UDF-Funktion bei direkten Submenus von einem Main-Menu. Die hierbei entscheidenden Befehle sind die Zeilen:

```
mnSetAktPrompt(MainMenu, MainMenu->aktprompt -1, 0);
return(ACT_ABORT);
```

Sie bewirken den Abbruch des aktuell geöffneten Submenus und die Aktivierung des neuen Main-Menu-Prompts. Die Funktion *mnSetAktPrompt()* bewirkt nur deshalb eine echte Aktivierung und einen Wechsel in das neue Submenu, weil die aufrufende Funktion *mnStartMain()* über eine externe Veränderung des Strukturmitglieds `MainMenu->aktprompt` wacht.

```
/*
<MainMenu> wird hier als lokale oder globale Variable angenom-
men. Deklaration: SYSmenus *MainMenu;
*/
word FAR UserActionSub(SYSevent *Fall, word nID)
{
  word pn;
  #ifdef _USE_MOUSE_
  if(Fall->evFlag & EV_MAUS && !(Fall->evFlag & EV_MSMOVE)) {
           /* eine Maustaste wurde gedrückt. */
    if(Fall->evFlag & EV_MSLEUP) {
           /* linker Button losgelassen, wo ist die Maus? */
      if((Fall->evMsZeile) == MainMenu->mtop) {
           /* Finde Prompt unter Maus: */
        pn = mnWhereMouse(MainMenu, Fall->evMsSpalte,
```

```
                    Fall->evMsZeile);
                 mnSetAktPrompt(MainMenu, pn, 0);
                 return(ACT_ABORT);
               }
               return(ACT_IGNORE);
             }
           }
           else
           #endif

           if (Fall->evFlag & EV_KEYB) {
                /* von Menu nicht verwendbare Taste wurde gedrückt */
             switch(Fall->evKey) {
               case K_LEFT:
                 mnSetAktPrompt(MainMenu, MainMenu->aktprompt -1, 0);
                 return(ACT_ABORT);
               case K_RIGHT: back = ACT_ABORT;
                 mnSetAktPrompt(MainMenu, MainMenu->aktprompt +1, 0);
                 return(ACT_ABORT);
               default: break;
             }
           }
           return(ACT_IGNORE);
         }
```

mnWrapping

Zweck	Verhalten des Menu-Balkens bestimmen.
Definition	bool FAR mnWrapping(bool OnOff);
Include	MENU.H
Quelldatei	GMENUS1.C
Parameter	Wenn <OnOff> ON ist, wird der Umlauf des Balkens eingeschaltet; wenn der Parameter OFF ist, ausgeschaltet.
Ergebnis	Die vorherige Einstellung wird zurückgegeben.
Beschreibung	Wenn der Benutzer den letzten Prompt aktiviert hat und mit der Cursortaste noch eins darüber hinaus will, wird nach einem Aufruf von *mnWrapping(ON)* auf den ersten Prompt umgeschaltet. Ist die Einstellung OFF, bleibt der Menubalken auf dem aktuellen stehen. Entsprechendes gilt für den ersten Prompt.

Modul Eingabe

Jeder Programmierer benötigt Routinen für Benutzereingaben in Variablen. Als Beispiel sei die Eingabe einer Adresse genannt: die Teile der Adresse werden in "Felder" aufgeteilt, Name, Straße, Postleitzahl, Ort und Telefon sollen vom Anwender eingetragen werden. Hierfür wird eine Maskendarstellung verwendet. Die in ihr enthaltenen Felder sind miteinander verknüpft, so daß mit den Cursor-Tasten oder der Maus vor- und zurückgegangen werden kann.

Allgemeingültige Eingabefunktionen zu schreiben ist kompliziert. Viele machen es sich etwas einfacher (was erlaubt sei), indem sie unterschiedliche Funktionen für die Eingabe von Zahlen, Daten und Zeichenketten schreiben. In der Tat ist es das Schwierigste, die Ereignisse von Tastatur und Maus so zu kontrollieren, daß wirklich nur das eingegeben wird, was gerade erlaubt ist. Bei einem Datum sollen feststehende Punkte die Eingabemöglichkeit lenken, und eine Validitätsprüfung auf ein gültiges Datum muß integriert werden können.

Die Struktur {EditType}

Die Eingabefunktionen verwenden - wie sollte es anders sein - eine Struktur für die interne Verwaltung. Jedes zu editierende Feld einer Maske erhält einen Puffer vom Typ {EditType}. Dieses Modul verzichtet entgegen meiner ursprünglichen Absicht darauf, die Struktur nach außen zu verbergen und den Zugriff auf ein Feld über eine Referenznummer zu regeln (wie dies im Windowmodul geschieht). Es ist denkbar, eine weitere Gruppe von Funktionen höherer Ebene zu implementieren. In diesem Fall schien mir jedoch der Overhead zu groß im Vergleich zum Nutzen. Ich versuche in der Praxis, in Applikationen nur den Pointer auf die Feld-Struktur zu verwalten, und kreiere lieber eine neue Bibliotheksfunktion als auf Strukturmitglieder direkt zuzugreifen.

```
typedef struct EditStruct {
  byte *edLine;
  word edMaxLen,
       edLeft, edTop, edRight, edBott,
       edLen, edHigh;
  word edIndex, edType;
  bool edFocus,
       edUpdate,
       OnScreen;
  byte *edPict;
  byte *edVldChr;
```

```
    byte *edName;
    word edNx, edNy,
         edNColor;
    struct EditStruct *edPrev, *edNext;
    word edFusecolor, edFshwcolor;
    void FAR *edValPost, FAR *edValPrev;
    byte *edWork;
    byte *edSymb;
} EditType;
```

<.edLine> zeigt auf einen Puffer, der <.edMaxLen> Zeichen Platz bietet. <.edLeft> und <.edTop> sind Spalte und Zeile des Feldes auf dem Bildschirm (relativ zu einem eventuell gesetzten Fenster), <.edRight> und <.edBott>, <.edLen> und <.edHigh> werden nur im Grafikmodus verwendet und sind automatisch gerechnete Werte für eine Feldbox. <.edIndex> wird für die Positionierung des Cursors im Eingabefeld benutzt. In <.edType> steht der Typ des Feldes, der im nächsten Absatz erklärt wird. <.edFocus> ist TRUE, wenn das Feld "den Focus hat", also das derzeit aktive Feld ist. <.edUpdate> ist TRUE, wenn eine den Inhalt verändernde Eingabe getätigt wurde und <.OnScreen> ist TRUE, wenn das Feld auf dem Bildschirm ausgegeben wurde (also sichtbar ist). <.edPict> enthält einen Zeiger auf <.edMaxLen> Zeichen für die Maskierung oder Eingabekontrolle des Feldes (unter ***Picture-String*** erklärt) und <.edVldChr> enthält erlaubte Zeichen, die in das Feld eingegeben werden dürfen (z.B. "JN", wenn in einem Feld mit dem Typ EDI_LOG nur 'J' oder 'N' eingegeben werden darf). <.edVldChr> und <.edPict> können auch NULL enthalten.

<.edName> zeigt auf einen String, der das Eingabefeld für den Benutzer beschreibt (z.B. "Nachname:"); <.edNx> und <.edNy> enthalten die Spalte und Zeile für <.edName>, <.edNColor> enthält die Anzeigefarbe für <.edName>.

<.edFusecolor> enthält die Farbe des Feldes, wenn es den Focus hat und gerade editiert wird, <.edFshwcolor> enthält den Farbwert des Feldes, wenn es (mit *EditFieldShow()* oder *EditMaskShow()*) angezeigt wurde, aber nicht aktiv ist.

<.edPrev> und <.edNext> enthalten Zeiger auf Vorgänger und Nachfolger-Felder; wenn diese nicht NULL sind, wird beim Aufruf von *EditMask()* automatisch das aktive Feld gewechselt - eine Eingabemaske kann editiert werden.

<.edValPost> kann einen Zeiger auf eine Funktion enthalten, die dann aufgerufen wird, wenn die Editierung eines Feldes beendet wer-

den soll. Nur wenn diese Funktion TRUE zurückgibt, kann das Feld wirklich verlassen werden (siehe ***Post-Operation***).

<.edValPrev> kann einen Zeiger auf eine Funktion enthalten, die vor dem Editieren eines Feldes aufgerufen wird. (siehe ***Prev-Operation***).

<.edWork> erhält automatisch einen Zeiger auf die interne Arbeitszeile, wenn das Feld gerade bearbeitet wird. Dieses Strukturmitglied enthält beim Aufruf der UDF den gültigen Feldinhalt.

<.edSymb> schließlich zeigt auf einen Teil des Picture-Strings, wenn dieser Funktionssymbole enthält. Wenn keine Funktionssymbole angegeben wurden, ist dieses Strukturmitglied NULL.

Die Feldtypen

Folgende Feldtypen sind bislang definiert:

EDI_STR	Stringtyp; beliebige Zeichenketten.
EDI_CHR	Chartyp; einzelnes Zeichen.
EDI_LOG	Logigtyp; einzelnes Zeichen.
EDI_NUM	Numeriktyp; beliebige Zahlen.
EDI_DATE	Datumstyp.
EDI_TIME	Zeittyp.

Wenn Sie den Feldtyp EDI_LOG verwenden, sollten Sie auch einen Picture-String und einen "ValidChar"-String definieren; Beispiel:

Feldtyp:	EDI_LOG
Picture:	"!"
ValidChar:	"JN"

Wenn Sie den Feldtyp EDI_NUM verwenden, sollten Sie auch einen Picture-String angeben:

Feldtyp:	EDI_NUM
Picture:	"9999.99"

Der Picture-String bei Zahlen kann zusätzlich noch ein Merkmal für positive oder negative Zahlen enthalten ("+"):

Picture:	"+9999.99"

Wenn der Benutzer in einem EDI_NUM - Feld mit "+" die '+' oder '-' - Taste drückt, wird der Index auf das erste Zeichen im Feld gesetzt und die Zahl entsprechend positiv oder negativ gesetzt.

Picture-String

Die Eingabe-Funktionen arbeiten mit der Möglichkeit, einen Picture-String als Vergleichsmaske zu verwenden. Der Picturestring muß genauso lang sein, wie der zu bearbeitende String. Der hier gebotene Funktionsumfang kann von Ihnen relativ leicht erweitert werden, wenn Sie sich in den Quellcode eingearbeitet haben. Als Symbole sind die folgenden Zeichen vorgesehen:

'X'	Jedes Zeichen ist erlaubt.
'!'	Jedes Zeichen ist erlaubt, aber Buchstaben werden in Großbuchstaben umgewandelt.
'9'	Nur Zahlen erlaubt.
'A'	Nur Buchstaben erlaubt.
'G'	Nur Buchstaben erlaubt, die in Großbuchstaben umgewandelt werden.

Außerdem kann ein Picture-String beliebige Maskensymbole verwenden, die 1:1 im Inhaltsstring übernommen werden.

Wenn ein String bearbeitet werden soll, der z.B. folgendem Muster folgt: "MU-12/88,23-00", dann kann als Picture-String "GG-99/99,99-99" verwendet werden. Ein Datum erhielte den Picture-String "99.99.9999" oder "99.99.99".

Ich empfehle Ihnen, immer dann auf jeden Fall einen Picture-String zu verwenden, wenn Sie einen anderen Feld-Typ als EDI_STR benutzen.

Der Picture-String kann außerdem Funktionssymbole enthalten. Als solche wurden definiert:

"@!"	Alle Buchstaben des Zeichenfeldes werden in Großbuchstaben umgewandelt.
"@Snn"	Scrolling im Feld erlauben. Diese nur im Zeichenfeld anwendbare Funktion erwartet hinter dem 'S' eine Zahl für die Angabe der maximal auf dem Bildschirm anzuzeigenden Zeichen des Feldes.
"@˜XY"	Expandiere "XY" und betrachte die Zeichen als erlaubte Eingabezeichen.
"@≈XY"	Expandiere "XY" und betrachte die Zeichen als nicht erlaubte Eingabezeichen.

Um zum Beispiel ein Feld für die Angabe eines Verzeichnisnamens eingeben zu lassen, können Sie folgenden Picture-String angeben:

"@!@S30@˜A-],0-9"

Dann werden alle Buchstaben in Großbuchstaben umgewandelt und vom bis zu 255 Zeichen langen Feld werden 30 Zeichen angezeigt (Scrolling im Feld). Erlaubt sind alle Zeichen von 'A' (65) bis ']' (93) und '0' bis '9' (Sehen Sie hierzu auch unter der Funktion *fstrexpand()* nach).

Der Picture-String kann, wie weiter vorne erklärt, aus normalen Picture- und Maskensymbolen bestehen und zusätzlich **dahinter** Funktionssymbole. Der Picture-String "GG-99/99,99-99" kann erweitert werden zu: "GG-99/99,99-99*@~1-9,A-H" (dann kann keine '0' mehr eingegeben werden und nur Buchstaben zwischen 'A' und 'H'). Welches Zeichen an der Stelle des '*' steht, ist gleichgültig; wichtig ist dabei nur für die Edit-Funktionen, daß an der Position <.edPict[.edMaxLen]> kein Null-Byte steht und dahinter das Zeichen '@' als einleitendes Funktionssymbol.

Die "UDF-Funktion" für EditMask

Beim Aufruf der Funktion *EditMask()* kann als 2. Parameter ein Pointer auf eine Funktion übergeben werden (oder NULL). Diese Funktion habe ich aus unerfindlichen Gründen UDF (-Funktion) (für "user-defined-function") genannt, wobei Sie genauso der "user" sind wie ich, wenn ich meine eigenen Funktionen "anwende". Diese UDF erhält als Parameter einen Zeiger auf die Struktur {SYSevent}, die intern von *EditMask()* verwendet wird und einen Zeiger auf die Struktur {EditType}, mit der das aktuelle Feld beschrieben wird. Sie wird immer dann aufgerufen, wenn:

EditMask() nicht weiß, was sie mit einem bestimmten Tastendruck anfangen soll
ein Mausereignis auftrat
der Anwender das Feld verlassen möchte und keine Post-Operation definiert ist (dann enthält {SYSevent->evMnPrompt} den Wert 500)

Die wesentliche Aufgabe dieser Funktion ist es, Mausereignisse zu verarbeiten, die außerhalb des aktiven Feldes stattfinden.

Die UDF muß wie folgend definiert werden:

```
word FAR UDF(SYSevent *, EditType *);
```

In der UDF kann der Zeiger auf den Feldinhalt <.edLine> nicht manipuliert werden; wenn es nötig ist, kann aber <.edWork> verän-

dert werden, weil dieser Zeiger auf die momentane Arbeitszeile zeigt, die beim Verlassen des Feldes nach <.edLine> kopiert wird. Beachten Sie bei einer solchen Manipulation jedoch den Picture-String!
Durch die Rückgabe definierter Werte kann die Aktivität von *EditMask()* ein wenig gesteuert werden:

ACT_IGNORE	Keine Reaktion. Ereignis ignorieren.
ACT_NEXTITEM	Versuche, das nächste Feld zu aktivieren.
ACT_PREVITEM	Versuche, das vorige Feld zu aktiveren.
ACT_ENTER	Sichere das aktuelle Feld und beende die Maskenbearbeitung.
ACT_ABORT	Breche die Bearbeitung der Maske ab und speichere keine Änderung.
ACT_ASVALUE	Versuche den Wert in <SYSevent.evKey> als gültigen Eingabewert zu behandeln. Dies kann auch ein Tastaturbefehl wie K_LEFT sein, um den Cursor ein Zeichen nach links zu setzen.
ACT_GOTOP	Setze das erste Feld der Maske aktiv.
ACT_GOBOTTOM	Setze das letzte Feld der Maske aktiv.
ACT_SHOWNEW	Zeige das aktuelle Feld neu an.

Sinn dieser Konstruktion ist, einerseits eine abgekapselte modulare Struktur für alle denkbaren Eingabesituationen zu erhalten, die andererseits noch mit Situationen fertig wird, an die bei der Entwicklung des Eingabemoduls noch nicht gedacht wurde, damit dieses nicht dauernd geändert werden muß (fehlerträchtig!). Diese Methode ist einerseits klassisch (seitdem Zeiger auf Funktionen möglich sind) und andererseits eng verwandt mit objektorientierten Entwicklungsmethoden.

Prev-Operation

Als wirkungsvolle Steuerungsmöglichkeit für umfangreiche Masken erweisen sich die Prev- und Post-Operationen. Bevor ein Feld editiert werden kann, wird (wenn angegeben) eine Funktion für die Prev-Operation aufgerufen; nur wenn diese TRUE zurückgibt, kann das Feld editiert werden. Wenn die Prev-Operation FALSE ergibt, wird versucht, das nächste Feld zu aktivieren. Ist bei allen Feldern eine Prev-Operation definiert und geben alle Felder FALSE zurück, kann kein Feld der Maske editiert werden und *EditMask()* wird sofort wieder beendet.

Diese Funktion darf auch die Eingabemaske oder einzelne Felder aus ihr, manipulieren und neu anzeigen. Angegeben wird sie (wie die Post-Operation) mit der Funktion *EditValids()*.

Post-Operation

Die Post-Operation wird jedesmal dann ausgeführt, wenn der Anwender versucht, ein Feld zu verlassen, den Editiermodus zu beenden. Nur wenn diese Funktion TRUE zurückgibt, kann der Anwender das nächste Feld bearbeiten. Einzige Ausnahme: wenn die Taste <ESC> gedrückt wird, wird die Maske verlassen, wobei das aktuelle Feld seinen ursprünglichen Zustand zurückerhält.

Der Prototyp für Pre- oder Post-Operationen lautet:

```
bool FAR prepost(SYSevent *, EditType *);
```

Ein Wort zur Portabilität

Alle Funktionen sind ersteinmal für DOS-Systeme erdacht und funktional überprüft. Da keine direkten Low-Level-Funktionen aufgerufen werden, sondern Funktionen der Module WINDOW, TASTATUR und MAUS, hängt die Portabilität dieses Moduls von der Implementierung der anderen Module ab. Das Modul EINGABE kann sowohl für den Grafikmodus als auch für den Textmodus compiliert werden. Es kann mit und ohne Mausunterstützung compiliert werden. Eine Überarbeitung für den Microsoft-Compiler oder für UNIX ist natürlich möglich. Aber gerade der Grafikmodus verlangt dann umfangreiche Vorarbeit in anderen Modulen (Grafikfunktionen).

EditAddF

Zweck Feldstruktur für Eingabemaske erstellen.

Definition

```
EditType FAR * EditAddF(
        byte *Inhalt,
        byte *Picture,
        int fLen,
        int fTyp,
        int LiRa,
        int LiRaN,
        int TopL,
        byte *ValChr,
        byte *Fname,
        int FNcolor);
```

Include EDIT.H

Quelldatei TEDMASK.C

Parameter <Inhalt> ist ein Zeiger auf einen Puffer (String), der durch die Eingabefunktionen als Original behandelt wird. Er muß genügend Platz für <fLen> Zeichen bieten! <Picture> ist ein Zeiger auf einen String, der Symbole für die Verwendung des Strings enthält. <fLen> muß die erlaubte Maximal-Länge von <Inhalt> angeben. <fTyp> gibt den Feldtyp an, wie z.B. EDI_STR für Strings. <LiRa> ist die linke Bildschirmposition für das Feld, <LiRaN> für den Feldnamen. <TopL> gibt die oberste Bildschirmzeile von Feldname und Feld an. <ValChr> zeigt auf erlaubte Eingabezeichen (z.B. "JN" bei EDI_LOG) oder auf NULL, wenn keine besondere Beschränkung besteht. <Fname> zeigt auf einen String, der als "Feldname" vor dem Feld ausgegeben wird, <FNcolor> bestimmt dessen Farbe.

Ergebnis Zurückgegeben wird ein Zeiger auf eine Struktur (Speicher wurde via *Rmalloc()* allokiert) vom Typ {EditType}.

Beschreibung Die Position des Feldnamens kann freier bestimmt werden, wenn die Strukturmitglieder direkt belegt werden oder eine neue Funktion implementiert wird. *EditAddF()* deckt jedoch die häufigsten Standardfälle ab.

Verweis *EditCreateF()*

Beispiel

```
void main(void)
{
  EditType *F1, *F2, *F3;
  byte Zahl[20];
  bool EdUpd;

  ColMake();
  MsInit();
  #pragma warn -ucp
  fstrcpy(Zahl, "1234456667");
  F1 = EditCreateF("···················",
            "XXXXXXXXXXXXXXXXXXX", 19,
            EDI_STR, 30, 4, 6, NULL,
            "Auftrags-Nummer:", COL.hell);
  F2 = EditAddF("5469.34", "9999.99", 7,
            EDI_NUM, 30, 4, 7, NULL,
            "Letzte Zahlung.:", COL.hell);
  F3 = EditAddF(Zahl, "999999999999",
            fstrlen(Zahl), EDI_NUM, 30, 4, 8,
```

```
                     NULL, "Testzahl.......:",
                     COL.norm);
    ColSet(COL.backgr);
    clrscr();
    window(5, 5, 55, 16);
    ColSet(COL.norm);
    clrscr();
    EditMaskShow(F1);
    EdUpd = EditMask(F1, NULL);

    gotoxy(1,1);
    wprintf("Ihre Eingaben:\r\n 1.: [%s]\r\n"
                 " 2.: [%s]\r\n"
                 " 3.: [%s]\r\n",
                 F1->edLine, F2->edLine,
                 F3->edLine);

    ColSet(7);
    gotoxy(2,23);
    wputs("\b");
    MsExit();
}
```

EditCreateF

Zweck Feldstruktur für Eingabemaske erstellen.

Definition

```
EditType FAR * EditCreateF(
            byte *Inhalt,
            byte *Picture,
            int fLen,
            int fTyp,
            int LiRa,
            int LiRaN,
            int TopL,
            byte *ValChr,
            byte *Fname,
            int FNcolor);
```

Include EDIT.H

Quelldatei TEDMASK.C

Parameter Die Parameter haben die gleiche Bedeutung, wie bei *EditAddF()*.

Ergebnis — Zurückgegeben wird ein Zeiger auf eine Struktur (Speicher wurde via *Rmalloc()* allokiert) vom Typ {EditType}.

Beschreibung — Mit dieser Funktion wird das erste Feld einer Maske eingerichtet. Alle weiteren werden durch *EditAddF()* mit dem ersten Feld verbunden.

Die Verwendung der Funktionen *EditAddF()* und *EditCreateF()* ist Ihnen freigestellt. Sie können auch die Strukturen vom Typ {EditType} direkt deklarieren oder sich eigene Einrichtungsfunktionen schreiben.

Beispiel — Siehe *EditAddF()*

EditEndKeys

Zweck — Mögliche Tasten für das Verlassen eines Feldes definieren.

Definition — void FAR EditEndKeys (int key, ...);

Include — EDIT.H

Quelldatei — TEDMASK.C

Parameter — <key> und bis zu 32 weitere Tastaturwerte können übergeben werden. Letzter Wert muß ARGEND (-1) sein!

Ergebnis — keines

Beschreibung — Jeder dieser Tastaturwerte bewirkt in der Funktion *EditMask()* das Ende (mit Sichern) des augenblicklich editierten Feldes.

Beachten Sie bei geschachtelten Aufrufen von *EditMask()*, daß dann jeweils vor dem Aufruf von *EditMask()* mit *EditGetEnd-Keys()* die Werte gesichert und schließlich neu restauriert werden (wenn die Einstellung mit *EditEndKeys()* nicht zufällig für das ganze Programm gelten soll).

Verweis — *EditGetEndKeys()*

EditFieldShow

Zweck — Ein Eingabefeld anzeigen.

Definition — void FAR EditFieldShow (EditType *edThis);

Include EDIT.H

Quelldatei TEDMASK.C

Parameter Zeiger auf die Feldstruktur.

Ergebnis keines

Beschreibung Diese Funktion zeigt nur das Feld (neu) an, auf das der Übergabezeiger weist.

Verweis *EditMaskShow()*

EditFindFocus

Zweck Finden des Feldes mit dem Focus.

Definition EditType*EditFindFocus (EditType *edThis);

Include EDIT.H

Quelldatei TEDMASK.C

Parameter Zeiger auf die Feldstruktur des ersten Feldes einer Maske. Wenn das Feld nicht das erste der Maske ist, wird ein Focus nicht vor diesem Feld gesucht.

Ergebnis Zeiger auf das Feld, das den Focus hat.

Beschreibung Siehe *EditFocus()*. Mit dieser Funktion kann nach einer Maskenbearbeitung über *EditMask()* festgestellt werden, welches Feld aktiv war, als der Benutzer sie beendet hat. Eine Anwendung könnte darin liegen, bei einem erneuten Start der Maske das zuletzt bearbeitete Feld gleich zu aktivieren. So ist es dann nicht nötig, die kompletten Strukturen der Eingabefelder im Speicher zu behalten: sie können nach der Maskenbearbeitung freigegeben werden. Statisch gespeichert wird also nur ein Zeiger auf das zuletzt aktive Feld.

Verweis *EditFocus()*, *EditKillFocus()*, *EditMask()*

EditFocus

Zweck	Focus auf ein Feld setzen (Feld aktivieren).
Definition	void FAR EditFocus (EditType *edThis);
Include	EDIT.H
Quelldatei	TEDMASK.C
Parameter	Zeiger auf die Feldstruktur.
Ergebnis	keines
Beschreibung	Wenn die Bearbeitung einer Maske beendet wird und die gespeicherten Werte in den Strukturen bleiben erhalten, wird beim erneuten Start in die Maske wieder das zuletzt aktive Feld aktiviert. Das beim Start von *EditMask()* zu aktivierende Feld wird also an einem internen "Focus" erkannt. Dieser kann durch die beiden Funktionen *EditKillFocus()* und *EditFocus()* gesetzt oder gelöscht werden. Das Feld, das den Focus hat, ist nur dann auch aktiv, wenn *EditMask()* gestartet ist.
Verweis	*EditKillFocus(), EditMask(), EditFindFocus()*

EditGetEndKeys

Zweck	Zeiger auf Array mit den Ende-Werten abholen.
Definition	int FARD * FAR EditGetEndKeys(void)
Include	EDIT.H
Quelldatei	TEDMASK.C
Ergebnis	Zurückgegeben wird ein Zeiger auf das interne (statische) Array im Eingabemodul, in dem die über *EditEndKeys()* eingegebenen Werte gespeichert sind. Das Ende der Liste wird am Wert ARGEND (-1) erkannt.
Beschreibung	Wenn Sie diese Funktion verwenden, um eine Einstellung zu speichern, bevor Sie diese mit *EditEndKeys(-1)* verändern, müssen Sie das Array richtig kopieren. Für die Restaurierung müssen Sie dann das kopierte Array zu dem Zeiger zurückschreiben, der von *EditGetEndKeys()* zurückgegeben wurde.

Verweis *EditEndKeys()*

Beispiel

```
...
int *list, *save, i;
/*
  Sichern:
*/
list = EditGetEndKeys();
for(i=0; list[i] != ARGEND; i++);
save = (int*) Rmalloc(i * sizeof(int));
memmove(save, list, i * sizeof(int));

EditEndKeys(-1);  // Standard
/*
  Befehle mit EditMask() ...
*/
/*
  restaurieren
  (wenn <i> nicht verändert wurde!):
*/
memmove(list, save, i * sizeof(int));
...
```

EditKillFocus

Zweck Focus eines Feldes löschen (Aktives Feld deaktivieren).

Definition void FAR EditKillFocus (EditType *edThis);

Include EDIT.H

Quelldatei TEDMASK.C

Parameter Zeiger auf die Feldstruktur.

Ergebnis keines

Beschreibung Wenn die Bearbeitung einer Maske beendet wird und die gespeicherten Werte in den Strukturen bleiben erhalten, wird beim erneuten Start in die Maske wieder das zuletzt aktive Feld aktiviert. Das beim Start von *EditMask()* zu aktivierende Feld wird also an einem internen "Focus" erkannt. Dieser kann durch die beiden Funktionen *EditKillFocus()* und *EditFocus()* gesetzt oder gelöscht werden. Das Feld, das den Focus hat, ist nur dann auch aktiv, wenn *EditMask()* gestartet ist.

Verweis *EditFocus(), EditMask(), EditFindFocus()*

EditMask

Zweck Editieren eines Feldes oder einer Feldermaske.

Definition bool FAR EditMask(EditType *edThis, void FAR *MyUDF);

Include EDIT.H

Quelldatei TEDMASK.C

Parameter <edThis> zeigt auf das erste Feld einer Maske von Eingabefeldern (oder auf ein einzelnes Feld). <MyUDF> ist ein Funktionszeiger auf eine Funktion, deren Prototyp so aussehen muß:

```
word FAR UDF(SYSevent *, EditType *);
```

Ergebnis TRUE: ein Feld in der Maske wurde verändert; FALSE: der Benutzer hat keine Veränderung vorgenommen.

Beschreibung Das erste (und alle folgenden) Felder werden solange editiert, bis der Anwender es beendet (mit <ESC> ohne zu speichern oder mit <Enter> mit speichern).

Wenn ein Ereignis eintritt, mit dem die Funktion nichts anfangen kann (*EditMask()* verwendet dazu *Event()*), dann wird *UDF()* aufgerufen. Das geschieht grundsätzlich bei jedem Mausereignis.

Mit folgenden Tastaturbefehlen kann eine Maskenbearbeitung vorgenommen werden (diese Tasten führen nicht zu einem Aufruf der *UDF()*-Funktion):

K_ESC	Abbruch ohne Speicherung der Änderungen im letzten aktiven Feld
K_PGUP	
K_PGDN	
K_CR	Abspeichern und beenden der Maske
K_INS	Umschalten zwischen Überschreib- und Einfügemodus. Der Einfügemodus ist nur möglich, wenn der Feldtyp EDI_STR ist und die Picture-Definition nur gültige Funktionssymbole enthält.
K_DOWN	
K_TAB	Das nächste Feld aktivieren
K_UP	
K_SHIFT_TAB	Das vorige Feld aktivieren

K_CTRL_HOME	An den Anfnag der Maske springen
K_CTRL_END	Auf das letzte Feld springen
L_CTRL_U	Restaurieren des Feldes. Es kann nur der Zustand wieder hergestellt werden, der beim Eintritt in das Feld vorgefunden wurde.
K_CTRL_Y	Feld löschen. Wenn eine Picture-Definition besteht, wird eine entsprechende Form hergestellt, sonst wird das Feld mit Leerzeichen gefüllt.
K_BS	Backspace, löschen des Zeichens, das links neben dem Cursor steht.
K_DEL	Delete, löschen des Zeichens, auf dem der Cursor steht.
K_LEFT	Cursor ein Zeichen nach links.
K_RIGHT	Cursor ein Zeichen nach rechts.
K_HOME	Cursor auf das erste Zeichen setzen.
K_END	Cursor auf das letzte Zeichen setzen, hinter dem nur noch Leerzeichen kommen.
K_CTRL_LEFT	Cursor auf den Anfang des vorigen Wortes setzen.
K_CTRL_RIGHT	Cursor auf den Anfang des nächsten Wortes setzen.

Im weiteren können beliebige Zeichencodes eingegeben werden, solange die Picture-Definition diese zuläßt.

Für bestimmte Feldtypen wurden Sonderbehandlungen eingeführt. Wenn ein Feld vom Typ EDI_DATE ist, wird die Eingabe darauf überprüft, ob sie ein gültiges Datum darstellt (mit *CheckDate()*). Wenn ein Feld vom Typ EDI_TIME ist, wird das Feld nur verlassen, wenn *CheckTime()* TRUE zurückgibt.

Zahlen werden immer rechtsbündig dargestellt. Gibt der Benutzer das Zeichen für den Dezimalpunkt ein, wird auf die Zahlen hinter dem Komma positioniert (sofern es sich um Komma-Zahlen handelt). Wenn vor der Eingabe einer Zahl keine Cursortaste betätigt wurde, wird das Zahlenfeld gelöscht, bevor die neue Zahl linksbündig eingegeben wird. Die Ausrichtung des Zahlenfeldes findet bei Betätigung des Dezimalzeichens statt oder bei der Beendigung des Feldes.

EditMaskShow

Zweck	Anzeigen einer Maske aus Feldern.
Definition	void FAR EditMaskShow (EditType *edThis);
Include	EDIT.H
Quelldatei	TEDMASK.C
Parameter	Zeiger auf die Feldstruktur des ersten anzuzeigenden Feldes.
Ergebnis	keines
Beschreibung	Ausgehend vom übergebenen Zeiger auf ein Feld, werden alle nachfolgenden Felder auf dem Bildschirm angezeigt (wenn sie bereits angezeigt waren, werden sie erneut angezeigt).
Verweis	*EditFieldShow()*

EditNameFont

Zweck	Zeichensatz für die Ausgabe des Namens festlegen.
Definition	void FAR EditNameFont (int font, int size);
Include	EDIT.H
Quelldatei	TEDMASK.C
Parameter	<font> ist eine Nummer für den BGI-Font, <size> gibt die gewünschte Größe an (Standard: 4).
Ergebnis	keines
Beschreibung	Diese Funktion bewirkt im Grafikmodus eine Festlegung der Zeichensatzdatei für die Ausgabe des Feldnamens. Diese Einstellung gilt dann solange, bis ein erneuter Aufruf von *EditNameFont()* dies ändert. Diese Funktion muß vor den Befehlen *EditMaskShow()*, *EditFieldShow()* und *EditMask()* aufgerufen worden sein; andernfalls gilt die vorherige Einstellung. Wird diese Funktion überhaupt nicht aufgerufen, gilt die Standardeinstellung mit <font> == 0 und <size> == 1.

EditString

Zweck	Feld-String erhalten.
Definition	BYTEPTR FAR EditString(EditType *feld, bool new);
Include	EDIT.H
Quelldatei	TEDMASK.C
Parameter	<feld> ist der Zeiger auf das Eingabefeld. Wenn <new> TRUE ist, wird der Eingabestring in einen neuen Speicherbereich kopiert; bei FALSE wird ein Zeiger auf <feld->edLine> zurückgegeben.
Ergebnis	Zeiger auf einen neuen Speicherbereich oder auf <feld->edLine>.
Beschreibung	Diese Funktion ersetzt den Direktzugriff auf ein Strukturmitglied. Nach dem Ende der Funktion *EditMask()* erhalten Sie mit *EditString()* den bearbeiteten Feld-String.

EditUpdate

Zweck	Feststellen, ob ein Feld verändert wurde.
Definition	bool FAR EditUpdate (EditType *feld);
Include	EDIT.H
Quelldatei	TEDMASK.C
Parameter	<feld> ist der Zeiger auf das Eingabefeld.
Ergebnis	TRUE bedeutet, daß der Anwender das Feld verändert hat.
Beschreibung	Nachdem die Maskenbearbeitung beendet wurde, kann mit dieser Funktion festgestellt werden, ob ein bestimmtes Feld verändert wurde. Um festzustellen, ob irgendein Feld der Maske verändert wurde, müssen Sie den Rückgabewert von *EditMask()* zu Rate ziehen.

EditValids

Zweck Funktionszeiger setzen.

Definition void FAR EditValids (EditType *feld, void FAR *preVal, void FAR *postVal);

Include EDIT.H

Quelldatei TEDMASK.C

Parameter <feld> ist der Zeiger auf das Eingabefeld. <preVal> ist ein Funktionszeiger für die Pre-Operation und <postVal> ist ein Funktionszeiger für die Post-Operation.

Ergebnis keines

Beschreibung Der einfachen Handhabung wegen sind <preVal> und <postVal> als **void**-Zeiger angegeben. Für diese ist jedoch auch der Typ **KeyPtrEdi** zuständig: bool (*KeyPtrEdi)(SYSevent *, EditType *);). Der Prototyp für eine PreValid- oder PostValid-Funktion muß also so aussehen:

```
bool FAR prepost(SYSevent *, EditType *);
```

Wie am Anfang des Kapitels beschrieben, können mit den Pre- und Post-Operationen sinnvolle Abläufe programmiert werden. Das Eingabefeld <feld> kann nur dann bearbeitet werden, wenn die über <preVal> angegebene Funktion TRUE zurückgibt und das Feld kann nur verlassen werden, wenn die über <postVal> angegebene Funktion TRUE zurückgibt. Standardmäßig sind beide Zeiger mit NULL vorbelegt und Sie können beim Aufruf von *EditValids()* auch beliebig NULL-Zeiger verwenden, um eine Operation ein- oder auszuschalten.

Standardmäßig wird, wenn beim Aufruf von *EditMask()* eine UDF angegeben ist und <postVal> NULL ist, die UDF mit dem Wert 500 in der Eventstruktur (<.evMnPrompt>) aufgerufen.

Verweis *EditMask()*

Modul DATEI

Für die interne Verwendung in Library-Funktionen und Modulen sind die Dateifunktionen mit der Vorsilbe "*df*" gedacht. Diese werden immer mit einem geringstmöglichen Overhead eingebunden, während die High-Level-"*File*"-Funktionen Zugriff auf Dialog- und Netzwerkfunktionen nehmen. Es ist natürlich denkbar, eine andere Konzeption zu verwirklichen. *FileOpen()* könnte in einer eigenen Datei *dfopen()* ersetzen - ohne zuviel Drumherum. Aber ich wollte eine andere Philosophie umsetzen: *dfopen()* sollte mir ein Ersatz für *open()* und *fopen()* sein, weil ich weder mit den (ursprünglich) netzwerkuntauglichen Streams arbeiten wollte, noch überall im Quellcode unportierbare und umständliche Direktaufrufe von *open()* hinzuschreiben gedachte. So entstand eine eigene FILE-Struktur (DFILE) und eine eigene Low-Level-Dateifunktion zum öffnen, kreieren und schließen von Dateien.

FileOpen() wiederum soll völlig unabhängig von der Arbeitsweise eine Datei öffnen. Dazu darf sie *dfopen()* verwenden, könnte aber auch andere, neue Funktionen dafür verwenden, solange ein Pointer auf die Struktur {DFILE} bedient wird.

Alle *File*-Funktionen sollen so konzipiert und verwirklicht werden, daß ihre Methoden austauschbar sind, ohne daß in einem Programm (das die *File*-Funktionen verwendet) irgendeine Änderung vorgenommen werden muß. Ob das möglich ist, hängt ein wenig auch von Ihrer Arbeitsweise ab. Je weniger Direktzugriffe auf die Struktur DFILE vorgenommen werden und je mehr auf Low-Level-Dateifunktionen (jeder Art) im Programmcode verzichtet wird, desto mächtiger sind die *File*-Funktionen!

Die Datei-Funktionen in diesem Modul benutzen also die Struktur DFILE, die in der Headerdatei DATEI.H definiert ist:

```
typedef struct dbfile {
  sig      handle;     DOS-Handle
  BYTEPTR  dName;      Dateiname
  byte     fexcl,      TRUE: exclusiv im Netz
           ftxt,       TRUE: Textmodus
           fwrt,       TRUE: Nur schreiben
           fapp,       TRUE: Append-Modus
           fnbf,       -- reserviert --
           fntx,       Index-Datei(en) geöffnet
           fmem,       Memo-Datei(en) geöffnet
           ffilock,    TRUE, wenn FILE-Locking aktiv
           frelock,    TRUE, wenn RECORD-Locking aktiv
```

```
        isatty,          TRUE, wenn <.handle> ein Gerät ist
  long  flcksrt,         Locking ab Position..
        flcksiz;         Locking <flcksiz> Bytes
  word  flags,           Interne Verwendung
        modus;           Öffnungsmodus
} DFILE;
```

Der Zeiger auf eine Struktur DFILE wird intern (Datei DFIOPEN.C) in eine Liste eingetragen und aus ihr gelöscht, wenn die Datei geschlossen wird. Diese Liste wird dazu verwendet, vor einem Programmabbruch (z.B. über *Terminate()*) alle offenen Dateien schließen zu können.

Auf das Strukturmitglied <.handle> können Sie, wenn es sein muß, auch in eigenen Programmen zugreifen. Da dieses an erster Stelle der Strukturdefinition steht, und bei zukünftigen (eventuellen) Änderungen der Struktur auch an dieser Stelle verbleibt, dürfte es keine Probleme geben. Alle anderen Strukturmitglieder sollten Sie nur über das Datei-Modul indirekt verwenden. Die Strukturmitglieder <.fntx> und <.fmem> sind für die Verwendung durch ein Datenbank-Modul gedacht.

Die Funktionen *FileFindAttr()* und *FileFind()* verwenden die Struktur {FLIST}, die in DATEI.H wie folgt definiert ist:

```
typedef struct {
 char     attr;       /* Attribut */
 long     time;       /* Uhrzeit, umgerechnet in {long}-Format */
 long     date;       /* Datum, umgerechnet ins julianische Datum */
 long     size;       /* Dateigröße */
 char     name[13];   /* Name */
} FLIST;
```

In der Header-Datei DATEI.H ist das folgend verwendete Makro definiert:

```
#define FILEPTR    DFILE FAR *
```

Portabilität

Wenn der Quellcode bestimmte Portabilitätseinschränkungen aufweist, ist dies bei den einzelnen Funktionsbeschreibungen hinter dem Stichwort "Portabilität" vermerkt. Meist steht hier "DOS" oder "DOS / UNIX". Wenn diese Rubrik fehlt, sind mir keine Einschränkunen bekannt.

dfaktwrite

Zweck	Interne DOS-Puffer auf Platte schreiben.
Definition	int FAR dfaktwrite (int handl);
Include	DATEI.H
Quelldatei	FILEUTIL.C
Parameter	<handl> ist die Dateinummer einer offenen Datei.
Ergebnis	Wenn kein Fehler auftrat, wird 0 zurückgegeben; trat ein Fehler auf, enthält <_doserrno> eine Fehlernummer und zurückgegeben wird der Inhalt des Registers AX, wie es durch DOS gesetzt wurde (Fehlernummer).
Beschreibung	Schreibt alle internen MS-DOS-Dateipuffer physikalisch auf den Massenspeicher. Dabei wird auch die FAT aktualisiert. Verwendet wird die MS-DOS-Funktion 0x68 des Interrupts 0x21. Diese Funktion sollte immer verwendet werden, wenn Datenbanken verwaltet werden, damit vor einem Absturz oder Stromausfall die vom Programm gespeicherten Daten auch wirklich auf die Platte gelangt sind. Natürlich brauchen Sie diese Funktion nicht, wenn Sie mit den *File*-Funktionen dieses Moduls oder den *db*-Funktionen des Datenbank-Moduls arbeiten.
Portabilität	DOS

dfclose

Zweck	Offene Datei schließen.
Definition	void FAR dfclose(DFILE *d);
Include	DATEI.H
Quelldatei	DFIOPEN.C
Parameter	Zeiger auf DFILE-Struktur.
Ergebnis	keines
Beschreibung	Schließt die Datei und gibt den Speicher, der für die Struktur allokiert wurde frei und trägt die Datei aus der internen Liste aus.

Portabilität DOS / UNIX

Verweis *dfopen(), LiKopf()*

dfcloseall

Zweck Alle über *dfopen()* oder *FileOpen()* geöffneten Dateien schließen.

Definition void FAR dfcloseall(void);

Include DATEI.H

Quelldatei DFIOPEN.C

Parameter kein

Ergebnis keines

Beschreibung Durchschreitet eine interne Liste und führt für jede darin verzeichnete offene Datei die Funktion *dfclose()* aus. Wenn Teile einer Datei im Netzwerk gesperrt wurden, werden sie vor dem Schließen der Datei entsperrt.

Verweis *dfclose()*

dflinebuffer

Zweck Interner Puffer für *dfreadline()* bereitstellen.

Definition size_t FAR dflinebuffer(size_t size);

Include DATEI.H

Quelldatei FIRDLINE.C

Parameter <size> ist die gewünschte Größe des internen Puffers.

Ergebnis Vorherige Einstellung.

Beschreibung Standardmäßig sind 1024 Bytes als interner Puffer definiert. Dieser wird ausschließlich für die Funktion *dfreadline()* verwendet (siehe dort).

Verweis *dfreadline(), FileReadLn()*

dfmorefile

Zweck	Mehr als 20 Dateien öffen.
Definition	bool FAR dfmorefile (int zahl);
Include	DATEI.H
Quelldatei	FILEUTIL.C
Parameter	Gewünschte maximale Zahl zu öffnender Dateien.
Ergebnis	TRUE: Einstellung hat funktioniert; FALSE: Wert konnte nicht gesetzt werden (<errno> enthält die DOS-Fehlernummer).
Beschreibung	Wenn kein Fehler auftrat, wurden <errno> und <_doserrno> explizit auf 0 gesetzt. Verwendet wird die DOS-Funktion 0x67 des Interrupts 0x21.
Portabilität	DOS

dfopen

Zweck	Datei öffnen
Definition	DFILE * FAR dfopen(BYTEPTR dname, BYTEPTR modus);
Include	DATEI.H
Quelldatei	DFIOPEN.C
Parameter	BYTEPTR <dname> ist ein Zeiger auf den Dateinamen, ggfs. mit Verzeichnis; BYTEPTR <modus> Öffnungsmodus (s. Beschreibung).
Ergebnis	Zeiger auf Datei-Struktur oder NULL, wenn ein Fehler auftrat. Im Fehlerfall wird <errno> auf einen der folgenden Werte gesetzt:

ENOMEM	nicht genügend Speicher frei
EINVAL	ungültiges Argument
ENOENT	Datei nicht gefunden
EACCESS	Zugriff auf Datei nicht möglich
EMFILE	Zu viele Dateien geöffnet
EINVACC	Ungültiger "access"-Code

Wenn kein Fehler auftrat, wird <errno> explizit auf 0 gesetzt.

Beschreibung

Für <modus> gelten folgende Zeichen-Codes (die Buchstaben können auch als Großbuchstaben übergeben werden):

a	Append, Schreiben nur am Ende der Datei
r	Nur lesen, Schreiben nicht möglich
w	Nur schreiben, lesen nicht möglich
b	Binär-Modus
t	Text-Modus (CR/LF - Übersetzung)
s	Share-Modus (uneingeschränkter Zugriff möglich)
e	Exclusiv-Modus (niemand sonst kann zugreifen)
c	Create: Nur wenn die Datei nicht existiert
l	Create: Wenn die Datei existiert, wird sie gelöscht
d	wie "l", wenn Sie sich "delete" besser merken als "löschen"
m	Puffer: Kein Dateipuffer verwenden
n	Puffer: Dateipuffer verwenden

"m" und "n" werden noch nicht unterstützt, sind jedoch schon für eine zukünftige Erweiterung reserviert.

Sie sollten sich die Codes "c" und "l" merken. Wenn Sie eine Datei mit dem Modus "bc" öffnen (wollen), wird sie neu angelegt, sofern sie nicht existiert. Sie bleibt jedoch voll erhalten, wenn sie bereits existiert.

Im Gegensatz dazu wird über den Modus "bl" die Datei auf jeden Fall auf die Länge 0 zurückgesetzt, wenn sie existiert (und neu angelegt, wenn sie nicht existiert).

Wenn Sie den Code "e" (Exclusiv) wählen, kann im Netzwerk nur ein User die Datei benutzen, alle anderen können nicht auf sie zugreifen. Mit dem Code "s" für Share, haben alle Netzwerk-User gleichberechtigten Zugriff auf diese Datei.

Wenn Sie weder "r" noch "w" angeben, kann die Datei sowohl beschrieben als auch gelesen werden. Wenn Sie nur "r" angeben, kann nicht in die Datei geschrieben werden (im Gegensatz zu den stream-Funktionen aus der Standardbibliothek). Wenn Sie nur "w" angeben, kann nur geschrieben und nicht gelesen werden (sofern DOS mitspielt). **Achtung**: Wenn Sie "w" und "r" angeben, können Sie aus der Datei weder lesen noch in sie schreiben! Beachten Sie diesen ungewöhnlichen Effekt.

Der Parameter-Code "d" ist in der Wirkung identisch mit "l".

Wenn Sie mit dieser Funktion ein Gerät (wie den Drucker) öffnen, brauchen Sie nur einen der Parameter "b" oder "t" angegeben. Das Strukturmitglied von DFILE <.isatty> enthält TRUE, wenn ein Gerät geöffnet wurde.

Mit dem Strukturmitglied <.handle> können Sie auch auf die Low-Level IO-Funktionen der Standardbibliothek zugreifen:

`if(eof(dfptr->handle))` testet die mit *dfopen()* geöffnete Datei auf das erreichte Dateiende. *FileEof(dfptr)* leistet das Gleiche.

Portabilität DOS / UNIX

Verweis *FileOpen()*

Beispiel Beispiel für Dateiöffnungen:

```
DFILE *new, *datei;
   /* Create, Text, Nur schreiben */
dfnew = dfopen("C:\TC\TSTFILE.C", "ctw");
   /* Lesen/Schreiben, Text, Share */
dfptr = dfopen("C:\TC\TSTDAT.C", "ts");
```

dfphysall

Zweck Puffer aller offenen Dateien sichern.

Definition void FAR dfphysall(void);

Include DATEI.H

Quelldatei DFIOPEN.C

Parameter keine

Ergebnis keines

Beschreibung Für jede offene Datei (die mit einer Toolbox-Funktion geöffnet wurde), wird *dfaktwrite()* aufgerufen.

Dieser Aufruf ist zum Beispiel vor exec-Funktionen sinnvoll.

Portabilität DOS

Verweis *dfaktwrite()*

dfreadline

Zweck Aus einer Datei eine Zeile einlesen.

Definition BYTEPTR FAR dfreadline(int handl, word *zeichen);

Include DATEI.H

Quelldatei FIRDLINE.C

Parameter <handl> ist der DOS-Handle der geöffneten Datei. Wenn mit einem DFILE-Pointer gearbeitet wird, kann {DFILE}->handle übergeben werden.

<zeichen> ist ein Zeiger auf eine **word**-Variable, die uninitialisiert übergeben werden kann. In diesen Parameter werden die gelesenen Zeichen eingetragen.

Ergebnis Pointer auf einen neu allokierten Speicherbereich für <zeichen> Bytes.

Beschreibung Die zurückgebenene Zeile enthält keine Zeilenende-Zeichen mehr. Wenn der Ergebnispointer in der Variablen <Line> übernommen wird, zeigt <Line [zeichen]> auf das abschließende Nullbyte der Zeile. Der Dateizeiger steht jetzt auf der Position direkt hinter dem Linefeed-Zeichen.

Diese Funktion berücksichtigt automatisch sowohl im Textmodus als auch im Binärmodus geöffnete Dateien.

Für die maximale Länge einer Zeile ist der Wert zuständig, der mit *dflinebuffer()* gesetzt wird (Standard: 1024 Bytes). Es werden maximal 1024 Bytes aus der Datei eingelesen und in diesen das Zeilenende gesucht. Ist eine Zeile länger als 1024 Bytes, wird die Funktion so beendet, als sei das Zeilenende bei 1024 Bytes erreicht worden. Sie können dies nur daran erkennen, daß in <zeichen> der maximal mögliche Wert zurückgegeben wird.

Verweis *FileReadLn()*

FileAttr

Zweck Dateiattribute ändern.

Definition word FAR FileAttr(FILEPTR DatPtr, bool GetRead, word Attr);

Include DATEI.H

Quelldatei FILES.C

Parameter <DatPtr> ist ein Zeiger auf die Struktur DFILE für eine geöffnete Datei.

Wenn <GetRead> TRUE ist, wird <Attr> als neues Dateiattribut gesetzt. Bei FALSE wird <Attr> ignoriert und nur das aktuelle Attribut wird gelesen und zurückgegeben.

<Attr> enthält gegebenenfalls das Dateiattribut. Folgende Werte sind, mit OR verknüpft, möglich:

Hex	Bit	Auswirkung
0x01	0000.0001	Nur-Lesen
0x02	0000.0010	Versteckt
0x04	0000.0100	System
0x32	0010.0000	Archiv

Ergebnis Das Attribut der Datei.

Beschreibung Diese Funktion verwendet die DOS-Funktion 0x43 des Interrupts 0x21. Wenn ein Netzwerk aktiv ist, muß der Benutzer berechtigt sein, Dateien anzulegen. Andernfalls wird <errno> mit einem entsprechenden Fehlercode belegt.

FileClose

Zweck Datei schließen.

Definition bool FAR FileClose(FILEPTR DatPtr);

Include DATEI.H

Quelldatei FILES.C

Parameter <DatPtr> ist ein Zeiger auf die Struktur DFILE für eine geöffnete Datei.

Ergebnis TRUE: Datei wurde erfolgreich geschlossen, FALSE: ein Fehler ist aufgetreten.

Beschreibung In der Regel wird man das Funktionsergebnis dieser Funktion ignorieren.

Verweis *dfclose()*

FileCopy

Zweck Datei kopieren.

Definition bool FAR FileCopy(BYTEPTR SourceDatei, BYTEPTR ZielDatei);

Include DATEI.H

Quelldatei FILES2.C

Parameter <SourceDatei> ist ein Zeiger auf String mit dem Namen der Quelldatei und <ZielDatei> zeigt - wie der Name schon andeutet - auf einen String mit dem Namen der Zieldatei. Beide Strings können Pfad- und Laufwerksangaben enthalten.

Ergebnis TRUE: Kopiervorgang war erfolgreich. FALSE: Datei konnte nicht kopiert werden.

Beschreibung Mit dieser Funktion kann auch eine Datei zum Drucker "kopiert" werden. Doch stehen für diesen Zweck bessere Funktionen zur Verfügung (siehe Modul DRUCKER).

Wenn die <ZielDatei> bereits existiert, wird die Dialog-Funktion *DlgOverFile()* aufgerufen. Wenn diese Funktion dann FALSE zurückgibt, gibt auch *FileCopy()* FALSE zurück.

Wenn die <SourceDatei> nicht existiert, wird die Dialog-Funktion *DlgNotExist()* aufgerufen. Diese Funktion gibt FALSE zurückgibt, womit auch *FileCopy()* FALSE zurückgibt.

Sollte beim Anlegen der <ZielDatei> ein Fehler auftreten, wird die Dialogfunktion *DlgFileError()* aufgerufen und FALSE ist das Ergebnis von *FileCopy()*.

Bei einem anderen Fehler (nicht genügend Speicher frei) wird die Funktion *ErrSet()* verwendet, um eine Fehlermeldung vorzubereiten.

Diese Funktion arbeitet sehr sicher und recht schnell. Die Quelldatei wird in Blöcken von jeweils 0xFF00 Bytes gelesen und in die Zieldatei geschrieben. Sie arbeitet auch in Netzwerken, wobei der User die Dateirechte zum löschen und anlegen von Dateien besitzen muß.

Verweis *FileMove()*

Beispiel

```
if(FileCopy("C:\\TC\\BIN\\TCC.EXE", "C:\\UTIL\\TCC-1.EXE"))
  printf("TCC.EXE erfolgreich kopiert.");
else
  printf("Konnte TCC.EXE nicht kopieren.");
```

FileCreate

Zweck Anlegen einer neuen Datei.

Definition FILEPTR FileCreate(BYTEPTR datei);

Include DATEI.H

Quelldatei FILES.C

Parameter <datei> ist ein Dateiname und kann eine vollständige Pfad-Angabe enthalten.

Ergebnis <DatPtr> ist ein Zeiger auf die Struktur DFILE für eine geöffnete Datei. Im Fehlerfalle ist das Ergebnis NULL.

Beschreibung Der Öffnungsmodus ist standardmäßig "bde", also BINARY, EXCLUSIV und DELETE. Lesen und schreiben ist erlaubt.

Wenn Sie einen anderen Modus für die Öffnung wünschen, können Sie *dfopen()* verwenden oder eine neue *File*-Funktion creieren.

Verweis *dfopen(), FileOpen()*

FileDate

Zweck Dateidatum ermitteln.

Definition ulong FAR FileDate(FILEPTR DatPtr);

Include DATEI.H

Quelldatei FILES.C

Parameter <DatPtr> ist ein Zeiger auf die Struktur DFILE für eine geöffnete Datei

Ergebnis Julianisches Datum als ulong-Wert.

Beschreibung Dieses Dateidatum ist kompatibel zu allen anderen Datumswerten der Toolbox.

Verweis *Date(), FileTime()*

FileDelete

Zweck Datei löschen.

Definition bool FAR FileDelete(BYTEPTR datei);

Include DATEI.H

Quelldatei FILES2.C

Parameter <datei> enthält den Dateinamen.

Ergebnis TRUE: Datei wurde erfolgreich gelöscht. FALSE: Datei konnte nicht gelöscht werden.

Beschreibung Bevor die angegebene Datei mit *remove()* gelöscht wird, wird mit *DlgDelFile()* eine Dialogabfrage durchgeführt. Deshalb ist diese Funktion vor allem für benutzerorientierte Funktionen geeignet.

Bei einem Fehler (wenn FALSE zurückgegeben wird) wird *ErrSet()* aufgerufen. Ein nachfolgender Aufruf von *ErrAct()* zeigt entweder entsprechende Meldungen auf dem Bildschirm an oder reagiert entsprechend Ihrer Installation mit *softerr()*.

Verweis *ErrSet(), ErrAct(), softerr()*

FileEof

Zweck Prüfung auf Dateiende.

Definition bool FAR FileEof(FILEPTR DatPtr);

Include DATEI.H

Quelldatei FILES.C

Parameter <DatPtr> ist ein Zeiger auf die Struktur DFILE für eine geöffnete Datei.

Ergebnis TRUE: Dateiende wurde erreicht, FALSE: Dateiende ist nicht erreicht.

Beschreibung Bei einem Fehler (ungültiger Handle in <DatPtr>) wird *ErrSet()* aufgerufen. <errno> erhält den Wert EBADF. Die zugrunde liegende Funktion *eof()* ist DOS-abhängig, ließe sich aber portabel ersetzen.

Portabilität DOS

Verweis *ErrSet(), ErrAct(), softerr()*

FileExist

Zweck Überprüfung, ob Datei existiert.

Definition bool FAR FileExist(BYTEPTR Datei);

Include DATEI.H

Quelldatei FILES.C

Parameter Name der Datei.

Ergebnis TRUE: Datei existiert, FALSE: Datei nicht gefunden.

Beschreibung Hier wird mit *access()* überprüft, ob eine Datei des angegebenen Namens existiert. Dabei wird <errno> restauriert, wenn ENOENT gesetzt wurde. Wenn die Datei vorhanden ist, aber kein Zugriff auf sie erlaubt ist, wird <errno> auf den Wert EACCES gesetzt.

Portabilität DOS / UNIX

FileFind

Zweck Dateien suchen.

Definition FLIST FARD ** FAR FileFind (BYTEPTR Maske, BYTEPTR Pfad, word *Fcount, int SortBy);

Include DATEI.H

Quelldatei

FILIST.C

Parameter

<Maske> enthält eine Dateimaske für die Suche (z.B. "*.*" oder "D*.C"). Gesucht wird im Verzeichnis <Pfad>. <Fcount> ist ein Zeiger auf eine word-Variable für die Aufnahme der Zahl der gefundenen Dateien. Mit <SortBy> können Sie ein Sortierkriterium übergeben.

Ergebnis

Zeiger auf <Fcount> Elemente der Struktur {FLIST}. Im Fehlerfall wird NULL zurückgegeben.

Beschreibung

Die Funktion allokiert für die Liste der gefundenen Dateien Speicherplatz, den Sie wieder freigeben müssen (siehe Beispiel).

Diese Funktion findet nur normale Dateien, keine Verzeichnisse. *FileFind()* entspricht einem Aufruf von *FileFindAttr()* mit den Werten 0 oder 32 für das Attribut.

Als Sortierkriterium sind folgende Werte möglich:

```
FLI_NAME      1
FLI_EXT       2
FLI_DATE      4
FLI_TIME      8
FLI_SIZE     16
FLI_DESCEND 128  /* Sortierung abwärts */
FLI_ASCEND  256  /* Sortierung aufwärts */
```

Die beiden letzteren Werte können natürlich mit einem der anderen kombiniert werden. Eine Kombination von FLI_NAME | FLI_SIZE (z.B.) ist nicht möglich. Wenn Sie für <SortBy> FLI_TIME angeben, wird tatsächlich nur nach der Zeit sortiert, ohne Berücksichtigung des Datums. Dagegen wird bei Angabe von FLI_DATE zunächst nach dem Datum und innerhalb eines Datums nach der Zeit sortiert.

Im Falle eines Fehlers wird die Funktion *ErrSet()* aufgerufen.

Portabilität

DOS

Verweis

ErrSet(), ErrAct(), softerr(), FileFindAttr()

Beispiel

```
#include <global.h>
#include <datei.h>
#include <datum.h>
#include <ralloc.h>
#include <window.h>
```

```
/* ... */

FLIST *liste, **liarr;
word count, i;

liarr = FileFind("*.*", "C:\\MY", &count,
                 FLI_NAME | FLI_DESCEND);
if( ! (liarr == NULL)) {
  for(i=0; i < count; i++) {
    liste = liarr[i];
    wprintf("%s     DATUM: %s\r\n",
      liste->name, JulToStr(NULL, liste->date));
    Rfree(liste);    /* Element freigeben! */
  }
  Rfree(liarr);  /* Liste freigeben! */
}
```

FileFindAttr

Zweck Dateien eines Attributwertes suchen.

Definition FLIST FARD ** FAR FileFindAttr(BYTEPTR Maske, BYTEPTR Pfad, word *Fcount, int SortBy, int Attr);

Include DATEI.H

Quelldatei FILIST.C

Parameter <Maske> enthält eine Dateimaske für die Suche (z.B. "*.*" oder "D*.C"). Gesucht wird im Verzeichnis <Pfad>. <Fcount> ist ein Zeiger auf eine **word**-Variable für die Aufnahme der Zahl der gefundenen Dateien. Mit <SortBy> können Sie ein Sortierkriterium übergeben.

Ergebnis Zeiger auf <Fcount> Elemente der Struktur {FLIST}. Im Fehlerfall wird NULL zurückgegeben.

Beschreibung Für diese Funktion gilt alles, was unter *FileFind()* geschrieben wurde. Zusätzlich können Sie jedoch im Parameter <Attr> gesuchte Dateiattribute angeben. Dadurch können Sie mit dieser Funktion auch versteckte Dateien, Verzeichnisse oder Label-Namen ermitteln. Für die Angabe des Attribut-Wertes gelten die gleichen Werte, wie sie für *findfirst()* angegeben werden:

```
FA_NORMAL      0
FA_RDONLY      1
FA_HIDDEN      2
FA_SYSTEM      4
FA_LABEL       8
FA_DIREC      16
FA_ARCH       32
FLI_COMPLETE  63   // alle Bits gesetzt
```

Sie müssen beachten, daß weder *FileFind()* noch *FileFindAttr()* in Verzeichnisse hinabsteigt. Sie können nur im angegebenen Verzeichnis <Pfad> fündig werden.

Portabilität DOS

Verweis *FileFind(), ErrSet(), ErrAct(), softerr()*

Beispiel

```
#include <global.h>
#include <datei.h>
#include <datum.h>
#include <ralloc.h>
#include <window.h>

/* ... */

FLIST *liste, **liarr;
word count, i;

liarr = FileFindAttr("*.*", "C:\\", &count,
             FLI_NAME | FLI_ASCEND, FA_DIREC);
if( ! (liarr == NULL)) {
  for(i=0; i < count; i++) {
    liste = liarr[i];
    wprintf("Verzeichnis [%s] wurde am %s angelegt\r\n",
       liste->name, JulToStr(NULL, liste->date));
    Rfree(liste);   /* Element freigeben! */
  }
  Rfree(liarr);  /* Liste freigeben! */
}
```

FileFlush

Zweck Offene Puffer auf Platte schreiben.

Definition bool FAR FileFlush(FILEPTR DatPtr);

Include DATEI.H

Quelldatei FILES.C

Parameter <DatPtr> ist ein Zeiger auf die Struktur DFILE für eine geöffnete Datei.

Ergebnis TRUE: alles Ok; FALSE: Fehler aufgetreten. <_doserrno> enthält dann einen Fehlercode.

Beschreibung Diese Funktion ruft *dfaktwrite()* auf. *FileFlush()* könnte jedoch weitergehende Aufgaben übernehmen. Zum Beispiel bei Verwendung irgendwelcher besonderer Puffer, die Sie programmieren. Anhand von Flags in der <DatPtr>-Struktur könnten diese dann ebenfalls gesichert werden.

Portabilität DOS

Verweis *dfaktwrite()*

FileFlushAll

Zweck Alle offenen Puffer auf Platte schreiben.

Definition bool FAR FileFlushAll(void);

Include DATEI.H

Quelldatei FILES.C

Parameter keine

Ergebnis FALSE, wenn <errno> gesetzt ist, sonst TRUE.

Beschreibung Diese Funktion ruft *dfphysall()* auf und überprüft anschließend <errno>.

Portabilität DOS

Verweis *dfphysall()*

FileGets

Zweck Aus einer Datei lesen.

Definition BYTEPTR FAR FileGets(FILEPTR DatPtr, ulong offset, word size, int where);

Include DATEI.H

Quelldatei FILESRE.C

Parameter <DatPtr> ist ein Zeiger auf die Struktur DFILE für eine geöffnete Datei. <offset> gibt den Offset innerhalb der Datei an, ab der <size> Bytes gelesen werden sollen. <where> ist ein Wert für *FileSeek()*:

SEEK_SET
SEEK_CUR
SEEK_END

Ergebnis Zeiger auf einen Puffer, für den Speicher allokiert wurde. Im Fehlerfall wird NULL zurückgegeben.

Beschreibung Diese Funktion ist ein Gegenstück zu *FilePuts()* und dient wie jene der Vermeidung wechselnder Aufrufe gleicher Funktionen, in diesem Falle von *FileSeek()* und *FileRead()*.

Verweis *FileRead()*

FileLength

Zweck Dateilänge einer (geschlossenen) Datei feststellen.

Definition ulong FAR FileLength(BYTEPTR path);

Include DATEI.H

Quelldatei FILES.C

Parameter <path> ist ein Zeiger auf einen String mit dem Dateinamen (und dem Pfad).

Ergebnis Dateilänge als ulong-Wert (unsigned long). Im Falle eines Fehlers wird -1L geliefert und <errno> erhält den Wert ENOENT (über *stat()*).

Beschreibung Diese Funktion arbeitet mit der Funktion *stat()* und ist auf offene und geschlossene Dateien anwendbar. Nur auf reguläre Dateien anwendbar.

Portabilität DOS / UNIX

Verweis *FileSize()*

FileLocate

Zweck Textstring in einer Datei suchen.

Definition ulong FAR FileLocate(FILEPTR DatPtr, BYTEPTR SuchStr, ulong from);

Include DATEI.H

Quelldatei FILES.C

Parameter <DatPtr> ist ein Zeiger auf die Struktur DFILE für eine geöffnete Datei.

<SuchStr> ist ein beliebiger String, der in der Datei gesucht wird.

<from> ist die Startposition (Offset), ab der in der Datei gesucht werden soll.

Ergebnis Wenn der Wert -1L zurückgegeben wird, wurde der gesuchte String in <SuchStr> nicht gefunden. Ansonsten ist der Wert die Position in der Datei.

Beschreibung Die zentrale Suchroutine dieser Funktion ist *fstrfind()*. Groß- und Kleinbuchstaben werden unterschieden.

Die aktuelle Position des Dateizeigers ist nach Beendigung der Funktion *FileLocate()* die gleiche, wie zu Beginn!

Verweis *fstrfind()*

FileMove

Zweck Datei verschieben.

Definition bool FAR FileMove(BYTEPTR pathfrom, BYTEPTR pathto);

Include DATEI.H

Quelldatei FILES2.C

Parameter <pathfrom> ist die Source-Datei, die nach <pathto> geschoben werden soll.

Ergebnis TRUE: Datei wurde erfolgreich umbenannt. FALSE wird zurückgegeben, wenn der Benutzer die Funktion über eine Dialogfunktion abbricht und wenn ein Fehler auftrat. Im letzteren Falle wird *ErrSet()* mit einer entsprechenden Fehlernachricht aufgerufen.

Beschreibung Es gelten für die Parameter die gleichen Regeln, wie für den DOS-Befehl RENAME oder die Standardfunktion *rename()*. Es können vollständige Verzeichnisnamen angegeben werden oder nur unterschiedliche Dateinamen. Wenn das Laufwerk verschieden ist, wird *FileCopy()* aufgerufen.

Wenn die Quelldatei nicht existiert, wird die Dialogfunktion *DlgNotExist()* aufgerufen und wenn die Zieldatei bereits existiert, findet ein Aufruf von *DlgOverFile()* statt.

Portabilität DOS / UNIX

Verweis *ErrSet(), ErrAct(), softerr()*

Beispiel

```
FileMove("C:\AUTOEXEC.BAT", "C:\TMP\AUTOEXEC.OLD");
FileCopy("A:\AUTOEXEC.BAT", "C:\AUTOEXEC.BAT");
```

FileOpen

Zweck Datei öffnen.

Definition DFILE * FAR FileOpen(BYTEPTR datei);

Include DATEI.H

Quelldatei FILES.C

Parameter <datei> ist ein beliebiger, unter DOS (oder UNIX) gültiger Dateiname.

Ergebnis Ergebnis ist ein Zeiger auf eine Dateistruktur vom Typ DFILE. Wenn NULL zurückgegeben wird, enthält <errno> einen Fehlerwert (siehe *dfopen()*) und *ErrSet()* wird aufgerufen.

Beschreibung Diese Funktion ist für die vielen Standard-Dateiöffnungen gedacht, bei denen man nicht immer wieder über den richtigen Öffnungsmodus nachdenken will. Als Standard-Öffnungsmodus wird "be" (also READ-WRITE, BINARY, EXCLUSIV) verwendet. Dieser kann durch *FileOpenModus()* verändert werden. Beachten Sie bei einer Änderung, die nur für eine Datei gelten soll, die Restaurierung des Öffnunsmodus; *FileOpenModus()* gibt dafür die vorherige Einstellung zurück.

Mit dem Zeiger auf diese Dateibeschreiben nehmen Sie alle Manipulationen einer Datei vor. Wenn es notwendig ist (die *File*-Funktionen also nicht für Ihre Zwecke reichen), können Sie auf das erste Strukturmitglied <.handle> direct zugreifen.

Eine mit *FileOpen()* oder *FileCreate()* geöffnete Datei wird mit *FileClose()* wieder geschlossen. Dabei gibt *FileClose()* den für die Struktur angeforderten Speicher wieder frei (oder die von *FileClose()* aufgerufene Funktion).

Eine mit *FileOpen()* geöffnete Datei kann auch mit *dfclose()* oder *dfcloseall()* geschlossen werden. Wenn Sie dagegen die Low-Level-Funktion *close()* aus der Standard-Library mit DFILE->handle aufrufen, können Sie zwar noch den Speicher von DFILE freigeben, aber nicht den Eintrag aus der internen Liste entfernen.

Für Leute, die Lust auf unportable Programme unter DOS haben: Sie sollten schon triftige Gründe haben, wenn Sie DOS-interne Datenstrukturen verwenden wollen, um Zugriff auf alle offenen Handle's zu bekommen. Zwar ließe sich so eine bequeme Schließroutine vor der Terminierung installieren, aber bei irgendwelchen Änderungen gibt es meist zuviel Ärger - und es gibt dauernd Änderungen!

Verweis *dfopen(), ErrSet(), ErrAct(), softerr(), FileOpenModus()*

Beispiel

```
DFILE *dfpConfFile;
dfpConfFile = FileOpen(GetConfigFile());
```

FileOpenModus

Zweck Datei öffnen.

Definition BYTEPTR FAR FileOpenModus(BYTEPTR newmod);

Include DATEI.H

Quelldatei FILES.C

Parameter <newmod> ist der neue, von Ihnen gewünschte Öffnungsmodus für Dateien. Die möglichen Varianten werden unter *dfopen()* erklärt.

Ergebnis Der vorherige Öffnungsmodus wird als ein Zeiger auf einen statischen String zurückgegeben.

Verweis *dfopen(), FileOpen()*

FilePath

Zweck Vollständigen Dateinamen ermitteln.

Definition BYTEPTR FAR FilePath(FILEPTR DatPtr);

Include DATEI.H

Quelldatei FILES.C

Parameter <DatPtr> ist ein Zeiger auf die Struktur DFILE für eine geöffnete Datei.

Ergebnis Zeiger den vollständigen Namen der Datei.

Beschreibung Diese Funktion ist nur für solche Routinen gedacht, in denen ein Zeiger auf <DatPtr> übergeben wird, aber der betreffende Dateiname plötzlich benötigt wird (für eine Dialogfunktion zum Beispiel).

FilePuts

Zweck In eine Datei schreiben.

Definition ulong FAR FilePuts(FILEPTR DatPtr, BYTEPTR Block, ulong offset, word size, int where);

Include DATEI.H

Quelldatei FILESWR.C

Parameter <DatPtr> ist ein Zeiger auf die Struktur DFILE für eine geöffnete Datei.

<Block> zeigt auf den zu schreibenen Speicherbereich (und kann Nullbytes enthalten). Die Verwendung von BYTEPTR für

den Typ entspricht der am häufigsten vorkommenden Anwendung.

<offset> ist die Position in der Datei, ab der <Block> geschrieben werden soll. Er bezieht sich auf die Angabe <where> und verhält sich damit genauso, wie man es von *lseek()* kennt. Wird für <where> SEEK_SET eingesetzt, muß <offset> die absolute Dateiposition vom Anfang der Datei an gemessen darstellen. Wenn <where> SEEK_CUR ist, wird der Dateizeiger von der augenblicklichen Position um <offset> Bytes zum Dateiende hin bewegt. Ist <where> SEEK_END, wird der Dateizeiger auf <offset> Bytes vor dem Dateiende positioniert.

<size> gibt die Anzahl der zu schreibenden Bytes aus <Block> an.

<where> kann einen der bekannten Werte annehmen:

SEEK_SET
SEEK_CUR
SEEK_END

Ergebnis Das Ergebnis ist die aktuelle, neue Position des Dateizeigers.

Beschreibung Im Gegensatz zu *FileWrite()* können Sie hier gleich gewünschte Dateipositionen mit übergeben. Daher erspart diese Funktion wechselte Aufrufe von *FileWrite()*, *FileSeek()* und *tell()*.

Portabilität DOS / UNIX

Verweis *FileWrite()*, *FileWriteLn()*, *FileGets()*

Beispiel

```
posit = FilePuts(dfptr, line, posit, fstrlen(line), SEEK_CUR);
```

FileRead

Zweck Aus einer Datei lesen.

Definition BYTEPTR FAR FileRead (FILEPTR DatPtr, ulong Size);

Include DATEI.H

Quelldatei FILESRE.C

Parameter <DatPtr> ist ein Zeiger auf eine Struktur DFILE. <Size> ist die Anzahl der zu lesenden Bytes.

Ergebnis

Zeiger auf einen neuen Speicherblock mit den eingelesenen Zeichen.

Beschreibung

Wenn nicht für <Size> Zeichen Speicher allokiert werden konnte, wird NULL zurückgegeben und <errno> enthält ENOMEM. Wenn kein LARGE-Modell (mit far-Zeigern) verwendet wird und für <Size> wurde eine Zahl größer 0xFF00 angegeben, wird NULL zurückgegeben und <errno> wird auf E_BIGBLOCK gesetzt. Wenn ein Lesefehler auftrat, wird ebenfalls NULL zurückgegeben und <errno> enthält EACCES oder EBADF. Wenn das Dateiende erreicht oder überschritten wurde (also nicht <Size> Zeichen gelesen werden konnten), enthält der Block die Zahl der noch einwandfrei gelesenen Zeichen. In diesem Fall enthält <errno> den Wert E_READERR.

Portabilität

DOS / UNIX

Verweis

FileReadLn(), FileGets()

Beispiel

```
DFILE *dfpix;
BHUGEPTR buff;

dfpix = FileOpen("pict0.img");
buff  = FileRead(dfpix, 307200L);
...
FileClose(dfpix);
Rfree(buff);
```

FileReadLn

Zweck

Zeile aus einer Datei lesen.

Definition

BYTEPTR FAR FileReadLn(FILEPTR DatPtr);

Include

DATEI.H

Quelldatei

FILESRE.C

Parameter

<DatPtr> ist ein Zeiger auf eine Struktur DFILE.

Ergebnis

Zeiger auf einen internen Speicherblock mit den eingelesenen Zeichen. Der Block darf nicht an *free()* oder *Rfree()* übergeben werden.

Beschreibung

Wenn ein Lesefehler auftrat, wird NULL zurückgegeben und <errno> enthält EACCES oder EBADF. Wenn das Dateiende erreicht oder überschritten wurde (also nicht <Size> Zeichen gelesen werden konnten), enthält der Block die Zahl der noch einwandfrei gelesenen Zeichen. In diesem Fall enthält <errno> den Wert E_READERR.

Achtung: der zurückgegebene Zeiger zeigt auf einen internen Puffer, der von *dfreadline()* verwendet und mit *dflinebuffer()* vergrößert oder verkleinert werden kann. Er darf jedoch nicht freigegeben werden.

Verweis *dfreadline()*, *dflinebuffer()*, *FileRead()*

Beispiel

```
BYTEPTR nextline;
...
nextline = FileReadLn(dfpConfFile);
```

FileSeek

Zweck Dateizeiger positionieren.

Definition bool FAR FileSeek(FILEPTR DatPtr, ulong Pos, word from);

Include DATEI.H

Quelldatei FILES.C

Parameter <DatPtr> ist ein Zeiger auf die Struktur DFILE für eine geöffnete Datei.

<Pos> ist der neue Offset in der Datei.

Für <from> kann einer der 3 üblichen Werte angegeben werden:

SEEK_SET
SEEK_CUR
SEEK_END

Ergebnis TRUE: Dateizeiger wurde korrekt positioniert. FALSE: wenn <errno> einen Fehlerwert enthält.

Beschreibung Diese Funktion entspricht im Grunde der Standardfunktion *lseek()*, die mit den Parametern Handle, Offset und Where aufgerufen wird.

Allerdings (bitte beachten!) wird hier der Handle darauf überprüft, ob er auf ein Gerät zeigt (*isatty()* gibt dann TRUE zurück). In diesem Fall wird von *FileSeek()* FALSE zurückgegeben.

Wenn kein Fehler auftrat, wird <errno> auf 0 gesetzt.

Portabilität DOS / UNIX

FileSetDT

Zweck Datum und Zeit einer Datei setzen.

Definition bool FAR FileSetDT (FILEPTR DatPtr, ulong datum, long zeit);

Include DATEI.H

Quelldatei FILES.C

Parameter <DatPtr> ist ein Zeiger auf eine Struktur vom Typ {DFILE}. <datum> ist das gewünschte julianische Datum für die Datei, <zeit> die gewünschte Zeit (in Sekunden seit Mitternacht) für die Datei.

Ergebnis TRUE: Zeit und Datum konnten gesetzt werden; FALSE: ein Fehler ist aufgetreten (<errno> wird nicht verändert!).

Beschreibung Diese Funktion wird auch von *FileCopy()* verwendet, um nach dem Kopiervorgang das alte Datum zu restaurieren.

Portabilität DOS

Verweis *FileTime(), FileDate()*

FileSize

Zweck Dateilänge einer offenen Datei feststellen.

Definition ulong FAR FileSize(FILEPTR DatPtr);

Include DATEI.H

Quelldatei FILES.C

Parameter <DatPtr> ist ein Zeiger auf eine Struktur vom Typ {DFILE}.

Ergebnis

Dateilänge als ulong-Wert (unsigned long). Im Fehlerfall wird -1L geliefert und <errno> erhält den Wert ENOENT (über *fstat()*).

Beschreibung

Diese Funktion verwendet intern *fstat()* um Dateiinformation abzufragen. Sie ist nur auf reguläre offene Dateien anwendbar.

Portabilität

DOS / UNIX

Verweis

FileLength()

FileTime

Zweck

Uhrzeit einer offenen Datei feststellen.

Definition

long FAR FileTime (FILEPTR DatPtr);

Include

DATEI.H

Quelldatei

FILES.C

Parameter

<DatPtr> ist ein Zeiger auf eine Struktur vom Typ {DFILE}.

Ergebnis

Rückgabewert ist die Zeit der Datei im Format "Sekunden seit Mitternacht". Wenn <DatPtr> NULL ist, wird -1L zurückgegeben und <errno> wird auf EBADF (ungültiger Handle, Datei nicht offen) gesetzt.

Beschreibung

Die Funktion arbeitet mit der DOS-Funktion 0x57 des DOS-Interrupts 0x21. Der Rückgabewert von *FileTime()* ist kompatibel zu allen anderen Zeitfunktionen der Toolbox.

Portabilität

DOS

Verweis

Hour(), Minute(), Second(), TimeNow()

FileWrite

Zweck

In eine Datei schreiben.

Definition

bool FAR FileWrite(FILEPTR DatPtr, BYTEPTR Block, ulong Size);

Include

DATEI.H

Quelldatei	FILESWR.C

Parameter <DatPtr> ist ein Zeiger auf die Struktur DFILE für eine geöffnete Datei.

<Block> ist zwar als BYTEPTR definiert, doch nur, weil die häufigste Anwendung sich auf Zeichenketten bezieht.

<Size> sind die Anzahl der Zeichen, die aus <Block> gelesen und in die Datei geschrieben werden sollen.

Ergebnis TRUE: korrekt geschrieben. FALSE: Fehler beim Schreiben.

Beschreibung Während mit *FileRead()* mit einem Aufruf ein Block eingelesen werden kann, der größer als 64 kB ist, kann mit *FileWrite()* ein solcher Riesen-Block zurückgeschrieben werden.

Portabilität DOS / UNIX

Verweis *FileWriteLn(), FilePuts()*

FileWriteLn

Zweck Eine Zeile in eine Datei schreiben.

Definition bool FAR FileWriteLn(FILEPTR DatPtr, BYTEPTR Block);

Include DATEI.H

Quelldatei FILESWR.C

Parameter <DatPtr> ist ein Zeiger auf die Struktur DFILE für eine geöffnete Datei.

<Block> zeigt auf eine Zeichenkette beliebiger Länge, aber Null-terminiert.

Ergebnis TRUE: korrekt geschrieben. FALSE: Fehler beim Schreiben.

Beschreibung Sie müssen bei der Verwendung dieser Funktion bedenken, daß automatisch ein Zeilenende geschrieben wird. Das passende Gegenstück zu dieser Funktion ist *FileReadLn()*, mit der eine Zeile ohne die Zeilenenden-Zeichen eingelesen wird.

Verweis *FileWrite(), FileReadLn()*

Modul DATABASE

Die dBase-kompatiblen Funktionen erlauben das Lesen und Schreiben von dBase- (oder Clipper-) Datenbanken. Es war nicht mein Ziel, die dBase-Sprache nachzuempfinden (für alle, die LOCATE oder SET RELATION etc. vermissen).

Weil mir das Erfinden einer Indexverwaltung zu zeitaufwendig war, habe ich mich nach einer bestehenden Datenbanklibrary umgesehen. Ich habe **Code Base 4** gefunden und für gut befunden, weil es erstens eine dBase-kompatible Datenbankverwaltung ist und weil sie zweitens mit Quellcode geliefert wird. Sie enthält eine Daten- und Indexverwaltung, die entweder kompatibel zu dBase oder zu Clipper compiliert werden kann. **Code Base 4** wird von APIS Software in Frankfurt vertrieben (und bearbeitet).

Letztlich muß jedoch abgewogen werden, ob dBase-Datenbanken für Ihren Einsatzzweck die beste Lösung sind.

Zu den hier vorgestellten Funktionen: Die von mir verwendete Methode erlaubt eine Vielzahl von Feldtypen. Wenn Sie Feldtypen verwenden, die nicht Clipper- oder dBase-kompatibel sind, können Sie natürlich nicht erwarten, daß andere Programme (dBase selbst z.B.) mit ihnen arbeiten. Die folgenden Typen habe ich definiert:

C	Charakter (DBASE), 32000 Zeichen pro Feld
N	Numerisch (DBASE)
D	Datum (DBASE)
M	Memo (DBASE)
L	Logisch (DBASE)
F	Float (DBASE VI)
K	Memo (Long-Zahl, 4 Bytes)
S	Struktur
U	Double-Zahl (8 Bytes)
Z	Long-Zahl (4 Bytes)
I	Integer-Zahl mit Vorzeichen (2 Bytes)
W	Integer-Zahl ohne Vorzeichen
O	Long-Datum (4 Bytes)
T	Long-Zeit (4 Bytes)
Y	Money (Double, 8 Bytes)

Der Typ "N" wird dBase-kompatibel verwendet, d.h., Zahlen müssen in Strings umgewandelt werden. Entsprechendes gilt für "D", "L" und "M". Wenn keine dBase-Kompatibilität notwendig ist, können die anderen Formate bentutzt werden.

Alle "db..."-Funktionen kümmern sich nicht um den Feldtyp. Es wird immer der komplette Datensatz in einen Puffer kopiert, der über eine eigene Struktur aufgeschlüsselt werden muß (siehe Beispiel weiter unten).

Natürlich ist es relativ leicht möglich, ein Modul zu schreiben, welches die hier vorgestellten Funktionen benutzt und feldspezifisch arbeitet. Sie können sich eine Funktion *dbGetField*(db, "DBNAME") schreiben, um den Inhalt des Feldes "DBNAME" aus dem aktuellen Datensatz zu lesen. Vermutlich aber werden Sie eine solche Funktion nicht benötigen.

Ein Datensatz kann maximal 64 kB groß sein. Die maximale Größe einer Datenbank liegt bei der Grenze von unsigned long.

Wie Sie sehen, wird für die Feldlänge (Strukturmitglied <.flen>) ein **byte**-Wert verwendet. Wie können trotzdem Felder eine Länge von 255 Bytes überschreiten? CLIPPER verwendet hierzu einfach das Byte <.fdec> zusätzlich, sodaß ein Integerwert entsteht. Da dies nur relevant ist, wenn <.ftyp> "C" ist, muß in diesem Fall aus <.flen> (Low-Byte) und <.fdec> (High-Byte) ein Integerwert hergestellt werden. Dies wird von den Funktionen *dbGetFlens()* und *dbGetFdeclens()* jedoch automatisch berücksichtigt.

Die Struktur <dbfelder.> ist in DBASE.H folgend definiert:

```
typedef struct {
  byte fname[11];            /* Feldname */
  byte ftyp;                 /* Feldtyp */
  long fadr;                 /* Feldadresse */
  byte flen;                 /* Feldlänge */
  byte fdec;                 /* Dezimalstellen */
  byte reserve[14];          /* reserviert */
} dbfelder;
```

Die Strukturmitglieder <.fadr> und <.reserve[14]> werden in diesen Funktionen nicht verwendet, sind aber für eine DBASE-Kompatibilität notwendig. <.fadr> soll eigentlich den relativen Offset des Feldes innerhalb eines Datensatzes darstellen. Ob dBASE diesen Wert verwendet, ist mir nicht bekannt. CLIPPER ignoriert ihn.

<.fname> enthält einen beliebigen Namen mit 10 Zeichen und abschließendem 0-Byte.

Neben den hier vorgestellten db-Funktionen gibt es weitere Funktionen, die für die interne Verwendung gedacht sind. Ihre Prototypen befinden sich in der Headerdatei DBFILE.H im Verzeichnis DATABASE. Mit Hilfe der internen Funktionen können Sie leichter Erweiterungen schreiben oder besondere Anwendungen realisieren.

Zur Netzwerkfähigkeit: alle Funktionen können in Netzwerken eingesetzt werden. Doch sind die Funktionen keineswegs so ausgereift, daß sie mit jeder Situation im Netz fertig werden. Diese Funktionen sind gar nicht für einen professionellen Einsatz im Netz gedacht. Aber Sie haben die Möglichkeit, sie weiter auszubauen.

Zur Portabilität: alle Funktionen des Datenbank-Moduls sind unter UNIX compilierbar, wenngleich kleinere Korrekturen denkbar sind.

Ein Beispiel für die wichtigsten Funktionen:

```
#include <global.h>
#include <stdlib.h>          // nur wg. exit()
#include <stdio.h>
#include <io.h>              // wg. access()
#include <ralloc.h>
#include <colors.h>
#include <fstring.h>
#include <dbase.h>
#include <window.h>
#include <key.h>

#include <datei.h>           // wg. internem Bedarf durch DBFILE.H
#include "DBFILE.H"          // in DATABASE\

#define DBT_EXT ".dbt"
#define DBF_EXT ".dbf"
#define BAK_EXT ".bak"
#define SIZE    512
#define ONE_A   0x1A         /* Ende-Zeichen eines Memo-Eintrages */
#define NB      '\0'

static BYTEPTR puffer;
static long anzahl;

static void showfeldinfo(int area);
static void showheadinfo(int area);
static void showinhalt(int area);
static bool wait(void);
void FAR dbt_ordnung(BYTEPTR file);
```

```
void main (int argc, BYTEPTR *argv)
{
  sig area;                    // Referenznummer für die Datenbank
  ulong Lmax;
  byte dbtfile[64];

  ColMake();
  ColSet(COL.norm);
  clrscr();
  if(argc < 2) {
    wputs("\r\nBitte einen Datenbank-Namen (DBASE-Datenbank) angeben!\r\n");
    exit(1);
  }
  ++argv;
  wprintf("\r\nÖffne die Datenbank %s", *argv);
  area = dbUse(*argv);
  if(area < 0) {
    wprintf("\r\nKann %s nicht öffnen\r\n", *argv);
    exit(1);
  }
  /*
    Informationen des DBF-Headers anzeigen:
  */
  showheadinfo(area);
  if(!wait()) exit(0);
  /*
    Feldinformationen der Datenbank anzeigen:
  */
  showfeldinfo(area);
  if(!wait()) exit(0);
  /*
    Inhalt der ersten beiden Datensätze anzeigen:
  */
  if((Lmax = dbReccount(area)) > 0L) {
    dbGoRec(area, Lmax - 1L);
    showinhalt(area);
    if(! wait()) exit(0);
    if(dbSkip(area, 1) != EOF) {
      showinhalt(area);
      if(! wait()) exit(0);
    }
    wputs("\r\nIch zähle jetzt die gelöschten Datensätze...");
    wprintf(": %lu\r\n", dbCountDelete(area));
  }
  /*
    Einen neuen Datensatz anfügen:
  */
```

```
  dbClose(area);
  fstrtcpy(dbtfile, *argv, '.');
  fstrcat(dbtfile, DBT_EXT);
  if(access(dbtfile, 0) == 0) {                    // FileExist()
    wputs("\r\nAufräumen mit der Memo-Datei: ");
    dbt_ordnung(dbtfile);
    wputs("fertig!");
  }
  ColSet(7);
  wputs("\r\n");
}


static bool wait(void)
{
  wputs("\r\n ...Bitte eine Taste drücken (ESC für Abbruch)...");
  if(keydos() == K_ESC)
    return(FALSE);
  return(TRUE);
}


static void showheadinfo(sig area)
{
  dbhead *head;
  word i;
  head = _dbgethead(area);// interne Funktion
  wprintf("\n\r Datum letzter Änderung.: %2u.%2u.%2u", head->datum[2],
          head->datum[1], head->datum[0]);
  wprintf("\n\r Anzahl Datensätze......: %lu", head->saetze);
  wprintf("\n\r Größe des Headers......: %u", head->kopflaenge);
  wprintf("\r\n Größe eines Datensatzes: %u", head->satzlaenge);
  wprintf("\r\n Anzahl der Felder......: %u", dbFcount(area));
  wputs("\r\n 20 reservierte Bytes im Header:\r\n[");
  ColSet(COL.hell);
  for(i = 0; i < 20; i++)
    wputch(head->reserve[i]);
  ColSet(COL.norm);
  wputch(']');
}


static void showfeldinfo(sig area)
{
  dbfelder *feld;
  word zahl, i;
```

```
  feld = _dbgetfields(area);
  zahl = dbFcount(area);
  for(i=0; i < zahl; i++) {
    wprintf("\r\n %10s [ %c ]  Länge: %5d  Dezimalstellen: %3d  Offset (?):
%7ld",
    feld[i].fname, feld[i].ftyp,
    (feld[i].ftyp == 'C') ? Word(feld[i].flen, feld[i].fdec) : (int)feld[i].flen,
    (feld[i].ftyp == 'C') ? 0 : (int)feld[i].fdec,
    feld[i].fadr);
  }
}


static void showinhalt(sig area)
{
  dbfelder *feld;
  word zahl, i, Len;
  BYTEPTR puffer;
  BYTEPTR einfeld;

  feld = _dbgetfields(area);
  zahl = dbFcount(area);
  puffer = (BYTEPTR) dbRead(area);

  if(*puffer == '*')
    wprintf("\r\nGelöschter Datensatz: #%lu", dbRecno(area));
  else
    wprintf("\r\nDatensatz-Nummer....: #%lu", dbRecno(area));

  ++puffer;
  for (i = 0; i < zahl; i++) {
    Len = (feld[i].ftyp == 'C') ? Word(feld[i].flen, feld[i].fdec) :
feld[i].flen;
    einfeld = (BYTEPTR)Rmalloc(Len +1);
    if(! (einfeld == NULL) ) {
      fstrncpy(einfeld, puffer, Len);
      if(Len > 65)
        *(einfeld + 65) = '\0';
      wprintf("\r\n%-10s: %-65s", feld[i].fname, einfeld);
      puffer += Len;
      Rbfree(einfeld);
    }
    else break;
  }
}
```

```
void FAR dbt_ordnung(BYTEPTR file)
{
  long li;
  word i;
  DFILE *dbt;
  DFILE *neu;
  byte neufile[64];

  dbt = dfopen(file, "rbs");
  if(dbt == NULL)
    exit(1);
  fstrtcpy(neufile, file, '.');
  fstrcat(neufile, BAK_EXT);
  neu = dfopen(neufile, "wbcs");
  puffer = (BYTEPTR) Rmalloc(515);
  if(puffer == NULL)
    exit(1);
  read(dbt->handle, &anzahl, 4);                        // long-Anzahl lesen
  read(dbt->handle, puffer, 512-4);

  write(neu->handle, &anzahl, 4);
  fmemset(puffer, NB, 511-4);
  puffer[511-4] = ONE_A;
  write(neu->handle, puffer, 512-4);
  for(li = 0L; li < anzahl; li++) {
    lseek(neu->handle, (li * 512L) + 512L, SEEK_SET);
    lseek(dbt->handle, (li * 512L) + 512L, SEEK_SET);
    read(dbt->handle, puffer, 512);
    for(i=0; i < 512; i++) {
      if(puffer[i] == 0x1A)
        break;
    }
    i++;
    for( ; i < 512; i++) {
      puffer[i] = NB;
    }
    write(neu->handle, puffer, 512);
  }
  dfclose(neu);
  dfclose(dbt);
  rename(file, "alt.xxx");
  rename(neufile, "neu.yyy");
  rename("alt.xxx", neufile);
  rename("neu.yyy", file);
}
```

Die Funktion *dbt_ordnung()* in diesem Beispiel, räumt mit einer Memo-Datei der dBase-Datenbank auf, indem alle Füllbytes mit einem Nullbyte ersetzt werden. Dadurch werden die eigentlich abgespeicherten Inhalte sichtbar und (das ist der Sinn) beim komprimierenden Packen werden die Sicherungskopien extrem kleiner.

dbAppend

Zweck Append-Modus einschalten.

Definition sig FAR dbAppend (sig ebene);

Include DBASE.H

Quelldatei DBASE2.C

Parameter <ebene> ist die Referenznummer der Datenbank, wie sie z.B. von *dbUse()* zurückgegeben wird.

Ergebnis Immer TRUE.

Beschreibung Diese Funktion wird benötigt, um der Datenbank einen neuen Datensatz hinzuzufügen. Beachten Sie, daß hierzu die Einhaltung einer Reihenfolge nötig ist (siehe auch im Beispiel): *dbAppend(), dbRead(), dbWrite()*. Hier wird der aktuelle Datensatz, wenn noch nicht geschehen, gesichert. Dann wird die Dateiposition auf das Dateiende gesetzt und der interne Datensatzpuffer mit Blanks gefüllt.

Verweis *dbWrite()*

Beispiel Siehe Beispiel am Beginn des Kapitels.

dbClose

Zweck Datenbank schließen

Definition sig FAR dbClose (sig ebene);

Include DBASE.H

Quelldatei DBASE2.C

Parameter	<ebene> ist die Referenznummer der Datenbank, wie sie z.B. von *dbUse()* zurückgegeben wird.
Ergebnis	TRUE. Wenn <ebene> ungültig ist, wird FEHLER (-1) geliefert.
Beschreibung	Alle durch *dbUse()* geöffneten Dateien (Datenbank, Memo-Datei) werden hiermit geschlossen. Dynamisch allokierter Speicher wird freigegeben. Wenn diese Funktion doppelt aufgerufen wird oder mit ungültigem Parameter, passiert überhaupt nichts.
Verweis	*dbUse()*

dbCreateW

Zweck	Erzeugen einer neuen Datenbank.
Definition	sig FAR dbCreateW(sig feldzahl, size_t sgroesse, dbfelder *fld, BYTEPTR dname);
Include	DBASE.H
Quelldatei	DBASE2.C
Parameter	<feldzahl> enthält die Anzahl der Felder pro Datensatz. <sgroesse> steht für die Größe eines Datensatzes in Bytes. <fld> ist ein Zeiger auf ein Feldstruktur-Array mit <feldzahl> Elementen. <dname> ist schließlich der Name für die neue Datenbank.
Ergebnis	Area-Referenznummer für die neue Datenbank zwischen 0 und 127. Im Fehlerfalle wird ein Fehlercode kleiner als 0 zurückgegeben (-4, -7). Ein nachfolgender Aufruf von *dbGetError()* liefert dann den String "Fehler beim Erzeugen einer Datei" (-7) oder "Fehler beim Schreiben in eine Datei" (-4).
Beschreibung	Diese Funktion legt eine neue Datenbank an und öffnet sie dann über den Befehl *dbUse()*.

dbFcount

Zweck	Anzahl der Felder ermitteln.
Definition	sig FAR dbFcount (sig ebene);

Include DBASE.H

Quelldatei DBASE2.C

Parameter <ebene> ist die Referenznummer der Datenbank, wie sie z.B. von *dbUse()* zurückgegeben wird.

Ergebnis Gibt die Zahl der Felder in der Datenbank als sig (signed int) zurück.

dbFileLock

Zweck Datenbank im Netzwerk sperren.

Definition sig FAR dbFileLock (sig ebene);

Include DBASE.H

Quelldatei DBLOCKH.C

Parameter <ebene> ist die Referenznummer der Datenbank, wie sie z.B. von *dbUse()* zurückgegeben wird.

Ergebnis TRUE. Wenn nicht erfolgreich gesperrt wurde, wird FEHLER (-1) zurückgegeben.

Beschreibung Eine mit dieser Funktion gesperrte Datenbank muß mit *dbUnlock()* wieder entsperrt werden!

Wenn ein Netzwerk aktiv ist (was Sie an dem Ergebnis von *isNetzwerk()* auch erkennen können), muß die Datenbank vor größeren Aktionen gesperrt werden. Die Datenbankfunktionen prüfen vor Schreibzugriffen nicht selbständig, ob die Datei gesperrt wurde. Es liegt in Ihrer Verantwortung, dies zu tun.

Wenn Sie mit *dbSetOpenModus()* den Öffnungsmodus für Datenbanken auf "be" (= EXCLUSIV) gestellt haben (Standard ist "bs" = SHARED), ist es nicht nötig, *dbFileLock()* auszuführen, da dann sowieso kein anderer User auf die Datenbank zugreifen kann.

Verweis *dbRecLock(), dbUnlock()*

Beispiel

```
area = dbUse("FIFF.DBF");
if(isNetzwerk())
  if(dbFileLock(area)) {
```

```
    ... Datenbank komplett bearbeiten...
  }
dbUnlock(area);
dbClose(area);
```

dbGetError

Zweck Fehlerstring zurückgeben.

Definition BYTEPTR FAR dbGetError (void);

Include DBASE.H

Quelldatei DBASE2.C

Parameter keiner

Ergebnis Zeiger auf einen statischen String mit einer Fehlermeldung.

Beschreibung Wenn eine db-Funktion einen Fehlercode meldet, kann mit dieser Funktion eine passende Meldung abgeholt werden.

Folgende Fehlermeldungen sind festgelegt:

"Nicht genügend Speicher frei"
"Allgemeiner Lesefehler"
"Öffnungsfehler. Datei nicht gefunden oder kein Zugriff möglich"
"Fehler beim Schreiben in eine Datei"
"Maximale Zahl von Datenbanken bereits geöffnet"
"Zugriffsversuch auf geschlossene Datenbank"
"Fehler beim Erzeugen einer Datei"

dbGetBuffer

Zweck Zeiger auf Datensatz-Puffer holen.

Definition VHUGEPTR FAR dbGetBuffer(sig ebene);

Include DBASE.H

Quelldatei DBASE2.C

Parameter <ebene> ist die Referenznummer der Datenbank, wie sie z.B. von *dbUse()* zurückgegeben wird.

Ergebnis Zeiger auf den aktuellen Datensatz-Puffer.

Beschreibung Im Grunde ist das Funktionsergebnis das gleiche, wie bei *dbRead()*. Jedoch wird hier kein internes Flag gesetzt, das als Merker für eine notwendige Speicherung dient. Sie müssen also den von dieser Funktion zurückgegebenen Puffer-Zeiger als READ-ONLY auffassen.

Zurückgegeben wird ein huge-Zeiger (im entsprechenden Datenmodell). Beachten Sie in diesem Zusammenhang, daß Sie keine huge-Strukturen verwenden. Genauer: das folgende Beispiel könnte Ihren Computer zum Absturz bringen, macht auf jeden Fall nicht das, was Sie erwarten:

```
/* {adrdbf} sei eine beliebige Strukturdefinition für die
   Felder der Datenbank */

adrdbf huge * dsatz;

dsatz = (adrdbf huge *) dbGetBuffer(area);
```

Der Grund liegt darin, daß Borlands Compiler bei der Adressen-Normalisierung so konsequent ist, daß die in Strukturen aufgeführten, offsetabhängigen Mitglieder nicht mehr gefunden werden. Wenn Sie im obigen Beispiel das "huge" weglassen, stimmt die Sache für den Compiler wieder.

Verweis *dbRead()*

dbGetFdeclens

Zweck Längen der Dezimalstellen ermitteln.

Definition size_t * FAR dbGetFdeclens (sig ebene);

Include DBASE.H

Quelldatei DBSTRU.C

Parameter <ebene> ist die Referenznummer der Datenbank, wie sie z.B. von *dbUse()* zurückgegeben wird.

Ergebnis Zeiger auf ein Array mit dbFcount()-Elementen. Das erste Element enthält die Anzahl der Dezimalstellen des ersten Datenbankfeldes, das letzte Element die des letzten Feldes.

Für das Array wurde Speicher allokiert.

Beschreibung Beachten Sie, daß nur für numerische Felder Werte für Dezimalstellen vorhanden sind. Ein Zeichenfeld verwendet die Dezimalstellen für große Zeichenfelder (über 255 Bytes), was in dieser Funktion aber berücksichtigt wurde (beim Feldtyp 'C' wird für Dezimalstellen Null in das Array eingetragen.

Verweis *dbGetFtypes(), dbGetFlens(), dbGetFnames()*

Beispiel Siehe *dbGetFnames()*

dbGetFlens

Zweck Feldlängen ermitteln.

Definition size_t * FAR dbGetFlens (sig ebene);

Include DBASE.H

Quelldatei DBSTRU.C

Parameter <ebene> ist die Referenznummer der Datenbank, wie sie z.B. von *dbUse()* zurückgegeben wird.

Ergebnis Zeiger auf ein Array mit dbFcount()-Elementen. Das erste Element enthält die Länge des ersten Datenbankfeldes, das letzte Element die des letzten Feldes. Bei numerischen Feldern ('N') sind es die Gesamtlängen inclusive Dezimaltrenner und Dezimalstellen.

Für das Array wurde Speicher allokiert.

Beschreibung Es werden Zeichenfelder unterstützt, die länger als 255 Bytes sind. Im Maximalfall kann ein Eintrag für die Länge eines Zeichenfeldes hier bis 64 kB groß sein.

Verweis *dbGetFtypes(), dbGetFdeclens(), dbGetFnames()*

Beispiel Siehe *dbGetFnames()*

dbGetFnames

Zweck Feldnamen ermitteln.

Definition BYTEPTR * FAR dbGetFnames (sig ebene);

Include DBASE.H

Quelldatei DBSTRU.C

Parameter <ebene> ist die Referenznummer der Datenbank, wie sie z.B. von *dbUse()* zurückgegeben wird.

Ergebnis Der zurückgegebene Pointer zeigt auf ein Array mit *dbFcount()* Strings, jeder ein Feldname. Für jedes Arrayelement und für den Pointer selbst wurde Speicher allokiert. Wie das Array vollständig aus dem Speicher entfernt wird, sehen Sie unten im Beispiel.

Beschreibung Eine dBase-Datenbank verwendet für jedes Feld einen Namen. Keine der hier vorgestellten Funktionen greift auf den Namen eines Feldes zu. Wenn Sie ein Programm entwickeln, können Sie das unabhängig von der Namensgebung der Datenbankfelder tun.

Verweis *dbGetFtypes(), dbGetFdeclens(), dbGetFlens()*

Beispiel

```
#include <stdio.h>
#include <global.h>
#include <ralloc.h>
#include <dbase.h>

void main(int argc, byte **argv)
{
   sig db;
   byte HUGE **Fn;
   byte HUGE *Ft;
   size_t HUGE *Fz;
   dbhead *dbH;
   int zahl, i;

   if(argc == 1) {
     printf("\nAufruf mit Datenbank als Parameter!\n");
     return;
   }

   db = dbUse(argv[1]);
   if(db < 0)
      printf("Error: %d (%s)", db, dbGetError());
   else {
     dbH = _dbgethead(db);
     printf("\nKopflänge: %d", dbH->kopflaenge);
```

```
        printf("\nSatzlänge: %d", dbH->satzlaenge);
        printf("\nsizeof(dbhead): %d\n"
               "sizeof(dbfelder): %d\n", sizeof(dbhead),
                sizeof(dbfelder));
        Fn = dbGetFnames(db);
        if(Fn == NULL) {
          printf("\ndbGetFnames() liefert NULL!\n"); return;
        }
        Ft = dbGetFtypes(db);
        if(Ft == NULL) {
          printf("\ndbGetFtypes() liefert NULL!\n"); return;
        }
        Fz = dbGetFlens(db);
        if(Fz == NULL) {
          printf("\ndbGetFlens() liefert NULL!\n"); return;
        }
        zahl = dbFcount(db);
        for(i=0; i < zahl; i++) {
          printf("\nName %d: %p [%s] [ %c ]  Len: [%d]", i,
          Fn[i], (char *)Fn[i], (char)Ft[i], Fz[i]);
          Rfree(Fn[i]);
        }
        Rfree(Fn);
        Rfree(Ft);
        Rfree(Fz);
    }
}
```

Der Aufruf des Programms (der Name sei DBSTRUC.EXE) mit:

DBSTRUC Test

liefert (sofern TEST.DBF existiert) das Ergebnis (Beispiel):

```
Kopflänge: 130
Satzlänge: 72
sizeof(dbhead): 32
sizeof(dbfelder): 32

Name 0: 2B60:0008 [KURZ] [ C ]   Len: [10]
Name 1: 2B61:0008 [LANG] [ C ]   Len: [60]
Name 2: 2B62:0008 [FELD] [ N ]   Len: [1]
```

dbGetFtypes

Zweck Typen der Felder ermitteln.

Definition BYTEPTR FAR dbGetFtypes (sig ebene);

Include DBASE.H

Quelldatei DBSTRU.C

Parameter <ebene> ist die Referenznummer der Datenbank, wie sie z.B. von *dbUse()* zurückgegeben wird.

Ergebnis Der zurückgegebene String ist ein Array von Feldtypen-Zeichen. Er enthält soviele Zeichen, wie die Datenbank Felder hat.

Für das Array wurde Speicher allokiert.

Beschreibung Der Typ des ersten Feldes der Datenbank steht an erster Stelle im Array. Ist es ein numerisches (dBase-) Feld, steht hier ein 'N'.

Verweis *dbGetFnames(), dbGetFlens(), dbGetFtypes()*

Beispiel Siehe *dbGetFnames()*

dbGetStruct

Zweck Struktur einer Datenbank ermitteln.

Definition sig FAR dbGetStruct(sig ebene, dbfelder *fields);

Include DBASE.H

Quelldatei DBSTRUC_.C

Parameter <ebene> ist die Referenznummer der Datenbank, wie sie z.B. von *dbUse()* zurückgegeben wird. <fields> ist ein Zeiger auf *dbFcount()* - Elemente der Struktur {dbfelder}.

Ergebnis Wenn das Ergebnis kleiner als 0 ist, ist ein Fehler aufgetreten. Ansonsten wird die Anzahl der Datenbankfelder geliefert (wie sie auch von *dbFcount()* ermittelt werden).

Beschreibung Wenn <fields> nicht genügend Speicherplatz erhielt, ist das fatale Ergebnis vorhersehbar. Beachten Sie deshalb das Beispiel.

Verweis Erklärung der Struktur {dbfelder} am Anfang des Kapitels.

Beispiel

```
word fzahl, i;
dbfelder *felder;
sig area;

area = dbUse("TEST.DBF");
zahl = dbFcount(area);
felder = (dbfelder *) Rmalloc(zahl * sizeof(dbfelder));
if(dbGetStruct(area, felder) > 0) {
  for(i=0; i < zahl; i++)
    wprintf("%u. Feldname: [%s]\r\n",
      i +1, felder[i].fname);
}
Rfree(felder);
dbClose(area);
```

dbGoBottom

Zweck Datensatzzeiger an das Ende stellen.

Definition void FAR dbGoBottom (sig ebene);

Include DBASE.H

Quelldatei DBASE2.C

Parameter <ebene> ist die Referenznummer der Datenbank, wie sie z.B. von *dbUse()* zurückgegeben wird.

Ergebnis keines

Beschreibung Nach dem Ausführen dieser Funktion liefert *dbRead()* oder *dbGetBuffer()* einen Pointer auf den letzten Datensatz der Datenbank.

dbGoRec

Zweck Einen bestimmten Datensatz ansteuern.

Definition sig FAR dbGoRec(sig ebene, ulong recno);

Include DBASE.H

Quelldatei DBASE2.C

Parameter <ebene> ist die Referenznummer der Datenbank, wie sie z.B. von *dbUse()* zurückgegeben wird. <recno> ist die relative Datensatznummer in der Datenbank.

Ergebnis Wenn nicht auf <recno> positioniert werden konnte, wird EOF (-1) zurückgegeben. Andernfalls ist das Ergebnis TRUE.

Beschreibung Wenn EOF zurückgegeben wird, bleibt die Dateiposition unverändert. Andernfalls wurde der neue aktuelle Datensatz in den internen Puffer eingelesen.

Beispiel

```
if(dbGoRec(area, 10) != EOF)
  wputs("Datensatz 10 aktiv!");
```

dbGoTop

Zweck Datensatzzeiger auf den Anfang stellen.

Definition void FAR dbGoTop (sig ebene);

Include DBASE.H

Quelldatei DBASE2.C

Parameter <ebene> ist die Referenznummer der Datenbank, wie sie z.B. von *dbUse()* zurückgegeben wird.

Ergebnis keines

Beschreibung Nach diesem Funktionsaufruf ist der erste Satz der Datenbank aktiv und in den internen Puffer eingelesen.

Verweis *dbGoRec()*

dbRead

Zweck Zeiger auf aktuellen Datensatz holen.

Definition void HUGE * FAR dbRead (sig ebene);

Include DBASE.H

Quelldatei DBASE2.C

Parameter <ebene> ist die Referenznummer der Datenbank, wie sie z.B. von *dbUse()* zurückgegeben wird.

Ergebnis Zeiger auf den internen Puffer mit dem aktuellen Datensatz der Datenbank.

Beschreibung Ein kompletter Datensatz wird bei jeder Veränderung des Dateizeigers eingelesen. Der Puffer ist also immer so groß, wie die Satzlänge beträgt (plus 1 Byte für das Lösch-Merkmal und 2 Byte als Sicherheitsreserve). Wenn diese Funktion aufgerufen wird, wird intern vermerkt, daß der Puffer automatisch auf Platte gesichert werden soll, sobald sich eine Veränderung ergibt (wenn Sie *dbClose()*, *dbSkip()* oder eine andere "bewegende" Funktion aufrufen).

Wenn Sie diesen Puffer direkt manipulieren, müssen Sie genau darauf achten, wie die Felderstruktur aussieht. Alle Feldinhalte liegen in diesem Puffer ohne Nullbyte hintereinander, einzig mit definierter Position.

In der Regel wird man diesen Puffer mit einem Cast in eine Struktur konvertieren, um auf die einzelnen Felder zugreifen zu können. Beachten Sie bitte, daß weder die Felder noch der Puffer insgesamt mit einem Null-Byte abgeschlossen sind!

Verweis *dbGetBuffer()*

Beispiel Siehe Beispiel am Anfang des Kapitels.

dbReccount

Zweck Anzahl der Datensätze ermitteln.

Definition ulong FAR dbReccount (sig ebene);

Include DBASE.H

Quelldatei DBASE2.C

Parameter <ebene> ist die Referenznummer der Datenbank, wie sie z.B. von *dbUse()* zurückgegeben wird.

Ergebnis Anzahl der Datensätze in der Datenbank oder 0, wenn noch keine enthalten sind.

dbRecLock

Zweck Datensatz im Netzwerk sperren.

Definition sig FAR dbRecLock (sig ebene, ulong recno);

Include DBASE.H

Quelldatei DBLOCKH.C

Parameter <ebene> ist die Referenznummer der Datenbank, wie sie z.B. von *dbUse()* zurückgegeben wird. <recno> ist die relative Nummer des zu sperrenden Datensatzes.

Ergebnis Wenn der Datensatz nicht gesperrt werden konnte, wird FEHLER (-1) geliefert. Sonst ist das Ergebnis TRUE.

Beschreibung In Netzwerkprogrammen, die mehreren Benutzern den Zugriff auf eine Datenbank erlauben, muß vor jedem schreibenden Zugriff der entsprechende Datensatz gesperrt werden.

Die Freigabe eines Datensatzes erfolgt mit *dbUnlock()*.

Verweis *dbUnlock(), dbFileLock()*

dbRecno

Zweck Relative Satznummer ermitteln.

Definition ulong FAR dbRecno (sig ebene);

Include DBASE.H

Quelldatei DBASE2.C

Parameter <ebene> ist die Referenznummer der Datenbank, wie sie z.B. von *dbUse()* zurückgegeben wird.

Ergebnis Datensatznummer des aktiven Datensatzes.

Beschreibung Diese Funktion errechnet aus der aktuellen Dateiposition die relative Datensatznummer.

dbSetOpenModus

Zweck Öffnungsmodus für Datenbank ändern.

Definition void FAR dbSetOpenModus(BYTEPTR mode);

Include DBASE.H

Quelldatei DBASE2.C

Parameter <mode> kann alle Zeichen enthalten, die *dfopen()* (oder *File-Open()*) ebenfalls akzeptieren.

Ergebnis keines

Beschreibung Diese Funktion wird benötigt, wenn ein Netzwerk aktiv ist und zwischen Shared-Modi und Exclusiv-Modi gewechselt werden soll.

Der Standard-Modus ist "bs", also BINARY und SHARED. Für eine exklusive Datenbanköffnung müssen Sie für <mode> "be" angeben.

Verweis *dfopen(), dbUse()*

dbSkip

Zweck Datensatzzeiger bewegen.

Definition sig FAR dbSkip (sig ebene, sig anzahl);

Include DBASE.H

Quelldatei DBASE2.C

Parameter <ebene> ist die Referenznummer der Datenbank, wie sie z.B. von *dbUse()* zurückgegeben wird. <anzahl> gibt an, wieviele Datensatze gesprungen werden soll (vor oder zurück).

Ergebnis Wenn korrekt positioniert wurde ist das Ergebnis TRUE, sonst EOF.

Beschreibung Der Dateizeiger wird um <anzahl> Datensätze bewegt; wenn <anzahl> positiv ist, in Richtung auf das Dateiende, wenn <anzahl> negativ ist, in Richtung auf den Dateianfang.

Diese Funktion berücksichtigt ein Fehlverhalten von *lseek()* und liefert garantiert nur dann EOF, wenn das Dateiende erreicht werden würde. Tatsächlich ist in diesem Fall der Dateizeiger unverändert geblieben.

Verweis *dbGoBottom(), dbGoTop()*

Beispiel

```
wprintf("\r\nAktueller Datensatz: %lu", dbRecno(area));
if(dbSkip(area, 8) == EOF)
  wprintf("\r\nDateiende erreicht. ");
wprintf("\r\nAktueller Datensatz: %lu", dbRecno(area));
```

dbUnlock

Zweck Datensatz- oder Datenbanksperre im Netzwerk wieder aufheben.

Definition sig FAR dbUnlock (sig ebene);

Include DBASE.H

Quelldatei DBLOCKH.C

Parameter <ebene> ist die Referenznummer der Datenbank, wie sie z.B. von *dbUse()* zurückgegeben wird.

Ergebnis TRUE. Wenn ein Fehler auftrat, wird FEHLER (-1) zurückgegeben.

Beschreibung Ein mit *dbRecLock()* gesperrter Datensatz oder eine mit *dbFileLock()* gesperrte Datenbank wird mit diesem Befehl wieder entsperrt.

Diese Funktion muß unbedingt aufgerufen werden, wenn Sie eine Sperre vorgenommen haben, da es keine automatische Entsperrung beim Schließen einer Datei gibt.

dfcloseall() allerdings übernimmt auch eine automatische Entsperrung.

Verweis *dfcloseall()*

dbUse

Zweck Datenbank öffnen.

Definition sig FAR dbUse (BYTEPTR dbName);

Include DBASE.H

Quelldatei DBASE2.C

Parameter <dbName> ist ein Zeiger auf einen String mit dem Namen der Datenbank. Die Angabe von Laufwerk und Pfad ist erlaubt. Wenn die Endung weggelassen wird, nimmt die Funktion ".DBF" an.

Ergebnis *dbUse()* liefert eine Referenznummer, die für alle weiteren Datenbankfunktionen benötigt wird. Wenn das Ergebnis kleiner als 0 ist, ist ein Fehler aufgetreten und ein folgender Aufruf von *dbGetError()* liefert einen beschreibenden String.

Beschreibung Diese mächtige Funktion verwendet als Low-Level-Funktion für das Öffnen der Datei die Funktion *dfopen()*. Der Öffnungsmodus ist standardmäßig binär, read-write und shared ("bs"). Mit *dbSetOpenModus()* kann er auch auf Nur-Lesen ("rbs") eingestellt werden. Wenn ein Memo-Feld vorhanden ist, wird die zugehörige DBT-Datei ebenfalls geöffnet. Fehlt diese Memo-Datei jedoch, so wird die Datenbank trotzdem korrekt geöffnet und zur Verfügung gestellt. Auf diese Weise lassen sich Manipulationen auch dann vornehmen, wenn die Memo-Datei fehlt.

Verweis *dbGetError()*, *dbClose()*

Beispiel

```
sig area;
area = dbUse("ADRESS");
if(area > 0) {
  /* ok ... */
}
dbClose(area);
```

dbWrite

Zweck Datensatz auf Platte schreiben.

Definition sig FAR dbWrite (sig ebene);

Include DBASE.H

Quelldatei DBASE2.C

Parameter	<ebene> ist die Referenznummer der Datenbank, wie sie z.B. von *dbUse()* zurückgegeben wird.
Ergebnis	Die Funktion gibt TRUE zurück, wenn alles Ok ist. Es wird eine Fehlernummer kleiner als Null zurückgegeben, wenn ein Fehler auftrat.
Beschreibung	Der aktuelle Datensatz, dessen Kopie im Speicher steht, wird auf Platte geschrieben. Dabei wird durch einen Aufruf von *dfaktwrite()* auch dafür gesorgt, daß DOS wirklich alles auf die Platte bringt. Die Funktion wird nur ausgeführt, wenn das interne Flag <.Upd> auf TRUE steht, das der Referenznummer <ebene> zugeordnet ist. Dieses Flag wird immer auf TRUE gesetzt, wenn Sie einen Datensatz mit *dbRead()* lesen oder wenn Sie *dbDelete()* aufrufen. Da Sie mit *dbRead()* einen Pointer auf den aktuellen Datensatz im Speicher erhalten und keine Funktion implementiert ist, die diesen Speicherblock auf Veränderungen hin überwacht, wird angenommen, daß verändert wurde.
Verweis	*dbGetBuffer(), dbRead()*

Modul DRUCKER

Die Funktionen *PrintTo()*, *PrintToApp()* und *PrintToForm()* drucken in die temporäre Datei, die standardmäßig "$$$PRTx$$$.000" heißt, oder die Sie über *PrintSetFile()* definieren **immer an das Dateiende**. Erst wenn Sie *PrintStart()* aufrufen, wird die temporäre Datei richtig gedruckt und bei Erfolg des Druckens gelöscht. Das letztere müssen Sie beachten, wenn Sie *PrintSetFile()* benutzen, um eine andere Datei als eine temporäre zu drucken: sie ist danach auf 0 Bytes geschrumpft. Um eine andere Datei zu drucken (wenn auch kein Netzwerk aktiv ist), können Sie die Funktion *spoolPrint()* verwenden (siehe dort).

Wenn Sie *PrintDoRedirection(TRUE)* aufrufen, versucht die Funktion *PrintStart()* den mit *PrintNetDevice()* definierten Netzwerkkanal zu setzen. Gelingt dies nicht, wird von *PrintStart()* FALSE zurückgegeben.

Beim ersten Aufruf einer der Funktionen *PrintTo..()* werden beide temporäre Druckdateien geöffnet. Sie bleiben während des ganzen Programmlaufs geöffnet, solange nicht *PrintStart()* oder *PrintCloseFile()* aufgerufen wird. Diese Verfahrensweise habe ich eingeführt, um die Geschwindigkeit von Ausgaben zu erhöhen. Das bedeutet aber auch, daß Sie (vor allem in einem Netzwerk) spätestens bei Programmende alle offenen Dateien schließen müssen. Wenn Sie die Funktion *dfcloseall()* aufrufen, werden selbstverständlich auch diese temporären Druckdateien geschlossen. Sie haben also mindestens drei Möglichkeiten, offene Druckdateien zu schließen:

1. Aufruf von *dfcloseall()*
2. Aufruf von *PrintCloseFile()* und
3. Aufruf von *PrintStart()*

Wenn Sie eine kompliziertere Form von Ausdrucken programmieren, können Sie auch mit *PrintGetFile()* den Namen der temporären Druckdatei abholen und - nach einem Aufruf von *PrintCloseFile()* mit anderen Dateifunktionen die Datei beschreiben (immer am Dateiende!!); oder Sie holen über *PrintGetFilePtr()* sogar den Zeiger auf die DFILE-Struktur ab und benutzen direkt Schreibfunktionen der Toolbox (*FileWrite()*, *write(dfPtr->handle,..)*) ohne sich um Öffnungsmodus und ordentliches Schließen kümmern zu müssen. Beide Methoden erlauben Ihnen trotzdem am Ende den Ausdruck über *PrintStart()*.

Nur *DlgNetwork()* verwendet einige der *Print*-Funktionen (Datei: DGNETW.C). Dies ist eine Dialog-Funktion auf einem recht hohen Level, weil sie mehrere Toolbox-Funktionen verwendet. Das bedeutet für Sie: wenn Sie Änderungen machen wollen, können Sie dies so grundlegend tun, wie Sie wollen - berücksichtigen Sie nur die Aufrufe aus der Funktion *DlgNetwork()*.

Die spool-Funktionen

Die *spool*-Funktionen verwenden das DOS-Programm PRINT als Spooler. Die *Print*-Funktionen verwenden diese nicht, weil es Komplikationen mit den temporären Dateien gibt. Das Programm könnte nur sehr umständlich erkennen, wann eine temporäre Datei wieder gelöscht werden kann. Solange PRINT arbeitet, darf sie nicht gelöscht werden. Nicht, daß wir uns mißverstehen: eine Realisierung der *Print*-Funktionen mit dem DOS-Spooler wäre möglich, aber noch komplexer (im Gegensatz zu vielen anderen Programmierern, bin ich ein Anhänger des Grundsatzes: 'So einfach wie möglich, so spannend wie nötig'). Ein ganz eigener Spooler wäre praktikabler. Zudem ist mir nicht klar, wie die *spool*-Funktionen in Netzwerken arbeiten. Schließlich ist der Netzwerkdrucker als eigener Spooler ausgeführt - mit einer eigenen kompletten Verwaltung. Wie auch immer, wenn Sie nicht für Netzwerke programmieren, sind die *spool*-Funktionen sicher eine Bereicherung für viele Aufgaben.

Anwendungsbeispiel:

Das folgende Beispiel demonstriert die Anwendung der Print-Funktionen in einem Netzwerk. Das Beispiel arbeitet natürlich auch ohne Netz.

```
#include <global.h>
#include <druck.h>
#include <routin.h>
#include "printer.h"

void TestDruck()
{
  BYTEPTR port;  word cc;
  port = prnCode(NULL, &cc);
  PrintSetDevice("LPT1", port);
  PCode(PRN_START);     /* Startcode für den Drucker */
  PCode(PRN_HTAB);      /* Horizontale Tabstops setzen */
  PCode(PRN_PS);        /* Proportionalschrift */
  PCode(PRN_LMARGIN);   /* linken Rand einstellen */
  PCode(PRN_GOLEFT);    /* Druckkopf nach links */
  PCode(PRN_BOLD);      /* Fettdruck ein */
  PrintTo(1,"\r\n\tManfred Rebentisch\r\n");
```

```
  PCode(PRN_NOBOLD);    /* Fettdruck aus */
  PCode(PRN_LQ1);       /* Feste Schrift */
  PrintToApp(1, "String 1: ", "\r\nString 2: ", "\r\nDatum: ",
     JulToStr(NULL, Date()), NULL);
  PCode(PRN_FF);
  PCode(PRN_ENDE);
  prnFree();
  PrintStart(1);
}

static bool near PCode(BYTEPTR str)
{
  BYTEPTR send; word cc;
  send = prnCode(str, &cc);
  return(PrintToForm(1, send, cc));
}


void main(void)
{
  Install_harderr();
  TestDruck();
}
```

Die Headerdatei PRINTER.H, die im Anwendungsbeipiel eingebunden wird, könnte folgenden Aufbau haben:

```
#define PRN_EXT           ".PRN"
#define PRN_TITEL         "TITEL"
#define PRN_TRANSLATE     "TRANSFORM"
#define PRN_START         "START"
#define PRN_ENDE          "ENDE"
#define PRN_PS            "SFTPS"
#define PRN_LQ1           "SFTLQ1"
#define PRN_LQ2           "SFTLQ2"
#define PRN_HTAB          "HORTAB"
#define PRN_VTAB          "VERTAB"
#define PRN_ABSPOS        "ABSPOS"
#define PRN_RELPOS        "RELPOS"
#define PRN_PAGELEN       "SEITE"
#define PRN_LMARGIN       "LIRAND"
#define PRN_GOLEFT        "KOPFLINKS"
#define PRN_LPI           "ZEILENABST"
#define PRN_FF            "PAPIER"
#define PRN_BOLD          "FETTEIN"
#define PRN_NOBOLD        "FETTAUS"
```

```
#define PRN_UNDERL        "UNTEIN"
#define PRN_NOUNDERL      "UNTAUS"
#define PRN_ITALON        "KURSIVEIN"
#define PRN_ITALOFF       "KURSIVAUS"
#define PRN_COLS          "SPALTEN"
#define PRN_ROWS          "ZEILEN"
#define PRN_SP2POS        "SPALTE2"
```

Diese Definitionen werden von den Funktionen in PRNCFG.C ausgewertet. Zur Laufzeit des Programms muß eine Konfigurationsdatei vorliegen (wenn die Datei nicht vorliegt, sind alle Programmfunktionen trotzdem einwandfrei, jedoch gibt es keine Steuercodes für den Drucker), die den Namen des Programms mit der Endung ".CFG" trägt. Diese Datei sieht in diesem Beispiel so aus:

```
; Wichtig: ein einleitender Konfigurationsbegriff muß am Zeilenanfang stehen
; und darf nicht in der ersten Zeile der Datei stehen.
;
[Printer1]
Device =                HPLASER.PRN,LPT1
```

Die hinter "Device" angegebene Datei "HPLASER.PRN" hat folgendes Aussehen:

```
; Das Zeichen '#' wird als Platzhalter für einzusetztende Zahlen verwendet.
; Wird dieses Zeichen für einen Controlcode selbst benötigt, wird es wie ein
; Controlzeichen eingegeben:  ^c == #
[HP-Laser]
START=
^[&s1C^[&l16dpE^[9^[&l2E^[&da^[&k12hG^[(8U^[)8U^[)sp10h12vsb3T
TITEL=          "^[&l8C^[&a+2428H^[(s1p14.4vs-3b4TSeidl & Mayer^M^J"
UNTEIN=          ^[&dD
UNTAUS=          ^[&da
FETTEIN=         ^[(s3B
FETTAUS=         ^[(s0B
KURSIVEIN=       ^[(s1S
KURSIVAUS=       ^[(s0S
LIRAND=          ^[&a8L          ; 8 Spalten-Nummer
RANDLINKS=       8
SFTLQ1=          ^[(sp10h12vsb3T
SFTLQ2=          ^[(sp10h12vsb3T^[(sp16.6h9vsbT
RELPOS=          ^[&a+#H         ; für '#' wird eine gerechnete Zahl
eingesetzt
ABSPOS=          ^[&a#H          ; ...ebenfalls...
SPALTEN=         90
ZEILEN=          56
SPALTE2=         45
```

```
PAPIER=             ^L          ; ^[&l0H    ; FormFeed
TRANSFORM=          ä╟ö╪ü┴ß║Ä┼Ö┌Ü█Ç┤â└é┼à╚ê┴ù╥è┌Ç┤Å╨î╥
```

PrintCloseFile

Zweck	Dateien schließen.
Definition	bool FAR PrintCloseFile (void);
Include	DRUCK.H
Quelldatei	DRUTEMP.C
Parameter	keiner
Ergebnis	immer TRUE.
Beschreibung	Mit dieser Funktion können die geöffneten, temporären Druckdateien geschlossen werden. Ein mehrfacher Aufruf der Funktion ist problemlos. Durch den Aufruf von *dfcloseall()* werden auch diese Dateien geschlossen. In diesem Falle erkennt dieses Modul jedoch nicht, daß die Handles und Pointer ins Leere zeigen. Deshalb müssen Sie beachten, daß Sie *dfcloseall()* (siehe auch dort) in der Regel nur am Programmende aufrufen (wie dies in *Terminate()* zum Beispiel auch geschieht). Genau dafür ist *dfcloseall()* übrigens auch gedacht. In einem einfachen Programmablauf braucht *PrintCloseFile()* nicht aufgerufen zu werden, wenn immer *PrintStart()* verwendet wird.
Verweis	*PrintStart(), Terminate(), dfcloseall()*

PrintDoRedirection

Zweck	Netzwerkumleitung anfordern.
Definition	bool FAR PrintDoRedirection (bool was);
Include	DRUCK.H
Quelldatei	DRUTEMP.C

Parameter	<was> kann ON oder OFF sein.
Ergebnis	Vorherige Einstellung (ON oder OFF).
Beschreibung	Wenn Sie für ein einfaches Netzwerk programmieren, welches nur einen Druckerkanal unterstützt, müssen Sie mit *PrintDoRedirection(ON)* Bescheid geben, daß die mit *PrintNetDevice()* eingerichteten Device's jeweils geschaltet werden, bevor der Druckvorgang beginnt.
Portabilität	DOS
Verweis	*PrintNetDevice()*

PrintGetFile

Zweck	Name der internen Druckdatei erfragen.
Definition	BYTEPTR FAR PrintGetFile (word prt);
Include	DRUCK.H
Quelldatei	DRUTEMP.C
Parameter	Kanal für den Druckeranschluß (1 für "PRT1" oder 2 für "PRT2").
Ergebnis	Zeiger auf einen statischen String in der Moduldatei DRUTEMP.C mit dem Dateinamen der temporären Druckdatei.
Beschreibung	Bitte beachten Sie die Beschreibung am Anfang dieses Kapitels.
Verweis	*PrintGetFilePtr()*

PrintGetFilePtr

Zweck	Rückgabe der internen Dateistruktur.
Definition	DFILE * FAR PrintGetFilePtr (word prt);
Include	DRUCK.H
Quelldatei	DRUTEMP.C

Parameter Kanal für den Druckeranschluß (1 für "PRT1" oder 2 für "PRT2").

Ergebnis Zeiger auf DFILE-Struktur für die temporäre Druckdatei.

Beschreibung Mit Hilfe von *PrintGetFilePtr()* holen Sie den Zeiger auf die DFILE-Struktur ab, mit dem Sie direkt Schreibfunktionen der Toolbox (*FileWrite()*, *write(dfPtr->handle,..)*) verwenden können, ohne sich um Öffnungsmodus und ordentliches Schließen kümmern zu müssen. Am Ende können Sie den Ausdruck trotzdem über *PrintStart()* tätigen.

Verweis Siehe auch Beschreibung am Anfang des Kapitels.

PrintNetDevice / PrintNetDeviceGet

Zweck Netzwerkparameter setzen/lesen.

Definition bool FAR PrintNetDevice (BYTEPTR device, net_info *net);

bool FAR PrintNetDeviceGet (BYTEPTR device, net_info *net);

Include DRUCK.H

Quelldatei DRUTEMP.C

Parameter <net> ist ein Zeiger auf eine Struktur vom Typ {net_info}, die in NETZ.H definiert ist. Die Struktur enthält Informationen über Geräteumleitungen. <device> ist die Druckerbezeichnung, "PRT1", "PRT2" oder "LPT1", "LPT2".

Ergebnis TRUE: Die Netzwerkinformationen wurden kopiert. FALSE: Kein Netzwerk aktiv oder nicht genügend Speicher frei.

Beschreibung Diese Funktion wird nur in solchen Netzwerken benötigt, die nur mit einem Drucker umgehen können (wie NOVELL ELS I) und wenn mehr als ein Drucker verwendet wird. Beim Ausdruck haben die Setzungen nur dann eine Wirkung, wenn vorher *PrintDoRedirection()* mit TRUE als Parameter aufgerufen wird.

Die Funktion muß für jeden Druckerkanal extra verwendet und mit einer Struktur aufgerufen werden, die vorher entsprechend den Netzwerkanforderungen belegt werden muß. Es muß bekannt sein, welche Bezeichnung die Netzwerkkanäle für die Drucker LPT1 und LPT2 tragen. Diese kann zum Beispiel lauten:

"\\H_NETSERVER\PRT0" für LPT1 und
"\\H_NETSERVER\PRT1" für LPT2

Mit diesen Bezeichnungen wird das Strukturmitglied <net->remote> belegt. Beachten Sie: wenn Sie den String "\\H_NETSERVER\PRT1" in C als Konstante eingeben, müssen Sie "\\\\H_NETSERVER\\PRT1" schreiben!

Gehen Sie am besten wie folgt vor:

```
#include <global.h>
#include <netz.h>
#include <druck.h>
...
net_info *net;
  /* UNBEDINGT "calloc"! */
net = (net_info *) Rcalloc(sizeof(net_info), 1);
fstrcpy(net->remote, "\\\\H_NETSERVER\\PRT0");
fstrcpy(net->local, "LPT1");
net->typ = 3;
  /* '3' ist das Merkmal für DRUCKER (4 wäre Laufwerk) */
if(PrintNetDevice("LPT1", net))
  return(TRUE);
...
```

Es ist wichtig, daß <.local> mit einem Null-Byte, <.remote> sogar mit zwei Null-Bytes abgeschlossen werden. Deshalb auch die Speicheranforderung mit *Rcalloc()*.

Die Funktion *PrintNetDeviceGet()* geht den umgekehrten Weg und kopiert in die übergebene Struktur die aktuelle Einstellung im Modul DRUCKER.

Verweis *DlgNetwork()*

PrintSetDevice

Zweck Druckkanal spezifizieren.

Definition bool FAR PrintSetDevice(BYTEPTR device, BYTEPTR kanal);

Include DRUCK.H

Quelldatei DRUTEMP.C

Parameter

<device> ist die Druckerbezeichnung, "PRT1", "PRT2" oder "LPT1", "LPT2". <kanal> ist der Druckerkanal "LPT1", "LPT2" oder "LPT3" (oder ein anderes Gerät, für das die gleichen Regeln gelten, wie für die Druckerschnittstelle).

Ergebnis

TRUE: Ausführung war korrekt. FALSE: ungültiger Parameter.

Beschreibung

Mit dieser Funktion kann festgelegt werden, welcher Druckkanal letztlich verwendet werden soll. Die übrigen Funktionen unterscheiden nur zwischen zwei logischen Druckern, ihnen ist jedoch gleichgültig, welcher Druckkanal wirklich angesprochen wird. So kann mit *PrintSetDevice("LPT1", "LPT2");* festgelegt werden, daß alle Ausgaben über *PrintTo(1, ...)* auf den Druckerkanal "LPT2" gelangen. Mit dem Funktionsaufruf *PrintSetDevice("PRT1", "TEMP.DRU");* legen Sie fest, daß alle Druckausgaben über *PrintTo()* in die Datei TEMP.DRU erfolgen (bei MS-WORD z.B. erreichbar über Druck/Platte/ Diskette). Wenn in einem Programm (z.B. während der Entwicklung) Druckausgaben störend wirken, läßt sich hiermit einfach eine Umleitung herstellen.

PrintSetFile

Zweck

Druckerdatei setzen.

Definition

bool FAR PrintSetFile(BYTEPTR device, BYTEPTR name);

Include

DRUCK.H

Quelldatei

DRUTEMP.C

Parameter

<device> ist die Druckerbezeichnung: "PRT1", "PRT2" oder "LPT1", "LPT2". <name> ist der Name der temporären Druckerdatei.

Ergebnis

TRUE: Setzung war korrekt. FALSE: Ungültiger Parameter.

Beschreibung

Diese Funktion benötigen Sie in einem Netzwerk, um jedem User eine eigene temporäre Druckerdatei zuzuweisen. Aber Sie können damit auch die Standardnamen ändern, ohne in einem Netzwerk zu arbeiten. Im Netzwerk müssen Sie ein Protokoll über die möglichen Druckerdateien führen.

PrintStart

Zweck Ausdruck der temporären Datei.

Definition bool FAR PrintStart (word prt);

Include DRUCK.H

Quelldatei DRUTEMP.C

Parameter <prt> ist eine Zahl, '\1' für "PRT1" oder '\2' für "PRT2".

Ergebnis TRUE: Der Ausdruck war erfolgreich, die temporäre Datei wurde gelöscht (Länge auf 0 gesetzt). FALSE: Der Ausdruck ist nicht gelungen (Fehlermeldung war erschienen) oder wurde abgebrochen.

Beschreibung Diese Funktionen starten den Ausdruck der mit *PrintTo...()* gedruckten Texte. Der laufende Ausdruck kann mit der Taste [ESC] gestoppt werden. Es erscheint dann ein Window (*DlgPrintError()*) mit der Frage, ob weiter gedruckt, oder ob abgebrochen werden soll. Desgleichen erscheint eine solche Frage an den Benutzer im Falle eines Fehlers (Time-Out, Netzwerkfehler).

Verweis *DlgPrintError()*

PrintTo

Zweck Drucken in temporäre Datei.

Definition bool FAR PrintTo (word prt, BYTEPTR text);

Include DRUCK.H

Quelldatei DRUTEMP.C

Parameter <prt> ist eine Zahl für den Druckeranschluß: '\1' für "PRT1" oder '\2' für "PRT2". <text> ist ein Zeiger auf den zu druckenden Text (maximal 0xFFF0 Zeichen, keine '\0'-Bytes im Text).

Ergebnis TRUE: Ausgabe gelungen. FALSE: Fehler beim Drucken in temporäre Datei.

Beschreibung Die Funktion "druckt" standardmäßig in die Datei "$$$PRT1$$$.000" (bzw. in "$$$PRT2$$$.000") im aktuellen

Verzeichnis. In Netzwerken kann jedem User eine eigene Druckdatei zugewiesen werden (*PrintSetFile()*). Mit *PrintStart()* wird der Ausdruck dieser temporären Datei gestartet. Diese Methode ist sowohl mit lokalen Druckern als auch in Netzwerken möglich. Bei Fehlern wird <errno> gesetzt.

Wenn Sie als Parameter für <prt> '\1' übergeben, wird zwar standardmäßig nach LPT1 gedruckt. Doch steht dies keineswegs unveränderlich fest. In Ihren Programmen können Sie zum Beispiel festlegen, daß alle Druckausgaben wie zum Beispiel Etiketten nach PRT1 ('\1') und alle Druckausgaben wie Texte oder Listen nach PRT2 ('\2') gedruckt werden. Sie können den Benutzer in einer Parameterliste eintragen lassen, ob der Etikettendrucker an LPT1, an LPT2 oder an LPT3 oder gar an COM1 bis COM3 hängt. Sie müssen dann lediglich zu Programmbeginn die Funktion *PrintSetDevice()* mit dem vom Benutzer gesetzten Kanal aufrufen; zum Beispiel:

```
PrintSetDevice("PRT1", UserLPTEtikett);
PrintSetDevice("PRT2", UserLPTText);
```

Es gibt keine Längenbeschränkung für die temporäre Datei. Auch wenn sie mehrere Mega-Byte groß ist, wird sie ordnungsgemäß ausgedruckt. Dann allerdings wird der Benutzer eine ganze Weile warten müssen, weil kein Hintergrunddruck stattfindet.

PrintToApp

Zweck Drucken in eine temporäre Datei.

Definition bool FAR PrintToApp (word prt, BYTEPTR text, ...);

Include DRUCK.H

Quelldatei DRUTEMP.C

Parameter <prt> steht für eine Zahl, '\1' für "PRT1" oder '\2' für "PRT2". In <text> steht der zu druckende Text (maximal 0xFFF0 Zeichen, '\0'-Bytes im Text NICHT erlaubt). Die Funktion erwartet solange weitere Zeiger auf Strings, bis ein NULL-Zeiger das Ende der Parameterliste kennzeichnet.

Ergebnis TRUE: Ausgabe gelungen. FALSE: Fehler beim Drucken in temporäre Datei

Beschreibung Die Funktion ist im wesentlichen identisch mit *PrintTo()*. Jedoch können mehrere Zeichenzeiger übergeben werden.

Beispiel

```
PrintToApp(1, CtrlCodeToChar(PrResetCode),
  CtrlCodeToChar(PrSchriftCode),
  sPtrText, CtrlCodeToChar(PrEndeCode),
  NULL);
```

Vergessen Sie nie den NULL-Pointer!

PrintToForm

Zweck Drucken in eine temporäre Datei.

Definition bool FAR PrintToForm (word prt, BYTEPTR text, size_t len);

Include DRUCK.H

Quelldatei DRUTEMP.C

Parameter <prt> steht für eine Zahl, '\1' für "PRT1" oder '\2' für "PRT2". In <text> steht der zu druckende Text (maximal 0xFFF0 Zeichen, '\0'-Bytes im Text erlaubt). <len> ist die Länge des zu druckenden Textes.

Ergebnis TRUE: Ausgabe gelungen. FALSE: Fehler beim Drucken in temporäre Datei

Beschreibung Die Funktion ist identisch mit *PrintTo()*. Jedoch wird das Ende des Textes hier nicht anhand des '\0'-Bytes erkannt, sondern nur durch die angegebene Länge <len>. Dadurch erst können auch für den Drucker formatierte Texte mit Steuerzeichen (die '\0' enthalten können) verwendet werden.

prnCode

Zweck Konfiguration aus Datei lesen.

Definition BYTEPTR prnCode(BYTEPTR str, word *cc)

Include DRUCK.H

Quelldatei PRNCFG.C

Parameter

<str> ist ein Synonymbegriff für die gesuchten Steuerzeichen. <cc> ist ein Zeiger auf eine word-Variable für die Aufnahme der Anzahl der umgesetzten Zeichen.

Ergebnis

Zeiger auf einen String mit <cc> Zeichen, der dazwischen auch Null-Bytes enthalten kann.

Beschreibung

Diese komplizierte und aufwendige Funktion verstehen Sie am besten durch ein Quellcode-Studium. Die nach außen wichtigen Fakten seien hier genannt.

Der erste Aufruf von *prnCode()* vor dem Gebrauch der folgend erklärten Aufrufe, kann mit dem Parameter NULL für <str> erfolgen. Dadurch wird die Konfigurationsdatei gesucht, geöffnet und gelesen. Praktischerweise ist das Funktionsergebnis in diesem Fall ein String mit dem Printerport ("LPT1"), wie er in der Konfigurationsdatei (z.B. DRUCK.CFG) steht:

```
[Printer1]
Device = HPLASER.PRN,LPT1
```

Das Programm sucht automatisch nach einer Konfigurationsdatei mit dem Namen des Programms und der Endung ".CFG". Wenn das Programm DRUCK.EXE heißt, wird also nach DRUCK.CFG gesucht.

Wenn der Zusatz ",LPT1" in der Device-Zeile weggelassen wird, ergibt der Aufruf *prnCode(NULL, &x)* das Ergebnis NULL, während alle sonstigen Programmfunktionen korrekt bleiben. Sie können dann einen Default-Port setzen.

Wenn auch keine (korrekte) Druckerdatei mit den Steuercodes angegeben wurde, ergeben auch alle folgenden Aufrufe von *prnCode()* NULL, ohne daß ein Fehler generiert wird.

Wenn <str> beispielsweise der String "START" ist, dann sucht *prnCode()* in der Druckerdatei HPLASER.PRN nach dem Begriff "START" und nimmt den Rest der Zeile (bis zu einem Kommentarmarker oder bis zum Zeilenende) als Steuercodes für einen Druckerbefehl. Diese Steuercodes werden mit *CtrlCodeToChar()* umgewandelt, so daß das ASCII-Zeichen '\1' mit ^A dargestellt werden kann.

Für den Aufbau der Konfigurationsdatei gelten die gleichen Regeln, wie sie im Modul MONITOR unter *viConfig()* ebenfalls beschrieben sind.

"START" muß am Anfang einer Zeile stehen. Direkt hinter "START" muß (allenfalls durch Leerzeichen und Tabs getrennt) ein Gleichheitszeichen stehen ('='). Hinter dem '='-Zeichen können beliebig viele Leerzeichen und Tabulatoren stehen (alle Zeichen, bei denen *_isspace()* TRUE liefert). Das erste nicht Space-Zeichen gilt als erstes Steuerzeichen, sofern es kein Anführungszeichen '"' ist.

Beginnt die Steuersequenz mit einem Anführungszeichen, dann werden alle Zeichen bis zum nächsten Anführungszeichen als Steuerzeichen interpretiert. Wenn kein zweites Anführungszeichen vorhanden ist, ist das Programmverhalten undefiniert.

Hinter dem zweiten Anführungszeichen oder hinter dem letzten Steuerzeichen können wiederrum Leerzeichen und Tabs, sowie durch ein Semikolon eingeleitete Kommentare stehen, bis ein Zeilenende (CR/LF) das Ende der Zeile markiert.

Für Einleitungsbegriffe ist wichtig, daß sie in Brackets (eckige Klammern) eingeschlossen sind, wie dies in Windows-Initialisierungsdateien auch üblich ist. Durch diese Technik können mehrere Drucker in der Konfigurationsdatei genannt werden, wenn jeder einen anderen Einleitungsbegriff hat. Die Unterstützung dieser, muß allerdings noch durch kleine Ergänzungen programmiert werden (siehe Quellcode in PRNCFG.C).

Mit einem Aufruf von *prnFree()* endet eine Druck-"Sitzung", der Einleitungsbegriff wird aus einer statischen Variable entfernt und allokierter Speicher wird wieder freigegeben.

Denken Sie daran, *prnFree()* aufzurufen, wenn die Druckerei zu Ende ist!

Beispiel Siehe am Anfang des Kapitels.

prnFree

Zweck Statischen Speicher freigeben.

Definition void FAR prnFree(void);

Include DRUCK.H

Quelldatei PRNCFG.C

Parameter keine

Ergebnis	keines
Beschreibung	Siehe *prnCode()*

spoolDeleteAll

Zweck	Löschen der Spoolerliste.
Definition	bool FAR spoolDeleteAll (void);
Include	DRUCK.H
Quelldatei	DRUCKER.C
Parameter	keine
Ergebnis	TRUE: Druckerschlange des Spoolers wurde gelöscht; FALSE: war schon gelöscht oder PRINT ist nicht installiert.
Portabilität	DOS
Verweis	*spoolFileDelete()*

spoolFileDelete

Zweck	Datei aus der Druckerliste entfernen.
Definition	bool FAR spoolFileDelete (BYTEPTR datei);
Include	DRUCK.H
Quelldatei	DRUCKER.C
Parameter	Name der Druckdatei.
Ergebnis	TRUE: Druckdatei wurde aus der Spoolerliste entfernt. FALSE: ein Fehler ist aufgetreten (<errno> ist gesetzt).
Beschreibung	Wenn Sie mit der Funktion *spoolPrint()* mehrere Dateien an den DOS-Spooler PRINT.EXE übergeben haben, können Sie beliebige Dateien aus dieser Liste mit dieser Funktion wieder entfernen.
Portabilität	DOS

Verweis *spoolPrint()*

spoolPrint

Zweck Verwendung des DOS-Druckerspoolers.

Definition bool FAR spoolPrint (BYTEPTR datei);

Include DRUCK.H

Quelldatei DRUCKER.C

Parameter Name der zu druckenden Datei.

Ergebnis TRUE: Druckdatei wurde in die Spoolerliste neu eingetragen. FALSE: ein Fehler ist aufgetreten (<errno> ist gesetzt).

Beschreibung Wenn PRINT nicht installiert wurde, gibt diese Funktion FALSE zurück. Andernfalls übernimmt PRINT den Ausdruck von <datei>.

Portabilität DOS

spoolSchlange

Zweck Liste der zu druckenden Dateien ermitteln.

Definition BYTEPTR FAR spoolSchlange (void);

Include DRUCK.H

Quelldatei DRUCKER.C

Parameter keine

Ergebnis Stringliste: jede Druckdatei in der Schlange nimmt 64 Bytes in Anspruch. Der letzte Eintrag der Liste ist nur ein 0-Byte.

Beschreibung Mit dieser Funktion kann nachgesehen werden, ob und welche Dateien in der Warteschlange stehen. Zeigt der Rückgabepointer auf ein einzelnes Null-Byte, gibt es keine Einträge.

Portabilität DOS

Beispiel

```
BYTEPTR printwarte;

printwarte = spoolSchlange();
if(*printwarte) {
  printf("Wird gerade gedruckt: %s\n", printwarte);
  printwarte += 64;
}
while(*printwarte) {
  printf("Nächste Druckdatei: %s\n" printwarte);
  printwarte += 64;
}
```

spoolStatus

Zweck Statusmeldung von PRINT.EXE abholen.

Definition word FAR spoolStatus (void);

Include DRUCK.H

Quelldatei DRUCKER.C

Parameter keine

Ergebnis Statuswert.

Beschreibung Das Ergebnis ist:

0xFF	wenn PRINT bereits installiert ist;
0x00	Installation ist möglich
0x01	Installation nicht möglich

Mit dieser Funktion testen Sie, ob der PRINT-Spooler für Sie überhaupt ansprechbar ist.

Portabilität DOS

Modul NETZWERK

Wenn Sie normale Netzwerk-Anwendungen schreiben wollen (z.B. ein Datenbankprogramm, dessen Datenbanken auf dem Server liegen und die von mehreren Usern auf unterschiedlichen Terminals angegriffen werden), dann benötigen Sie nicht viel mehr als die in dieser Toolbox vorgestellten Funktionen.

Wenn Sie einem Novell-Netzwerk zuleibe rücken wollen, dann können Sie sich die entsprechenden Programmierunterlagen von der Firma Novell kaufen. Sie können stattdessen auch versuchen, mit einem (guten) Artikel in der Zeitschrift c't (1990, Heft 9, S. 294, Autoren: Markus Barth + Albert Mohnen) und ansonsten unmöglichen Büchern zurechtzukommen. Sie brauchen das alles jedoch nur, wenn Sie wirklich in den Tiefen des Novell-Netzwerkes herumstochern wollen.

Da auch Novell's Netzwerke auf einem NetBios mit halbwegs standardisierten Funktionen aufbaut, können Sie auch mit Handbüchern von IBM gegen Netzwerke antreten, wenn Sie spezielle Aufgaben zu lösen haben.

Rechnen Sie jedoch stets mit unvollständigen (oder erdrückend umfangreichen) Informationen, inkompetenten Klugschwätzern, unübersichtlichen Handbuchreihen und empfindlichen Ethernetkarten. Wenn Sie funktionstüchtige Netzwerkanwendungen schreiben wollen, müssen Sie ein aktives Netzwerk zur Verfügung haben und rücksichtslos testen können (Message an alle User: "SAVE YOUR DATA! Just Working!", und hoffen, daß alle Computerdeutsch verstehen).

Beachten Sie auch, daß zwischen den verschiedenen Novell-Versionen Unterschiede bestehen! Besonders nützlich wäre es, wenn man erkennen könnte, ob der Benutzer eines Netzwerk-Computers sich eingeloggt hat, ob er Supervisor ist, welche Rechte er wo hat... Vielleicht finden Sie ja eine passable Lösung.

Die Struktur {net_info}

Diese Struktur wird für Netzwerkzugriffe in diesem Modul verwendet.

```
typedef struct {
  unsigned char local[16];    /* "LPT1" + '\0' */
  unsigned char remote[128]; /* "\\NETSERVER\PRT0"+'\0'+'\0' */
  unsigned int  typ;  /*  3: Drucker, 4: Laufwerk */
  unsigned int  chk;  /* Wenn Bit 0 gesetzt: Gerät ungültig */
  unsigned int  CXkenn;  /* Intern belegt mit 0xE1E1 */
```

```
    unsigned int  fehler;  /* Interne Fehlernummer */
} net_info;
```

<.local> ist der Name des umzuleitenden Gerätes (Drucker oder Laufwerk). Inclusive einem notwendigen abschließenden Nullbyte darf er maximal 16 Zeichen lang werden.

<.remote> ist der Netzwerkname als Empfänger für das Gerät. Dieser muß als erstes zwei Backslash-Zeichen beinhalten (also in C-Notation viermal tippen) und muß unbedingt als Stringende **zwei** Nullbytes aufweisen. Inclusive dieser kann der Remote-Name maximal 128 Zeichen lang werden. Ihr größtes Problem wird sein, diesen Namen zu ermitteln, wenn Sie eine Netzwerkumleitung einrichten wollen. Sie (und der Anwender Ihres Programms) suchen sich D+D. Deshalb habe ich die Funktion *DlgNetwork()* geschrieben, mit der sowohl der lokale Name als auch der Netzwerkname eingegeben werden können - dann braucht sich nur noch der Anwender Ihres Programm herumzuärgern. Wenn Sie mit den von mir vorgestellten Funktionen *DlgNetwork()* und den *Print*-Funktionen (z.B. *PrintNetDeviceGet()*) arbeiten, haben Sie die besten Chancen, glücklich zu werden.

<.typ> ist ein Wert, der entweder 3 (dann ist es ein Drucker), 4 (dann ist es ein Laufwerk) oder ungültig sein kann. In NETZ.H sind dafür NET_PRINTER und NET_DRIVE definiert.

<.chk> ist ein Wert, dessen Bedeutung mir bis auf das Bit Nummer 0 unbekannt ist. Wenn allerdings Bit 0 gesetzt ist, dann ist das Gerät ungültig.

<.CXkenn> enthält einen Wert, der beim Setzen der Umleitung angegeben wurde. Hier wird, ich wäre nicht ich, der Wert NET_MRKENNUNG (0xE1E1) verwendet. In der Funktion *DlgNetwork()* wird dieses Strukturmitglied allerdings für eine Identifikationsnummer verwendet, jedoch nicht im Netz modifiziert.

<.fehler> wird von den Funktionen *net_DeleteRedirection()* und *net_SetRedirection()* verwendet, wenn das Carry-Flag gesetzt wurde.

isNetzwerk

Zweck Testen, ob ein Netzwerk installiert ist.

Definition bool FAR isNetzwerk(void);

Include NETZ.H

Quelldatei NETWORK.C

Parameter keine

Ergebnis TRUE: ja, es ist ein Netzwerk in Betrieb; FALSE: nein, kein Netzwerk vorgefunden.

Beschreibung Diese Funktion arbeitet einfach mit dem Test auf eine vorhandene Redirection (Netzwerkumleitung). Dazu wird der DOS-Interrupt 21h mit 0x5F in AH (DOS_NET_SYSTEM) und 0x02 in AL (NET_GET_ASSIGN_LIST) aufgerufen. Wenn anschließend das Carry-Flag gesetzt ist, gibt es keine Redirection und damit auch kein Netzwerk.

Portabilität DOS

Verweis *net_SHARE()*

net_CheckDrive

Zweck Feststellen, ob ein Laufwerk lokal ist.

Definition sig FAR net_CheckDrive(int drive);

Include NETZ.H

Quelldatei NETWORK.C

Parameter <drive> ist die Laufwerksnummer (0==Standard, 1==A, 2==B, 3==C ...).

Ergebnis Wenn 0 zurückgegeben wird, ist das Laufwerk ein lokales Laufwerk (zum Beispiel am Terminal); wird 1 zurückgegeben, ist das Laufwerk ein Netzwerkdevice; ist das Ergebnis kleiner als 0, stellt es einen Fehlercode dar:

-1	falscher Funktionscode
-15	falsches Laufwerk

Beschreibung Diese Funktion beruht auf der DOS-IOCTL Unterfunktion 9h.

Sie können mit dieser Funktion sicherstellen, daß bestimmte Kopiervorgänge nicht stattfinden: von der infizierten Spielediskette zum wissenschaftlich verwendeten (also nur für ernste Sachen gedachten) Server. Sie können auch noch andere Ideen aufgreifen.

Portabilität DOS

net_CheckHandle

Zweck Feststellen, ob ein DOS-Handle zu einem Netzwerk zeigt oder nicht.

Definition sig FAR net_CheckHandle(sig handle);

Include NETZ.H

Quelldatei NETWORK.C

Parameter <handle> ist eine Dateinummer, wie sie von *open()* zurückgegeben wird (oder von *dfopen()* in {DFILE->handle}).

Ergebnis Wenn 1 zurückgegeben wird, ist der <handle> EIN Netzwerk-Handle, wenn das Ergebnis 0 ist, ist es eine lokale Handlenummer und wenn das Ergebnis kleiner als 0 ist:

-1	ungültiger Funktionscode
-6	falscher Handle

Beschreibung Sie können, bevor Sie den Benutzer eine Datei löschen lassen, mit dieser Funktion ermitteln, ob es eine Netzwerkdatei ist, die auf dem Server gespeichert ist. Wenn ja, könnten Sie ihm zum Beispiel das Löschen verbieten.

Portabilität DOS

net_DeleteRedirection

Zweck Netzwerk-Umleitung aufheben.

Definition bool FAR net_DeleteRedirection (net_info *ni);

Include NETZ.H

Quelldatei NETASSI.CAS

Parameter Zeiger auf Struktur {net_info} mit den einzustellenden Parametern.

Ergebnis TRUE, wenn die Umleitung erfolgreich aufgehoben wurde. FALSE, wenn das Carry-Flag gesetzt wurde, die Umleitung also entweder nicht bestand oder nicht aufgehoben werden konnte. Wenn das Ergebnis FALSE ist, enthält {net_info->fehler} einen DOS-Fehlercode.

Beschreibung Zur Erklärung der Struktur sehen Sie bitte am Anfang des Kapitels nach.

Sie können mit dieser Funktion nicht nur eigene Umleitungen aufheben, sondern auch vorher bestehende. Es ist, wie auch immer, eine Kleinigkeit, Netzwerke durcheinander zu bringen.

Die Struktur {net_info} muß für diese Funktion nur mit dem lokalen Gerätenamen belegt werden (z.B. "LPT1").

Portabilität DOS

Verweis *net_SetRedirection()*

net_GetMachine

Zweck Daten des Terminals erfragen.

Definition bool FAR net_GetMachine(BYTEPTR sPtrName, word *wPtrNameFlag, word *wPtrID);

Include NETZ.H

Quelldatei NETWORK.C

Parameter siehe Beschreibung

Ergebnis siehe Beschreibung

Beschreibung <sPtrName> muß 16 Bytes Platz haben. Wenn TRUE zurückgegeben wird, enthält <sPtrName> den Namen des lokalen Computers (im Netz), <wPtrNameFlag> ist '0', wenn <sPtrName> nicht definiert ist und ungleich '0', wenn <sPtrName> gültig ist. <wPtrID> enthält - wenn <wPtrNameFlag> ungleich '0' ist - die NetBIOS-Nummer.

Portabilität DOS

net_GetRedirection

Zweck Netzwerk-Umleitung abfragen.

Definition net_info * FAR net_GetRedirection (int listindex);

Include NETZ.H

Quelldatei NETASSI.CAS

Parameter <listindex> ist eine Nummer für die durchnumerierte Liste der Umleitungen. Die Nummern entsprechen der Reihenfolge, in der die Umleitungen installiert wurden.

Ergebnis Zeiger auf Struktur {net_info} mit den eingestellten Parametern oder NULL, wenn zum <listindex> keine Umleitung gefunden wurde.

Beschreibung Zur Erklärung der Struktur sehen Sie bitte am Anfang des Kapitels nach.

Beginnen Sie mit der Abfrage nach den Netzwerkumleitungen mit dem <listindex> 0 und incrementieren Sie diesen solange, bis *net_GetRedirection()* NULL zurückgibt.

Wenn das Bit 0 in {net_info->chk} gesetzt ist, ist das Gerät {net_info->local} ungültig. Am Strukturmitglied {net_info->CXkenn} können Sie erkennen, ob die Umleitung von Ihnen selbst vorgenommen wurde (NET_MRKENNUNG, 0xE1E1). An {net_info->typ} erkennen Sie, ob die Umleitung ein Laufwerk (.typ == 4, NET_DRIVE) oder einen Drucker (.typ == 3, NET_PRINTER) betrifft.

Für die Struktur, dessen Zeiger zurückgegeben wird, wurde in *net_GetRedirection()* Speicher allokiert. Sie müssen also darauf achten, diesen Speicher wieder freizugeben.

Portabilität DOS

Beispiel

```
#include <global.h>
#include <debug.h>
#include <stdio.h>
#include <ralloc.h>
#include <netz.h>
```

```
void main (void)
{
  net_info *neti=NULL;
  int i=0;
  do {
    neti = net_GetRedirection(i);
    if(neti == NULL && i == 0)
      printf("\nKein Netzwerk aktiv!\n");
    else if(neti == NULL)
      printf("\nEnde der Liste\n");
    else {
      PS(neti->local);
      PS(neti->remote);
      PUI(neti->typ);
      PUI(neti->chk);
      Rfree(neti);
      i++;
    }
  } while(neti != NULL);
}
```

net_SetRedirection

Zweck Netzwerk-Umleitung setzen.

Definition bool FAR net_SetRedirection (net_info *ni);

Include NETZ.H

Quelldatei NETASSI.CAS

Parameter Zeiger auf Struktur {net_info} mit den einzustellenden Parametern.

Ergebnis TRUE, wenn die Umleitung akzeptiert wurde. FALSE, wenn das Carry-Flag gesetzt wurde, die Umleitung also nicht funktionierte. Wenn das Ergebnis FALSE ist, enthält {net_info->fehler} einen DOS-Fehlercode.

Beschreibung Zur Erklärung der Struktur sehen Sie bitte am Anfang des Kapitels nach.

Mit dieser Funktion werden vor allem Netzwerkdrucker angesteuert, indem der lokale Gerätename (z.B. "LPT1") auf den

Netzwerkgerätenamen (z.B. "\\NET_SERVER\PRT0") umgeleitet wird.

Die Strukturmitglieder können auf vereinfachte Weise belegt werden, da die Funktion eine interne Umsetzung vornimmt (siehe Beispiel).

Portabilität DOS

Beispiel

```
net_info mynet;
fstrcpy(mynet.local, "LPT1");
fstrcpy(mynet.remote, "\\\\NET_SERVER\\PRT0");
mynet.typ = NET_PRINTER; /* 3 */
mynet.CXkenn = NET_MRKENNUNG; /* 0xE1E1 */
if(net_SetRedirection(&mynet))
  printf("Umleitung OK!\n");
else
  printf("Umleitung nicht möglich!\n");
```

net_SHARE

Zweck Testen, ob SHARE.EXE geladen ist.

Definition bool FAR net_SHARE(void);

Include NETZ.H

Quelldatei NETWORK.C

Parameter keine

Ergebnis Wenn TRUE zurückgegeben wird, ist SHARE.EXE geladen worden, bei FALSE nicht.

Beschreibung Man kann so tun, als sei ein Netzwerk aktiv, wenn SHARE geladen ist. Ein zuverlässiger Test ist es dafür jedoch nicht, da Sie SHARE jederzeit laden können, ohne ein Netzwerk installiert zu haben.

Portabilität DOS

Verweis *isNetzwerk()*

Modul SPEICHER

Aufgabe dieser Funktionen ist es, hohe Sicherheit bei der Arbeit mit dynamischer Speicherallokierung zu gewährleisten. Ich habe eine Moduldatei mit gleichlautenden Funktionen entwickelt, in der jeder angeforderte Speicherblock in einer Liste eingetragen wurde. Bei einem Aufruf der Funktion *Rfree()* mit einem NULL-Pointer oder einem Pointer, der nicht in der Liste eingetragen war, wurde eine Meldung ausgegeben. Auf diese Weise lernte ich, beim Umgang mit Zeigern und dynamischen Speicher Fehler zu vermeiden.

Die hier vorgestellten Funktionen (aus der Moduldatei RMALLOCP.C) vermerken bei erfolgreicher Allokation vor dem eigentlichen Speicherbereich die Größe des Blocks - außer wenn die Makros __BORLANDC__ und _USE_HEAPINFO_ definiert sind (die beiliegenden Libraries sind für Borland-C++ gedacht).

Wenn Sie mit einem Borland-Compiler vor der Version 2.0 (C++) arbeiten, wird die folgende Methode verwendet, damit mit *RMemSize()* die Größe eines Blocks ermittelt werden kann: Es werden 4 Bytes in den großen Datenmodellen und 2 Bytes in den kleinen Datenmodellen mehr angefordert und vor dem zurückgegebenen Zeiger gibt eine **long** oder **word**-Variable an, wie groß der angeforderte Speicherbereich ist. Dieser Wert wird *RMemSize()* zurückgegeben. Solange Sie also Speicher mit diesen Funktionen anfordern, können Sie von überall feststellen, wie groß der Speicherblock ist!

Beim neuesten Compiler ist diese Methode nicht mehr nötig, da Funktionen wie *heapwalk()* und *heapchecknode()* (bzw. die far-Varianten) eine Ermittlung der Blockgröße erlauben.

Mit Ausnahme der Funktionen *RMemExtSize()* und *RMemLeft()* sind alle kompatibel zum ANSI-Standard und können auch unter UNIX verwendet werden.

Sie können in Ihren Programmen alle Aufrufe von *malloc()* durch *Rmalloc()* ersetzen und überall vor *free()* ein 'R' für *Rfree()* setzen. Weitere Änderungen und Nebeneffekte sind mir nicht bekannt. Für *Rmalloc()* gilt aber auch die gleiche Regel, wie für *malloc()*: Sie müssen die Prototypen einbinden! Wenn Sie bislang die Header-Datei ALLOC.H verwendeten, dann müssen Sie in Zukunft RALLOC.H schreiben.

Rbmalloc

Zweck Speicher auf dem "far Heap" belegen.

Definition byte huge * far Rbmalloc(size_t bytes);

Include RALLOC.H

Quelldatei RMALLOCP.C

Parameter <bytes> gibt die Größe des gewünschten Speicherblocks an.

Ergebnis Bei einem Fehler wird NULL zurückgegeben und <errno> wird auf ENOMEM gesetzt. Andernfalls zeigt der Pointer auf einen neuen Speicherblock mit <bytes> Bytes.

Beschreibung Die Funktion arbeitet nach außen genauso wie *malloc()*. In den großen Datenmodellen wird explizit *farmalloc()* aufgerufen. Außerdem wird explizit ein huge-Zeiger für "unsigned char" zurückgegeben.

Verweis *Rfarmalloc()*, *Rfarrealloc()*, *Rhmalloc()*, *Rfarcalloc()*

Rcalloc

Zweck Dynamische Speicherallokierung mit Initialisierung.

Definition void FARD * FAR Rcalloc(size_t sitems, size_t size);

Include RALLOC.H

Quelldatei RMALLOCP.C

Parameter <sitems> sind die Zahl der Elemente die jeweils eine Größe von <size> Bytes haben sollen.

Ergebnis Bei einem Fehler wird NULL zurückgegeben und <errno> wird auf ENOMEM gesetzt. Andernfalls zeigt der Pointer auf einen neuen Speicherblock mit <sitems> * <size> Bytes.

Beschreibung Die Funktion arbeitet nach außen genauso wie *calloc()*. In den großen Datenmodellen wird explizit *farcalloc()* aufgerufen.

Verweis *Rmalloc()*, *Rrealloc()*

Rfarcalloc

Zweck Speicher anfordern und initialisieren.

Definition void far * far Rfarcalloc(ulong units, ulong size);

Include RALLOC.H

Quelldatei RMALLOCP.C

Parameter <units> ist die Zahl der Elemente für die jeweils <size> Bytes allokiert werden.

Ergebnis Bei einem Fehler wird NULL zurückgegeben und <errno> wird auf ENOMEM gesetzt. Andernfalls zeigt der Pointer auf einen neuen Speicherblock mit <units> * <size> Bytes.

Beschreibung Die Funktion arbeitet nach außen genauso wie *farcalloc()*. In den kleinen Datenmodellen ist diese Funktion nicht definiert!.

Verweis *Rfarmalloc(), Rfarrealloc(), Rhmalloc(), Rbmalloc()*

Rfarmalloc

Zweck Speicher auf dem "far Heap" belegen.

Definition void far * far Rfarmalloc(ulong bytes);

Include RALLOC.H

Quelldatei RMALLOCP.C

Parameter <bytes> gibt die Größe des gewünschten Speicherblocks an.

Ergebnis Bei einem Fehler wird NULL zurückgegeben und <errno> wird auf ENOMEM gesetzt. Andernfalls zeigt der Pointer auf einen neuen Speicherblock mit <bytes> Bytes.

Beschreibung Die Funktion arbeitet nach außen genauso wie *farmalloc()*. In den kleinen Datenmodellen ist diese Funktion nicht definiert!.

Verweis *Rfarcalloc(), Rfarrealloc(), Rhmalloc(), Rbmalloc()*

Rfarrealloc

Zweck Größe eines Speicherblocks ändern.

Definition void far * far Rfarrealloc(void far *block, ulong newsize);

Include RALLOC.H

Quelldatei RMALLOCP.C

Parameter <block> ist die Startadresse eines Blocks, die von *Rfarmalloc()*, *Rfarcalloc()*, *Rhmalloc()* oder *Rbmalloc()* zurückgegeben wurde. <newsize> gibt die neue Größe des Blocks an.

Ergebnis Typenloser Zeiger auf einen Block mit der gewünschten Größe oder NULL im Fehlerfall.

Beschreibung Die Funktion arbeitet nach außen genauso wie *farrealloc()*. In den kleinen Datenmodellen ist diese Funktion nicht definiert!.

Verweis *Rfarmalloc()*, *Rfarcalloc()*, *Rhmalloc()*, *Rbmalloc()*

Rfree / Rbfree / Rhfree

Zweck Speicherblock freigeben.

Definition void FAR Rfree(void FARD * block);

void FAR Rbfree(byte HUGED *block);

void FAR Rhfree(void huge * block);

Include RALLOC.H

Quelldatei RMALLOCP.C

Parameter <block> ist ein Pointer auf einen mit *Rfarmalloc()*, *Rfarcalloc()*, *Rhmalloc()* oder *Rbmalloc()* allokierten Speicherbereich.

Ergebnis keines

Beschreibung Je nach kompiliertem Speichermodell wird entweder *farfree()* oder *free()* aufgerufen. <block> wird vorher auf einen NULL-Pointer überprüft.

Rfree() ist anstelle von *free()* und *farfree()* zu verwenden, wenn eine *R??alloc()*-Funktion verwendet wird.

Wenn Sie einen anderen Compiler als von Borland verwenden wollen, müssen Sie Anpassungen für die far-Versionen in der Routine vornehmen.

Rhmalloc

Zweck Speicher auf dem "far Heap" belegen.

Definition void huge * far Rhmalloc(unsigned long bytes);

Include RALLOC.H

Quelldatei RMALLOCP.C

Parameter <bytes> gibt die Größe des gewünschten Speicherblocks an.

Ergebnis Bei einem Fehler wird NULL zurückgegeben und <errno> wird auf ENOMEM gesetzt. Andernfalls zeigt der Pointer auf einen neuen Speicherblock mit <bytes> Bytes.

Beschreibung Die Funktion arbeitet nach außen genauso wie *farmalloc()*. Es wird jedoch explizit ein huge-Zeiger zurückgegeben. In den kleinen Datenmodellen ist diese Funktion nicht definiert!.

Verweis *Rfarmalloc()*, *Rfarrealloc()*, *Rfarcalloc()*, *Rbmalloc()*

Rmalloc

Zweck Dynamische Speicheranforderung.

Definition void FARD * FAR Rmalloc(size_t bytes);

Include RALLOC.H

Quelldatei RMALLOCP.C

Parameter <bytes> gibt die Größe des gewünschten Speicherblocks an.

Ergebnis Bei einem Fehler wird NULL zurückgegeben und <errno> wird auf ENOMEM gesetzt. Andernfalls zeigt der Pointer auf einen neuen Speicherblock mit <bytes> Bytes.

Beschreibung Die Funktion arbeitet nach außen genauso wie *malloc()*. In den großen Datenmodellen wird explizit *farmalloc()* aufgerufen.

Verweis *Rcalloc()*, *Rrealloc()*

RMemExtSize

Zweck Extended-Memory-Größe ermitteln.

Definition word FAR RMemExtSize(void);

Include RALLOC.H

Quelldatei MEMEXT.CAS

Parameter keiner

Ergebnis Größe des Extend-Memory in Kilobytes.

Beschreibung Das Ergebnis repräsentiert den Speicherausbau oberhalb der üblichen 640 kB.

Die Funktion verwendet den Interrupt 15h mit der Funktion 88h.

Portabilität DOS

Verweis *RMemLeft()*

RMemLeft

Zweck Freien Hauptspeicher ermitteln.

Definition ulong FAR RMemLeft(void);

Include RALLOC.H

Quelldatei MEMLEFT.CAS

Parameter keiner

Ergebnis Größe des noch verfügbaren Speicherplatzes im Hauptspeicher.

Beschreibung Weil *farcoreleft()* in meiner Umgebung wiederholt falsche Werte lieferte, verwende ich diese Funktion, um den wirklich noch freien Hauptspeicher zu ermitteln.

Portabilität DOS

RMemSize

Zweck Größe eines dynamischen Speicherblocks ermitteln.

Definition ulong FAR RMemSize(void FARD *block);

Include RALLOC.H

Quelldatei RMALLOCP.C

Parameter Zeiger auf einen Speicherbereich, wie er von einer Speicheranforderungsfunktion dieses Modul zurückgegeben wird.

Ergebnis Größe des Speicherbereichs als **ulong**-Wert (auch in den kleinen Datenmodellen). Im Fehlerfall wird 0L zurückgegeben.

Beschreibung Beachten Sie, daß Sie dieser Funktion keinen von *malloc()* gelieferten Pointer übergeben können. Sehen Sie auch die Erklärungen am Anfang des Kapitels.

Rrealloc

Zweck Dynamischen Speicherblock in der Größe ändern.

Definition VOIDPTR FAR Rrealloc(VOIDPTR block, size_t newsize);

Include RALLOC.H

Quelldatei RMALLOCP.C

Parameter <block> ist die Startadresse eines Blocks, die von *Rmalloc()* oder *Rcalloc()* zurückgegeben wurde. <newsize> gibt die neue Größe des Blocks an.

Ergebnis Typenloser Zeiger auf einen Block mit der gewünschten Größe oder NULL im Fehlerfall.

Beschreibung Die Funktion arbeitet nach außen genauso wie *realloc()*. In den großen Datenmodellen wird explizit *farrealloc()* aufgerufen.

Verweis *Rmalloc(), Rcalloc()*

DATUM-FUNKTIONEN

Das Julianische Datum

Warum verwende ich das julianische Datum als Standard? Nun die Antwort ist verblüffend einfach: eine einzige Zahl, die alles sagt, ist für den Computermensch praktischer als drei Zahlen, bei denen die eine nicht höher als 31 (und im Februar nicht höher als 28 außer in Schaltjahren, dann 29...) und die andere nicht höher als 12 werden darf und mit denen man deshalb bei Additionen oder Subtraktionen, bei Vergleichen und Sortierungen einfach nicht sinnvoll umgehen kann. Es hätte statt dem julianischen Datum auch ein anderer Stichtag sein können, solange ab diesem Datum alle Tage fortlaufend gezählt werden. Das julianische Datum wird immerhin in der Computerwelt öfter verwendet (z.B. von DBASE). Schon deshalb macht es Sinn. Die Umrechnung zwischen dem uns bekannten Datum und dem julianischen Datum ist immens aufwendig, aber zum Glück mußte ich diese Verfahren nicht selbst erfinden. Es gibt mehrere veröffentlichte Methoden, die im Grunde die gleichen sind.

Zeit als Sekunden

Die Zeitangabe ist immer eine Angabe der Tageszeit in Sekunden, außer in der IBM-internen Logik, in der die Sekunden seit dem 1.1.1970 gezählt werden. Mit beiden Werten muß hier umgegangen werden können. Die Funktion *time()* liefert Ihnen die Systemzeit in Sekunden seit dem 1. Januar 1970. Mit *localtime()* können Sie diesen Wert in seine Bestandteile auflösen. Alle hier vorgestellten Datums- und Zeitfunktionen beruhen auf diesen beiden Funktionen. Die Funktionen *ActToTime()* und *DateToTime()* verwenden zusätzlich noch *mktime()*, die aber ebenfalls ANSI-C und UNIX-kompatibel ist. Das Ergebnis der Funktionen *ActToTime()* und *DateToTime()* ist äquivalent zum Ergebnis von *time()*. Alle anderen Zeitwerte sind Sekunden seit Mitternacht (zum Beispiel *TimeNow()*).

ActToTime

Zweck Kalenderzeit erstellen.

Definition long FAR _Cdecl ActToTime(word hour, word min, word sec)

Include DATUM.H

Quelldatei TTIME.C

Parameter Für <hour>, <min> und <sec> werden normale Stunden, Minuten und Sekunden angegeben.

Ergebnis Die zurückgegebene Kalenderzeit entspricht einem von *time()* zurückgegebenen Wert. Bei einem Fehler wird -1L zurückgegeben.

Beschreibung Es wird für die Berechnung der Kalenderzeit das aktuelle Datum (über *Date()*) ermittelt. Mit Hilfe von *mktime()* werden die Sekunden seit dem 1.1.1970 errechnet.

Verweis *TimeNow(), DateToTime()*

Beispiel Mit der folgenden Sequenz werden die Sekunden seit dem 1.1.1970 bei einer Tageszeit von 23 Uhr, 59 Minuten und 59 Sekunden ermittelt (in <dtim>). Der Rückgabewert von ActToTime() läßt sich mit localtime() wieder aufschlüsseln.

```
struct tm *t;
long dtim;

dtim = ActToTime(23, 59, 59);
t = localtime(&dtim);
```

CheckDate

Zweck Datum überprüfen.

Definition bool FAR CheckDate (BYTEPTR datum);

Include DATUM.H

Quelldatei CHECKS.C

Parameter Der Datumsstring <datum> kann folgende Formate aufweisen:

"DD.MM.YY"
"DD.MM.CCYY"
"CCYYMMDD"

Zwischen diesen Formaten wird automatisch unterschieden. Alle anderen sind ungültig. "CC" steht für das Jahrhundert (19), "YY" für das Jahrzehnt (91), "MM" für den Monat und "DD" für den Tag.

Ergebnis TRUE: das Datum ist gültig. FALSE: das Datum ist nicht gültig.

Beschreibung Diese Funktion wird zum Beispiel vom Eingabe-Modul verwendet, um ein Datumsfeld auf logische Richtigkeit zu überprüfen.

Verweis *CheckJulDate(), CheckTime()*

CheckJulDate

Zweck Julianisches Datum überprüfen.

Definition bool FAR CheckJulDate (long jul_dat);

Include DATUM.H

Quelldatei JULDATUM.C

Parameter Julianisches Datum als long-Wert.

Ergebnis TRUE: das Datum ist gültig. FALSE: das Datum ist ungültig.

Beschreibung Während *CheckDate()* einen Datumsstring überprüft, kann hiermit festgestellt werden, ob das julianische Datum korrekt ist.

Verweis *CheckDate()*

CheckSecTime

Zweck Überprüfung der Zeit, die in Sekunden übergeben wird.

Definition bool FAR CheckSecTime (long time);

Include DATUM.H

Quelldatei TTIME.C

Parameter <time> ist ein long-Wert, wie er von *TimeNow()* zurückgegeben wird.

Ergebnis TRUE: der Wert repräsentiert eine gültige Zeitangabe. FALSE: die Zeitangabe ist falsch.

Beschreibung <time> sind Sekunden seit Mitternacht.

Verweis *CheckDate(), CheckJulDate(), CheckTime()*

CheckTime

Zweck Überprüfung der Zeit.

Definition bool FAR CheckTime (BYTEPTR zeit);

Include DATUM.H

Quelldatei TTIME.C

Parameter <zeit> ist ein String, dessen Format entweder "HHMMSS" oder "HH:MM:SS" sein kann.

Ergebnis TRUE: der String repräsentiert eine gültige Zeitangabe. FALSE: die Zeitangabe ist falsch.

Beschreibung Natürlich ist es einfach, zu überprüfen, ob eine gegebene Zeit gültig ist. Aber immerhin spielt ein eventuelles Trennzeichen (Time-Separator) keine Rolle.

Verweis *CheckDate(), CheckJulDate(), CheckSecTime()*

Date

Zweck Aktuelles Datum ermitteln.

Definition long FAR Date (void);

Include DATUM.H

Quelldatei JULDATUM.C

Parameter keine

Ergebnis Julianisches Datum als long-Wert.

Beschreibung Das von dieser Funktion zurückgegebene Datum gibt natürlich nur das Datum des Computers zurück. Es ist ein julianisches Datum, das direkt kompatibel zu allen anderen Datums-Verwendungen in der Toolbox ist.

Für die Ermittlung des aktuellen Datums werden die beiden ANSI-C Funktionen *time()* und *localtime()* herangezogen.

Verweis *Time()*

DateToTime

Zweck Kalenderzeit erstellen.

Definition long FAR DateToTime(long juldat, long secs)

Include DATUM.H

Quelldatei TTIME.C

Parameter <juldat> ist ein julianisches Datum **nach** dem 1.1.1970. <secs> ist ein Wert für die Sekunden seit Mitternacht (wie von *TimeNow()* zurückgegeben).

Ergebnis Die zurückgegebene Kalenderzeit entspricht einem von *time()* zurückgegebenen Wert. Bei einem Fehler wird -1L zurückgegeben.

Beschreibung Während *ActToTime()* das aktuelle Datum für die Ermittlung der Kalenderzeit verwendet, kann hier ein beliebiges Datum (nach dem 1.1.1970) verwendet werden. Außerdem muß die Tageszeit als ein long-Wert angegeben werden.

Verweis *TimeNow(), ActToTime()*

Day

Zweck Den Tag des Monats aus <date> ermitteln.

Definition word FAR Day (long date);

Include DATUM.H

Quelldatei JULDATUM.C

Parameter Das julianische Datum, aus dem der Tag ermittelt werden soll - oder Null (long-Wert), wenn der aktuelle Tag ermittelt werden soll.

Ergebnis Zahl zwischen 1 und 31.

Beschreibung Für die Ermittlung des aktuellen Datums (Parameter 0L) werden die beiden ANSI-C Funktionen *time()* und *localtime()* herangezogen.

DayOfWeek

Zweck Wochentag als Zahl ermitteln.

Definition int FAR DayOfWeek (BYTEPTR datum);

Include DATUM.H

Quelldatei JULDATUM.C

Parameter Der String Datum kann eines der folgenden Formate aufweise:

"DD.MM.CCYY"
"DD.MM.YY"
"CCYYMMDD"

Zwischen diesen Formaten wird automatisch unterschieden; alle anderen sind ungültig.

Ergebnis Zahl zwischen 0 (für Sonntag) und 6 (für Samstag).

Beschreibung Mit dem Rückgabewert dieser Funktion können Sie direkt ein Array adressieren:

```
byte days[] = {
"Sonntag", "Montag", "Dienstag",
"Mittwoch", "Donnerstag", "Freitag", "Samstag" };
```

Mit dem seltsam anmutenden Funktionsaufruf:

```
wprintf("Heutiger Tag: %s\n\r",
   days[DayOfWeek(JulToStr(NULL, Date()))]);
```

zeigen Sie den aktuellen Tag an.

DBFToJul

Zweck Datumskonvertierung.

Definition long FAR DBFToJul (BYTEPTR str);

Include DATUM.H

Quelldatei JULDATUM.C

Parameter <str> ist ein String mit einem Datum im Format "CCYYMMDD". Wenn ein Leerstring übergeben wird, ist das Ergebnis LBLANK_DATE.

Ergebnis Das julianische Datum als **long**-Wert.

Verweis *JulToDBF()*

DBFToSec

Zweck Zeitstring in einen **long**-Wert konvertieren.

Definition long FAR DBFToSec (BYTEPTR zeit);

Include DATUM.H

Quelldatei TTIME.C

Parameter <zeit> muß das Format: "HHMMSS" aufweisen.

Ergebnis Der zurückgegebene **long**-Wert ist als Sekunden seit Mitternacht aufzufassen.

Verweis *SecToStr(), SecToDBF()*

DMYToJul

Zweck Datum zusammensetzen.

Definition long FAR DMYToJul (int tag, int monat, int jahr);

Include DATUM.H

Quelldatei JULDATUM.C

Parameter Wenn Variablennamen schon alles sagen, dann lesen Sie: <tag>, <monat> und <jahr>.

Ergebnis Das julianische Datum, passend zu <tag>, <monat> und <jahr>.

Beschreibung Diese Funktion ist eine Umkehrung zu *JulToDMY()*.

Verweis *JulToDMY(), JulToStr(), JulToDBF()*

Hour

Zweck Ermittle die Stunde aus der Zeit.

Definition word FAR Hour (long zeit);

Include DATUM.H

Quelldatei TTIME.C

Parameter <zeit> ist ein Wert, der die Sekunden seit Mitternacht angibt oder 0L, wenn der aktuelle Stundenwert gewünscht wird.

Ergebnis Stundenwert zwischen 0 und 23.

Verweis *TimeNow()*

isEaster

Zweck Osterdatum ermitteln.

Definition long FAR isEaster (int year);

Include DATUM.H

Quelldatei JULDATUM.C

Parameter Jahreszahl, für das das Osterdatum gesucht wird.

Ergebnis Vollständiges (julianisches) Datum von Ostern im Jahre <year>.

Beschreibung Das mit dieser Funktion berechnete Osterdatum gilt nur für die Jahre zwischen 1583 und 2299 - also hoffentlich für Ihre Zwecke eine ausreichende Zeitspanne.

Verweis *isHoliday()*

isHoliday

Zweck Feiertag ermitteln.

Definition BYTEPTR FAR isHoliday (long jul_dat);

Include DATUM.H

Quelldatei JULDATUM.C

Parameter Julianisches Datum als long-Wert.

Ergebnis Wenn ein NULL-Pointer zurückgegeben wird, ist das angegebene Datum kein Feiertag. Andernfalls wird ein Zeiger auf einen statischen String mit der Bezeichnung des Feiertages zurückgegeben.

Beschreibung Obwohl *isHoliday()* ein englischer Funktionsname ist, sind die Feiertage deutsche Feiertage und auch deutschsprachig verfaßt.

Eine Anspassung an andere Sprachen ist nicht allein mit einer Übersetzung getan. Aber das können Sie sich ja selber denken.

Verweis *isEaster()*

isLeap

Zweck Feststellen, ob <year> ein Schaltjahr ist.

Definition bool FAR isLeap (int year);

Include DATUM.H

Quelldatei JULDATUM.C

Parameter Jahreszahl zwischen -4713 und irgendwann. Es muß ein vollständiges Jahr angegeben werden. Der Wert 91 für 1991 reicht nicht aus.

Ergebnis TRUE: das angegebene Jahr ist ein Schaltjahr. FALSE: das angegebene Jahr ist kein Schaltjahr (oder ungültig).

JulToDBF

Zweck

Julianisches Datum ins Datenbankformat konvertieren.

Definition

BYTEPTR FAR JulToDBF (BYTEPTR str, long juldat);

Include

DATUM.H

Quelldatei

JULDATUM.C

Parameter

<str> kann ein NULL-Pointer sein oder ein Zeiger auf einen String, der 9 Zeichen Platz bietet. <juldat> ist das julianische Datum.

Ergebnis

Ein Zeiger auf <str>, wenn <str> kein NULL-Pointer war oder auf einen statischen String, wenn <str> NULL war.

Beschreibung

Das Format des zurückgegebenen Strings sieht so aus: "CCYYMMDD". Es ist das gleiche Format, das von DBASE oder CLIPPER in den Datenbankfeldern (*.DBF) verwendet wird.

Verweis

DBFToJul(), JulToStr()

JulToDMY

Zweck

Datumskonvertierung.

Definition

long FAR JulToDMY (int *tag, int *monat, int *jahr, long juldat);

Include

DATUM.H

Quelldatei

JULDATUM.C

Parameter

<juldat> ist das julianische Datum, das in die Bestandteile Tag, Monat und Jahr in die Variablen <tag>, <monat> und <jahr> hineingeschrieben wird.

Ergebnis

Wenn das Datum gültig war, wird <juldat> auch als Ergebnis geliefert; war das Datum ungültig, wird LBLANK_DATE geliefert.

Beschreibung

Das julianische Datum in <juldat> wird in seine Einzelteile zerlegt. Wenn das Datum gültig war, wird in <tag> der Tag, in

<monat> der Monat und in <jahr> das Jahr des Datums <juldat> zurückgegeben.

JulToStr

Zweck
Julianisches Datum in String konvertieren.

Definition
BYTEPTR FAR JulToStr (BYTEPTR str, long juldat);

Include
DATUM.H

Quelldatei
JULDATUM.C

Parameter
<str> kann ein NULL-Pointer sein oder ein Zeiger auf einen String, der 11 Zeichen Platz bietet. <juldat> ist das julianische Datum.

Ergebnis
Ein Zeiger auf <str>, wenn <str> kein NULL-Pointer war oder auf einen statischen String, wenn <str> NULL war.

Beschreibung
Der Datumsstring wird im Format "DD.MM.CCYY" zurückgegeben. Es ist das Format, das standardmäßig im Eingabe-Modul verwendet wird.

Das Trennzeichen zwischen Tag und Monat und zwischen Monat und Jahr ist hier ein Punkt. Doch wird für die Ermittlung dieses Zeichens die Funktion *GetSeparator()* herangezogen. Damit Sie genügend Einfluß auf das verwendete Trennzeichen haben, können Sie es aber auch mit *SetSeparator()* festlegen.

Verweis
JulToDBF(), StrToJul(), SetSeparator(), GetCountryInfo()

Minute

Zweck
Ermittle die Minute aus der Zeit.

Definition
word FAR Minute (long zeit);

Include
DATUM.H

Quelldatei
TTIME.C

Parameter
<zeit> ist ein Wert, der die Sekunden seit Mitternacht angibt oder 0L, wenn der aktuelle Minutenwert gewünscht wird.

Ergebnis Minutenwert zwischen 0 und 59

Verweis *TimeNow()*

Month

Zweck Den Monat aus <date> ermitteln.

Definition word FAR Month (long date);

Include DATUM.H

Quelldatei JULDATUM.C

Parameter Das julianische Datum, aus dem der Monat ermittelt werden soll - oder Null (long-Wert), wenn der aktuelle Monat ermittelt werden soll.

Ergebnis Zahl zwischen 1 und 12.

Beschreibung Für die Ermittlung des aktuellen Datums (Parameter 0L) werden die beiden ANSI-C Funktionen *time()* und *localtime()* herangezogen.

Second

Zweck Ermittle die Sekunden aus der Zeit.

Definition word FAR Second (long zeit);

Include DATUM.H

Quelldatei TTIME.C

Parameter <zeit> ist ein Wert, der die Sekunden seit Mitternacht angibt oder 0L, wenn der aktuelle Sekundenwert gewünscht wird.

Ergebnis Sekundenwert zwischen 0 und 59.

Verweis *TimeNow()*

SecToDBF

Zweck long-Wert in String umwandeln.

Definition BYTEPTR FAR SecToDBF(BYTEPTR str, long zeit);

Include DATUM.H

Quelldatei TTIME.C

Parameter <str> ist ein Zeiger auf einen Puffer mit 7 Zeichen Platz oder NULL. <zeit> gibt die Sekunden seit Mitternacht an.

Ergebnis Zeiger auf <str>, wenn dieser nicht NULL war oder auf einen statischen Puffer. Der String hat das Format "HHMMSS".

Beschreibung Der String wird in jedem Fall nullterminiert.

Verweis *StrToSec(), DBFToSec()*

SecToStr

Zweck long-Wert in String umwandeln.

Definition BYTEPTR FAR SecToStr(BYTEPTR str, long zeit);

Include DATUM.H

Quelldatei TTIME.C

Parameter <str> ist ein Zeiger auf einen Puffer mit 9 Zeichen Platz oder NULL. <zeit> gibt die Sekunden seit Mitternacht an.

Ergebnis Zeiger auf <str>, wenn dieser nicht NULL war oder auf einen statischen Puffer. Der String hat das Format "HH:MM:SS".

Beschreibung Der String wird in jedem Fall nullterminiert. Als Separator wird das Zeichen verwendet, das mit *GetSeparator()* ermittelt wird.

Verweis *StrToSec(), DBFToSec(), GetSeparator()*

StrToJul

Zweck Datumskonvertierung.

Definition long FAR StrToJul (BYTEPTR str);

Include DATUM.H

Quelldatei	JULDATUM.C
Parameter	<str> hat das Format "DD.MM.CCYY" .
Ergebnis	Julianisches Datum.
Beschreibung	Der Punkt ist als Trennzeichen nicht fest vorgegeben. Es kann mit *SetSeparator()* definiert werden. Mit *GetSeparator()* wird das aktuelle Trenn-Zeichen ermittelt.
Verweis	*JulToStr(), JulToDBF()*

StrToSec

Zweck	Zeitstring in einen **long**-Wert konvertieren.
Definition	long FAR StrToSec (BYTEPTR zeit);
Include	DATUM.H
Quelldatei	TTIME.C
Parameter	<zeit> muß das Format: "HH.MM.SS" einnehmen (wobei das Zeichen '.' keine Rolle spielt). In jedem Fall wird davon ausgegangen, daß die ersten zwei Ziffern die Stunden darstellen und die letzten zwei die Sekunden.
Ergebnis	Der zurückgegebene **long**-Wert ist als Sekunden seit Mitternacht aufzufassen.
Verweis	*SecToStr(), SecToDBF()*

TimeNow

Zweck	Ermittle die aktuelle (Computer-)Zeit.
Definition	long FAR TimeNow (void);
Include	DATUM.H
Quelldatei	TTIME.C
Parameter	keine

Ergebnis

Der Rückgabewert repräsentiert die verstrichenen Sekunden seit Mitternacht.

Beschreibung

Beachten Sie, daß die hier angegebene Zeit unabhängig vom Datum ist während der von *time()* zurückgegebene Wert die Sekunden seit dem 1.1.1970 angibt. Eine Umwandlung in den *time()* - kompatiblen Wert kann mit *ActToTime()* oder *DateToTime()* vorgenommen werden.

Verweis

ActToTime(), DateToTime()

Beispiel

```
printf("Aktuelle Zeit: %s\n",
   SecToStr(NULL, TimeNow());
printf("Sekunden seit 1.1.1970: %lu\n",
   ActToTime(TimeNow());
printf("Sekunden seit Mitternacht: %lu\n",
   TimeNow());
```

Year

Zweck

Das Jahr aus <date> ermitteln.

Definition

word FAR Year (long date);

Include

DATUM.H

Quelldatei

JULDATUM.C

Parameter

Das julianische Datum, aus dem das Jahr ermittelt werden soll - oder Null (long-Wert), wenn das aktuelle Jahr ermittelt werden soll.

Ergebnis

Jahreszahl zwischen -4713 und Zukunft, natürlich immer inclusive Jahrhundert.

Beschreibung

Für die Ermittlung des aktuellen Datums (Parameter 0L) werden die beiden ANSI-C Funktionen *time()* und *localtime()* herangezogen.

UTILITIES

Natürlich sind alle Funktion dieses Kapitels nicht als ein Modul aufzufassen. Aber einige Funktionen gehören eng zusammen; zum Beispiel die Fehlerroutinen, deren Präfix *Err* lautet, die Listenfunktionen (*Li...*) und die Schlangenfunktionen (*Sch...*). Die anderen Funktionen sind überwiegend unabhängig und überparteilich.

ATBIOS

Zweck	Prozessortyp feststellen.
Definition	bool FAR ATBIOS (void);
Include	ROUTIN.H
Quelldatei	AT_BIOS.CAS
Parameter	keiner
Ergebnis	Gibt TRUE zurück, wenn der Computer ein AT ist und FALSE, wenn es sich um einen XT handelt.
Portabilität	8086...80486...

ATCHECK

Zweck	Sicherheitsüberprüfung für 286er Programme.
Definition	void FAR ATCHECK(void);
Include	ROUTIN.H
Quelldatei	ATCHECK.C
Parameter	keiner
Ergebnis	keines
Beschreibung	Diese Funktion besteht auş einem Aufruf von *ATBIOS()*. Gibt *ATBIOS()* FALSE zurück, wird das Programm mit *exit(1)* ver-

lassen. Diese Funktion sollte bei jedem Programm am Besten noch vor main() aufgerufen werden, wenn es für einen 286er oder 386er kompiliert wurde. So wird auf XT-kompatiblen Computern ein Absturz des Systems vermieden. ATCHECK.C darf deshalb auch nur mit den normalen Compileroptionen kompiliert werden (bei Turbo-C also ohne "-2" und ohne "-1").

Portabilität DOS, 8086

BinStrToInt

Zweck Binären String in Integer umwandeln.

Definition word FAR BinStrToInt(BYTEPTR BinStr);

Include KONVERT.H

Quelldatei BINTBIN.C

Parameter String der Form "0000000000111111"; die Zahl der Zeichen ***muß*** 16 plus Nullbyte sein.

Ergebnis Dem binären String entsprechender unsigned Integerwert (**word**).

Beschreibung Diese Funktion konvertiert einen String, der nur aus den Zeichen '0' und '1' besteht in einen Integer-Wert.

Verweis *IntToBinStr()*

Beispiel printf("Der String [0000000000111111] müßte als Integer 63 ergeben: %d", BinStrToInt("0000000000111111"));

BiosVar

Zweck Zugriff auf BIOS-Datensegment.

Definition word FAR BiosVar(byte WO_BY, word offset)

Include ROUTIN.H

Quelldatei VIBIOS.C

Parameter Wenn <WO_BY> den Wert 1 (= BI_WORD) hat, wird ab dem <offset> im Bios-Datensegment ein Wort (2 Byte) gelesen;

wenn <WO_BY> den Wert 2 (= BI_BYTE) hat, wird ein Byte gelesen.

Ergebnis Der Wert am Offset <offset> im BIOS-Datensegment.

Beschreibung Diese Funktion greift direkt auf den BIOS-Datenbereich zu. Es ist immerhin schon ein Fortschritt, hierfür diese Funktion zu verwenden und nicht irgendwo im Quellcode versteckt ein nie auffindbarer Zugriff... Da jeder Offset für eine bestimmte Information zuständig ist, läßt sich die Funktion eines Tages neu schreiben, ohne daß Ihr Programm geändert werden muß.

Portabilität DOS, BIOS

Verweis *BiosVarSet()*

Beispiel

```
#include <routin.h>
...
printf("Bildschirmzeilen: %u\n", BiosVar(BI_WORD, 0x84) +1);
```

BiosVarSet

Zweck Zugriff auf BIOS-Datensegment.

Definition void FAR BiosVarSet(byte WO_BY, word offset, word setting);

Include ROUTIN.H

Quelldatei VIBIOS.C

Parameter Wenn <WO_BY> den Wert 1 (= BI_WORD) hat, wird ab dem <offset> im Bios-Datensegment <setting> als Wort (2 Byte) geschrieben; wenn <WO_BY> den Wert 2 (= BI_BYTE) hat, wird <setting> als ein Byte interpretiert.

Ergebnis keines

Beschreibung An dem Offset 60h im BIOS-Datensegment steht zum Beispiel das Wort für die Cursorgröße (Startzeile und Endzeile). Mit einem Aufruf von *BiosVarSet(1, 0x60, 0x20);* können Sie den Cursor gründlich verschwinden lassen.

Portabilität DOS, BIOS

Verweis *BiosVar()*

CentToDeciPoint

Zweck Umwandlung Zentimeter in Dezimalpunkte.

Definition long FAR CentToDeciPoint(double cent);

Include KONVERT.H

Quelldatei EINHEIT.C

Parameter <cent> gibt die Zentimeter an.

Ergebnis Dezimalpunkte, aus <cent> errechnet.

Beschreibung Manche Drucker (HP-PCL) wollen "DeciPoint"-Angaben für Größenangaben oder Positionierungsabstände.

Verweis *DeciPointToCent(), DeciPointToInch()*

CentToInch

Zweck Zentimeter in Inch umwandeln.

Definition double FAR CentToInch(double cent);

Include KONVERT.H

Quelldatei EINHEIT.C

Parameter Zentimeterwert.

Ergebnis Inch-Wert.

Verweis *InchToCent()*

CopyStruct

Zweck Kopieren von Speicherbereichen.

Definition void FARD * FAR CopyStruct (void FARD * Ziel, void FARD *Src, word count);

void FARD * FAR CopyStructL (void FARD * Ziel, void FARD *Src, ulong count);

Include FSTRING.H

Quelldatei COPYSTRU.C

Parameter <Ziel> ist ein Zeiger auf den Speicherbereich, in den kopiert werden soll. <Src> ist ein Zeiger auf den Speicherbereich, aus dem kopiert werden soll. <count> ist die Anzahl der zu kopierenden Bytes (maximal 0xFFFF minus 8 Bytes bei *CopyStruct()* und maximal 4.294.967.295 minus 8 Bytes bei *CopyStructL()*).

Ergebnis Es wird ein Zeiger auf die Byteposition unmittelbar hinter dem letzten kopierten Zeichen von <Src> zurückgeliefert.

Beschreibung Bevor die Funktion mit dem Kopieren beginnt, werden die übergebenen Zeiger explizit in HUGE-Zeiger auf unsigned char umgewandelt. Dadurch wird die Sicherheit dieser Funktion höher als sie bei den Standard-Routinen der *mem...()*-Familie (TURBO-C Vers. 2.0) ist. Natürlich ist diese Funktion auch langsamer.

CopyStruct() sollte immer dann eingesetzt werden, wenn größere Arrays aus Strukturen oder gar Grafikbildschirme kopiert werden sollen.

Portabilität Wenn Ihr Compiler keine huge-Pointer kennt, müssen Sie vor Aufruf der Funktion eine explizite Normalisierung der Adressen vornehmen (siehe *fstradr()*). *CopyStructL()* könnte dann nicht verwendbar sein.

Beispiel Dieses Beispiel macht in der Praxis zwar wenig Sinn, doch es veranschaulicht die korrekte Syntax.

```
windowinfo *Winf;
BYTEPTR *Wsave;

Winf = (windowinfo *)Rmalloc(sizeof(windowinfo));
Wsave= (BYTEPTR) Rmalloc(sizeof(windowinfo));
getwindowinfo(Winf);
CopyStruct((void *) Wsave, Winf, sizeof(windowinfo));
```

DblToStr

Zweck double-Wert in String umwandelt.

Definition BYTEPTR FAR DblToStr(BYTEPTR str, double var, int len, int decs);

Include KONVERT.H

Quelldatei DBL.C

Parameter <str> zeigt entweder auf einen String mit <len> + <decs> +2 Zeichen Platz oder ist NULL. <var> ist der zu konvertierende Wert. <len> gibt die Zahl der Stellen vor dem Komma an; wenn <len> ein Minus-Wert ist, werden führende Nullen verwendet. <decs> gibt die Zahl der Nachkommastellen an.

Ergebnis Der zurückgegebene Pointer zeigt entweder auf den Parameter <str> oder (wenn dieser NULL war) auf einen statischen Puffer.

Beschreibung Die Länge des resultierenden Strings ist <len>, wenn <decs> Null war. Sonst ist die Länge: <len> plus <decs> plus 1 (für das Komma).

Das Zeichen für den Dezimaltrenner wird durch die Funktion *GetSeparator()* ermittelt.

Wenn der Wert <var> ein negativer Wert ist, wird von den Stellen <len> die erste für die Darstellung des Minuszeichens verwendet.

Verweis *GetSeparator()*, *SetSeparator()*, *KonvNull()*, *NullTrim()*

Beispiel

```
byte lstr[20]; byte *pstr;

DblToStr(lstr, 512.23451, 7, 6);   // "    512,234510"
DblToStr(lstr, -33.911, -7, 6);    // "-000033,911000"
pstr = DblToStr(NULL, 10.3, 4, 1); // "  10,3"
```

DeciPointToCent

Zweck Dezimalpunkte in Zentimeter umrechnen.

Definition double FAR DeciPointToCent(long dec);

Include KONVERT.H

Quelldatei EINHEIT.C

Parameter <dec> sind Dezimalpunkte.

Ergebnis Zentermeterwert.

Verweis *CentToDeciPoint()*

DeciPointToInch

Zweck Dezimalpunkte in Inch umrechnen.

Definition double FAR DeciPointToInch(long dec);

Include KONVERT.H

Quelldatei EINHEIT.C

Parameter <dec> sind Dezimalpunkte.

Ergebnis Inch-Wert.

Verweis *InchToDeciPoint()*

dirChgMakePath

Zweck Verzeichnis wechseln oder anlegen.

Definition bool FAR dirChgMakePath(BYTEPTR path);

Include DATEI.H

Quelldatei DIMAKE.C

Parameter <path> folgt den üblichen Regeln eines DOS-Verzeichnispfades. Wildcards sind nicht erlaubt. Dagegen muß <path> weder eine Laufwerksangabe enthalten noch muß der Dateiname angegeben sein oder weggelassen werden.

Ergebnis TRUE: <path> ist jetzt das aktuelle Verzeichnis; FALSE: <path> konnte nicht angelegt oder es konnte nicht in <path> gewechselt werden. Meist ungültige Bezeichnung.

Beschreibung Diese Funktion ist konsequent: wenn <path> nicht existiert, wird er angelegt! Vor allem in Setup-Programmen wird eine solche Funktion benötigt.

Portabilität DOS

Beispiel

```
BYTEPTR cfile = "C:\\MAREB\\TTEST.EXE";
if(dirChgMakePath(cfile)
  FileCopy("A:\\TTEST.EXE", cfile);
```

dirFileExt

Zweck Bestimmte Dateiendung setzen.

Definition BYTEPTR FAR dirFileExt(BYTEPTR dest, BYTEPTR name, BYTEPTR ext) ;

Include DATEI.H

Quelldatei DIRNAME.C

Parameter <dest> zeigt auf einen Speicherbereich, der Platz genug für <name> und <ext> bietet. <name> enthält einen Dateinamen, der auch eine Verzeichnisangabe enthalten kann. <ext> zeigt auf die gewünschte Extension.

Ergebnis Ein Zeiger auf <dest> wird bei Erfolg zurückgegeben. Ein Fehlerfall ist nicht vorgesehen (kann nur passieren, wenn <dest> nicht genug Platz bietet).

Beschreibung Oft besteht der Wunsch, z.B. aus dem Dateinamen "C:\DB\ADRESS.DBF" den Dateinamen "C:\DB\ADRESS.MEM" zu machen. Für diese Umwandlung reicht nun der Aufruf: *dirFileExt(buff, "C:\\DB\\ADRESS.DBF", "MEM");*. Dabei ist es unerheblich, ob "MEM" ohne oder ".MEM" mit Punkt angegeben wird. Der String wird am Ende in Großbuchstaben umgewandelt (außer wenn das Makro UNIX definiert ist).

dirFileName

Zweck Dateinamen extrahieren.

Definition BYTEPTR FAR dirFileName(BYTEPTR dest, BYTEPTR Path);

Include DATEI.H

Quelldatei DIRNAME.C

Parameter <dest> zeigt auf einen Puffer mit wenigsten 13 Zeichen Platz. <Path> ist ein mehr oder weniger vollständiger Verzeichnispfad inclusive einem Dateinamen.

Ergebnis Ein Zeiger auf <dest> mit dem Dateinamen.

Beschreibung Diese Funktion ist eine kurze Alternative zu Verrenkungen mit *fnsplit()*, wenn Sie nur den Dateinamen aus einem vollständigen Namen extrahieren wollen.

DlgDelFile

Zweck Dialog-Abfrage.

Definition bool FAR DlgDelFile(BYTEPTR string);

Include DIALOG.H

Quelldatei DLGERROR.C

Parameter <string> zeigt auf den Dateinamen der Datei, die der Benutzer löschen möchte.

Ergebnis TRUE: die Datei soll gelöscht werden. FALSE: die Datei darf nicht gelöscht werden.

Beschreibung Der Benutzer wird gefragt, ob die Datei <string> wirklich gelöscht werden soll. Bestätigt er, wird TRUE zurückgegeben.

DlgFileError

Zweck Dialogfenster mit Nachricht öffnen.

Definition bool FAR DlgFileError(BYTEPTR string);

Include DIALOG.H

Quelldatei DLGERROR.C

Parameter <string> zeigt auf den Dateinamen, mit der ein Fehler aufgetreten ist.

Ergebnis immer FALSE

Beschreibung	Diese Funktion gibt dem Benutzer die simple Nachricht, daß mit der angegebenen Datei etwas nicht in Ordnung war. Sie wird verwendet, wenn eine genauere Beschreibung des Fehlers nicht gemacht werden soll oder nicht bekannt ist. Der Benutzer muß "Eingabe" drücken oder die Schaltfläche mit der Maus anklicken.

DlgMessageClose

Zweck	Message-Window wieder schließen.
Definition	word FAR DlgMessageClose(void);
Include	DIALOG.H
Quelldatei	DGMESSAG.C
Parameter	keine.
Ergebnis	Zuletzt gedrückte Taste (*keylast()*).
Beschreibung	Hiermit wird ein über *DlgMessageOpen()* geöffnetes Message-Window wieder geschlossen.

DlgMessageOpen

Zweck	Message-Window öffnen.
Definition	sig FAR DlgMessageOpen(BYTEPTR titel, int linecount);
Include	DIALOG.H
Quelldatei	DGMESSAG.C
Parameter	<titel> wird als Window-Titel verwendet und <linecount> gibt an, wieviele Zeilen im Window zur Verfügung stehen sollen.
Ergebnis	Referenz-Nummer des Windows.
Beschreibung	Hier wird ein Standard-Window geöffnet (Referenznummer W_MEL) und in der obersten Zeile zentriert der String <titel> ausgegeben. Das Window bleibt geöffnet und aktiv, bis es mit *DlgMessageClose()* wieder geschlossen wird.

DlgMessages

Zweck Nachrichten ausgeben.

Definition word FAR DlgMessages(BYTEPTR *strarr, int count);

Include DIALOG.H

Quelldatei DGMESSAG.C

Parameter <strarr> ist ein Array mit <count> Strings, die angezeigt werden sollen.

Ergebnis Ergebnis von *EventKey()*

Beschreibung Diese Funktion öffnet ein Message-Window und zeigt alle Strings aus <strarr> an. Sie wartet dann auf eine Tastatureingabe. Wenn eine Taste gedrückt wurde, wird das Window geschlossen und der Tastenwert als Ergebnis geliefert.

DlgNetError

Zweck Dialogfenster mit Netzwerknachricht.

Definition bool FAR DlgNetError(BYTEPTR string);

Include DIALOG.H

Quelldatei DLGERROR.C

Parameter <string> ist eine (zusätzliche) Nachricht, die einen Netzwerkfehler beschreibt. Kann auch NULL sein.

Ergebnis TRUE: letzter Befehl soll wiederholt werden; FALSE: nicht wiederholen.

Beschreibung Der Benutzer erhält die Mitteilung, daß ein Fehler im Netzwerk auftrat und kann die Schaltflächen "Wiederholen" oder "Abbrechen" anwählen.

DlgNetwork

Zweck Dialog für die Eingabe von Netzwerkparametern.

Definition bool FAR DlgNetwork(void);

Include DIALOG.H

Quelldatei DGNETW.C

Parameter keine

Ergebnis Normalerweise TRUE. Wenn nicht genügend Speicher frei war oder ein anderer Fehler auftrat, aber auch wenn der Benutzer die Funktion mit ESCape abgebrochen hat, wird FALSE zurückgegeben.

Beschreibung Diese High-Level-Dialog-Funktion verwendet die Module EINGABE, WINDOW und MENU, um dem Benutzer eine Liste aller vorhandenen Netzwerkumleitungen anzuzeigen und von ihm ändern zu lassen.

DlgNetwork() ist notwendig, um Druckfunktionen im Netzwerk verwenden zu können. Daß es mit ihr möglich ist, auch Laufwerksbezeichnungen zu lesen oder zu setzen, mag ein zusätzliches Bonbon oder ein zusätzlicher Horror für den Supervisor sein.

Der Benutzer benötigt in der Regel die Kenntnis der Netzwerknamen von LPT1 oder LPT2, u.U. auch von Laufwerksbezeichnungen. Zum Beispiel kann das Netzwerklaufwerk 'E' den Netzwerknamen "\\NETSERVER\PUBLIC\MANF" tragen. Um neue Umleitungen einzutragen, müssen die Netzwerknamen bekannt sein. Andernfalls werden alle Netzwerk-Umleitungen angezeigt.

Wenn diese Funktion FALSE zurückgibt, sollen alle Einstellungen wie vorher erhalten bleiben. Andernfalls konnten neue Einstellungen installiert werden.

Zum Abschluß, wenn 'Ok' gewählt wurde, werden aus der Liste der Umleitungen die Druckerumleitungen ausgesondert. Für die Ports LPT1 und LPT2 (wenn gefunden), wird jeweils die Funktion *PrintNetDevice()* aufgerufen. Dadurch ist sichergestellt, daß die Druckerumleitungswünsche befriedigt werden.

Ein Netzwerkprogramm muß in einer Initialisierungsdatei die Einstellungen abspeichern und beim Programmstart setzen. Eine Einstellung wird mit *PrintNetDeviceGet()* abgefragt. Ist das Ergebnis NULL, muß *DlgNetwork()* aufgerufen werden.

Portabilität DOS

Verweis *net_SetRedirection(), PrintNetDevice()*

Beispiel Initialisierung (GetNetInfo() und SaveNetInfo() seien Ihre Funktionen für das Auslesen und Speichern der Struktur {net_info} aus einer Konfigurationsdatei):

```
net_info nets1, nets2;
bool isOk;
isOk = GetNetInfo(&nets1, &nets2);  /* Ihre Funktion */
if( ! isOk ) {
  if(! DlgNetwork())
    return;
  PrintNetDeviceGet("LPT1", &nets1);
  PrintNetDeviceGet("LPT2", &nets2);
  SaveNetInfo(&nets1, &nets2);
}
else {
  PrintNetDevice("LPT1", &nets1);
  PrintNetDevice("LPT2", &nets2);
}
```

DlgNotExist

Zweck Dialog-Nachricht anzeigen.

Definition bool FAR DlgNotExist(BYTEPTR string);

Include DIALOG.H

Quelldatei DLGERROR.C

Parameter <string> zeigt auf einen Dateinamen.

Ergebnis immer FALSE

Beschreibung Dem Benutzer wird mitgeteilt, daß die angegebene Datei nicht existiert. Nachdem er "Eingabe" gedrückt hat, wird FALSE zurückgegeben.

Diese Funktion wird z.B. von *FileCopy()* oder *FileMove()* verwendet.

DlgOverFile

Zweck Dialogfenster mit Abfrage öffnen.

Definition	bool FAR DlgOverFile(BYTEPTR string);
Include	DIALOG.H
Quelldatei	DLGERROR.C
Parameter	<string> zeigt auf den zu überschreibenden Dateinamen.
Ergebnis	TRUE: Datei überschreiben. FALSE: nicht überschreiben.
Beschreibung	Diese Funktion wird von *FileMove()* und *FileCopy()* aufgerufen, wenn die Zieldatei bereits existiert. Der Benutzer erhält eine Frage, ob er die Datei wirklich löschen möchte. Drückt er "Eingabe" (oder klickt er die Maus), wird TRUE zurückgegeben.

DlgPrintError

Zweck	Dialogfenster mit Fehlernachricht.
Definition	bool FAR DlgPrintError(BYTEPTR string);
Include	DIALOG.H
Quelldatei	DLGERROR.C
Parameter	<string> enthält (wenn nicht NULL) den Druckernamen ("LPT1" oder Dateiname).
Ergebnis	TRUE: Druck weiterführen / wiederholen. FALSE: Druck abbrechen.
Beschreibung	Der Benutzer erhält entweder eine allgemeine Druckerfehler-Nachricht (wenn <string> NULL ist) oder zusätzlich die Bezeichnung des Druckerausgangs. Wenn er auf "Wiederholen" drückt, wird TRUE zurückgegeben. Diese Funktion wird in *PrintStart()* verwendet.

DOSexpandfile

Zweck	Dateiname vervollständigen.
Definition	bool FAR DOSexpandfile(BYTEPTR in, BYTEPTR out);
Include	DATEI.H

Quelldatei FIRENAM.C

Parameter <in> zeigt auf einen String mit einem Dateinamen. <out> zeigt auf einen Puffer mit 128 Zeichen Platz.

Ergebnis FALSE: DOS-Funktion konnte nicht erfolgreich aufgerufen werden (DOS-Version kleiner als 3.10). TRUE: Name wurde expandiert.

Beschreibung Hier wird die DOS-Funktion 0x60 verwendet.

Portabilität DOS ab Version 3.10

Beispiel

```
byte pfile[128];

if(DOSexpandfile("TEST.*", pfile))
  printf("\nAus [TEST.*] wird: [%s], pfile);
/* Ergebnis sollte z.B. sein:
   "C:\PROGR\TEST.???"
*/
```

DOSrename

Zweck Datei(en) umbenenennen.

Definition bool FAR DOSrename(BYTEPTR old, BYTEPTR new);

Include DATEI.H

Quelldatei FIRENAM.C

Parameter <old> ist der alte Dateiname, <new> der neue Dateiname.

Ergebnis FALSE: Fehler beim DOS-Aufruf (<errno> beachten) oder falsche DOS-Version. TRUE: rename hat geklappt.

Beschreibung Diese Funktion arbeitet mit einem indirekten DOS-Aufruf. Auf diese Weise ist es möglich, eine Gruppe von Dateien über eine Maskenangabe umzubenennen. Auch das Verschieben über Verzeichnisgrenzen hinweg ist möglich. Aber es muß das gleiche Laufwerk sein.

Portabilität DOS ab Version 3.10
Diese Funktion arbeitet nicht in der OS/2-DOS-Box.

Verweis *DOSexpandfile()*

Beispiel `DOSrename("CBIB\*.BAT", "CBIB\SIK\*.*");`

ErrAct

Zweck Fehlerbehandlung.

Definition int FAR ErrAct(void);

Include FEHLER.H

Quelldatei SFTERROR.C

Parameter keiner

Ergebnis Fehler-Code oder 0, wenn kein Fehler auftrat.

Folgende Werte sind erlaubt:

```
#define NOERROR 0   /* Alles OK */
#define IGNORE  1   /* Ignorieren (wenn es geht) */
#define RETRY   2   /* Wiederholen des letzten Befehls */
#define ABORT   3   /* Programm beenden */
#define FABORT  4   /* Funktion beenden */
```

Beschreibung Wenn kein Fehler aufgetreten war, wird die Funktion aktionslos wieder verlassen. Wenn mehr als MAX_SYSERR Fehler aufgetreten sind, wird das Programm mit einer Ausgabe der Meldungen (mit *ErrOut()*) terminiert (über *Terminate()*). Wenn mit *softerr()* eine Routine installiert wurde, wird diese im Falle, daß ein Fehler aufgetreten war, aufgerufen. Der Rückgabewert dieser Routine ist dann auch der Rückgabewert von *ErrAct()*.

Wenn *ErrAct()* den Wert 0 zurückgibt, war kein Fehler aufgetreten.

Verweis *ErrSet()*

ErrAdd

Zweck Fehlernachricht erweitern.

Definition void FAR ErrAdd(byte *mess);

Include FEHLER.H

Quelldatei SFTERROR.C

Parameter <mess> soll eine Meldung für den Benutzer sein, die zusätzlich zu der mit *ErrSet()* angegebenen ausgegeben werden soll. Die Funktion speichert nur den Zeiger auf die Nachricht.

Ergebnis keines

Beschreibung Sie können bis zu MAX_ERRMESS (in FEHLER.H als 6 definiert) Meldungen angeben. *ErrAdd()* muß unmittelbar nach *ErrSet()* aufgerufen werden.

Verweis *ErrSet()*, *ErrOut()*

Beispiel

```
ErrSet(MODUL_DATEI, ER_TOOL | ER_SOFT, E_CREATERR, __LINE__,
    __FILE__,"Konnte Datei nicht öffnen!", "C:\\DOS.SYS", TRUE,
    FALSE, FALSE);
ErrAdd("Wiederholen oder Abbrechen");
```

ErrGet

Zweck Fehlernachricht abholen.

Definition SYSerr FAR * FAR ErrGet(void);

Include FEHLER.H

Quelldatei SFTERROR.C

Parameter keine.

Ergebnis Gibt einen Zeiger auf die letzte Fehlerbeschreibung zurück oder NULL, wenn kein Fehler vorliegt.

Beschreibung Für jeden Fehler wird ein Strukturelement mit beschreibenden Informationen angelegt. Für den letzten Fehler wird die Beschreibung mit *ErrGet()* geliefert. Der zweite Aufruf dieser Funktion liefert den vorletzten Fehler, der dritte Aufruf den vorvorletzten Fehler und so weiter, bis als letztes NULL anzeigt, daß keine weiteren Fehler vorliegen.

Verweis *ErrSet()*

Beispiel

```
#include <global.h>
#include <fehler.h>
#include <dbase.h>
```

```
#include <stdio.h>

void main(void)
{
  SYSerr *myerr;
  sig nodbf;
  nodbf = dbUse("KEINE.DBF");
  myerr = ErrGet();
  while( ! (myerr == NULL)) {
    printf(myerr->messages[0]);
    myerr = ErrGet();
  }
  dbClose(nodbf);
}
```

ErrOut

Zweck	Fehlermeldungen ausgeben lassen.
Definition	void FAR ErrOut(void);
Include	FEHLER.H
Quelldatei	SFTERROR.C
Parameter	keine
Ergebnis	keine
Beschreibung	Alle angesammelten Fehlermeldungen werden ausgegeben (mit *prerrf()*). Die Bildschirmdarstellung wird dabei rigoros überschrieben.
Verweis	*ErrAct(), ErrSet()*

ErrSet

Zweck	Fehlernachricht absetzen.
Definition	void FAR ErrSet(int modul, int great, int errcode, int line, byte *file, byte *message, byte *fname, bool canretry, bool cansubst, bool candefault);
Include	FEHLER.H

Quelldatei SFTERROR.C

Parameter <modul> ist eine Nummer, die das Toolbox-Modul ermittelbar macht oder eine eigene Identifikationsnummer. In GLOBAL.H sind verschiedene **ModulID**'s definiert. Diese Nummer hat keine außergewöhnliche Bedeutung. Sie dient lediglich der Fehlerausgabe und damit der Rückverfolgungsmöglichkeit.

Für <great> sind in FEHLER.H folgende Definitionen angelegt:

```
#define ER_DOS     1  /* osCode: DOS-Fehler  */
#define ER_APP     2  /*       Applikation */
#define ER_TOOL    4  /*         Toolbox     */
#define ER_LIGHT   8  /* Typ: Leichter, irgnorierbarer /
                            reparabler Fehler */
#define ER_STRONG 16  /* Typ: Schwerer, irreparabler
                            Fehler */
#define ER_HARD   32  /* Typ: Hardwarefehler (z.B.
                            Disk-Error) */
#define ER_SOFT   64  /* Typ: Softwarefehler/Benut-
                            zungsfehler */
```

<great> besteht im allgemeinen aus einer OR-verknüpften Kombination für den "osCode" und dem Typ. Ein Hardwarefehler wird meist die Kombination `ER_DOS | ER_HARD` aufweisen.

<errCode> ist die Fehlernummer und kann identisch mit <errno> sein. Man kann jedoch Fehlernummern übergeben, die nicht mit <errno> korrespondieren.

<line> kann die Zeilennummer enthalten, in der der Aufruf der Funktion *ErrSet()* steht oder die auf die Fehlerzeile direkt Bezug nimmt. Beim Aufruf von *ErrSet()* läßt sich das Makro __LINE__ verwenden.

<file> ist ein String mit dem Quelldateinamen und wird durch das Makro __FILE__ übergeben. Stattdessen kann auch ein NULL-Pointer übergeben werden.

<message> enthält eine Fehlernachricht, einen beliebigen Text, der zur Beschreibung des Fehlers verwendet werden kann. Er wird von der Funktion *ErrOut()* ausgegeben.

<fname> ist entweder NULL oder enthält den Namen einer Datei, wenn mit dieser Datei ein Fehler aufgetreten ist.

<canretry> ist eine Vorgabe für das Fehlersystem, ob der Fehler durch einen Wiederholversuch abgefangen werden kann (dann ist <canretry> TRUE).

<cansubst> ist ebenfalls eine Vorgabe für die Fehlerroutine und gibt mit TRUE an, daß der Fehler durch einen Ersatzwert abgefangen werden kann. <cansubst> wird in der Toolbox (in Library-Funktion) nie mit TRUE sondern immer mit FALSE belegt. Sie können ihn für eigene Routinen verwenden.

Dasselbe gilt auch für <candefault>: dieser Parameter ist TRUE, wenn der Fehler durch den Einsatz eines Default-Wertes korrigiert werden kann. Da in diesem Fall eine Routine existieren muß, die diese Defaultwerte bereitstellt, bleibt dessen Verwendung Ihrer Phantasie überlassen. Standardmäßig ist <candefault> also FALSE.

Ergebnis

keines

Beschreibung

Alle relevanten Werte werden in eine Struktur eingetragen, deren Definition in FEHLER.H so aussieht:

```
typedef struct {
  int  Type;        /* ER_STRONG, ER_HARD ... */
  int  osCode;      /* ER_DOS, ER_APP, ER_TOOL */
  int  modul,       /* MODUL_DATEI, ... */
       Line;        /* __LINE__ */
  byte *File;       /* __FILE__ */
  bool canRetry,
       canDefault,
       canSubstitute;
  int  errno,
       doserrno,
       errCode;
  int  mess_count;
  byte *messages[MAX_ERRMESS];
  void *cargo;
  byte *filename;  /* Ptr. auf Dateiname, wenn Datei-
                      fehler auftrat */
  long Ticks;      /* clock()-Wert beim Auftreten
                      des Fehlers */
} SYSerr;
```

Alle Fehlerfunktionen erhalten einen Pointer auf diese Struktur.

Beispiel

```
#include <global.h>
#include <fehler.h>
```

```
word FAR myHandler(SYSerr *, word );

void main(void)
{
  SYSerr *myerr;
  softerr(myHandler);

  ErrSet(MODUL_DATEI, ER_TOOL | ER_SOFT, E_CREATERR, __LINE__,
     __FILE__, "Konnte Datei nicht öffnen!", "C:\\DOS.SYS",
     TRUE, FALSE, FALSE);
  ErrAdd("Wiederholen oder Abbrechen");

  ErrSet(MODUL_MAUS, ER_TOOL | ER_HARD, E_NOMAUS, __LINE__,
     __FILE__, "Maus nicht ansprechbar!", NULL, FALSE, FALSE,
     FALSE);

  printf("ErrAct() gibt zurück: %d\n", ErrAct());

  ErrOut();
}

#pragma argsused
word FAR myHandler(SYSerr *se, word c)
{
  ErrOut();
  return(IGNORE);
}
```

GetActError

Zweck Hardware-Fehler abholen.

Definition bool FAR GetActError(sysfehl *akt)

Include FEHLER.H

Quelldatei SYSERR.C

Parameter <akt> zeigt auf eine Struktur vom Typ {sysfehl}, in dessen Speicherbereich eine Kopie der lokalen Struktur geschrieben wird.

Ergebnis

TRUE: ein Fehler war aufgetreten und <akt> enthält eine gültige Fehlernachricht. FALSE: der Fehler wurde schon abgeholt oder es ist keiner aufgetreten.

Beschreibung

Diese Funktion ist nur verwendbar, wenn zuvor *Install_harderr()* aufgerufen wurde. Die Struktur {sysfehl} hat folgenden Aufbau:

```
typedef struct {
  word   par_errval,  /* == Treiberfehlercode aus DI */
         par_rax,
         par_rbp,
         par_rsi;
  word   attrWort;
  word   driveError:1, /* TRUE, wenn Laufwerksfehler */
         antIgnore:1,
         antRetry:1,   /* AH */
         antAbort:1,
         driveArea:2,
         WriteError:1, /* TRUE: Schreib-, FALSE: Lesefehler */
         reserv:1,
         driveNr: 8;   /* Laufwerksnummer aus AL */
} sysfehl;
```

Kaum jemand verschwendet seine Energie auf Funktionsentwicklungen zum Abfangen von Fehlern, die auch noch Fehlerbehebungsstrategien beinhalten[1]. Tatsächlich wird diese Funktion und die Struktur benötigt, um solche Strategien zu entwickeln, nicht aber dafür, einen Fehlerfall zu erkennen. Zu dem Zeitpunkt, an dem *GetActError()* aufgerufen wird, ist meist schon bekannt, daß ein Fehler aufgetreten ist (*FileCopy()* konnte z.B. nicht auf das Laufwerk A: zugreifen und verursachte eine Fehlernachricht - gab aber auch FALSE zurück, so daß bereits erkannt wurde, daß der Befehl nicht korrekt ausgeführt wurde).

Die Strukturmitglieder von {sysfehl} haben folgende Bedeutung:

<par_errval> enthält den Treiberfehlercode des DI-Registers beim Aufruf der *harderr()*-Routine.

<par_rax> AX-Register beim Eintritt in die Behandlungsroutine für kritische Fehler.

<par_rbp> Segment des Gerätetreiber-Kopfes.

---

1 Ich hoffe, Sie können auf der Basis von softerr(), ErrSet(), ErrGet(), GetActError() und Install_harderr() mächtige Routinen zum Wohle des Anwenders entwickeln.

<par_rsi> Offset des Gerätetreiber-Kopfes.

<attrWort> ist das Attributwort des Gerätetreibers, bei dem der Fehler auftrat.

<driveError> ist TRUE, wenn ein Laufwerksfehler vorliegt.

<antIgnore> enthält TRUE, wenn der Fehler ignoriert werden darf. Enthält <antIgnore> FALSE, darf der Fehler **nicht** ignoriert werden!

<antRetry> enthält TRUE, wenn ein Wiederholversuch möglich ist. Wenn hier FALSE steht, darf **kein** Wiederholversuch unternommen werden.

<antAbort> enthält TRUE, wenn nur "Abbruch" der Funktion möglich ist. Wenn hier FALSE steht, darf kein Abbruch der Funktion stattfinden.

<driveArea> gibt den Bereich an, in dem der Laufwerksfehler aufgetreten ist:

0	DOS-Bereich
1	FAT
2	Laufwerksverzeichnis
3	Dateibereich

<WriteError> enthält TRUE, wenn ein Schreibfehler auftrat und FALSE, wenn ein Lesefehler auftrat.

<driveNr> enthält bei einem Laufwerksfehler den Laufwerksbuchstaben (0 == 'A')[2].

Portabilität DOS

Verweis Siehe auch Ray Duncan, MS-DOS für Fortgeschrittene (1989), S.494 und S.141 und die ausführliche Erklärung im Borland-Referenzhandbuch unter *harderr()*.

---

2 Ray Duncan gibt hier auf Seite 494 seines Buches für 'A' eine 1 an und auf Seite 142 eine 0. Die Null ist richtig!

GetAktPath

Zweck Aktuellen Pfad zurückgeben.

Definition BYTEPTR FAR GetAktPath(void)

Include ROUTIN.H

Quelldatei STARTARG.C

Parameter keiner

Ergebnis Zeiger auf statische Variable mit 64 Byte Länge, die den aktuellen Verzeichnisnamen enthält.

Beschreibung Für die Ermittlung des aktuellen Verzeichnisses werden die Turbo-C-Funktionen *getdisk()* und *getcurdir()* verwendet, die wiederum auf den DOS-Funktionen 0x19 und 0x47 des Interrupts 0x21 beruhen.

Portabilität DOS / ANSI. Für diese Funktion gilt die gleiche Portabilität, wie für *GetInitFile()*.

GetConfigFile

Zweck Zum Programm gehörenden Namen einer Konfigurationsdatei holen.

Definition BYTEPTR FAR GetConfigFile (void);

Include ROUTIN.H

Quelldatei STARTARG.C

Parameter keiner

Ergebnis Zeiger auf statischen String mit maximal MAX_PATH (=64) Zeichen, der einen vollständigen Dateinamen enthält.

Beschreibung Wenn das Anwendungsprogramm z.B. "DEMOMR.EXE" heißt und im Direktory "C:\TC\TOOLS\" steht, liefert diese Funktion das Ergebnis:

"C:\TC\TOOLS\DEMOMR.CFG".

Siehe auch *GetInitFile()* für eine weitergehende Erklärung.

Verweis *GetInitFile()*

GetCountryInfo

Zweck Landesspezifische Informationen abfragen.

Definition int FAR GetCountryInfo(countryinfo *ci);

Include RLOCAL.H

Quelldatei DOSLOCAL.C

Parameter <ci> zeigt auf einen Puffer mit sizeof(countryinfo) Platz.

Ergebnis Wenn kein Fehler auftrat, wird Null zurückgegeben (!). Wenn das Ergebnis größer als Null ist, ist es ein Fehlercode von DOS (AX).

Beschreibung Diese Funktion verwendet die DOS-Funktion 0x38 für die Abfrage.

Die Struktur {countryinfo} hat folgendes Format:

```
typedef struct {
  int fdateformat;      // 0 == USE (M T J)
                        // 1 == Europa (T M J)
                        // 2 == Japan (J M T)
  char fcurrency[5];    // "DM"
  int fthousandssep,    // "."
      fdecimalsep,      // ","
      fdatesep,         // "."
      ftimesep;         // "."
  char fcurrencypos;    // (siehe unten)
  char fcdigits;        // Anzahl Nachkommastellen bei Währungen
  char ftimeformat;     // Bit 0 == 0: 12 Stunden Uhr
                        // Bit 0 == 1: 24 Stunden Uhr
  void *charroutin;     // Adresse für Zeichenabbildungsroutine
  int flistsep;         // ASCIIZ Auflistungstrennzeichen (";")
  char unknown[10];     // undokumentiertes DOS
} countryinfo;
```

Für <.fcurrencypos> gilt folgende Regelung: Wenn das **Bit 0** gesetzt ist, wird das Währungssymbol hinter dem Wert angezeigt ("30.00 $"). Wenn das **Bit 0** nicht gesetzt ist, wird das Währungssymbol vor dem Wert angezeigt ("DM 30,00").

Wenn das **Bit 1** gesetzt ist, steht zwischen dem Betrag und dem Währungssymbol ein Leerzeichen. Wenn das **Bit 1** nicht gesetzt ist, steht kein Leerzeichen dazwischen.

Portabilität DOS

Verweis *GetSeparator()*

GetInitFile

Zweck Zum Programm gehörenden Namen einer Initialisierungsdatei holen.

Definition BYTEPTR FAR GetInitFile (void);

Include ROUTIN.H

Quelldatei STARTARG.C

Parameter keiner

Ergebnis Zeiger auf statischen String mit maximal MAX_PATH (=64) Zeichen, der einen vollständigen Dateinamen enthält.

Beschreibung Wenn das Anwendungsprogramm z.B. "DEMOMR.EXE" heißt und im Direktory "C:\TC\TOOLS\" steht, liefert diese Funktion das Ergebnis:

"C:\TC\TOOLS\DEMOMR.INI".

Der Name dieser "INI"-Datei kann mit *SetInitFile()* beliebig festgelegt werden (inclusive Pfad).

Diese Funktion greift auf die von Turbo-C global angelegte Variable <_argv[]> zu, die eine Kopie der Parameter an main(int argc, char **argv) ist. <_argv[0]> enthält den Namen der Programmdatei. Wenn Sie einen ANSI-kompatiblen Compiler verwenden, der <_argv[]> nicht kennt, müssen Sie in *main()* lediglich ein eigenes globales Array namens <_argv[]> anlegen:

```
char **_argv;

int main(int argc, char **argv)
{
  _argv = (char **) malloc(((argc) ? argc : 0) *
sizeof(char*));
```

```
    _argv[0][0] = '\0';
    for(i=0; i < argc; i++) {
      _argv[i] = (char *) malloc( strlen(argv[i]) +1);
      strcpy(_argv[i], argv[i]);
    }
  /*...*/
  }
```

Wenn Ihr Compiler auch die Übergabe von <argv> nicht kennt, dann können Sie - gemäß ANSI-Definition - <_argv[]> so definieren, daß <_argv[0][0]> auf ein Null-Byte zeigt. Den Dateinamen für eine Initialisierungsdatei können Sie dann einfach mit *SetInitFile()* setzen und mit dieser Funktion an beliebiger Stelle abfragen.

Für die Ermittlung des aktuellen Verzeichnisses werden die Turbo-C-Funktionen *getdisk()* und *getcurdir()* verwendet, die wiederum auf den DOS-Funktionen 0x19 und 0x47 des Interrupts 0x21 beruhen.

Verweis *SetInitFile()*

GetPubStr

Zweck Public-Strings verwalten.

Definition BYTEPTR FAR GetPubStr(word num);

Include DIALOG.H

Quelldatei DGPUBSTR.C

Parameter <num> gibt die Arrayposition des gesuchten Strings an.

Ergebnis Zeiger auf statischen String im Array.

Beschreibung Bestimmte Zeichenketten braucht man beim Programmieren mehrmals: sei es eine Meldung wie "<F1> == Hilfe" oder "Abbruch mit <ESC>". Hier werden solche Strings in ein Array gepackt und über eine Nummer griffbereit gemacht. Es kann sogar sinnvoll sein, alle auszugebenden Texte zentral zu sammeln, um sie ändern oder übersetzen zu können. Der Nachteil liegt auf der Hand: wenn ein Programm nur einen Text aus dem Array braucht, wird trotzdem das ganze eingepackt. Als Library-Funktion ist *GetPubStr()* deshalb auf die Dialog-Funktionen eingeschränkt. Ansonsten werden Sie diese (oder ein ähnliche)

Funktion in größeren Programmen am effektivsten einsetzen können.

Für <num> sind in DIALOG.H folgende Werte definiert:

```
enum DLGStrings {
  DLG_RETRY,
  DLG_EINGABE,
  DLG_ESC,
  DLG_HELP,
  DLG_1,  DLG_2,
  DLG_DRERR,
  DLG_NETERR,
  DLG_IOERR,
  DLG_FILERR,
  DLG_FILRET,
  DLG_5,
  DLG_KEINNETZ,
  DLG_CONFIRM,
  DLG_DRSTOPP,
  DLG_DRFEHL,
  DLG_DRCONT,
  DLG_NETALL, DLG_NET1, DLG_NETRETRY,
  DLG_DELFILE,
  DLG_OVERWRITE,
  DLG_OVERWRITE2,
  DLG_NOEXIST,
  DLG_USEENTER
};
```

GetSeparator

Zweck	Landesspezifische Trennzeichen ermitteln.
Definition	void FAR GetSeparator(int *timesep, int *datesep, int *decipoint);
Include	RLOCAL.H
Quelldatei	LOCALE.C
Parameter	<timesep> nimmt das Zeichen für den Zeittrenner, <datesep> das Zeichen für den Datumstrenner und <decipoint> das Zeichen für den Dezimalpunkt auf.
Ergebnis	keines

Beschreibung

Mit dieser Funktion können Sie Flexibilität in Ein- und Ausgabefunktionen für den Benutzer bringen. Es werden entweder die landesspezifischen Trennzeichen des aktuellen Computersystems abgefragt oder - wenn *SetSeparator()* aufgerufen wurde - anwenderdefinierte bzw. von Ihnen definierte Trennzeichen verwendet.

Haben Sie schon einmal darüber nachgedacht, wieviel Ärger Sie sich durch die Verwendung der Funktionen *SetSeparator()* und *GetSeparator()* ersparen können? Verwenden Sie keine Konstanten für Trennzeichen mehr!

Verweis

SetSeparator(), GetCountryInfo()

Beispiel

```
int tsep, dsep, point;

GetSeparator(&tsep, &dsep, &point);
printf(" Zeittrenner : [%c]\n"
       " Datumstrenner: [%c]\n"
       " Dezimalpunkt : [%c]\n",
  (char)tsep, (char) dsep, (char) point);
```

GetStartPath

Zweck

Programmverzeichnis ermitteln.

Definition

BYTEPTR FAR GetStartPath (void);

Include

ROUTIN.H

Quelldatei

STARTARG.C

Parameter

keiner

Ergebnis

Zeiger auf den Verzeichnisnamen, in dem die Programmdatei steht. Gezeigt wird auf einen 64 Byte langen statischen Puffer.

Beschreibung

Diese Funktion liefert immer das Verzeichnis, in dem das Programm steht, auch wenn es aus einem anderen Verzeichnis heraus aufgerufen wurde. Das Funktionsergebnis kann z.B. sein:

"C:\TC\TOOLS"

ohne abschließenden Backslash.

Verweis

GetInitFile()

GetWaitTime

Zweck	Zeitwert ermitteln.
Definition	word FAR GetWaitTime (void);
Include	ROUTIN.H
Quelldatei	WARTZEIT.C
Parameter	keiner
Ergebnis	Sekunden-Wert.
Beschreibung	Gibt die mit *SetWaitTime()* gesetzte Zeit zurück. Die Funktionen *keyin()* und *Event()* fragen diesen Wert ab und geben 0 als Funktionsergebnis (*keyin()*) bzw. setzen das Event-Flag auf EV_TIME. So lassen sich selbstlaufende Programme schreiben, indem man zu Programmbeginn *SetWaitTime(wartezeit)* aufruft und die Funktionen *keyin()*, *Event()* für die Programmsteuerung verwendet.

InchToCent

Zweck	Inch-Werte umrechnen.
Definition	double FAR InchToCent(double inch);
Include	KONVERT.H
Quelldatei	EINHEIT.C
Parameter	Inch-Wert
Ergebnis	Zentimeter-Wert.
Beschreibung	Ganz einfach.
Verweis	*CentToInch()*

InchToDeciPoint

Zweck	Inch-Werte in Dezimalpunkte umwandeln.
Definition	long FAR InchToDeciPoint(double inch);

Include	KONVERT.H
Quelldatei	EINHEIT.C
Parameter	<inch> ist der Inch-Wert.
Ergebnis	Dezimalpunkte.
Verweis	*DeciPointToInch()*

Install_harderr

Zweck	Fehlerroutine für Hardware-Fehler installieren.
Definition	bool FAR Install_harderr(void);
Include	FEHLER.H
Quelldatei	SYSERR.C
Parameter	keiner
Ergebnis	immer TRUE
Beschreibung	Mit dieser Funktion wird die im Modul SYSERR.C enthaltene Funktion *SystemFehler()* über *harderr()* installiert (siehe auch im Borland-Referenzhandbuch unter *harderr()*). *SystemFehler()* ist die Behandlungsroutine für kritische Fehler. In ihr wird die Fehlerstruktur {sysfehl} (siehe *GetActError()*) belegt und ein Aufruf von *ErrSet()* getätigt. Anschließend gibt *SystemFehler()* den Wert BREAKE (3) zurück, der DOS (ab Version 3.1) mitteilt, daß der in DOS bearbeitete Systemaufruf mit einem Fehler abgebrochen werden soll. Dadurch stellt jene Funktion, in der der DOS-Aufruf stand, einen Fehler fest und kann durch den Aufruf von *ErrGet()* und/oder *GetActError()* Informationen abholen und entsprechend reagieren.
Portabilität	DOS ab 3.10
Verweis	*GetActError(), ErrSet(), ErrGet()*

IntToBinStr

Zweck	Integerwert in Binären String umwandeln.

Definition void FAR IntToBinStr(word dezimal, BYTEPTR BinStr);

Include KONVERT.H

Quelldatei BINTBIN.C

Parameter <dezimal> enthält einen beliebigen 16-Bit-Zahlenwert und <BinStr> zeigt auf einen (uninitialisierten) Speicherblock mit Platz für 16 Zeichen.

Ergebnis keines (in <BinStr>).

Beschreibung Der Wert in <dezimal> wird so umgewandelt, daß jedes gesetzte Bit der Zahl als '1' im String erscheint und jedes gelöschte Bit als '0'. Die Zahl 40 ergibt also den String: [0000000000101000].

Verweis *BinStrToInt()*

IntToStr

Zweck int-Zahl in String umwandeln.

Definition BYTEPTR FAR IntToStr(BYTEPTR string, sig zahl, int laenge);

Include KONVERT.H

Quelldatei KONVERT.C

Parameter <string> enthält einen Puffer für wenigstens <laenge> plus 2 Zeichen. Wenn für <string> NULL angegeben wird, wird ein statischer Puffer verwendet und ein Zeiger auf diesen zurückgegeben. <zahl> ist die umzuwandelnde Zahl. Wenn für <laenge> ein negativer Wert angegeben wird, werden führende Nullen statt führender Leerzeichen verwendet.

Ergebnis Der zurückgegebene Pointer zeigt entweder auf den Puffer <string> oder (wenn dieser NULL war) auf einen statischen Puffer.

Beschreibung Wenn <laenge> ein positiver Wert ist, bestimmt ein statisches Flag, das mit der Funktion *KonvNull()* verändert werden kann, ob führende Nullen oder führende Leerzeichen verwendet werden. Normalerweise werden führende Leerzeichen benutzt (was einem Aufruf von *KonvNull(FALSE)* entspricht).

<zahl> kann ein negativer Wert sein. Beachten Sie dabei, daß deshalb der String ein Zeichen länger ist, als <laenge> angibt, weil entweder das Minuszeichen oder ein Leerzeichen das erste Zeichen bildet.

Verweis *StrToInt(), KonvNull(), NullTrim()*

Beispiel

```
byte zstr[12];
byte *vsf;

vsf = IntToStr(NULL, -2800, 5);  // "- 2800"
vsf = IntToStr(NULL, 2800, -5);  // " 02800"
IntToStr(zstr, 2800, 4);         // " 2800"
```

KonvNull

Zweck Konvertierungsmodus festlegen.

Definition bool FAR KonvNull(bool set);

Include KONVERT.H

Quelldatei KONVERT.C

Parameter <set> kann TRUE oder FALSE sein.

Ergebnis Vorherige Einstellung.

Beschreibung Die Voreinstellung für die Konvertierungsroutinen ist FALSE für <set>. Wenn <set> FALSE ist, werden bei den Konvertierungsroutinen *LongToStr()*, *WordToStr()* und *IntToStr()* statt führender Nullen führende Leerzeichen verwendet. Die Form der Verwendung von Leerzeichen ist unter *NullTrim()* erklärt.

Zum Beispiel ergibt der Aufruf von *WordToStr(NULL, 256, 5)* den String " 256", wenn *KonvNull(FALSE)* (die Voreinstellung) aufgerufen wurde und ergibt "00256", wenn *KonvNull(TRUE)* aufgerufen wurde.

Verweis *NullTrim()*

LiDelete

Zweck Knoten aus der Liste entfernen.

Definition void FARD * FAR LiDelete(ListKopf *kopf, void *such, void FAR *fun);

Include LISTE.H

Quelldatei LISTE.C

Parameter <kopf> ist ein Zeiger auf den Kopf der Liste. <such> ist ein Zeiger auf den zu löschenden Datenblock. <fun> ist ein Zeiger auf eine Vergleichsfunktion, mit der der Listeneintrag identifiziert wird.

Ergebnis Zeiger auf den gefundenen Datenblock oder NULL.

Beschreibung Der Knoten mit dem gesuchten Datenblock wird durch diese Funktion gelöscht, während der Datenblock selbst als Ergebnis geliefert wird.

Die Vergleichsfunktion <fun> muß folgenden Prototyp aufweisen (es ist der gleiche, wie für *LiSeek()*):

```
long FAR _Cdecl licomp(void *, void *);
```

Wenn Sie eine solche Vergleichsfunktion für einen bestimmten Zweck schreiben, kann sie wie folgt aussehen (wie Sie sehen, müssen dann keine **void**-Zeiger verwendet werden):

```
long FAR _Cdecl _w_vergl (SYSwin *wi, sig *num)
{
  return((long) (*num - wi->WindowNummer) );
}
```

Diese Vergleichsfunktion wird im Modul WINDOW verwendet.

Die Tatsache, daß ein **long**-Wert verlangt wird, erlaubt Ihnen erst eine direkte Zeigerarithmetik oder direkte Verwendung von größeren Zahlen.

Verweis *LiKopf()*

LiInsert

Zweck Listenelement neu eintragen.

Definition int FAR LiInsert(void *daten, ListKopf *kopf);

Include LISTE.H

Quelldatei LISTE.C

Parameter <daten> ist ein Zeiger auf beliebige Daten. <kopf> zeigt auf den Kopf der Liste.

Ergebnis FALSE, wenn <kopf> NULL war oder wenn kein Speicher für einen neuen Listenknoten mehr frei war. Sonst wird die neue Anzahl der Listenelemente zurückgegeben.

Beschreibung Mit dieser Funktion tragen Sie ein neues Element in die Liste, auf die <kopf> zeigt, ein. *LiInsert()* setzt das neue Element immer an das Ende der Liste (während *LiDelete()* und *LiSeek()* auf jedes beliebige Element innerhalb der Liste anwendbar ist). Wenn ein Kriterium für die Einfügung in die Liste bekannt ist, können Sie eine andere *LiInsert()*-Funktion implementieren, die nahe an einen Baum heranreichen kann.

Verweis *LiKopf()*

LiKopf

Zweck Neue Liste einrichten.

Definition ListKopf * FAR LiKopf(void);

Include LISTE.H

Quelldatei LISTE.C

Parameter keiner

Ergebnis Zeiger auf den Kopf einer neuen Liste. Im Fehlerfall wird NULL zurückgegeben (zuwenig Speicher frei).

Beschreibung Eine Liste verwendet zwei Strukturdefinitionen:

```
typedef struct doli {
  void        *daten;
  struct doli *next,
              *prev;
} ListKnoten;


typedef struct doko {
```

```
    size_t      knzahl;
    ListKnoten  *first,
                *last;
} ListKopf;
```

Weil jeder Knoten der Liste eine Information sowohl über den Vorgängerknoten als auch über den Nachfolgerknoten enthält, ist die hier realisierte Liste eine doppelt verkettete Liste.

Bitte beachten Sie bei Änderungen des Quellcodes: alle Listenfunktionen werden in Toolbox-Funktionen (Module WINDOW, DATENBANK, DATEI) verwendet. Die äußeren Eigenschaften der Funktionen sollten daher nicht verändert werden.

Verweis *Schlange()*

LiNextD

Zweck Datenzeiger des ersten Listenelement ermitteln.

Definition void FARD * FAR LiNextD(ListKopf *kopf);

Include LISTE.H

Quelldatei LISTE.C

Parameter <kopf> ist der Kopf der Liste.

Ergebnis NULL: die Liste ist leer. Sonst: Zeiger auf die Daten, die mit *LiInsert()* eingetragen wurden.

Beschreibung Da in der Kopf-Struktur der Liste immer ein Zeiger auf das erste und das letzte Listenelement aufbewahrt wird, kann mit dieser Funktion das erste Element abgeholt werden. Dies ist zum Beispiel in der Funktion *dfcloseall()* die einzige Möglichkeit, alle geöffneten Dateien zu schließen, ohne Zugriff auf die Original-Dateibeschreibungen ({DFILE}) zu haben.

Verweis *LiSeek()*

LiSeek

Zweck

Listenelement suchen.

Definition

void FARD * FAR LiSeek(ListKopf *kopf, void *such, void FAR *fun);

Include

LISTE.H

Quelldatei

LISTE.C

Parameter

<kopf> ist der Zeiger auf den Listenkopf, wie er von *LiKopf()* zurückgegeben wurde. <such> ist ein Datenzeiger auf die in der Liste gesuchte Struktur. <fun> ist ein Funktionszeiger.

Ergebnis

Zeiger auf den gefunden Datenblock (wie er mit *LiInsert()* eingetragen wurde) oder NULL, wenn nichts gefunden wurde.

Beschreibung

Am Beispiel der im Modul WINDOW verwendeten Methode möchte ich Ihnen die Funktion erklären.

Mit *LiInsert()* wird ein Zeiger auf die Window-Struktur {SYSwin} in die Liste eingetragen. Ein Feld in dieser Window-Struktur enthält eine Referenznummer, die Sie als Ergebnis von *WinOpen()* erhalten. Wird nur anhand dieser Nummer ein Zeiger auf die ganze Struktur gesucht, die irgendwo in der Liste steckt, wird *LiSeek()* und folgende Vergleichsfunktion verwendet:

```
long FAR _Cdecl _w_vergl (SYSwin *wi, sig *num)
{
  return((long) (*num - wi->WindowNummer) );
}
```

Der Aufruf von *LiSeek()* wäre in einem Beispiel:

```
sig winNr=1;
SYSwin *mywin;

mywin = LiSeek(winkopf, &winNr, _w_vergl);
```

Sie sehen, daß als Datenzeiger ein Zeiger auf die Nummer übergeben wird, die ein Strukturmitglied von {SYSwin} ist. *LiSeek()* kümmert sich darum nicht, sondern gibt diesen Pointer direkt an die Vergleichsfunktion weiter, zusammen mit einem Zeiger auf eine {SYSwin}-Struktur, die in der Liste eingetragen ist. Gibt die Vergleichsfunktion Null zurück, dann gibt *LiSeek()* den Zeiger auf die {SYSwin}-Struktur zurück.

Findet *LiSeek()* keine Entsprechung, wird NULL zurückgegeben.

Verweis *LiNextD()*

LongToStr

Zweck long-Zahl in String umwandeln.

Definition BYTEPTR FAR LongToStr(BYTEPTR string, signed long zahl, int laenge);

Include KONVERT.H

Quelldatei KONVERT.C

Parameter <string> enthält einen Puffer für wenigstens <laenge> plus 1 Zeichen. Wenn für <string> NULL angegeben wird, wird ein statischer Puffer verwendet und ein Zeiger auf diesen zurückgegeben. <zahl> ist die umzuwandelnde Zahl. Wenn für <laenge> ein negativer Wert angegeben wird, werden führende Nullen statt führender Leerzeichen verwendet.

Ergebnis Der zurückgegebene Pointer zeigt entweder auf den Puffer <string> oder (wenn dieser NULL war) auf einen statischen Puffer.

Beschreibung Wenn <laenge> ein positiver Wert ist, bestimmt ein statisches Flag, das mit der Funktion *KonvNull()* verändert werden kann, ob führende Nullen oder führende Leerzeichen verwendet werden. Normalerweise werden führende Leerzeichen benutzt (was einem Aufruf von *KonvNull(FALSE)* entspricht).

<zahl> kann ein negativer Wert sein. Beachten Sie dabei, daß deshalb der String ein Zeichen länger ist, als <laenge> angibt, weil entweder das Minuszeichen oder ein Leerzeichen das erste Zeichen bildet.

Verweis *StrToLong(), KonvNull(), NullTrim()*

Beispiel

```
byte zstr[20];
byte *koga;

koga = LongToStr(NULL, -2345239L, -10);  // "-0002345239"
koga = LongToStr(NULL, 2345239L, -10);   // " 0002345239"
koga = LongToStr(NULL, 2345239L, 10);    // "    2345239"
LongToStr(zstr, 77L, 12);                // "          77"
```

maxmin

Zweck	Grenzwertüberprüfung.
Definition	int FAR maxmin (int i, int min, int max);
Include	ROUTIN.H
Quelldatei	MIMA.C
Parameter	<i> ist der Wert, der zwischen <min> und <max> liegen soll.
Ergebnis	<i> oder <min> oder <max>
Beschreibung	Wenn <i> kleiner als <min> ist, wird <max> an <i> zugewiesen. Wenn <i> größer als <max> ist, bekommt <i> den Wert <min>. Wenn <i> innerhalb der Grenzen liegt, wird er unverändert zurückgegeben. Anders gesagt: bei Überschreitung des maximal erlaubten Wertes wird der minimal erlaubte Wert als Ergebnis geliefert. Bei Unterschreitung des minimal erlaubten Wertes wird der maximale Wert verwendet.

minmax

Zweck	Grenzwertüberprüfung.
Definition	int FAR minmax (int i, int min, int max);
Include	ROUTIN.H
Quelldatei	MIMA.C
Parameter	<i> ist der Wert, der zwischen <min> und <max> liegen soll.
Ergebnis	<i> oder <min> oder <max>
Beschreibung	Wenn <i> kleiner als <min> ist, wird <min> an <i> zugewiesen. Wenn <i> größer als <max> ist, bekommt <i> den Wert <max>. Wenn <i> innerhalb der Grenzen liegt, wird er unverändert zurückgegeben.

Anders gesagt: bei Überschreitung des maximal erlaubten Wertes wird dieser maximale Wert als Ergebnis geliefert. Bei Unterschreitung des minimalen Wertes wird der minimale Wert geliefert.

NullTrim

Zweck Konvertierung.

Definition void FAR NullTrim(BYTEPTR string);

Include KONVERT.H

Quelldatei KONVERT.C

Parameter Zeiger auf einen String.

Ergebnis <string> wird verändert.

Beschreibung Führende Nullen im String <string> werden in Leerzeichen umgewandelt. Aus dem String "0000123,23" wird der String "   123,23". Dabei wird sichergestellt, daß wenigstens eine Ziffer im String verbleibt. Aus dem String "00000000" wird "   0" und aus "000,00" wird " 0,00".

Diese Funktion wird im Eingabemodul und in den Konvertierungsroutinen eingesetzt.

Verweis *KonvNull()*

prerrf

Zweck Ausgabe auf den Bildschirm.

Definition void FAR prerrf(byte *fmt, ...);

Include FEHLER.H

Quelldatei SFTERROR.C

Parameter <fmt> und folgende Parameter sind identisch mit den Parametern, wie sie an *printf()* übergeben werden.

Ergebnis keines

Beschreibung Diese Funktion arbeitet mit der Low-Level-Funktion *write()* und schreibt den Text nach HDL_STDERR (Handle-Nummer 2).

Verweis *ErrSet()*

SchInsert

Zweck Neues Glied an das Ende der Schlange setzen.

Definition int FAR SchInsert(void *daten, SchHead *head);

Include LISTE.H

Quelldatei SCHLANGE.C

Parameter <daten> ist ein beliebiger Zeiger auf beliebige Daten. <head> ist ein Zeiger auf den Kopf der Schlange.

Ergebnis Normalerweise wird TRUE das Ergebnis sein. Wenn FALSE zurückgegeben wird, dann war nicht mehr genug Speicher frei, der für das neue Schlangenglied angefordert werden sollte.

Beschreibung An das Ende der Schlange wird ein neues Glied angefügt. Dabei erhält das vorherige Glied eine Information auf seinen Nachfolger und der Kopf über das neue letzte Glied.

Beispiel

```
SchHead *sKopf;
byte *str;
sKopf = Schlange();
SchInsert("Manfred ", sKopf);
SchInsert("Rebentisch", sKopf);
...
while((str = (byte *) SchOut(sKopf)) != NULL)
    wprintf(str);
Rfree(sKopf);
```

Schlange

Zweck Eine Schlange einrichten.

Definition SchHead * FAR Schlange(void);

Include LISTE.H

Quelldatei SCHLANGE.C

Parameter keiner

Ergebnis Zeiger auf einen neuen Schlangenkopf, für den dynamisch Speicher allokiert wurde.

Beschreibung Eine Schlange verwendet zwei Strukturdefinitionen: eine für den Kopf und eine für jedes Glied.

```
typedef struct SchK {
   void        *knDaten;
   struct SchK *knNext;
} SchKnoten;

typedef struct SchH {
   int         shLen;
   SchKnoten   *shFirst,
               *shLast;
} SchHead;
```

Wenn alle Glieder (Daten) der Schlange abgeholt worden sind (*SchOut()*) müssen Sie (wenn Sie den Kopf nicht mehr brauchen), *Rfree()* für die Freigabe seines Gehirns aufrufen.

SchLen

Zweck Länge der Schlange holen.

Definition size_t FAR SchLen(SchHead *head);

Include LISTE.H

Quelldatei SCHLANGE.C

Parameter Zeiger auf den Schlangenkopf.

Ergebnis Zahl der Glieder der Schlange.

Beschreibung Jedes Mal, wenn mit *SchInsert()* ein neues Glied angefügt wird, wird die Zahl im Schlangenkopf erhöht und jedes Mal, wenn Sie mit *SchOut()* das erste Glied abholen, wird die Zahl erniedrigt. Ist nur noch der Kopf übrig, wird Null zurückgegeben. Lebensecht.

SchNext

Zweck	Daten des ersten Gliedes holen, ohne zu löschen.
Definition	void * FAR SchNext(SchHead *head);
Include	LISTE.H
Quelldatei	SCHLANGE.C
Parameter	Zeiger auf den Kopf der Schlange.
Ergebnis	Zeiger auf die Daten des ersten Gliedes der Schlange.
Beschreibung	Das Glied der Schlange selbst wurde durch diesen Aufruf NICHT gelöscht. Mit dieser Funktion können Sie deshalb zunächst untersuchen, ob Sie die Daten des ersten Gliedes der Schlange wirklich haben wollen.
Verweis	*Schlange(), SchOut()*

SchOut

Zweck	Erstes Glied der Schlange ermitteln.
Definition	void FAR * FAR SchOut(SchHead *head);
Include	LISTE.H
Quelldatei	SCHLANGE.C
Parameter	Zeiger auf den Kopf der Schlange.
Ergebnis	Zeiger auf die Daten des ersten Gliedes der Schlange.
Beschreibung	Das Glied der Schlange selbst wurde durch diesen Aufruf gelöscht.
Verweis	*SchInsert()*
Beispiel	siehe *SchInsert()*

SetInitFile

Zweck	Initialisierungsdateinamen festlegen.

Definition void FAR SetInitFile (BYTEPTR NewFile);

Include ROUTIN.H

Quelldatei STARTARG.C

Parameter Zeiger auf String mit Dateiname (und Pfad).

Ergebnis keines

Beschreibung Mit dieser Funktion wird lediglich eine statische Variable mit <NewFile> belegt. <NewFile> muß danach nicht weiter existieren. Nur die ersten 64 Zeichen des Strings werden berücksichtigt (längere werden abgeschnitten).

Verweis *GetInitFile()*

SetSeparator

Zweck Trennzeichen spezifizieren.

Definition void FAR SetSeparator(int timesep, int datesep, int decipoint);

Include RLOCAL.H

Quelldatei LOCALE.C

Parameter <timesep> ist das Zeichen für den Zeittrenner, <datesep> für den Datumstrenner und <decipoint> für den Dezimalpunkt.

Ergebnis keines

Beschreibung Sie können Ihr Programm entweder flexibel auf die jeweilige Sprache des Computers abstimmen (dann brauchen Sie diese Funktion nicht, aber *GetSeparator()*) oder Sie legen selbst die Trennzeichen fest oder Sie lassen den Benutzer entsprechende Eintragungen vornehmen (MS-Word tut dies so).

Wenn Sie zum Beispiel SetSeparator(':', '.', ',') aufrufen, werden für Zeitstrings das Format "12:34:33", für Datumsstrings das Format "29.04.1986" und für Zahlenstrings das Format "999,11" verwendet.

Verweis *GetSeparator()*

SetWaitTime

Zweck Wert für *GetWaitTime()* festlegen.

Definition void FAR SetWaitTime (word zeit);

Include ROUTIN.H

Quelldatei WARTZEIT.C

Parameter Neuer Wert für die Wartezeit.

Ergebnis keines

Beschreibung Setzt eine interne Variable auf den Wert <zeit>. Wird von *GetWaitTime()* abgefragt.

Verweis *GetWaitTime()*

softerr

Zweck Fehlerroutine installieren.

Definition int FAR softerr(void *errFun);

Include FEHLER.H

Quelldatei SFTERROR.C

Parameter <errFun> ist ein Zeiger auf eine Funktion mit einem Prototyp wie folgt:

word FAR errFun(SYSerr *se, word ec);

Ergebnis *softerr()* gibt immer TRUE zurück.

Beschreibung Ähnlich wie *harderr()* ist *softerr()* eine Routine, mit deren Hilfe sich Soft- und Hardwarefehler abfangen lassen. *softerr()* steht jedoch über *harderr()* und der durch *harderr()* installierten Routine. Wenn ein Hardwarefehler auftritt (vorausgesetzt, *Install_harderr()* wurde aufgerufen), wird eine Fehlernachricht über *ErrSet()* abgegeben. Durch den Aufruf von *ErrAct()* wird dann die Routine <errFun> aufgerufen, die mit *softerr()* installiert wurde.

Verweis *Install_harderr(), ErrAct(), ErrGet(), ErrSet(), ErrOut(), prerrf(), ErrAdd()*

Beispiel siehe *ErrAct()*

StrToDbl

Zweck String in double-Zahl umwandeln.

Definition double FAR StrToDbl(BYTEPTR str, int len);

Include KONVERT.H

Quelldatei DBL.C

Parameter <str> zeigt auf den umzuwandelnden String. <len> gibt an, wieviel Zeichen in <str> als Zahlen interpretiert werden sollen (inclusive Komma, Vorzeichen und Nachkommastellen).

Ergebnis double-Zahl, aus <str> konvertiert. Bei einem Fehler wird der Wert HUGE_VAL geliefert (über *atof()*).

Beschreibung Der String mit der Zahl kann Kommazahlen enthalten. Das Zeichen für den Dezimalpunkt wird durch *GetSeparator()* ermittelt und für *atof()* in einen Punkt umgewandelt. Wenn <str> einen Dezimalpunkt enthält, obwohl als localer Dezimaltrenner ein Komma definiert ist, wird dieser gleichwohl berücksichtigt. Doch andersherum funktioniert es nicht: wenn als Dezimaltrenner in <str> ein Komma verwendet wird, während als localer Dezimaltrenner ein Punkt ermittelt wird, werden die Nachkommastellen ignoriert! Das Problem können Sie umgehen, indem Sie entweder immer einen Punkt in Zahlenstrings verwenden oder indem Sie die in dieser Toolbox vorgestellten Routinen für eine Umwandlung verwenden. Auch das EINGABE-Modul verwendet *GetSeparator()*, bevor Zahlenstrings bearbeitet werden.

Verweis *GetSeparator(), SetSeparator(), DblToStr()*

Beispiel

```
StrToDbl("-000033,911000", 14);
```

StrToInt

Zweck Zahlen-String in int-Wert umwandeln.

Definition sig FAR StrToInt(BYTEPTR string, int start, int laenge);

Include KONVERT.H

Quelldatei KONVERT.C

Parameter <string> ist ein normaler String, <start> gibt den Offset im <string> an, ab der <laenge> Ziffern konvertiert werden sollen.

Ergebnis Der **signed int** - Wert für den String.

Beschreibung Der String kann ein Minus- oder Pluszeichen enthalten.

Verweis *IntToStr()*

Beispiel Obwohl der folgende Aufruf seltsam ist, funktioniert er einwandfrei:

```
zahl = StrToInt("Manfreds Zahl ist -12345", 0, 50);
```

Als Ergebnis wird die Minuszahl 12345 geliefert.

```
zahl = StrToInt("5432", 0, 4);
```

Ergibt die Zahl 5432.

StrToLong

Zweck String in long-Zahl umwandeln.

Definition signed long FAR StrToLong(BYTEPTR string, int start, int len);

Include KONVERT.H

Quelldatei KONVERT.C

Parameter <string> zeigt auf den umzuwandelnden String. <start> gibt den Offset im <string> an, ab der <len> Ziffern konvertiert werden sollen.

Ergebnis signed long Wert der in <string> dargestellten Zahl.

Beschreibung Der String kann ein Minus- oder Pluszeichen enthalten.

Verweis *LongToStr()*

Beispiel

```
long wert;

wert = StrToLong("-307200", 0, 7); /* -307200L */
wert = StrToLong("5882339    ", 0, 10); /* 5582339L */
```

StrToWord

Zweck String in word-Zahl umwandeln.

Definition word FAR StrToWord(BYTEPTR string, int laenge);

Include KONVERT.H

Quelldatei KONVERT.C

Parameter <string> zeigt auf den umzuwandelnden String und <laenge> gibt die Länge des Zahlenstrings an.

Ergebnis **word**-Wert des Strings.

Beschreibung Die Umwandlung wird beim ersten nicht Zahlenwert abgebrochen. Repräsentiert der Zahlenstring einen Wert über 0xFFFF, wird kein Fehler erkannt, obgleich das Ergebnis ungültig ist.

Verweis *WordToStr()*

Beispiel

```
word wwert;

wwert = StrToWord("54001", 5); /* 54001 */
wwert = StrToWord("12", 2); /* 12 */
wwert = StrToWord("Hello1234Manfred" +5, 5); /* 1234 */
```

ton

Zweck Lautsprecherton erzeugen.

Definition void FAR ton (word freq, word ti);

Include ROUTIN.H

Quelldatei ROUTINEN.C

Parameter <freq> ist die Frequenz in Hertz, <ti> die Zeitdauer in Millisekunden für einen Ton.

Ergebnis keines

Beschreibung Kurzform für die drei Befehle: *sound()*, *delay()* und *nosound()*. Wenn Sie eine ANSI-Compilierung durchführen (das Makro _STDC_ definiert ist), ist *ton()* eine Dummi-Funktion.

Portabilität IBM-PC

tonFreq

Zweck Frequenz für Töne abfragen.

Definition word FAR tonFreq (void);

Include ROUTIN.H

Quelldatei ROUTINEN.C

Parameter keiner

Ergebnis Eingestellte Frequenz.

Beschreibung Siehe *tonSetFT()*

Verweis *tonSetFT()*, *ton()*

tonSetFT

Zweck Interne Variablen setzen.

Definition void FAR tonSetFT (word Freq, word ti);

Include ROUTIN.H

Quelldatei ROUTINEN.C

Parameter <Freq> ist die Frequenz in Hertz, <ti> die Zeitdauer in Millisekunden für einen Ton.

Ergebnis keines

Beschreibung Mit den vier Funktionen, *ton()*, *tonSetFT()*, *tonTime()* und *tonFreq()* können tonerzeugende Routinen geschrieben werden, ohne daß diese wissen, welche Tonhöhen und Zeitdauer sie verwenden. Zum Beispiel können in bestimmten Programmsituationen

Warntöne eingebaut werden und der Benutzer kann durch Festlegung der Variablen bestimmen, wie sich der Ton anhören soll oder ob er ihn überhaupt hören will. In der entsprechenden Routine steht dann der Befehl: *ton(tonFreq(), tonTime());* Ein vorheriger Befehl könnte mit *tonSetFT(userFreq, userTime)* Benutzerwünsche erfüllen.

Portabilität k.E. (siehe *ton()*)

Verweis *ton()*

tonTime

Zweck Zeit für Töne abfragen.

Definition word FAR tonTime (void);

Include ROUTIN.H

Quelldatei ROUTINEN.C

Parameter keiner

Ergebnis Eingestellte Zeit.

Beschreibung Siehe *tonSetFT()*

Verweis *tonSetFT(), ton()*

WaterProof

Zweck Benutzerwarnung.

Definition bool FAR WaterProof(void);

Include ROUTIN.H

Quelldatei WATER.C

Parameter keine

Ergebnis TRUE: alles ok; FALSE: Wasser im Prozessor.

Beschreibung Diese Funktion wird automatisch aufgerufen, wenn der Computer unter Wasser steht. Sie mahnt den Benutzer, keinen Quatsch zu machen. Zwar sind alle Funktionen dieser Toolbox wasserdicht, doch wird davon ausgegangen, daß Sie im Quellcode herumgestochert haben und so keine Gewähr für Wasserdichtigkeit, ja nicht einmal für 'water resistant' gegeben werden kann. Sie sollten zu Beginn Ihres Programms stets die Initialisierungsroutine dieser Seenotrettungsfunktion aufrufen, sonst kann der Rettungsring nicht geworfen werden.

Portabilität CP/M, DOS, MAC, UNIX, NEXT

WordToStr

Zweck word-Zahl in String umwandeln.

Definition BYTEPTR FAR WordToStr(BYTEPTR string, word zahl, int laenge);

Include KONVERT.H

Quelldatei KONVERT.C

Parameter <string> enthält einen Puffer für wenigstens <laenge> plus 1 Zeichen. Wenn für <string> NULL angegeben wird, wird ein statischer Puffer verwendet und ein Zeiger auf diesen zurückgegeben. <zahl> ist die umzuwandelnde Zahl. Wenn für <laenge> ein negativer Wert angegeben wird, werden führende Nullen statt führender Leerzeichen verwendet.

Ergebnis Der zurückgegebene Pointer zeigt entweder auf den Puffer <string> oder (wenn dieser NULL war) auf einen statischen Puffer.

Beschreibung Wenn <laenge> ein positiver Wert ist, bestimmt ein statisches Flag, das mit der Funktion *KonvNull()* verändert werden kann, ob führende Nullen verwendet werden oder führende Leerzeichen. Standard ist, daß führende Leerzeichen benutzt werden.

Verweis *StrToWord(), KonvNull(), NullTrim()*

Beispiel

```
byte zstr[12];
byte *trek;

trek = WordToStr(NULL, 520, -5);  // "00520"
trek = WordToStr(NULL, 520, 5);   // "  520"
WordToStr(zstr, 750, 4);          // " 750"
WordToStr(zstr, 750, -4);         // "0750"
```

Beispiel: LISTFILE.C

Das folgende Programm LISTFILE.C arbeitet vor allem mit den Funktionen aus dem Modul DATEI. Die *File*-Funktionen werden hier zusammen mit einer direkten Verwendung von *findfirst()* und *findnext()* eingesetzt.

Für die Bildschirmdarstellung werden die Middle-Level-Funktionen aus dem Modul WINDOW (Datei WINDIO.C) verwendet.

Das Programm wird mit folgenden Parametern aufgerufen (die alle optional sind):

```
LISTFILE [<lw> [<mask> [<datefrom> [<dateto>]]]]
```

Die Reihenfolge der Parameter ist zwingend; das heißt, wenn <datefrom> angegeben werden soll, müssen auch <lw> und <mask> angegeben werden. Dies ließe sich sicherlich auch mit diversen Schaltern ändern...

<lw> Laufwerk und Verzeichnisangabe.
Als Standardlaufwerk wird das aktuelle Laufwerk genommen.
Ansonsten kann <lw> zum Beispiel folgende Zeichenketten enthalten:

"A:"
"A"
"C:\CBIB"
"C:\CBIB\"

<mask> Angabe einer Dateimaske.
Gültige Angaben:

"*.*"
"*.TXT"
"A???.*"

<datefrom> Datum, ab dem Dateien gesucht werden.
Gültige Formate für das Datum:

"1.4.91"
"10.8.1990"
"05.01.1992"

<dateto> Datum, bis zu dem Dateien gesucht werden. Die Dateien werden einschließlich dieses Datums gesucht.

Das Programm zeigt alle gefundenen Dateien mit Datum und Uhrzeit auf dem Bildschirm an. Gleichzeitig werden alle diese Dateien in eine Datei im aktuellen Verzeichnis geschrieben: LISTFILE.LIF. Hierbei wird jedoch auf Datum und Uhrzeit verzichtet. Wenn diese Datei bereits existiert, werden die neuen Daten an das Ende der Datei angehängt.

```
/*%%%%%%%%%%%%%%%%%%%%%%%%%%%%%%%%%%%%%%%%%%%%%%%%%%%%%%%%%%%%%%%%%%%%%%%%%%%%%%
   PROJECT.........: DATEI-LISTER
   MODUL...........: MAIN
   *
   COMPILER........: Turbo-C++ (TCC.EXE)
                     Borland C++ (BCC.EXE)
   COMPILE-OPTIONEN: -ml -2 -O -G -k- -N- -v- -Vs -a- -K

   LARGE-Modell verwenden!


   *
   BEGONNEN am.....: 29.01.1991          von..: Manfred Rebentisch
   ENDE............: 17.02.1991
   ÄNDERUNGEN.......
     1.......am....: 06.05.1991          von..: MR
          Umsetzung für julianisches Datum (schneller!) und Unterstützung
          einer Pfadvorgabe beim 1. Parameter. Die Datumsparameter werden
          jetzt ebenfalls toleranter umgesetzt.
     2.......am....:                     von..:

   MODUL-BESCHREIBUNG:
   Liste von einem Laufwerk die aktuellsten Dateien bis zurück zum
   Datum tt.mm.jj, das als Parameter übergeben wird auf.

   Bei Änderungen bedenken:
     fstrcat(), fstrcpy() und fstrncpy() hängen an das Ende des Zielstrings
     ein Nullbyte!

   MODUL-FUNKTIONEN:

%%%%%%%%%%%%%%%%%%%%%%%%%%%%%%%%%%%%%%%%%%%%%%%%%%%%%%%%%%%%%%%%%%%%%%%%%%%%%%*/
#include <global.h>
#include <dir.h>
#include <stdio.h>
#include <stdarg.h>
#include <ralloc.h>
```

```
#include <event.h>
#include <ctype2.h>
#include <io.h>
#include <dos.h>
#include <time.h>
#include <datum.h>
#include <maus.h>
#include <key.h>
#include <konvert.h>
#include <fstring.h>
#include <routin.h>
#include <rlocal.h>
#include <colors.h>
#include <window.h>
#include <datei.h>
#include <video.h>  // wg. viCols() und viRows()

#define STD_LW      "D:\\"                // Standardlaufwerk
#define ATTRIB      (FA_RDONLY | FA_HIDDEN | FA_SYSTEM | FA_DIREC | FA_ARCH)
#define MAX_DIRECS  1024

#define TYP_STRING (TYP_CHAR | TYP_PTR)

byte *caDirList[MAX_DIRECS];              // Verzeichnis-Liste
int nIndexDir=0;                          // Pointer für <caDirList>
int nIndexGet=0;
byte *cZielDatei = "LISTFILE.LIF";        // Standard-Zielname
byte cReadFrom[64]={0};
byte cDir[64]={0};                        // "C:\", "C:\SUBDIR\"
byte cThisOpen[64]={0};
byte cThisPath[64]={0};
byte cThisFile[64]={0};                   // Speicher für aktuellen Pfad
byte cStartPath[64]={0};
byte cExtension[16]={0},
     cExtExt[5]={0};                      // ".EXT"
long ldLastDate=0L,                       // Suche Files neuer als <ldLastDate>
     ldDateTwo=0L;                        // Suche Files älter als <ldDateTwo>
DFILE *fpFile, *fpDest;

long statFiles=0L;
word statPathes=0;
word statFound=0;

struct ffblk sDir;

bool near GetNextFile(void);
bool near CompFile(void);
```

```
void near ShowFile(void);
void near AddDirectory(void);
bool near ChgDirectory(void);
void near MakeFname(void);
void near PrintFile(void);
bool near PictureTransfer(BYTEPTR dest, BYTEPTR pict, int typ, void *ptr);


void main(int argc, byte **argv)
{
  bool done, pHelp=FALSE;
  byte tmp[128];
  word i;

  fstrcpy(cExtension, "*.*");
  if(argc == 1) {                          // Kein Parameter angegeben
    pHelp=TRUE;
    ldLastDate=Date();                     // Dateien von heute
    fstrcpy(cReadFrom, STD_LW);
    fstrcpy(cDir, STD_LW);
    *cReadFrom = *cDir = (byte) (getdisk() + 'A');
  }
  else if(argc == 2) {                     // Laufwerk (und Path) angegeben
    if(argv[1][0] == '?')
      pHelp=TRUE;
    ldLastDate=Date();
    fstrcpy(cReadFrom, argv[1]);
    if(position(':', cReadFrom) == 0)
      fstrcat(cReadFrom, ":\\");
    else {
      i = fstrlen(cReadFrom);
      if(cReadFrom[i-1] != '\\')
          fstrcat(cReadFrom, "\\");
    }
    fstrcpy(cDir, cReadFrom); // "A:\"
  }
  else if(argc >= 3) {                     // Wunsch-Extension angegeben
    ldLastDate = Date();
    fstrcpy(cReadFrom, argv[1]);
    if(position(':', cReadFrom) == 0)
      fstrcat(cReadFrom, ":\\");
    else {
      i = fstrlen(cReadFrom);
      if(cReadFrom[i-1] != '\\')
          fstrcat(cReadFrom, "\\");
    }
```

```
    fstrcpy(cDir, cReadFrom);

    fstrcpy(cExtension, argv[2]);       // "*.C"
  }
  if (argc >= 4) {                       // 1. Datum angegeben
    PictureTransfer((BYTEPTR)tmp, (BYTEPTR)"DD.MM.CCYY", TYP_STRING, (void
*)argv[3]);
    ldLastDate = StrToJul(tmp);
    if(ldLastDate == LBLANK_DATE)
      return;

  }
  if(argc >= 5) {                        // zweites Datum angegeben?
    PictureTransfer((BYTEPTR)tmp, (BYTEPTR)"DD.MM.CCYY", TYP_STRING, (void
*)argv[4]);
    ldDateTwo = StrToJul(tmp);
    if(ldDateTwo == LBLANK_DATE)
      return;
  }
  else
    ldDateTwo = 0L;

  upperstr(cReadFrom);
  upperstr(cDir);
  ColMake();
  ColSet(COL.norm);
  clrscr();
  window(2,2, viCols()-1, viRows()-1, FALSE);
  wputs("(C) Copyright by Manfred Rebentisch, 1991. Alle Rechte vorbehalten,
weltweit.\r\n\n");

  if(pHelp) {
    wputs("Aufruf mit LISTFILE [Lw] [*.EXT] [Datum Ab] [Datum Bis]\r\n");
    wputs("Alle Parameter sind optional. Für [Lw] wird das aktuelle Laufwerk
angenommen,\r\n");
    wputs("für [Datum Ab] das heutige Datum und für [Datum Bis] ebenfalls.\r\n");
    wputs("Für [*.EXT] wird \"*.*\" angenommen.\r\n");
    wputs("Die Eingabeform könnte so aussehen:\r\n\tLISTFILE  C *.TXT
17.2.91\r\n");
    wputs("oder\r\n\tLISTFILE  C *.* 10.11.1990  23.04.1991\r\n");
    wputs("oder\r\n\tLISTFILE  C *.TXT \r\n");
    wputs("Die gefundenen Dateien werden auf dem Bildschirm angezeigt und ohne
Datum\r\n");
    wputs("in eine Datei namens LISTFILE.LIF geschrieben, die anschließend in
dem\r\n");
    wputs("Verzeichnis steht, aus dem Sie dieses Programm aufgerufen
haben.\r\n");
```

```
    if(argc == 2)
          return;
  }

  fstrcpy(cStartPath, (byte*)GetAktPath());
  fstrncpy(cExtExt, fstrchr(cExtension, '.'), 4);

  fpDest = FileCreateMd(cZielDatei, "wbcas");    // Write, Bin, Create(if not
exist), Append, Shared
  if(fpDest == NULL) {
    wprintf("Konnte %s nicht anlegen!", cZielDatei);
    return;
  }

  fstrcat(cReadFrom, "*.*");
  done = findfirst(cReadFrom, &sDir, ATTRIB);
  fstrcpy(cThisFile, sDir.ff_name);
  fmemset(cThisPath, '\0', 50);

  if(ldDateTwo == 0L) {
    sprintf(tmp, "Beginne Suche in %s, suche ab Datum: %s\r\n", cDir,
          JulToStr(NULL, ldLastDate));
  }
  else {
    sprintf(tmp, "Beginne Suche in %s, suche zwischen %02d.%02d.%4d und "
                "%s\r\n",
          cDir, Day(ldLastDate),  // JulToStr(NULL,..) kann nicht mehrmals
          Month(ldLastDate),  // hintereinander aufgerufen werden, ohne
          Year(ldLastDate),   // den temporären String irgendwo zu sichern...!
          JulToStr(NULL, ldDateTwo));
  }
  wprintf(tmp);
  FileWrite(fpDest, ";", 1L);
  FileWrite(fpDest, tmp, (ulong)fstrlen(tmp));

  while (! done) {

    MakeFname();

    fpFile = FileOpenMd(cThisOpen, "rbs");

    if(!(sDir.ff_attrib & FA_DIREC) &&  CompFile()) {
          ShowFile();
          PrintFile();
    }

    if(sDir.ff_attrib & FA_DIREC) {
```

```
        AddDirectory();
    }
    if(!(fpFile == NULL)) {
      statFiles++;
      FileClose(fpFile);
    }
    if( ! GetNextFile() ) {  // Wechsle ins nächste Direktory
        if(!ChgDirectory())
          done = TRUE;
        else
          done = findfirst(cReadFrom, &sDir, ATTRIB);
    }
    if(keynext()) {
      if(keyin(0) == K_ESC)
          done = TRUE;
    }
  }
  chdir(cStartPath);
  FileWrite(fpDest, "\r\n\r\n", 4L);
  FileClose(fpDest);
  // Ins Startverzeichnis zurück und Statistik anzeigen

  if(statPathes == 0)  statPathes++;
  wprintf("\r\nIn %u Direktories mit %lu Dateien wurden %u aktuelle Dateien
gefunden!\n\r",
        statPathes, statFiles, statFound);

/*DEBUG:
  wprintf("\r\ncThisPath: [%s]\r\ncDir: [%s]\r\ncReadFrom: [%s]\r\n"
        "cThisFile: [%s]\r\ncExtension: [%s]\r\n",
        cThisPath, cDir, cReadFrom, cThisFile, cExtension);
*/
}


/*----------------------------PictureTransfer---------------------------------
   Hier wird jetzt der Einfachheit halber angenommen, daß <ptr> eine der
   folgenden möglichen Formate hat:
   "1.4.91"
   "12.8.1991"
   "3.05.91"
   und ähnliches.
   Wichtig: der Punkt, die Reihenfolge Tag, Monat, Jahr und die Angabe
   eines kompletten Datums. Nicht unterstützt wird also:
                    "10,03"
                    "12.8."
                    "7/10/82"
```

```
                    "88-12-31"
*/
/*
    PictureTransfer(&tmp, "DD.MM.CCYY", TYP_STRING, argv[3]);
*/
#pragma argsused
bool near PictureTransfer(BYTEPTR dest, BYTEPTR pict, int typ, void *ptr)
{
  word pos, tag, monat, jahr;
  int ts, ds, dp;
  BYTEPTR src;

  src = (BYTEPTR) ptr;
  tag = monat = jahr = 0;
  GetSeparator(&ts, &ds, &dp);
  pos = position(ds, src);              // Datumspunkt suchen
  if(pos > 0) {
    tag = StrToWord(src, pos -1);
    src += pos;
    pos = position(ds, src);
    if(pos > 0) {
       monat = StrToWord(src, pos-1);
       src += pos;
       jahr = StrToWord(src, 4);
       if(jahr < 100)
           jahr += 1900;
    }
  }
  WordToStr(dest, tag, -2);
  WordToStr(dest +3, monat, -2);
  WordToStr(dest +6, jahr, -4);
  dest[2] = dest[5] = dp;
  dest[10] = '\0';
  return(TRUE);
}

/*---------------------------MakeFname------------------------------------*/
void near MakeFname(void)
{
  word i;
  fstrcpy(cThisOpen, cDir);
  fstrcat(cThisOpen, cThisPath);
  i = fstrlen(cThisOpen);
  if(cThisOpen[i-1] != '\\')
    fstrcat(cThisOpen, "\\");
  fstrcat(cThisOpen, cThisFile);
}
```

```
/*------------------------------GetNextFile--------------------------------*/
bool near GetNextFile(void)
{
  if(! findnext(&sDir)) {
    fstrcpy(cThisFile, sDir.ff_name);
    return(TRUE);
  }
  return(FALSE);
}

/*-------------------------------CompFile---------------------------------*/
bool near CompFile(void)
{
  long tag;

  if(fpFile == NULL)
    return(FALSE);
  if(fstrstr(cExtExt, ".*") == NULL &&
     fstrstr(cThisFile, cExtExt) == NULL)        // ist's die richtige Extension?
    return(FALSE);
  tag = FileDate(fpFile);
  /*
    FileDate() gibt ein julianisches Datum zurück, das direkt und einfach
    verglichen werden kann.
  */
  if(ldDateTwo == 0L && tag >= ldLastDate) {
    statFound++;
    return(TRUE);
  }
  if(ldDateTwo > 0L && (tag >= ldLastDate && tag <= ldDateTwo)) {
    statFound++;
    return(TRUE);
  }
  return(FALSE);
}

/*----------------------------PrintFile-------------------------------------*/
void near  PrintFile(void)
{
  if(!(fpFile == NULL)) {
    FileWrite(fpDest, cThisOpen, (ulong)fstrlen(cThisOpen));
    FileWrite(fpDest, "\r\n", 2L);
  }
}

/*---------------------------ShowFile---------------------------------------*/
```

```
void near ShowFile(void)
{
  long zeit, tag;

  if(!(fpFile == NULL)) {
    zeit = FileTime(fpFile);
    tag  = FileDate(fpFile);
    wprintf("%-30s  -> am %s  um %s Uhr\r\n", cThisOpen,
          JulToStr(NULL, tag), SecToStr(NULL, zeit));
  }
}

/*-------------------------AddDirectory-------------------------------------*/
void near AddDirectory(void)
{
  if(fstrstr(sDir.ff_name, ".") != NULL && fstrlen(sDir.ff_name) < 3) {
    return;
  }
  statPathes++;
  caDirList[nIndexDir] = (byte*)Rmalloc(65);
  fstrcpy(caDirList[nIndexDir], cThisPath);
  if(full(cThisPath))
    fstrcat(caDirList[nIndexDir], "\\");
  fstrcat(caDirList[nIndexDir], sDir.ff_name);
  nIndexDir++;
  if(nIndexDir == MAX_DIRECS)    nIndexDir = 0;
}

/*---------------------------ChgDirectory---------------------------------*/
bool near ChgDirectory(void)
{
  int ok;

  if(nIndexGet == nIndexDir)
    return(FALSE);
  fstrcpy(cThisPath, caDirList[nIndexGet]);
  fstrcpy(cReadFrom, cDir);
  fstrcat(cReadFrom, cThisPath);
  ok = chdir(cReadFrom);
  fstrcat(cReadFrom, "\\*.*");
  Rfree(caDirList[nIndexGet]);
  nIndexGet++;
  if(nIndexGet == MAX_DIRECS)
    nIndexGet = 0;
  return(ok == 0);
}
```

Beispiel: SETUP.C

Dieses Programm ist ebenfalls eine Mischung aus High-Level und Low-Level-Routinen der Toolbox (wie das bei kleinen Utility-Programmen immer so ist). Es wird jedoch gezeigt, mit wie wenig Aufwand sich ein eindrucksvolles Programm erstellen läßt, wenn Funktionen aus dem EINGABE-, WINDOW und DATEI-Modulen verwendet werden.

```
/*%%%%%%%%%%%%%%%%%%%%%%%%%%%%%%%%%%%%%%%%%%%%%%%%%%%%%%%%%%%%%%%%%%%%%%%%%%%%%%%%%%
   PROJECT.........: SETUP-Programm
   MODUL...........: MAIN
   .
   COMPILER........: Turbo-C++ (TCC.EXE) / Borland C++
                     Als Kommentarmarker wurde "//" verwendet. Nach Bereinigung
                     auch mit TC 2.0 compilierbar.
   COMPILE-OPTIONEN: -ml -2 -O -G -k- -N- -v- -V -D_USE_MOUSE_
   .
   BEGONNEN am.....: 26.03.1990        von..:    Manfred Rebentisch
   ENDE............: 16.06.1991
   ÄNDERUNGEN.......
   ..........am....:                   von..:

%%%%%%%%%%%%%%%%%%%%%%%%%%%%%%%%%%%%%%%%%%%%%%%%%%%%%%%%%%%%%%%%%%%%%%%%%%%%%%%%%%*/
#define NDEBUG
#include <debug.h>
#include <global.h>
#include <io.h>
#include <dos.h>
#include <dir.h>
#include <ralloc.h>
#include <datum.h>
#include <errno.h>
#include <math.h>
#include <stdlib.h>
#include <stdio.h>  // wg. sprintf()
#include <colors.h>
#include <maus.h>
#include <fehler.h>
#include <video.h>
#include <window.h>
#include <routin.h>
#include <fstring.h>
#include <datei.h>
#include <konvert.h>
```

```
#include <event.h>
#include <key.h>
#include <edit.h>

static BYTEPTR near GetFileName(BYTEPTR src);
static int near makedir(byte *path);
static bool near WantAbort(void);

typedef struct {
  int pathnr;
  byte *src, *dest;
} copies;

#define P_NIX       0
#define P_EXE       1
#define P_LIB       2
#define P_COD       3
#define P_INC       4

/*
In diese Struktur werden alle Dateien eingetragen, die von der Diskette auf die
Festplatte (oder in welcher Richtung auch immer) kopiert werden sollen. Als
Verzeichnisangabe in der Stringkonstanten wird das Quellverzeichnis angegeben,
ohne Laufwerks-Nennung ("A:\" wird automatisch gesetzt). Die Merker P_LIB, P_COD
und P_INC (und andere, die Sie erfinden können), dienen als Kennzeichen für das
Zielverzeichnis.
*/
copies KOP[] = {
{ P_LIB, "LIB\\CT286L.LIB",  NULL      },
{ P_LIB, "LIB\\C286L.LIB",   NULL      },
{ P_COD, "CODE\\KONV.C",     NULL      },
{ P_INC, "INCLUDE\\VIDEO.H", NULL      },
{ P_INC, "INCLUDE\\ROUTIN.H",NULL      },
{ P_INC, "INCLUDE\\EDIT.H",  NULL      },
{ P_INC, "INCLUDE\\EVENT.H", NULL      },
{ P_INC, "INCLUDE\\DATEI.H", NULL      },
{ P_INC, "INCLUDE\\KEY.H",   NULL      },
{ P_INC, "INCLUDE\\ALLBIB.H",NULL      },
{ P_INC, "INCLUDE\\COLORS.H",NULL      },
{ P_INC, "INCLUDE\\DATUM.H", NULL      },
{ P_INC, "INCLUDE\\DRUCK.H", NULL      },
{ P_INC, "INCLUDE\\FEHLER.H",NULL      },
{ P_INC, "INCLUDE\\GLOBAL.H",NULL      },
{ P_INC, "INCLUDE\\KONVERT.H",         NULL      },
{ P_INC, "INCLUDE\\RALLOC.H",NULL      },
{ P_INC, "INCLUDE\\RLOCAL.H",NULL      },
{ P_NIX,  NULL, NULL }
```

```
};

static BYTEPTR pathCBIB="C:\\CBIB                                    ";   // 1
static BYTEPTR pathLIB= "C:\\CLIB                                    ";  // 2
static BYTEPTR pathCODE="C:\\CBIB\\DEMO                               ";   // 3
static BYTEPTR pathINCL="C:\\CBIB\\TEST                               "; // 4
static BYTEPTR pathPicture="!!!!!!!!!!!!!!!!!!!!!!!!!!!!!!!!!!!!!!!!!!!!!!!";
/*
  Das folgende Picture für <pathPicture> zwingt zur Eingabe von Laufwerk mit
  Doppelpunkt und Backslash. Dadurch wird aber auch die Editiermöglichkeit
  (Zeichen löschen) eingeschränkt.
     "G:\\!!!!!!!!!!!!!!!!!!!!!!!!!!!!!!!!!!!!!!!!!!";
*/
static bool ispremain=FALSE;


int ControlBreak(void)
{
  ColSet(7);
  window(1,1,viCols(), viRows(), TRUE);
  clrscr();
  gotoxy(1, 23);
  viCursorDOS();
  wputs("Installation mit Ctrl-Break abgebrochen!");
  Terminate(0);
  return(1);
}

void premain(void)
{
  ATCHECK();
  ispremain=TRUE;
  Install_harderr();
  ColMake();
  viCursor(OFF);
  if(viCard() == V_VGA)
    viChgStdChr();
  SetBlinkBit(OFF);
  WinShadow(ON, 0, 8);
  WinZoom(ON);
  ctrlbrk(ControlBreak);
}


#pragma warn -ucp

void main(void)
```

```
{
  word zLen, zeile, lastpnr;
  sig mwin, ewin;
  EditType *Pef;
  EditType *pL, *pI, *pC;
  BYTEPTR setup;    // Verzeichnis und Startdatei
  byte a,b,c;
  BYTEPTR ent;
  static byte diskpath[128];
  static byte source[128], dest[128];
  bool Ok, EdUpd;
  copies *KOPIES;
  if(!ispremain)    premain();

  KOPIES = &KOP[0];

  zeile = 10;                    // Erklärungstext
  Ok = FALSE;
  setup = GetStartPath();

  Pef = EditCreateF(pathCBIB, pathPicture, 42,
          EDI_STR, 14, 3, 6, NULL, "PROGRAMME:", COL.hell);
  ColSet(COL.backgr);
  clrscr();
  if(VidInf->ChangeChar) {
    a = 32; b = 236; c = 237;
    ent = "< ε >";
  }
  else {
    a = '('; b = 'C'; c = ')';
    ent = "<Enter>";
  }
  wprintf(" %c%c%c Manfred Rebentisch
SETUP ", 32, 236, 237);
  ColSet(62);
  gotoxy(1,25);
  wprintf(" Drücken Sie <ESC> um SETUP abzubrechen oder %s für die Fortführung",
ent);

  mwin = WinDef(3, 3, viCols() -7, viRows()-7, NULL, FALSE);
  WinFrame(mwin, F_219, FALSE);
  WinOpen(mwin);
  WinJustify(TEXT_CENTER);
  WinPrint(WinCols(mwin) / 2, 2, "Installation für Vieweg C++ Toolbox");
  WinJustify(TEXT_LEFT);

  /* weitere Verzeichnisse eingeben lassen:
```

```
    INCLUDE, LIB, Sourcen
  */
  zeile += 3;
  pL = EditAddF(pathLIB, pathPicture, 42,
          EDI_STR, 14, 3, 7, NULL, "LIBRARIES:", COL.hell);
  pC = EditAddF(pathCODE, pathPicture, 42,
          EDI_STR, 14, 3, 8, NULL, "QUELLCODE:", COL.hell);
  pI = EditAddF(pathINCL, pathPicture, 42,
          EDI_STR, 14, 3, 9, NULL, "INCLUDE's:", COL.hell);

  gotoxy(5, zeile);
  wputs("SETUP erkennt alles Notwendige automatisch. Nur das
Zielverzeichnis\r\n");
  gotoxy(5, zeile +1);
  wputs("kann es nicht erkennen. Ein nicht vorhandenes Verzeichnis wird\r\n");
  gotoxy(5, zeile +2);
  wputs("angelegt.\n");


  EditMaskShow(Pef);
  viCursor(ON);
  EdUpd = EditMask(Pef, NULL);
  viCursor(OFF);
  fstrtrim(pathCBIB);
  fstrtrim(pathLIB);
  fstrtrim(pathCODE);
  fstrtrim(pathINCL);

  gotoxy(1,1);
  if(keylast() != K_ESC) {  // <EdUpd> darf hier FALSE sein!
    WinClear(mwin);

    fstrcpy(diskpath, setup);
    fstrcat(diskpath, "\\");
    Ok = TRUE;
    if(Ok) {
      lastpnr = 0;
      while(KOPIES->pathnr > P_NIX) {
          fstrcpy(source, diskpath);
          fstrcat(source, KOPIES->src);
          fmemset(dest, 0, sizeof(dest));
          switch(KOPIES->pathnr) {
            case P_PER:
                  fstrcpy(dest, pathCBIB); break;
            case P_LIB:
                  fstrcpy(dest, pathLIB); break;
            case P_COD:
```

```
                    fstrcpy(dest, pathCODE); break;
                case P_INC:
                    fstrcpy(dest, pathINCL); break;
                default: break;
            }
            /*
              sicherstellen, daß alle Pfade mit '\\' enden:
            */
            fstrtrim(dest);
            zLen = fstrlen(dest);
            if(dest[zLen -1] != '\\')
              fstrcat(dest, "\\");
            if(lastpnr != KOPIES->pathnr) {
              makedir(dest);
            lastpnr = KOPIES->pathnr;
            }
            KOPIES->dest = GetFileName(KOPIES->src);
            fstrcat(dest, KOPIES->dest);

            wprintf("SETUP kopiert \n\r\t%-30s nach %s\r\n", source, dest);
            #ifdef _DEBUGGING_
            keyin(5);
            #else
            Ok = FileCopy(source, dest);
            if(! Ok || keynext() == K_ESC) {
              ErrGet(); /* Fehler abholen und einfach ignorieren. */
              if(WantAbort())
                break;
            }
            #endif
            KOPIES++;
        }
      }
    }
    WinClose(mwin);
    ColSet(7);
    clrscr();
    gotoxy(2,23);
    if(keylast() == K_ESC || ! Ok)
      wputs("Installation abgebrochen!\r\n");
    else
      wputs("Toolbox ist installiert!\r\n");
    viCursorDOS();
}

/*-----------------------WantAbort()----------------------*/
static bool near WantAbort(void)
```

```
{
  word k; int oj;
  WinSize(W_MEL, 2, 9, viCols() - 5, 5);
  WinOpen(W_MEL);
  oj = WinJustify(TEXT_CENTER);
  WinPrint(WinCols(W_MEL) / 2, 2, "Möchten Sie SETUP abbrechen?");
  //WinPrompt();
  WinPrint(WinCols(W_MEL) / 2, 4, "[ JA ]   [ NEIN ]");
  CLEARKEY;
  k = key3(74, 78, 0);
  WinClose(W_MEL);
  WinJustify(oj);
  return(k == 74);  /* TRUE, wenn 'J' gedrückt... */
}

/*----------------GetFileName--------------------------------*/
static BYTEPTR near GetFileName(BYTEPTR src)
{
  BYTEPTR tmp;
  tmp = fstrrchr(src, (int)'\\'); /* Letzten Backslash? */
  if(tmp == NULL)
    return(src);
  return(++tmp);
}


/*---------------- makedir() ------------------------------*/
 Wenn als Parameter
   "C:\TC\BIN\TC.CFG"
 übergeben wird, wird der Pfad "\TC\BIN" problemlos
 extrahiert. Jedoch kann "BIN" nur angelegt werden, wenn "TC" bereits
 existiert. Es muß also zuerst versucht werden, nach "TC" zu wechseln;
 gelingt dies nicht, muß "TC" angelegt werden.
 */
static int near makedir(byte *path)
{
  static byte dr[MAXDRIVE], di[MAXDIR], pf[MAXDIR];
  int split; word pos;
  byte *tmp;

  split = fnsplit((char*)path, dr, di, NULL, NULL);

  if(split & DRIVE)
    if(getdisk() != dr[0] - 'A')
      setdisk(dr[0] - 'A');
  chdir("\\");
  split = fstrlen(di) -1;
```

```
  if(di[split] == '\\')
    di[split] = '\0';

  if(chdir(di) == 0) {
    return 1;
  }

  pos = position('\\', &di[1]);
  if(pos > 0) {                              // noch mehr Verzeichnisse
    do {
      tmp = fstrtcpy(pf, &di[1], '\\');// in pf: "TC" in tmp: "\BIN"
      if(chdir(pf) != 0) {
        mkdir(pf);
        chdir(pf);
      }
      fstrcpy(di, tmp);                      // in di: "\BIN"
      pos = position('\\', &di[1]);
      if(pos == 0) {
        split = mkdir(&di[1]);
      }
      chdir(&di[1]);
    } while(pos > 0);
  }
  else {
    split = mkdir(di);
    chdir(di);
  }
  return(1);
} /* EOF makedir */
```

Funktionsreferenz

_bkonv ... 32
_btype ... 32
_is...() ... 63
_viChkSys ... 95
absattr ... 78
absbox ... 78
abschar ... 80
absclear ... 80
abscol ... 81
absgo ... 81
absputs ... 82
absreadattr ... 82
absreadchar ... 83
absreadstr ... 83
absrow ... 84
absscroll ... 84
abssenk ... 85
abssenkattr ... 85
abswindow ... 86
abswriteattr ... 87
abswritechar ... 87
absxputs ... 88
ActToTime ... 332
ATBIOS ... 346
ATCHECK ... 346
Beispiel LISTFILE.C ... 397
Beispiel SETUP.C ... 407
BinStrToInt ... 347
BiosExtKey ... 159
BiosKeyRepeatRate ... 160
BiosVar ... 347
BiosVarSet ... 348
CentToDeciPoint ... 349
CentToInch ... 349
charadd ... 33
CharToCtrlCode ... 33
CheckDate ... 332
CheckJulDate ... 333
CheckSecTime ... 333
CheckTime ... 334
clrchr ... 129
clreol ... 129
clrscr ... 130
ColGetAllPalette ... 116
ColGetAllRGBPalette ... 117
ColGetRGBPal ... 117
ColGrayScale ... 118
ColMake ... 119
ColPageVGAMod ... 120
ColPageVGASet ... 121
ColReadPalReg ... 121
ColSet ... 122
ColSetAllPalette ... 123
ColSetAllRGBPalette ... 123
ColSetBack ... 124
ColSetBlink ... 124
ColSetRGBPal ... 125
ColSetSign ... 125
column ... 130
CopyStruct ... 349
countwords ... 34
cpnextword ... 34
cpprevword ... 35
CtrlCodeToChar ... 35
Date ... 334
DateToTime ... 335
Day ... 335
DayOfWeek ... 336
dbAppend ... 281
dbClose ... 281
dbCreateW ... 282
dbFcount ... 282
dbFileLock ... 283
DBFToJul ... 337
DBFToSec ... 337
dbGetBuffer ... 284
dbGetError ... 284
dbGetFdeclens ... 285
dbGetFlens ... 286
dbGetFnames ... 286
dbGetFtypes ... 289
dbGetStruct ... 289
dbGoBottom ... 290
dbGoRec ... 290
dbGoTop ... 291
DblToStr ... 350

dbRead 291
dbReccount 292
dbRecLock 293
dbRecno 293
dbSetOpenModus 294
dbSkip 294
dbUnlock 295
dbUse 295
dbWrite 296
DeciPointToCent 351
DeciPointToInch 352
delline 131
dfaktwrite 248
dfclose 248
dfcloseall 249
dflinebuffer 249
dfmorefile 250
dfopen 250
dfphysall 252
dfreadline 253
dirChgMakePath 352
dirFileExt 353
dirFileName 353
DlgDelFile 354
DlgFileError 354
DlgMessageClose 355
DlgMessageOpen 355
DlgMessages 356
DlgNetError 356
DlgNetwork 356
DlgNotExist 358
DlgOverFile 358
DlgPrintError 359
DMYToJul 337
DOSexpandfile 359
DOSrename 360
EditAddF 234
EditCreateF 236
EditEndKeys 237
EditFieldShow 237
EditFindFocus 238
EditFocus 239
EditGetEndKeys 239
EditKillFocus 240
EditMask 241
EditMaskShow 243
EditNameFont 243
EditString 244
EditUpdate 244
EditValids 245
empty 37
ErrAct 361
ErrAdd 361
ErrGet 362
ErrOut 363
ErrSet 363
Event 200
EventAction 201
EventKey 205
EventWatch 206
ExtraktLine 37
FileAttr 253
FileClose 254
FileCopy 255
FileCreate 256
FileDate 256
FileDelete 257
FileEof 257
FileError 258
FileExist 258
FileFind 258
FileFindAttr 260
FileFlush 261
FileFlushAll 262
FileGets 262
FileLength 263
FileLocate 264
FileMove 264
FileOpen 265
FileOpenModus 266
FilePath 267
FilePuts 267
FileRead 268
FileReadLn 269
FileSeek 270
FileSetDT 271
FileSize 271
FileTime 272
FileWrite 272
FileWriteLn 273
flinecount 38
fmemichr 39
fmemmove 39
fmemset 40

fstpcpy ... 41
fstradr ... 42
fstrcat ... 43
fstrcenter ... 44
fstrchr ... 44
fstrcompress ... 45
fstrcpy ... 45
fstrcrcat ... 46
fstrend ... 47
fstrexpand ... 47
fstrexpsize ... 49
fstrfill ... 49
fstrfind ... 50
fstrlcpy ... 50
fstrlen ... 51
fstrncat ... 51
fstrncpy ... 52
fstrpad ... 52
fstrpadchar ... 53
fstrrchr ... 53
fstrrtcpy ... 54
fstrsave ... 54
fstrstr ... 55
fstrtcpy ... 55
fstrtran ... 56
fstrtrim ... 57
full ... 57
GetActError ... 366
GetAktPath ... 369
getaword ... 58
GetConfigFile ... 369
GetCountryInfo ... 370
GetInitFile ... 371
GetPubStr ... 372
GetSeparator ... 373
GetStartPath ... 374
GetUserFrame ... 88
GetWaitTime ... 375
getwindowinfo ... 131
gotoxy ... 132
helpnumget ... 161
helpnumset ... 161
Hour ... 338
hstpcpy ... 58
hstrcat ... 59
hstrcpy ... 59
hstrcrcat ... 60
hstrlcpy ... 60
hstrlen ... 61
hstrncpy ... 61
hstrtcpy ... 62
icountchr ... 63
InchToCent ... 375
InchToDeciPoint ... 375
insline ... 132
Install_harderr ... 376
IntToBinStr ... 376
IntToStr ... 377
iscolor ... 89
isEaster ... 338
isgrafik ... 89
isHoliday ... 339
isLeap ... 339
isNetzwerk ... 317
JulToDBF ... 340
JulToDMY ... 340
JulToStr ... 341
key3 ... 162
keyALTchr ... 163
keybuffer ... 164
keybufferflush ... 165
keybufferstr ... 165
keyCAPS ... 165
keychrALT ... 166
keydos ... 167
keyget ... 167
keygetproc ... 168
keyin ... 168
keyINS ... 169
keyinsmode ... 170
keylast ... 170
keyMF2 ... 170
keyMF2board ... 171
keyMF2cursor ... 171
keynext ... 172
keyNUM ... 172
keySCROLL ... 173
keysetlast ... 174
keysetproc ... 174
keystatus ... 175
KonvNull ... 378
lcountchr ... 64
Left ... 65
LeftBlanks ... 65

LiDelete 378
LiInsert 379
LiKopf 380
LiNextD 381
LiSeek 382
LongToStr 383
lowerstr 70
MaxLineLen 66
MaxLinePtr 66
maxmin 384
minmax 384
Minute 341
mnAddParray 214
mnAddPrompt 214
mnAddPromptLine 215
mnCreateMain 216
mnCreateMenu 216
mnDelete 217
mnGetHotKeys 217
mnGetPrompt 218
mnGrenze 218
mnMarker 219
mnNewHotKey 220
mnPos 220
mnProcInto 221
mnSetAktPrompt 222
mnStartMain 222
mnStartMenu 223
mnStoreSub 225
mnUserAct 225
mnWrapping 227
Month 342
MsButtonInfo 180
MsButtons 179
MsChgTextCursor 181
MsExit 182
MsGetempf 183
MsGetMisc 183
MsGetPage 184
MsGrafikCursor 185
MsHide 186
MsInBox 186
MsInit 187
MsInLine 188
MsIstda 188
MsMove 189
MsPosition 189
MsRestoreStatus 190
MsSaveStatus 190
MsSetArea 191
MsSetempf 192
MsSetImpuls 192
MsSetPage 193
MsSetProc 193
MsSetSpeed 194
MsShow 195
MsStdEvent 195
MsUseMouse 197
net_CheckDrive 317
net_CheckHandle 318
net_DeleteRedirection 318
net_GetMachine 319
net_GetRedirection 320
net_SetRedirection 321
net_SHARE 322
NullTrim 385
pad 67
position 67
prerrf 385
PrintCloseFile 302
PrintDoRedirection 302
PrintGetFile 303
PrintGetFilePtr 303
PrintNetDevice 304
PrintNetDeviceGet 304
PrintSetDevice 305
PrintSetFile 306
PrintStart 307
PrintTo 307
PrintToApp 308
PrintToForm 309
prnCode 309
prnFree 311
Rbfree 326
Rbmalloc 324
Rcalloc 324
Rfarcalloc 325
Rfarmalloc 325
Rfarrealloc 326
Rfree 326
Rhfree 326
Rhmalloc 327
Right 68
RightBlanks 65

Rmalloc.......... 327
RMemExtSize.......... 328
RMemLeft.......... 328
RMemSize.......... 329
row.......... 133
Rrealloc.......... 329
SchInsert.......... 386
Schlange.......... 386
SchLen.......... 387
SchNext.......... 388
SchOut.......... 388
Second.......... 342
SecToDBF.......... 342
SecToStr.......... 343
SetBlinkBit.......... 90
SetInitFile.......... 388
SetSeparator.......... 389
SetUserFrame.......... 90
SetWaitTime.......... 390
setwindowinfo.......... 133
SetZoomSpeed.......... 92
softerr.......... 390
spoolDeleteAll.......... 312
spoolFileDelete.......... 312
spoolPrint.......... 313
spoolSchlange.......... 313
spoolStatus.......... 314
stradd.......... 68
StrToDbl.......... 391
StrToInt.......... 391
StrToJul.......... 343
StrToLong.......... 392
StrToSec.......... 344
StrToWord.......... 393
SubStr.......... 69
SystemFehler.......... 376
textattr.......... 126
textbackground.......... 127
textcolor.......... 127
TimeNow.......... 344
ton.......... 393
tonFreq.......... 394
tonSetFT.......... 394
tonTime.......... 395
trimlen.......... 69
upperstr.......... 70
viAdress.......... 92
viAktPage.......... 93
viCard.......... 94
viCols.......... 96
viConfig.......... 97
viCrtinit.......... 100
viCrtNew.......... 100
viCursor.......... 102
viCursorDOS.......... 103
viCursorMove.......... 103
viCursorPos.......... 104
viCursorSize.......... 104
viCursorSizeG.......... 105
videomode.......... 106
viDescript.......... 106
viGetAktPage.......... 107
viGetMode.......... 108
viGetPage.......... 108
viInitPtr.......... 109
viRows.......... 109
viSetMode.......... 110
viSetPage.......... 110
viWriteConfig.......... 112
WaterProof.......... 395
WinButton.......... 134
WinClear.......... 134
winclipping.......... 135
WinClose.......... 135
WinColors.......... 136
WinCols.......... 137
WinDef.......... 137
WinDel.......... 138
window.......... 138
WinEraseChar.......... 139
WinFrame.......... 139
WinGetAkt.......... 140
WinHide.......... 141
WinIsMouseAkt.......... 141
WinIsMouseWin.......... 142
WinJustify.......... 142
WinLast.......... 143
WinLine.......... 143
WinLineColor.......... 144
WinOpen.......... 144
WinPrint.......... 145
WinPrintf.......... 145
WinPrompt.......... 146
WinPromptAttr.......... 147

WinPromptMouse 147
WinRest 148
WinRows 149
WinSay 149
WinScrollBar 150
WinSel 150
WinShadow 151
WinSize 152
WinTitle 152
WinWhereMouse 153
WinZoom 154
WordToStr 396
wprintf 154
wputch 155
wputs 155
wtputs 156
Year 345
zoombox 112

TopSpeed Modula 2 von A . . Z

Ein alphabetisches Nachschlagewerk
zur Programmiersprache mit Beispielen und Querverweisen

von Anton Liebetrau

1990. VIII, 698 Seiten. Gebunden.
ISBN 3-528-05132-9

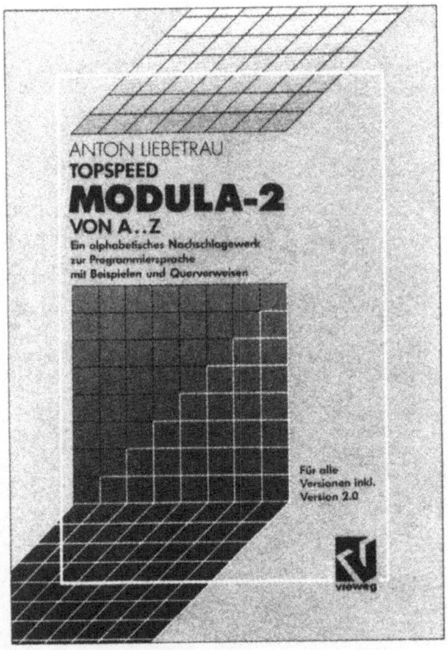

Dieses Buch versteht sich als umfassendes Nachschlagewerk und enthält zu allen wichtigen Begriffen von TopSpeed Modula-2 (Version 1.x und 2.x) eine prägnante Beschreibung mit Beispielen und Querverweisen. Dabei findet der Leser selbst Informationen zu Sachverhalten, die im Original-Handbuch keine Beachtung gefunden haben.

Verlag Vieweg · Postfach 58 29 · D-6200 Wiesbaden

vieweg

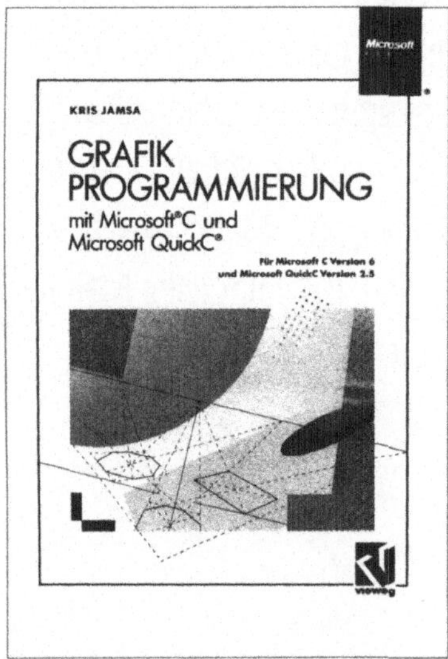

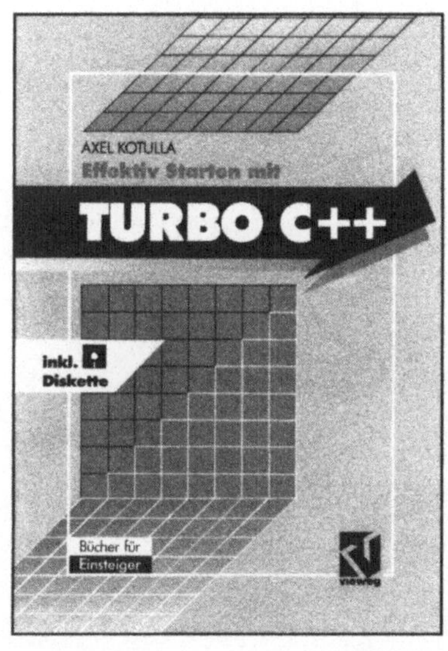